KB093966

생로병사론(生老病死論)

죽음에서 삶을 배우다!

죽음
인문학

진영광 엮고 쓰다

미산

내가 최근에 가까운 사람의 죽음을 맞았었고,
그 동안 죽음 관련 책을 보면서 내 나름 정리해 두었던 것을 나만 간직하는 것이 못내 아쉬웠으며,
많은 사람들이 함께 죽음 공부에 관심을 가졌으면 하는 바람에서 이 책을 엮고 쓰게 되었다.
혹시 인용된 부분에 대한 출처가 빠진 부분이 있으면 넓은 아량을 바란다.

[표지 디자인: Dawn Garden]

아버지 그리고
아들에게
이 책을
바칩니다.

아버지의 죽음을 다 슬퍼하기도 전에
사랑하는 아들의 죽음으로
난 할 말을 잃었네.
비탄으로 내 삶은 무거워만 지고…

[Death and life(1916)] 레오폴트 미술관(Leopold Museum), 오스트리아 빈(wien)

구스타프 클림트(Gustav Klimt, 1862~1918)의 그림 《죽음과 삶》에서 울퉁불퉁한 근육은 '삶'을, 해골모습의 저승사자는 '죽음'을 나타내고 있는데, 삶과 죽음의 공존을 표현하고 있다. 태어나고 사랑하고 아기를 낳고 죽음의 그림자가 어른거리는 인생일대를 그렸다. 다채로운 색으로 표현된, 서로 부둥켜안은 사람들은 죽음이 자신을 주시하고 있는지도 모른 채 편안한 표정을 짓고 있다.

살 때까지 살 것인가,
죽을 때까지 살 것인가?

나이든 사람들 사이에 '9988234'라는 숫자가 유행하고 있다. 99세까지 팔팔(88)하게 살다가 2~3일 아프다 죽는다(4)는 것이다. 가능한 한 오래오래 건강하게 살다가 2~3일만 아프다가 죽고 싶다는 열망을 담고 있다.

"오래 살고 싶으냐?"고 여론 조사하면 모두가 "그렇다."고 대답한다고 한다. 다시 "90세가 넘도록 살고 싶으냐?"고 물으면 20% 정도만이 "그렇다."고 답한다고 한다. 누구나 본능적으로 오래 살고 싶어 한다. 쇠똥 밭에 굴러도 이승이 낫다는 말이 왜 생겼을까? 중요한 것은 '건강하게' 오래 사는 것이다.

오래 산다는 것이 축복일까? 살 때까지 살 것인가, 죽을 때까지 살 것인가? 살 때까지 사는 것과 죽을 때까지 사는 것은 엄청난 차이가 있다. 둘 다 죽는다는 점에서는 같지만, 살 때까지 사는 것은 천수(天壽)를 다하여 편안하게 눈을 감을 수 있는 반면, 죽을 때까지 사는 것은 연명의료(延命醫療)를 위한 의료기기에 매달려 고통 속에 버둥거리다 숨이 끊기는 것으로 결코 사는 게 사는 것이 아니다. 살 때까지 살고 죽을 때 죽어야 한다. 그것이 '자기 주도적 삶'이다. 남의 신세를 지지 않고 행복을 느낄 수 있을 때까지만 살아야 한다. 죽느냐, 사느냐 이것이 문제로다.

누구나 죽기를 바라는 사람은 없을 것이다. 하지만 이 세상에 태어난 모든 사람은 죽게 마련이다. 하지만 대부분 죽음 얘기를 꺼내는 것을 꺼려한다. 그래도 평소 죽음에 대해 준비하는 것이 필요하다. <u>우리가 죽음에 관해 공부하는 것은 결국 잘 살기 위해서다.</u>

플라톤 이래 지금까지 2500년 동안 철학하기란 죽음을 배우는 것이며, 철학이란 '좋은 죽음'을 연습하는 것이었다고 해도 지나친 말은 아닐 것이다.

나는 고등학교 동창 넷이 만나 오래전부터 소위 '인문학모임'을 갖고 있다. 수년 전 내가 우리도 죽음공부를 할 때가 되지 않았느냐고 하니 다들 반대해서 죽음공부를 하지 못하다가 2018년에 들어와 넌지시 죽음얘기를 꺼냈더니 모두 수긍하여 죽음 공부를 한 적이 있다. 물론 지금 내가 여기에 엮고 쓰는 글도 그때 공부한 지식을 토대로 한 것이다.

게다가 난 2019년에 '두 죽음'을 맞았다. 연로하신 아버지를 여의었고, 멀쩡한 아들을 잃었다. 그때 했던 죽음공부가 '두 죽음'을 맞는데 나름 도움이 되었다.

이 세상에 죽어 본 사람이 없기 때문에, 죽은 다음에 우리는 어떻게 되는지, 죽음의 순간은 어떤지… 이런 질문에 대한 정답은 누구도 알 수 없다. 하지만 죽음을 어떻게 받아들여야 하는지, 죽음을 어떻게 준비하며 살아야 하는지는 생각해 볼 수 있다. 결국 "어떻게 죽을 것인가?"라는 질문은 "어떻게 살 것인가?"와 직결된다.

죽음만큼 좋은 공부는 없다. 죽음을 생각하면, 오늘 어떻게 살아야 할지 해답을 찾을 수 있기 때문이다. <u>결국, 죽음 공부는 삶의 공부이다. 우리는 죽음을 통해서 삶의 의미와 가치를 발견할 수 있는 것이다.</u>

몽테뉴(Michel Eyquem de Montaigne, 1533~1592)는 『수상록(隨想錄; Les Essais)』[1]에 "죽음이 어디서 우리를 기다리는지 알 수 없으니, 어디서든

죽음을 기다리자. 죽음에 대해 미리 생각하는 것은 자유에 대해 미리 생각하는 것이다. 죽는 법을 배운 사람은 노예 상태에서 벗어난 사람이다. 죽는 법을 알면 모든 예속과 속박에서 벗어난다."[2]고 적고 있다.

사람은 누구나 반드시 죽는다. 우리는 이 세상에 올 때 어떤 의견도 내지 못했다. 갈 때도 아무런 통지조차 받지 못한다. 우리가 아는 것은 탄생과 죽음의 사이, 즉 짧다면 짧고 길다하면 긴 순간뿐이다. 죽는다고 삶을 소홀히 할 수는 없다. 죽음이 있기에 삶이 있기 때문이다. 프랑스 작가·사상가 장 폴 사르트르(Jean-Paul Sartre, 1905~1980)는 삶은 B와 D 사이의 C(Life is C between B and D)라고 한다. 탄생(Birth)과 죽음(Death) 사이에 무수히 많은 선택(Choice)이 있다는 것이다. 선택이 운명을 결정짓는다. 어떤 선택이 옳을까?

인간이 태어난(生) 이후 남은 것은 늙고(老), 병들어(病) 죽는(死) 것밖에 없다. 늙고 죽어야 비로소 생이 완성된다. 그러니 잘 죽는 것은 태어나는 것보다 축복받아야 할 일이다.

---

1) 귀스타브 플로베르(Gustave Flaubert, 1821~1880)는 "『수상록』은 재미를 찾는 어린아이처럼 읽지 마라. 야심 찬 사람처럼 교훈을 얻으려고 읽지도 마라. 그 책은 '살기 위해서' 읽어라."라고 『수상록』을 평가한다.

2) 『나이 듦과 죽음에 대하여』(고봉만 엮고 옮김, 책세상, 2016), 126쪽. 『나이 듦과 죽음에 대하여』는 총 3권 107장으로 구성된 『수상록(Essais)』에서 나이 듦과 죽음에 대한 성찰이 돋보이는 글들을 발췌하여 묶은 것이다. 원제 'Essais'가 프랑스어로 '시험'이나 '시도'를 의미하듯 《수상록》에서 '자기 자신'을 관찰의 대상으로 삼아 종교와 학문, 교육과 형벌, 자연과 문명, 권력과 평등을 논할 뿐만 아니라 죽음, 자신의 성생활, 애완 고양이에 이르기까지 다양한 주제를 다루고 있다.

차례

제1부
삶[生]

삶

삶이 그대를 속일지라도
슬퍼하거나 노여워하지 말라.
슬픔의 날을 참고 견디면
머지않아 기쁨의 날이 오리니.

마음은 미래에 사는 것
현재는 언제나 슬픈 것
모든 것은 순식간에 지나가 버리고
지나가 버린 것은 그리움이 되리니.

- 푸슈킨(Aleksandr Pushkin, 1799~1837)

❖ 인생의 일곱 단계(The Seven Ages of Man)

셰익스피어(William Shakespeare, 1564~1616)의 희극 『뜻대로 하세요 (As You Like It)』[1] 2막 7장에 나오는 자끄(Jaques)의 대사다.

세상은 무대요, 남녀는 모두 배우. 각자 퇴장도 하고 등장도 하며 주어진 시간 동안 자신의 역을 하는 7막 연극이다.

첫째는 아기 장면, 유모의 팔에 안겨 울며 침을 흘린다.

다음은 킹킹대며 우는 학동, 가방을 메고 아침에 세수해서 반짝이는 얼굴로 달팽이처럼 싫어하며 학교로 기어들어 간다.

다음은 연애 시기, 용광로처럼 한숨지으며 연인의 눈썹을 찬미하여 바치는 슬픈 노래를 짓는다.

다음은 군인, 어색한 맹세, 사자의 갈기 명예를 얻으려 다툼에 휩쓸린다. 거품 같은 찬사라도 대포 포구마저 마다할까.

그다음엔 법률가, 뒤룩뒤룩 살쪄서 눈초리는 엄하고 수염은 근엄하다. 격언과 판례를 들추면서 그렇게 자기 역을 한다.

여섯 번째 시기는 슬리퍼나 질질 끄는 야윈 어릿광대로 변한다. 콧등에 안경을 걸치고, 옆구리에는 쌈지를 차고 있으며, 고이 간직한 젊은 시절의 홀태바지가 마른 정강이에는 헐겁고, 우렁찬 목소리도 어린애 목소리로 돌아가 빽빽거리는 피리 소리를 낸다.

이 기이하고 파란만장한 모든 이야기가 끝나는 마지막 장면은 또다시 어린애가 되는 것, 오로지 망각이다. 이는 빠지고, 눈은 멀고, 입맛도 떨어지고 모든 것이 사라진다.

(All the world's a stage, And all the men and women merely players. They have their exits and their entrances, And one man in his time plays many parts, his acts being seven ages. At first the infant, mewling and puking in the nurse's arms. Then the

---

1) 셰익스피어의 5대 희극 중 하나로, '당신 좋을 대로'라고도 번역된다.

whining schoolboy with his satchel and shining morning face, creeping like snail unwillingly to school. And then the lover, sighing like furnace, with a woeful ballad made to his mistress' eyebrow. Then, a soldier full of strange oaths, and bearded like the pard, jealous in honour, sudden, and quick in quarrel, seeking the bubble reputation even in the cannon's mouth. And then the justice in fair round belly with good capon lined, with eyes severe and beard of formal cut, full of wise saws and modern instances; And so he plays his part. The sixth age shifts into the lean and slippered pantaloon, with spectacles on nose and pouch on side, his youthful hose, well saved, a world too wide for his shrunk shank, and his big, manly voice, turning again toward childish treble, pipes and whistles in his sound. Last scene of all, that ends this stage, eventful history, is second childishness and mere oblivion, sans teeth, sans eyes, sans taste, sans everything.)

연극은 인생의 무대이고 인생은 연극의 무대라고도 한다. 이 말은 『뜻대로 하세요』의 2막 7장의 한 대사에서 유래한 것인데, 인생이라는 무대에서 인간이라는 배우는 7단계의 역할을 한다고 말하고 있다.

"아침에는 네 다리로, 낮에는 두 다리로, 밤에는 세 다리로 걷는 짐승이 무엇이냐?"는 스핑크스의 수수께끼에 오이디푸스 왕(Oedipus Rex)은 "그것은 사람이다."라고 대답한다. 인간을 이렇게 3단계로 구분할 수도 있지만, 세분하면 셰익스피어처럼 1번째 'INFANT(어린아이)', 2번째 'SCHOOLBOY(어린학생)', 3번째 'LOVER(연인)', 4번째 'SOLDIER(군인)', 5번째 'JUSTICE(법관)', 6번째 'PANTALOON(어릿광대)', 7번째 'SECOND CHILDISHNESS(제2의 어린이)'로 구분할 수도 있겠다.

한편《탈무드》에서는 남자의 생애를 일곱 단계로 나누었다.

- 한살은 임금님 … 모든 사람들이 임금님을 모시듯이 달래거나 얼러서 비위를 맞추어 준다.
- 두 살은 돼지 … 진흙탕 속을 마구 뒹군다.
- 열 살은 새끼 양 … 웃고 떠들고 마음껏 뛰어다닌다.
- 열여덟 살은 말 … 다 자랐기 때문에 자기 힘을 자랑하고 싶어 한다.
- 결혼하면 당나귀 … 가정이라는 무거운 짐을 지고 힘겹게 끌고 가야 한다.
- 중년은 개 … 가족을 먹여 살리기 위하여 사람들의 호의를 개처럼 구걸한다.
- 노년은 원숭이 … 어린아이와 똑같아지지만 아무도 관심을 가져주지 않는다.

그리고 힌두교의 삶에는 네 단계가 있다. 마누(Manu)법전은 삶을 네 단계로 나누고 있다. 처음 25년은 배우는 시기[學習期]인 브라흐마차리아(Brahmacharya: student life), 다음 25년은 가장(家長)으로서 삶을 사는 시기[家住期]인 그리하스타(Grihastha: household life), 그 다음의 25년은 세상을 떠날 준비를 하는 시기[林棲期]인 바나프라스타(Vanaprastha: retired life). 마지막으로 75세 이후 탈세속기[遊行期]인 산야사(Sannyasha: renounced life)에 이른다.[2]

📖 함께 읽을 책

문학은 인간의 삶을 어떻게 바라보는가.
◉ 인생의 일곱 계단(The Things That Matter)
  - 에드워드 멘델슨, 김정미 옮김, 에코의 서재, 2007, 391쪽

◉ 인생의 아홉 단계: 나이 듦과 삶의 완성(The Life Cycle Completed, 1997)

---

2) 『42장경 1: 그대 자신을 등불로 삼아라』(오쇼 라즈니쉬, 이경옥 옮김, 정신세계사, 2009), 210쪽.

- 에릭 에릭슨·조앤 에릭슨, 송제훈 옮김, 교양인, 2019, 208쪽

제1장 나는 의미 있는 삶을 살고 있는가?

01 삶[生]3)이란 무엇인가?

"산다는 게 뭔지….." 누구나 살면서 수도 없이 내뱉는 말이다. "사는 게 다 그렇지, 뭐."하고 푸념하기도 한다. 하지만 정말 삶이 뭔지 아는 사람은 드물다. 삶은 사람이 사는 것이다. 사람은 백 년 동안 자라는 나무와 같다.

심리학자 서은국(1966~)의 『행복의 기원』4)에 의하면, 진화의 여정에서 인간과 침팬지가 갈라진 것은 대략 600만 년 전이라고 하는데, 지금까지의 시간을 1년으로 압축하면 인간이 문명생활을 한 5천 년은 365일 중 고작 2시간 정도에 불과하고, 인간은 다른 동물과 마찬가지로 364일 22시간을 싸움, 사냥 그리고 짝짓기에만 전념하면서 살아왔다고 한다. 이처럼 인간도 동물인데, 왜 고독감, 무력감, 허무감에 사로잡히는 것일까? 인간은 동물과 달리 생각할 수 있기 때문이다.

올리버 색스(Oliver Sacks, 1933~2015)는 『의식의 강』에서 말한다. "아름다운 삶은 뭔가를 계속 추구하는 삶이다."이라고 하면서 삶을 소중하고 경이로운 '현재진행형 모험(ongoing adventure)'라고.

미국 진화생물학자 스티븐 제이 굴드(Stephen Jay Gould, 1941~2002)는 『다윈 이후』에서 인간은 단지 무수히 가지치기를 해온 진화의 관목에서 제대

---

3) 흙[土]에서 싹[屮]이 나는 모양, 그것이 삶[生]의 상형이다.
4) 서은국 교수는 '행복이 목적'이라는 아리스토텔레스는 틀렸고, '모든 것은 생존과 번식의 수단'이라는 다윈이 옳다고 한다. 우리는 행복하기 위해 사는 게 아니고 생존하기 위해 행복한 거라고 주장한다.

로 자라는데 성공한 곁가지에 불과하다[灌木論]고 하면서 삶을 '눈부시게 아름다운 우연(glorious accident)'이라고 불렀다.

"나는 무엇을 위해 사는가?"

수전 울프(Susan R. Wolf, 1952~)[5]는 『LIFE 삶이란 무엇인가』[6]에서 철학자들이 인간행동의 동기요인을 '이기주의'와 '이타주의'라는 이분법으로 해석한 것은 잘못이라고 지적한다. 다시 말해 우리가 어떤 행동을 하는 까닭은 반드시 이기심이나 도덕적 의무 때문만은 아니라는 것이다. 울프는 인간의 행동은 바로 '사랑(love)'에서 나오는 것이라고 설명하면서 사랑에 근거한 행동은 그 대상과 '긍정적인 관계'가 되었을 때 비로소 정당화될 수 있다고 한다. 이때 사랑하는 마음은 '주관적'이지만 사랑할 만한 가치가 있는 대상은 '객관적'이어야 한다고 한다.

수전 울프는 "삶의 의미는 가치 있는 활동에 대한 '적극적 관여(active engagement)' 과정에서 그 존재가 드러난다고 한다. 즉 삶의 의미는 '주관적인 이끌림(subjective attraction)'이 '객관적인 매력(objective attractiveness)'과 만났을 때 비로소 모습을 나타낸다."[7]고 말한다. 수전 울프에게 의미 있는 삶이란 "행위자 스스로[주관적인] 성취감을 느끼는 동시에 행위자 외부에[객관적으로] 존재하는 가치[8]에 긍정적인 관여를 하는[관계를 형성하는] 삶"을 뜻한다.

수전 울프는 아리스토텔레스(Aristoteles, BC 384~BC 322)의 '통념적 방법론(endoxic method)'을 사용하여, 우리에게 잘 알려져 있고 이미 수용되

---

5) 수전 울프는 노스캐롤라이나대학교(University of North Carolina) 채플 힐(Chapel Hill) 캠퍼스 철학 교수로, 도덕철학과 심리철학을 주된 연구과제로 삼고 있다.
6) 이 책은 프린스턴대학교 인간가치센터(Princeton University Center for Human Values)가 주관한 '삶의 의미(Meaning of Life)' 프로젝트의 결과물을 책으로 펴낸 것으로, '삶'의 의미와 '가치 있는 삶'을 위한 요소들을 고찰하는 내용을 담고 있다.
7) 『LIFE 삶이란 무엇인가』, 36쪽.
8) 수선 울프는 가치에 관한 객관적 기준이 과연 무엇인지에 대해서는 구체적으로 답변하지 않는다.

고 있는 '통념(endoxa)'을 전제로 하나씩 살펴나가는 방식을 취한다.9)

삶의 의미에 대한 첫 번째 관점은 소위 '성취관점(fulfillment view)'으로, "열정을 바칠 만한 대상을 발견하고 그것을 추구하는 것"이라고 말한다. 두 번째 관점은 "자신보다 더 큰 존재에 관여하는 것"이 의미 있는 삶이라는 관점이다. 삶의 의미를 찾을 때 첫 번째 관점은 주관적 요소이고 두 번째 관점은 객관적인 요소라고 할 수 있다. 수전 울프 교수는 첫 번째와 두 번째 관념을 합친 '연립관점(bipartite view)'을 '수정된 성취관점(fitting fulfillment view)'이라 이름 붙이고 이를 통해 삶의 의미를 가장 잘 이해할 수 있다고 결론 내린다.

이에 대해 존 쾨테(John Koethe, 1945~), 로버트 애덤스(Robert Adams, 1928~1997), 노미 아르팔리(Nomy Arpaly, 1973~), 조너선 하이트(Jonathan Haidt, 1963~)의 논평이 이어진다. 존 쾨테는 예술적 측면에서 "무모한 열정은 삶에서 아무런 의미가 없는가?"라는 질문을 던지면서, 삶의 의미를 점검한다. 로버트 애덤스는 "뭔가를 성취해야만 삶은 의미 있는가?"라는 질문을 던지면서 "실패로 끝났지만 그럼에도 불구하고 그 자체로 훌륭한 삶이 존재할 수 있다."고 주장한다. 노미 아르팔리는 "객관적인 가치를 담아야만 의미 있는 삶인가?"라고 반문한다. "객관적인 가치에 부합하는 성취가 없더라도 스스로 만족한 삶을 살았다면 그것으로 충분하지 않느냐?"며 '객관적인 가치'에 대해 정면으로 반박한다.10) 조너선 하이트는 삶의 의미를 이해하는 데 필요한 두 가지 요소인 '중대한 관여(vital engagement)'와 '벌집 심리학(hive psychology)'을 소개한다. '중대한 관여'는 어떤 대상이나 활동에 깊은 관심을 갖고 즐겁게 빠져드는 일종의 '몰입(flow)'을 말한다. 인간은 독립적인 개체가 아닌 일종의 '초사회적(ultrasocial)' 존재로서, "집단 속에서 성취를 생각하고 집단적인 활동이나 의식(儀式)에 참여함으로써 '삶의 의미'를 더 잘 이해할 수 있다"고 역설한다.

재차 수전 울프는 이와 같은 논평에 대해 '객관적으로 의미 있는 삶'이 중

---

9) 새로운 해석 없이 우리가 이해할 수 있는 상식선에서 논의를 전개한다.

10) 노미 아르팔리 교수는 실제로 의미 있는 삶을 살아가는 사람들은 삶의 의미에 대해 별로 고민하지 않는다고 지적한다.(『LIFE 삶이란 무엇인가』, 205쪽)

요하다고 답변한다. 삶의 의미가 '자기 이익이나 도덕성과는 다른 가치 있는 삶을 이루는 하나의 범주'이며, "열정적인 마음으로 객관적인 가치를 지닌 대상에 관여할 때 삶의 의미는 모습을 드러낸다."고 주장한다.

아우슈비츠(Auschwitz)의 죽음의 수용소에서 살아남은 빅터 프랭클(Viktor Frankl, 1905~1997)은 '인간은 의미를 따라 살아가는 존재'라고 했다. 우리는 주어진 삶 속에서 무언가를 추구하며, 그 추구하는 의미가 우리로 하여금 삶의 가치는 물론 살아갈 이유를 준다는 것이다. 오늘날처럼 심각한 가치혼란을 겪는 시대에, "삶의 의미는 내가 물어야 하는 것이 아니라, 내가 대답해야 하는 무엇이다."라는 빅터 프랭클의 말은 우리에게 인생이 무엇인지 다시 한 번 깊이 생각하게 한다. 삶의 의미가 무엇이냐는 질문을 던지고 있는 사람이 바로 '자기'라는 것을 인식해야 한다. 즉 인간은 삶으로부터 질문을 받고 있으며, 그 자신의 삶에 대하여 '책임을 짊으로써' 삶의 질문에 대답할 수 있다는 것이다.11)

빅터 프랭클의 로고테라피(Logotherapy)12)이론에 따르면 삶의 의미를 3가지의 방법으로 찾을 수 있다. 첫째, 무엇인가를 창조하거나 어떤 일을 함으로써, 둘째, 어떤 일을 경험하거나 어떤 사람을 만남으로써, 셋째, 피할 수 없는 시련에 대해 어떤 태도를 취하기로 결정함으로써 삶의 의미에 다가갈 수 있다고 한다.13)

어떤 삶이 추구할 만한 삶인지에 대한 "최고의 대답은 아무런 질문14)을 던지지 않음으로써 얻어지는 것이다."라는 영국의 철학자 버나드 윌리엄스

---

11) 『죽음의 수용소에서』, 181쪽.
12) 로고테라피(Logotherapy)는 '의미'를 뜻하는 그리스어 '로고스(Logos)'와 '치료'를 뜻하는 '테라피(therapy)'가 합쳐진 말이다. 빈(Wien)에서 태어난 프로이트(Freud)의 정신분석, 아들러(Adler)의 개인심리학에 이어 빈 제3정신의학파로 불린다. 인간은 어떠한 상황에서도 자신의 태도를 선택할 수 있는 주체적이고 능동적인 존재여야 한다는 것이다.
13) 『죽음의 수용소에서』, 184쪽.
14) '질문(question)'이라는 단어는 '묻다', '찾다'를 뜻하는 라틴어 '콰이르에레(quaerere)'에서 파생했다. '탐구한다', '탐색하다'를 의미하는 '퀘스트(quest)'도 질문과 어원이 같다.

(Bernard Williams, 1929~2003)의 말은 의미심장하다.

하지만 인생에서 멈추지 말아야 할 것이 있다면 '질문'이다. 질문이 없는 삶은 답이 없는 삶으로 이어지고 만다. 물론 인생에 정답이란 존재하지 않는다. 그런 까닭에 오답 또한 존재하지 않는다. 오직 '나 자신의 답'만이 존재할 뿐이다.15) 마침표를 물음표로 바꾸기만 해도 우리의 삶은 바뀐다. 질문이 우리 삶을 변화시킨다.

이 시대 최고의 석학들은 어떤 질문을 할까? 단 하나의 질문이 당신의 인생을 바꿔놓을 수도 있다. 『최고의 석학들은 어떤 질문을 할까?(What is your only one question?)』에 나오는 90개의 질문 중 일부를 여기에 소개한다.

- 지금 이 일을 왜 하고 있지? - 미하이 칙센트미하이(Mihaly Csikszentmihalyi, 1934~)
- 잘해서 좋아하는 걸까? 좋아해서 잘하는 걸까? - 솔 레브모어(Saul Levmore, 1953~)
- 새로운 기술을 배울 수 있다면, 무엇을? - 필립 코틀러(Philip Kotler, 1931~)
- 나는 능숙한 사람인가? 진부한 사람인가? - 리즈 와이즈먼(Liz Wiseman, 1964~)
- 다른 사람들은 나를 어떻게 표현할까? - 린다 힐(Linda A. Hill, 1956~)
- 엄청난 돈과 능력이 주어진다면 뭘 할까? - 로버트 루트 번스타인(Robert Root Bernstein, 1953~)
- 마법이 한 가지 소원을 들어준다면? - 브라이언 트레이시(Brian Tracy, 1944~)
- 내 인생의 가장 중요한 스승은 누구였나? - 로렌스 스타인버그(Laurence Steinberg, 1952~)
- 남들에게서 무엇을 배웠는가? - 에드워드 글레이저(Edward Glaeser, 1967~)

---

15) 잭 캔필드(Jack Canfield, 1944~)·마크 빅터 한센(Mark Victor Hansen, 1948~)가 쓴 『죽기 전에 답해야 할 101가지 질문(Chicken Soup For The Soul)』에는 생의 한복판에서 우리가 묻고 답해야 할 것들이 담겨 있다.

- 어떻게 배우는 게 잘 배우는 걸까? - 짐 쿠제스(Jim Kouzes, 1945~)
- 다른 사람의 허락 없이 할 수 있는 일은 무엇인가? - 스튜어트 프리드먼(Stewart D. Friedman, 1950~)
- 나는 어떤 종류의 책임감을 가지고 있는가? - 귄터 슈미트(Gunther Schmid, 1939~)
- 도움이 안 되는 이들을 나는 어떻게 대하고 있나? - 조 내버로(Joe Navarro, 1953~)
- 다른 사람에게 비열한 행동을 하지 않는가? - 템플 그랜딘(Temple Grandin, 1947~)
- 오늘 어떻게 돈을 벌었는가? - 미치 조엘(Mitch Joel, 1971~)
- 사랑하는 사람의 거짓말에 눈감을 수 있는가? - 스테판 사그마이스터(Stefan Sagmeister, 1962~)
- 깨고 싶은 규칙을 찾았다면 그 내용과 그 이유는? - 안드레아 쿠제프스키 & 에두아르도 살세도알바란(Andrea Kuszewski & Eduardo Salcedo-Albaran)
- 내 판단은 정확한가? - 피터 알바이(Peter Arvai, 1979~)
- 뭐 때문에 건강해야 하지? - 데이비드 카츠(David Katz, 1884~1953)
- 무엇 때문에 화가 나지? - 제임스 플린(James Flynn, 1934~)
- 진심으로 원하는 게 무엇인지 알고 있나? - 헤르만 지몬(Hermann Simon, 1947~)
- 가질 수 없는 것을 원하고 있나? - 윌리엄 더건(William Duggan)
- 나를 불편하게 만드는 것은 무엇인가? - 크리스 브로건Chris Brogan, 1970~)
- 자신의 영혼에 몰입하는 방법을 알고 있는가? - 사이먼 크리칠리(Simon Critchley, 1960~)
- 내가 나에게 하는 말이 들리는가? - 제프 콜빈(Geoff Colvin, 1953~)
- 인생에서 무엇을 찾고 있는 거지? - 마이클 포셀(Michael Fossel, 1950~)
- 내일이 없다면 오늘은 뭘 하지? - 다니엘 윌 해리스(Daniel Will-Harris)
- 죽기 직전, 무엇이 생각날까? - 마빈 코헨(Marvin Cohen, 1935~)
- 가장 크게 후회한 일이 있다면? - 아트 마크먼(Art Markman)
- 사후 세계에 가서도 해보고 싶은 일이 있다면? - 샤이 레세프(Shai Reshef, 1955~)
- 지금 이 순간을 죽고 난 다음에도 기억하고 싶을까? - 토마스 메칭거(Thomas

Metzinger, 1958~)
- 과학과 이성의 힘을 믿는가? - 스티브 풀러(Steve Fuller, 1959~)
- 나는 내 시간의 조정자인가? - 리 코커렐(Lee Cockerell, 1944~)
- 누구를 위해 시간을 쓰고 있는가? - 쉘린 리(Charlene Li)
- 더 좋은 세상을 위해, 오늘 한 일이 있나? - 러셀 버만(Russell A. Berman, 1950~)
- 오늘 누구에게 봉사했는가? - 폴 잭(Paul J. Zak, 1962~)
- 사회적 공헌을 한 경험이 있는가? - 캐서린 프리즈 (Katherine Freese, 1957~)
- 얼굴을 그려보라. 누구인가? - 알레산드로 멘디니(Alessandro Mendini, 1931~2019)

미국의 하버드대학교에서는 졸업생들에게 학교에서 가르쳐주지도, 배운 적도 없는 인생에 대한 질문을 던진다. 그리고 당신이 어떻게 하면 후회 없는 삶을 살게 될지 확신이 서지 않는다면 먼저 질문을 하라. "그럼에도 불구하고 당신은 삶에서 원하는 것을 얻었는가?" 그리고 "예."라고 답할 때까지 끊임 없이 질문하라.16)

- 잠깐만요, 뭐라고요?(Wait, What?): 이해와 소통의 근원인 질문
- 나는 궁금한데요?(I wonder…?): 호기심에서 발견을 유도하고 통찰을 이끄는 질문
- 우리가 적어도 …할 수 있지 않을까?(Couldn't we at least?): 우리 삶을 한 발 나아가게 하는 질문
- 내가 어떻게 도울까요?(How can I help?): 좋은 관계를 만드는 질문
- 무엇이 가장 중요한가?(What truly matter?): 삶의 핵심으로 나를 이끄는 질문

테레사수녀(Mother Teresa, 1910~1997)는 인생을 다음과 같이 노래한다.

---

16) 자세한 내용은 『하버드 마지막 강의(Wait, What?)』 참조.

삶이란?

삶은 기회입니다. 이 기회를 통하여 은혜를 받으십시오.
삶은 아름다움입니다. 이 아름다움을 찬미하십시오.
삶은 기쁨입니다. 이 기쁨을 맛보십시오.
삶은 꿈입니다. 이 꿈을 실현하십시오.
삶은 도전입니다. 이 도전에 대응하십시오.
삶은 의무입니다. 이 의무를 완수하십시오.
삶은 게임입니다. 이 게임에 함께 하십시오.
삶은 가치가 있습니다. 그러니 소중히 대하십시오.
삶은 풍요롭습니다. 그 풍요로움을 지키십시오.
삶은 사랑입니다. 그 사랑을 만끽하십시오.
삶은 신비입니다. 이 신비를 깨달으십시오.
삶은 약속입니다. 이 약속을 지키십시오.
삶은 슬픔입니다. 이 슬픔을 극복하십시오.
삶은 노래입니다. 이 삶의 노래를 부르십시오.
삶은 투쟁입니다. 이 투쟁을 받아들이십시오.
삶은 비극입니다. 이 비극을 대적하십시오.
삶은 모험입니다. 대담하게 대하십시오.
삶은 행운입니다. 이 삶을 행운으로 만드십시오.
삶은 너무나 소중한 것이니, 이 삶을 파괴하지 마십시오.
삶은 삶이니, 멋진 삶을 위하여!
(what is life?
Life is an opportunity benefit from it.
Life is a beauty, admire it.
Life bliss, taste it.
Life is a dream, realize it.
Life is a challenge, meet it.
Life is a duty, complete it.
Life is game, play it.
Life is costly, care for it.
Life is wealth, keep it.

14

Life is love, enjoy it.
Life is mystery, know it.
Life is a promise, fulfill it.
Life is sorrow, overcome it.
Life is a song, song it.
Life is a struggle, accept it.
Life is a tragedy, confront it.
Life is an adventure, dare it.
Life is luck, make it.
Life is too precious, do not destroy it.
Life is life, fight for it!)

📖 함께 읽을 책

나는 무엇을 위해 사는가, 이성과 논리로 밝힌 삶의 가치,
◉ LIFE 삶이란 무엇인가
  - 수전 울프, 박세연 옮김, 엘도라도, 2014, 249쪽

삶의 의미를 건져 올리는 궁극의 질문,
◉ 무엇 What?(What?: Are these the twenty most important questions in human history, or, Is this a game of twenty)
  - 마크 쿨란스키, 박중서 옮김, 알에이치코리아, 2013, 200쪽

◉ 인생의 중요한 순간에 다시 물어야 할 것들(Good Leaders Ask Great Questions)
  - 존 맥스웰, 김정혜 옮김, 비즈니스북스, 2015, 359쪽

◉ 죽기 전에 답해야 할 101가지 질문(Chicken Soup For The Soul)
  - 잭 캔필드·마크 빅터 한센, 류지원 옮김, 토네이도, 2012, 416쪽

◉ 최고의 석학들은 어떤 질문을 할까?
  - 필립 코틀러·미하이 칙센트미하이·스튜어트 프리드먼·귄터 슈미트·러

셀 버만, 허병민 옮김, 웅진지식하우스, 2014, 440쪽

◉ 하버드 마지막 강의(Wait, What?)
- 제임스 라이언, 노지양 옮김, 비즈니스북스, 2017, 191쪽

해답에 집착하지 말고 새로운 질문을 찾아라,
◉ 어떻게 질문할 것인가?
- 김대식, 민음사, 2017, 344쪽

불확실과 혼돈의 시대, 노직이 던지는 화두,
◉ 무엇이 가치있는 삶인가?(The Examined Life)
- 로버트 노직, 김한영 옮김, 김영사, 2014, 435쪽

인간의 행복은 어디서 오는가,
◉ 행복의 기원: 생존과 번식, 행복은 진화의 산물이다
- 서은국, 21세기북스, 2014, 208쪽

뇌과학을 바탕으로 깨달은 삶의 성찰,
◉ 의식의 강(The River of Consciousness)
- 올리버 색스, 양병찬 옮김, 알마, 2018, 252쪽

◉ 다윈 이후: 다윈주의에 대한 오해와 이해를 말하다(Ever since Darwin reflections in natural history)
- 스티븐 제이 굴드, 홍욱희·홍동선 옮김, 사이언스북스, 2009, 430쪽

◉ 모든 것은 기도에서 시작됩니다
- 마더 데레사, 앤서니 스턴 엮음, 이해인 옮김, 판미동, 2020, 212쪽

02 삶 그 자체로 가치가 있는가?

무엇이 삶을 살아갈 만한 가치가 있는 것으로 만들어주는가? 삶에서 본질적으로 좋고 나쁜 것은 무엇인가?

셸리 케이건(Shelly Kagan, 1954~)[17]은 『죽음이란 무엇인가(DEATH)』에서 삶의 가치는 삶 그 자체가 아니라 삶 속에 채워지는 '내용물(contents)'에 달려 있다고 설명하면서 삶은 '그릇(container)'이며 그 속에 채워지는 좋은 것과 나쁜 것의 총합을 통해 삶의 가치를 평가하는 '그릇이론(container theory)'에 관해 살핀다.[18]

1) 중립적 그릇이론: 살아있는 것, 그 자체는 아무런 가치가 없다. 살아있는 동안에 무슨 일을 하는지가 인생의 가치를 결정한다. 살아있는 동안에 좋은 일을 경험한다면 삶은 좋은 것이 되고, 나쁜 일을 경험한다면 삶은 나쁜 것이 된다. 삶의 내용물이 가진 가치만을 고려하는 관점이다.

2) 가치적 그릇이론: 삶 '속'에서 어떤 일이 벌어지고 있는지를 떠나, '살아있다'는 사실 그 자체에 가치가 있다고 말하는 관점이다. 여기에는 '온건한 버전'과 '환상적 버전'이 있다고 한다. 온건한 버전의 가치적 그릇이론은, 삶 자체가 좋은 것이라고 하더라도 내용물이 충분히 나쁘다면 총 합계가 마이너스로 나올 수 있다고 말한다. 그래서 좋은 일과 나쁜 일이 서로 비슷하게 일어난다면 살아있는 것 자체가 어느 정도의 가치를 가진다. 환상적 버전의 가치적 그릇이론은, 삶 자체의 가치가 절대적으로 높기 때문에 내용물이 아무리 끔찍해도 총합은 플러스로 나올 수밖에 없다는 관점이다. 살아있는 것 자체로 좋다. 삶이 아무리 끔찍하게 지루하고 지겹고 나쁜 것들로 가득하다고 해도 그건 중요하지 않다. 삶은 '항상' 좋은 것이다. 삶의 내용물은 관계가 없

---

17) 셸리 케이건은 예일대학교 철학과 교수로, 그의 철학은 도덕철학과 규범윤리학 관점에서 인간의 삶을 조명하는 데 초점을 맞춘다. 현실에 기반을 두고 삶과 죽음의 문제, 행복, 도덕적 가치, 공공의 선, 인간의 본성 등에 관심이 있으며, 공리주의로 대표되는 결과주의 윤리학과 칸트주의로 대표되는 의무론적 윤리학 사이의 논쟁에서 중심적인 역할을 맡고 있다.
18) 『죽음이란 무엇인가(DEATH)』, 352~374쪽. 이 책은 죽음에 관한 책이자, 삶에 관한 책이며, 동시에 철학에 관한 책이다. 예일대 '죽음이란 무엇인가(DEATH)' 강의는 하버드대 '정의(JUSTICE)' 및 '행복(HAPPINESS)'과 함께 '아이비리그(Ivy League) 3대 명강'으로 불리는 강의다.

고, 삶이 죽음보다 항상 좋다고 한다.

자신은 어떤 이론에 입각하여 자신의 삶의 가치를 평가하는가? 한번 생각해 보자.

스튜어트 프리드먼(Stewart D. Friedman, 1950~) 교수는 『와튼스쿨 인생특강』에서 삶을 구성하는 네 가지 영역으로 일, 집, 공동체, 자신을 거론하고 있다. 네 가지 영역의 상대적 위치를 정하고 그 크기를 정한 뒤 내 인생의 네 가지 영역을 네 개의 원으로 그려보는 것이다. 네 영역이 조화롭고 균형을 잡으면 좋겠지만 나의 가치관, 직장에서, 가정에서, 공동체에서, 내 안에서 나에게 가장 중요한 것이 무엇인지에 따라 모양은 다양할 수 있다.[19] 이처럼 인생에는 네 가지 꼭짓점이 있다. 자기 자신, 가족, 직업, 그리고 공동체. 성공적인 나이 듦에 이르기 위해 어디에 우선순위를 두어야 할까? 나이 들어가면서 자신의 삶을 바라볼 때 당신은 어디에 방점을 두는가? 성장(Growth)인가, 아니면 나이 듦(Older)인가? 윌리엄 새들러(William A. Sadler, 1931~)는 『서드 에이지, 마흔 이후 30년(The Third Age: Six Principles of Growth and Renewal After Forty)』에서 인생후반기에는 나이 듦보다 성장에 방점을 두어야 한다고 한다.

우리가 살면서 느끼는 두려움에는 '무의미한 삶에 대한 두려움', '외톨이가 되는 두려움', '길을 잃는 두려움', '죽음에 대한 두려움'이 있는데, 사람은 죽음을 부인하며 영원히 살 것처럼 살기에 원하는 것을 쉽게 뒤로 미룬다. 내 삶을 살기 위해 내 인생에서 중요한 것이 무엇인지 진정성을 가지고 생각해 보자. 결국, 원하는 삶을 사는 게 행복하다.

📖 함께 읽을 책

---

19) 『와튼스쿨 인생특강』, 87~106쪽.

일과 인생은 제로섬 게임이 아니다,
◉ 와튼스쿨 인생 특강 - 무엇이 의미 있는 인생을 만드는가(Total leadership:
  be a better leader, have a richer life)
  - 스튜어트 프리드먼, 홍대운 옮김, 비즈니스북스, 2013, 288쪽

◉ 서드 에이지, 마흔 이후 30년(The Third Age)
  - 윌리엄 새들러, 김경숙 옮김, 사이, 2013, 319쪽

03 인간은 무엇을 위해 살까?

인간은 삶을 어떻게 살아야 하는가? 인간의 삶을 둘러싼 논쟁을 살펴본다.
크게 자신을 위해 산다는 쪽과 인류나 타자를 위해 산다는 쪽으로 나눠 볼 수
있다.

애덤 스미스(Adam Smith, 1723~1790)는 인간은 이기심에 따라 살아간
다고 한다. 개개인이 이기심에 따라 살다보면 사회전체는 '공감의 윤리'에 의
해 잘 굴러 간다는 것이다.

실존주의자 쇠렌 키르케고르(Søren Aabye Kierkegaard, 1813~1855)는
인생은 끊임없이 미래를 과거로 만들어버리는 현재 속에서 "미래를 향해 살
아가야 하는"것이라고 말한다. 키르케고르는 신과 자신의 관계를 딛고 살아
갈 때 인간은 행복해질 수 있다고 한다. 누구나 자기가 살고 싶은 대로 살 수
는 없다는 것이다. 인간은 우선 쾌락을 추구하고[심미적 실존], 다음으로 의
무와 규범에 따르는 삶을 취하며[윤리적 실존], 절망 속에서 주체적인 실존체
험을 통해 '신 앞에 선 단독자'로 신 앞에 서게 된다[종교적 실존]는 실존의
세 단계[실존변증법]를 주장한다. 키르케고르는 윤리적· 심미적 측면이 이성

적으로는 조화를 이룰 수 없다고 생각했다. 키르케고르는 오직 종교적 영역으로 신앙의 도약을 하는 것만이 인간 존재의 상충하는 두 가지 양상을 통일할 수 있다고 주장했다. 이성을 넘어 신앙의 영역으로 넘어가야만 포용할 수 있다는 의미이다. 키르케고르 주장의 요점은 우리가 신앙의 도약을 해야 할 이성적 근거가 존재하지 않는다는 점이다. 키르케고르에 따르면 신앙의 도약을 할 동기는 오직 선험적 헌신(prior commitment)에서만 나올 수 있기 때문이다.

석가모니(釋迦牟尼, BC 563~BC 483)는 타자와 맺는 관계성에 의해 집착을 버리고 탐욕, 성냄, 어리석음의 번뇌(煩惱)에서 해방되기 위해 산다고 한다. 인간은 관계성, 즉 연기(緣起)를 깨달으면 필연적으로 자기욕망이나, 고집에서 해방되어 번뇌가 없어지고 죽음에 대한 두려움도 없어진다고 한다. 즉 삶과 죽음이 연관되어 있다는 것을 깨달으면 자신의 죽음이 두려워지지 않는다는 것이다. 인간은 혼자 살아가는 것이 아니라 늘 관계성을 받아들이며 살아간다고 한다.

에마뉘엘 레비나스(Emmanuel Levinas, 1906~1995)는 타자를 위해 산다고 한다.[他者論] 즉 타자를 의식했을 때 비로소 살아가자는 마음을 먹을 수 있었다고 토로한다. 인간은 타인의 얼굴을 응시함으로써 비로소 자신의 존재를 의식하고 자신에게 부과된 책임을 느낀다. 얼굴은 한 사람 한 사람 다를 뿐 아니라, 타인의 시선은 나에게 결코 흡수될 수 없는 다른 세계의 존재이기 때문이다. 바로 이것이 우리가 타인의 시선을 의식하는 진실한 이유라는 것이다. 레비나스의 타자 개념은, 자기중심적으로 사물을 바라보는 현대인들에게 자기중심이 아닌 타인중심의 시각으로 생각할 것을 제안한다. 레비나스는 절대적인 타자의 존재를 이렇게 표현한다. "절대적으로 낯선 것만이 우리를 가르칠 수 있다. 그리고 나에게 절대적으로 나설 수 있는 것은 오직 인간뿐이다."

소크라테스(Socrates, BC 470년 경~BC 399)는 음미 없는 인생은 살아갈 가치가 없다고 한다. 세계 그리고 인간에 대해 계속 음미하기 위해 살아간다는 것이다. 소크라테스는 '성찰하는 삶'을 살 것을 주장한다. "성찰하지 않는 인생은 살 가치가 없다" 소크라테스가 물었다. "아테네 시민이여, 오로지 돈을 벌고 명성과 위신을 높이는 일에 매달리면서, 진리와 지혜와 영혼의 향상에는 생각이나 주의를 조금도 기울이지 않는 것이 부끄럽지 않은가?"라고.

하이데거(Martin Heidegger, 1889~1976)가 말하는 '세계-내(안)-존재'란, 세계라는 테두리 안에서 다양한 사물과 관련을 맺고 서로 배려하면서 살아가는 인간의 모습을 표현한 것이다. 하이데거는 인간을 '현존재'라고 불렀는데, '현존재'는 곧 '세계-내-존재'인 것이다. 하이데거는 유한한 삶을 의식하기 위해 죽음을 긍정적으로 포착했다. 인간 즉 '현존재'는 '죽음을 향한 존재'로서 대체 불가능한, 주체적인 삶을 살아갈 수 있다는 것이다. 하이데거는 죽음을 자각하는 일이 '선구적 결단'을 낳고 선구적 결단을 통해 비로소 지금 이 순간을 의식한다고 말한다. '선구적 결단'이란 미래에 닥칠 죽음의 가능성을 미리 앞질러서 각오하고 받아들인다는 의미다. 하이데거는 선구적 결단을 통해 '현존재'를 근원적 시간, 즉 '본래적 시간성' 안에 자리매김했다. 즉, 태어나서 죽음에 이르기까지 생명체가 존재하는 한 주위와 관계 속에 살아가는 것이 '삶'이라는 것이다.

📖 함께 읽을 책

　　세계 종교의 심층을 보다,
◉ 영원의 철학
　- 올더스 헉슬리, 조옥경 옮김, 김영사, 2014, 528쪽

제2장 인생의 의미

01 '인생의 의미(意味)'는 무슨 뜻인가?

우리가 태어날 때 어떤 목적을 가지고 이 세상에 나온 것은 아닐 것이다. 누군가가 목적을 설정해준다고 생각해 볼 수도 있겠지만 그러한 외부자도 없다. 사람은 조상의 생식활동에 의해 태어났을 뿐이고, 태어난 이상 생존과 번식의 본능을 가질 뿐이다. 사람은 생존에 필요한 의·식·주를 추구하고, 사회 속에 있어야 안전하므로 고립을 피하고 타인을 돕고 나름의 역할을 하며 사회에서 인정받고자 한다.

실존주의 철학자 하이데거의 표현처럼 인간은 '피투된[던져진]' 존재로, 비록 세상에 태어난 '결과'는 선택할 수 없지만 어떤 삶을 살 것인지의 '과정'은 각자의 의지에 달렸다.

인간은 자기 결정적이지만 자연, 세계, 그리고 인간 서로에게 깊이 의존하는 기반 위에서 자기 결정적이다. 삶의 의미는 문제에 대한 해답 속에서가 아니라, 특정한 방식으로 살아가는 실천 속에서 찾을 수 있다.

퀴블러 로스(Elisabeth Kübler-Ross, 1926~2004)는 『인생수업』에서 살아가는 데는 2가지 방법이 있다고 한다. 하나는 기적이 존재하지 않는다고 생각하며 사는 것이고, 다른 하나는 모든 것이 기적이라고 생각하며 사는 것이다. 어찌되었든 살고(live), 사랑하고(love), 웃고(laugh) 그리고 배우라(learn). 이것이 우리가 존재하는 이유라는 것이다.

결국, '삶의 목적과 의의'라는 뜻의 '인생의 의미'라는 것은 존재하지 않고, '인생에 있어서의 가치 있는 일'이라는 뜻의 '인생의 의미'만이 있을 뿐이다. 사랑과 성공을 추구하고, 타인을 돕되 집착하지 않는 삶이 '의미 있는 삶'이라고 할 수 있다.

02 삶의 의미에 대한 시선들[20)]

삶의 의미는 무엇일까? 즉, 생사고락(生死苦樂)이 어떤 의미를 가질까? 그러니까 "우리는 어떻게 살아야 할까?"라는 질문으로 환원된다. 이 질문은 우리 인간 실존의 핵심을 꿰뚫는다. 물론 정답은 없다. 하지만 여러 사람들의 말·말·말을 들어본다.

유신론은 삶이 객관적으로 유의미하거나 적어도 유의미할 수 있다고 주장한다. 허무주의자는 삶이 객관적으로 무의미하며, 불가지론자는 삶이 객관적으로 그 의미를 대답할 수 없거나 이해할 수 없는 것이라고 주장한다. 자연주의자는 의미의 객관적 성분과 주관적 성분이 둘 다 존재한다는 입장을 취한다.

○ 톨스토이(Leo Tolstoy, 1828~1910)

삶의 의미는 어떤 합리적·이성적 지식이 아니라 '비합리적 지식', 즉 신앙에서 찾아야 한다고 한다. 톨스토이는 "사람이 산다면, 그는 무언가를 믿는 것이다."라고 본다. 그리고 삶의 의미는 부유하거나 지식이 많은 사람들이 아니라 가난하고 배운 것 없는 소박한 사람들의 소박한 삶과 종교적 신앙에서 발견된다는 것이다.

톨스토이는 루소(Jean-Jacques Rousseau, 1712~1778)가 언급한 "어린이에게는 완벽하고 순수한 인간의 요소가 존재한다."는 말이 옳다고 생각했

---

20) 『인생의 모든 의미(The meaning of life): 삶의 의미에 대한 101가지 시선들』에서 발췌하다. 이 책은 삶의 의미에 대한 대답이 삶의 태도에 따라 제한적일 수밖에 없다는 전제 아래 삶의 의미를 종교적, 불가지론적, 허무주의적, 자연주의적 입장에서 총체적으로 살펴본다.

다. 톨스토이에게 더 나은 삶이란 '단순하고 근면한' 민중인, 농사꾼, 농부의 삶이었다. 역설적이게도 소박한 사람들의 비합리적 신앙은 살아갈 길을 열어 준다는 점에서 합리적이라고 한다.[21]

톨스토이는 『인생론』에서 인생의 목적은 행복추구에 있으며, 행복의 달성은 사랑으로써만 가능하다고 역설한다. 여기서 사랑은 인간에게 주어진 합리적 의식에 따르는 자아의 활동이며, 자기 자신보다 다른 사람의 행복을 우선시하는 이타주의적 사랑이다. 톨스토이는 남을 위해 자신의 행복을 포기할 때 참된 사랑이 이루어진다고 말한다.

참된 삶의 의미는 『사람은 무엇으로 사는가』에서도 잘 드러나 있다. 첫째, '사람의 마음속에는 무엇이 있는가?'라는 질문의 답은 바로 '사랑'이었다. 둘째, '사람에게 주어지지 않는 것은 무엇인가?'라는 질문의 답에 대해, 미하일(Михаил)[22]은 '자신에게 진정 필요한 것이 무엇인지 알 수 있는 지혜'라는 것을 깨닫는다. 셋째, '사람은 무엇으로 사는가?'라는 질문의 답은, "사람은 자신의 계획과 고민과 생각으로 사는 것이 아니라 누군가 그 사람을 사랑해 주는 사람이 있어 그 사랑으로 산다."는 것이었다.

○ 로버트 노직(Robert Nozick, 1938~2002)

미국의 자유주의 사회철학자 로버트 노직은 『철학적 설명(Philosophical Explanations)』의 6장에서 삶의 의미에 대한 질문을 거론한다. "우리의 삶이 어떤 의미를 가졌는가, 또는 가질 수 있는가라는 질문은 우리에게 더할 나위 없이 중요하다."

노직은 우리에겐 "1) 삶의 무의미성을 받아들인다. 그리고 삶을 이어가든지, 아니면 종결한다. 2) 삶의 의미를 찾아낸다. 3) 삶의 의미를 창조한다."는 선택지들이 있는데, 노직에 따르면, 1)은 설득력이 제한적이고, 2)는 불가능하다. 따라서 우리에게 남은 선택지는 3)뿐이라는 것이다.

신의 목적은 삶의 의미를 보장하지 않는다고 하면서, 무의미성을 받아들이

---

21) 『인생의 모든 의미』, 61~63쪽.
22) 이 이야기의 핵심 주인공으로 신에게 벌을 받고 쫓겨난 천사다.

거나 의미를 발견하려 애쓰는 대신에 의미를 창조하라고 노직은 조언한다.23)

O 비트겐슈타인(Ludwig Josef Johann Wittgenstein, 1889~1951)

비트겐슈타인은 '삶의 의미를 묻는 질문은 무의미하다. 따라서 그 질문은 답이 없다.'고 해석하든 '답이 무엇인지 말할 수 없다.'고 해석하든 말할 수 없는 것에 대해서는 침묵하라고 말한다.24)

O 쇼펜하우어(Arthur Schopenhauer, 1788~1860)

무신론·비관론자인 쇼펜하우어는 삶은 무의미하다고 생각한다. 삶이 무의미하다는 시각을 가지면, 인간들의 결함을 보고 놀라거나 분개하면서 바라볼 필요가 없다. 오히려 그 결함이 모든 인류의 결함이라고 깨달아야 한다는 것이다.

『의지(意志)와 표상(表象)으로서의 세계(1819)』에서 의지가 없으면 표상도 세계도 없다고 말한다. 이성을 통해 파악되는 세계는 표상의 세계일뿐이므로 세계의 본질을 파악하기 위해서는 '의지'를 통해 다가가야 한다며 '의지의 세계'를 강조한다.25) 쇼펜하우어는 '의지' 즉 인간의 기본적 동기가 하는 역할을 강조했는데, 그가 도달한 결론은, 감정적·신체적·성적 욕망들은 고통을 일으키며 결코 충족될 수 없다는 것이었다. 존재의 유한성, 현재의 덧없음, 삶의 우연성, 욕구의 지속성, 지루함의 경험, 죽음의 불가피성 - 이 모든 것이 유의미한 삶의 가능성을 방해한다고 한다.26)

쇼펜하우어는 짐승들이 인간보다 더 행복하다고 주장한다. 왜냐하면 행복은 기본적으로 고통으로부터의 해방이기 때문이다. 인간과 짐승 모두에게 가장 중요한 것은 쾌락과 고통이며 그 바탕에는 먹을거리, 거처, 섹스 등을 향한 욕망이 있다. 하지만 인간은 욕망과 관련해서 훨씬 더 큰 격정과 감정을

---

23) 『인생의 모든 의미』, 126~131쪽.
24) 『인생의 모든 의미』, 139~141쪽.
25) 당시 지배적이었던 헤겔의 이성주의 철학에 반기를 들었던 쇼펜하우어의 사상은 니체, 프로이트, 융, 톨스토이, 아인슈타인, 카프카, 헤세 등 많은 학자와 작가들에게 영향을 주었다.
26) 『인생의 모든 의미』, 157~161쪽.

품는다. 인간은 과거와 미래를 숙고할 수 있어서 기쁨과 절망 모두에 민감하기 때문이라는 것이다. 그러나 결국 모든 노력의 목적은 짐승들이 얻는 것과 똑같은 것, 곧 쾌락이다. 짐승들은 끊임없이 미래의 기쁨과 슬픔을 내다보는 인간보다 그저 생존하는 것에, 현재 순간에 더 큰 만족감을 느낀다. 하지만 인간들의 모든 쾌락들은 끊임없이 증가하는 욕망과 짐승들은 모르는 고통인 지루함의 위협을 동반하고, 죽음의 공포에 시달린다.

쇼펜하우어는 이렇게 말한다. "사는 동안 당신을 이끌 신뢰할 만한 나침반을 원한다면, 삶을 바라보는 옳은 방법에 관한 모든 의심을 없애고 싶다면, 이 세계를 감옥으로, 일종의 유배지로 보는 것에 익숙해지는 것이 최선의 방법이다." 세계는 모두가 고통을 겪는 고난의 장소라는 생각은 '이웃에 대한 관용, 인내, 존중, 사랑'을 일깨운다.[27]

O 니체(Friedrich Wilhelm Nietzsche, 1844~1900)

프리드리히 니체는 플라톤이나 공자(孔子)같이 인류의 스승으로 추앙받는 현자들을 거부했고, 더 나아가 사람들을 현혹시키는 그리스도교와 불교, 여기에 소크라테스까지 포함시켜 퇴폐 또는 타락이라는 의미의 '데카당(decadent)'이라고 비판했다. 인간이라면 누구나 혼자 힘으로도 더 고귀하고 깊은 삶을 사는 것이 얼마든지 가능한데 굳이 신을 믿어야 하고, 신이 정한 도덕에 맞춰 살아야 하며, 누구도 가보지 못한 내세의 세상을 꿈꾸어야 하는가? 이것이 니체의 생각이었다.

니체는, "삶에의 의지, 나는 그곳에서 항상 권력에의 의지를 발견했다."고 말한다. 더 나아가 삶에서 가장 큰 결실과 향락을 수확하기 위한 비결은 '위험하게 사는 것'이라고 말한다.[28] 니체는 권력에의 의지를 모든 평가의 궁극적인 원리라고 본다. 권력은 매우 다양한 뜻을 지닌 개념으로, 권력에는 물리적인 힘, 야수적인 힘, 법률의 힘, 순진함의 힘, 가치의 힘, 관념적인 진리의 힘 등이 있다. 니체가 말하는 모든 명제들은 '권력'으로 집약되고 압축되며

---

27) 『인생의 모든 의미』, 150~154쪽.
28) 니체에게 있어 삶은 행복이 아니다. 니체는 행복, 복지, 동정 등에 관해 말하는 것을 모두 천민[노예]의 본능이라고 보았다.

귀결된다. 권력은 파괴적이 아니라 생산적이며, 나쁜 것이 아니라 삶에 기여할 수 있는 좋은 덕성을 가지고 있는 것이다. '권력에로의 의지'라는 말은 새로운 여러 가치를 위한 암호이기도 하다. 초인은 이 가치들의 창조자이고, 차라투스트라는 이 가치를 알려주는 자이고, 디오니소스(Dionysos)는 이 가치들의 상징이다. 결국, 니체에게 삶은 '권력에로의 의지(The will to power)'다.

니체가 말하는 위버멘쉬(Übermensch)[29]란 어원으로 볼 때 넘어선(über)+사람(mensch)을 뜻한다. 니체는『차라투스트라는 이렇게 말했다』에서 사람을 낙타, 사자, 어린이의 세 단계로 분류했는데, 위버멘쉬는 어린아이와 같은, 끊임없는 긍정을 통하여 삶을 긍정하고 즐기는 인물이라 한다. 위버멘쉬는 기존의 사상이나 견해들, 성(聖)과 속(俗)을 뛰어넘어 새로운 것을 창조해내는 사람을 뜻한다. 즉, 니체가 말하는 위버멘쉬는 '비극적 상황에서도 자긍심을 잃지 않고 기존의 가치를 뛰어넘어 새로운 가치를 창조해내는 사람', 즉 초인(超人)을 말한다.

○ 버트런드 러셀(Bertrand Arthur William Russell, 1872~1970)

러셀은 삶에 객관적인 의미는 존재하지 않는다고 한다. 오히려 객관적 무의미성에도 불구하고 우리는 능동적으로 아름다움, 진리, 완벽함을 창조하려 애써야 한다.[30] 인간은 자유로우며 자기의식을 가졌고, 여기에서 인간의 가치가 나온다는 것이다. 러셀은 자기 자신에 묶여 있는 사람의 삶을 일컬어 '과열되고 갇힌' 삶이라고 했다.

○ 알베르 카뮈(Albert Camus, 1913~1960)

카뮈는, 삶은 본질적으로 무의미하고 부조리하지만, 우리는 삶에 반항할 수 있고 우리 나름의 행복을 어느 정도 발견할 수 있다고 한다. 삶의 부조리는 우리자신과 세계의 의미에 대한 앎을 가질 능력이 없는데도 그 앎을 욕망한다는 사실에서 비롯된다. 카뮈는 삶의 부조리를 받아들이는 것과 부인하는

---

29) 영어로는 '오버맨(Overman)'으로 무엇을 극복하다는 뜻이다. 일본에서는 이 개념을 '초인(超人)'으로 번역하여 한자문화권에서는 오랫동안 '초인(超人)'이라고 알려져 왔다.
30)『인생의 모든 의미』, 244~249쪽.

것 사이에서 우리는 반항하면서 나아갈 수 있다는 대안을 제시한다. 운명은 우리의 삶에 목적이 없다고 비난하지만 우리는 우리의 반응의 주인이 될 수 있다는 것이다.[31]

○ 밀란 쿤데라(Milan Kundera, 1929~)

밀란 쿤데라는 니체가 말한 영원회귀[32]의 의미를 묻는 것으로 소설 『참을 수 없는 존재의 가벼움』의 첫머리를 연다. "뒤집어 생각해 보면, 영원한 회귀가 주장하는 바는, 인생이란 한번 사라지면 두 번 다시 돌아오지 않기 때문에 한낱 그림자 같은 것이고, 그래서 산다는 것에는 아무런 무게도 없고, 우리는 처음부터 죽은 것과 다름없어서, 삶이 아무리 잔혹하든, 아름답든, 혹은 찬란하다 할지라도 그 잔혹함, 아름다움과 찬란함조차도 무의미하다는 것이다."[33]

쿤데라는 단 한 번 사는 삶은 일종의 가벼움, 하찮음, 또는 중요하지 않음을 속성으로 가졌다고 본다. 무거운 삶은 가식적이며 우리를 짓누른다. 가벼운 삶은 참을 수 없다. 문제는 우리가 우리의 삶과 결정의 하찮음을 참을 수 없다고 느낀다는 점이다. 이것이 참을 수 없는 존재의 가벼움이다. 쿤데라의 소설 속에서 사랑의 무게를 추구하는 인물들은 결국 행복을 얻는 반면, 사랑의 무게를 추구하지 않는 인물들은 참을 수 없는 존재의 가벼움에 시달린다.[34] 이 대비는 결국 무게가 더 나음을 암시하지만, 쿤데라에게 회귀도 없고 영원한 것도 없다. 결론적으로 의식을 가진 존재들에게 허무주의는 참인 동시에 참을 수 없다.[35] 사람이 무엇을 희구해야 하는가를 안다는 것은 절대 불가능하다고 한다. 왜냐하면, 사람은 한 번밖에 살지 못하고 전생과 현생을 비교할 수도 없으며 현생과 비교하여 후생을 수정할 수도 없기 때문이다.[36]

---

31) 『인생의 모든 의미』, 161~165쪽.
32) 영원회귀란 이미 일어난 모든 일이 무한정 반복되리라는 생각을 담은 개념이다.
33) 『참을 수 없는 존재의 가벼움』(밀란 쿤데라, 이재룡 옮김, 민음사, 2012), 9쪽. 니체는 우리의 몸짓 하나하나에 책임을 져야하기 때문에 영원회귀 사상은 가장 무거운 짐이라고 했다.
34) 쿤데라는 유사 이래 여자는 남자 육체의 하중을 받기를 원했다고 하면서 무거운 짐은 가장 격렬한 생명의 완성에 대한 이미지일 뿐만 아니라 짐이 무거우면 무거울수록 우리의 삶은 보다 생생하고 진실해진다고 했다.(『참을 수 없는 존재의 가벼움』, 12~13쪽)
35) 『인생의 모든 의미』, 186~188쪽.
36) 『참을 수 없는 존재의 가벼움』, 17쪽.

○ 테리 이글턴(Terry Eagleton, 1943~)

이글턴의 핵심 주장은 삶의 의미는 형이상학적인 문제라기보다는 '어떻게 살아가는가의 문제', 즉 '윤리적인 문제'라는 점이다. 그것은 삶을 가치 있게 만드는 것이다. 하지만, 답은 없다. 마르크스주의 문학평론가 테리 이글턴은 『인생의 의미(The Meaning of Life)』에서, 인생을 삶에서 추구하는 다양한 가치들을 악기처럼 자유롭고 조화롭게 연주하는 재즈밴드에 비유한다. 그리고 유의미한 삶의 핵심요소는 아가페(Agape)적 사랑이라고 한다. 결국, 삶의 의미는 행복과 사랑이라고 한다.[37] 그는 "인간에게 내재한(inherent) 의미는 없으며 스스로 만든(ascribed) 의미만이 있다. 인간은 스스로 의미를 만들 수 있지만, 본성상 사회적 동물이므로 아무거나 자기 마음대로 의미라고 정할 수는 없다."고 말한다.

○ 줄리언 바지니(Julian Baggini, 1968~)

줄리언 바지니는 『러셀 교수님, 인생의 의미가 도대체 뭔가요?(What's It All About)』에서 인생의 의미는 무엇인가란 질문 자체는 인생을 살 만한 어떤 의미가 있다는 판단을 전제로 한다고 시작한다. 그러면서 사고실험을 통해 많은 사람들이 삶의 의미라고 믿는 후보들, 즉 이타주의, 대의명분, 행복, 성공, 쾌락, 해탈은 삶의 의미가 될 수 없다고 한다. 그럼에도 인생은 유의미할 수 있다고 역설적으로 말한다. 이타주의도 행복도 쾌락도 성공도 그 자체로 해답이 될 수는 없지만, 각각에 담긴 진실의 실마리들을 모으면 인생의 의미라는 퍼즐의 전체 그림을 맞출 수 있다고 한다.

유의미한 삶의 필요충분조건은 그 삶을 사는 사람에게 가치가 있고 그리고 도덕적으로도 선한 삶이다. 줄리언 바지니는 인생을 유의미하게 만들 수 있는 유일한 것은 인간의 삶이 그 자체로 살 가치가 있음을 인정하는 것이라고 주장한다. 사실 인생은 그 자체로 가치가 있어야 하며, 그 가치는 그 삶을 사는 사람을 위한 것이어야 한다는 것이다.[38] 다만 가치 있는 삶을 산다는 것은

---

37) 『인생의 모든 의미』, 291~293쪽.
38) 『러셀 교수님, 인생의 의미가 도대체 뭔가요?』, 224~225쪽.

인생의 취약성과 예측 불가능성, 우연성을 직시하고 최선을 다해 산다는 것을 의미한다.[39]

○ 수전 울프(Susan R. Wolf)

유의미한 삶은 당사자가 객관적으로 가치 있는 일에 능동적으로 참여할 때 이루어진다. 의미는 행복이나 도덕성과는 다른 별개의 가치로, 비록 객관적 가치가 구체적으로 정의되지 않더라도 의미는 객관적 가치의 실재성에 의존한다.[40]

○ 빅터 프랭클(Viktor Emil Frankl)

빅터 프랭클은 『인간의 의미 탐구(Man's Search for Meaning)』[41]에서 니체를 인용하는 것으로 철학적 논의를 시작한다. "왜 살아야 하는지를 아는 사람은 그 어떤 상황도 견뎌낼 수 있다." 프랭클이 '의미를 찾고자 하는 의지'라고 부르는 살려는 욕망은 인간적인 삶의 일차적인 동기다.

삶의 의미의 객관적 원천은 1)좋음이나 아름다움의 경험, 또는 타인들에 대한 사랑, 2)창조적인 행동이나 일, 3)불가피한 고통을 대하는 태도 이 세 가지라고 한다.[42]

프랭클은 프로이트(Freud), 아들러(Adler) 등이 주장한 기존 정신의학의 여러 기법 위에 로고테라피(Logotherapy)를 더했다. '빈 제3정신의학파' 이론이라고도 부르는 로고테라피는 삶의 의미를 찾으려고 기울이는 노력이야말로 인간이 살아가는 동력이라고 생각한다. 따라서 '의미를 찾고자 하는 의지'를 일깨우는 것, 인간이 스스로 삶의 의미를 대면하고 알아내도록 도와주는 기법이 로고테라피라고 할 수 있다.

○ 니코스 카잔차키스(Nikos Kazantzakis, 1883~1957)

---

39) 『러셀 교수님, 인생의 의미가 도대체 뭔가요?』,238쪽.
40) 『인생의 모든 의미』, 296~298쪽, 300~301쪽.
41) 한국어판 번역 제목은 『죽음의 수용소에서』이나.
42) 『인생의 모든 의미』, 309~311쪽.

카잔차키스는 『영혼의 자서전(Report to Greco)』에서 우리가 희망과 절망을 모두 넘어설 필요가 있다고 주장한다. 우리 마음의 참된 고향은 의미추구 그 자체다. 결국 우리는 우리의 삶을 온전히 책임지는 것에서 기쁨을 발견한다.[43]

니코스 카잔차키스의 묘비명은 이렇다. "아무것도 바라지 않는다. 아무것도 두렵지 않다. 나는 자유롭다."

나는 누구인가? 나는 무엇을 아는가? 나는 어떻게 살 것인가? 이에 대한 답을 얻으려면 톨스토이가 말년에 쓴 『인생이란 무엇인가』를 읽어보자. 이 책은 1년 365일 날짜별로 구성되어 있는데, 하루하루 단상으로 시작해 수많은 위대한 작품과 사상서에서 삶의 지혜가 되는 말을 뽑아 엮은 다음 자신의 생각으로 마무리하고 있어 매일 아침저녁으로 읽고 생각을 정리하는데 도움을 줄 것이다.

희극배우 찰리 채플린((Charles Chaplin, 1889~1977)은 "인생은 가까이서 보면 비극이지만, 멀리서 보면 희극이다."라고 말했다. 그렇다. 멀리서 보면 모든 것이 정답게, 아름답게, 신비하게 보인다.

🗌 Think About

- 현세의 삶이 죽음으로 끝남에도 불구하고 현세의 삶은 어떤 가치, 의미가 있는가?

- 죽음 때문에 보잘것없는 삶도 가끔씩 아름답게 빛나는 것은 아닐까?

📖 함께 읽을 책

---

43) 『인생의 모든 의미』, 496~498쪽.

◉ 인생의 의미(The Meaning of Life)
- 테리 이글턴(Terry Eagleton), 강정석 옮김, 책읽는수요일, 2016, 188쪽

삶의 의미에 대한 백과사전,
◉ 인생의 모든 의미(The meaning of life)
- 존 메설리, 전대호 옮김, 필로소픽, 2016, 533쪽

삶이 인간에게 요구하는 배움이란,
◉ 인생수업(Life lessons)
- 엘리자베스 퀴블러 로스·데이비드 케슬러, 류시화 옮김, 이레, 2006, 266쪽

◉ 톨스토이 인생론
- 톨스토이, 이길주 옮김, 책만드는집, 2016, 291쪽

◉ 인생이란 무엇인가 Ⅰ, Ⅱ
- 레프 톨스토이, 채수동 옮김, 동서문화사, 2017, 544쪽·616쪽

◉ 무엇이 가치 있는 삶인가: 소크라테스의 마지막 질문(The Examined Life)
- 로버트 노직, 김한영 옮김, 김영사, 2014, 435쪽

◉ 의지와 표상으로서의 세계(DIE WELT ALS WILLE UND VORSTELLUNG)
- 아르투어 쇼펜하우어, 홍성광 옮김, 을유문화사, 2020, 757쪽

◉ 차라투스트라는 이렇게 말했다
- 최상욱, 서광사, 2015, 640쪽

◉ 빅터 프랭클의 죽음의 수용소에서(Man's Search for Meaning)
- 빅터 프랭클, 이시형 옮김, 청아출판사, 2017, 248쪽

◉ 러셀 교수님, 인생의 의미가 도대체 뭔가요?(What's It All About)
- 줄리언 바지니, 문은실·이윤 옮김, 필로소픽, 2017, 264쪽

◉ 카뮈, 침묵하지 않는 삶(A Life Worth Living)
- 로버트 자레츠키, 서민아 옮김, 필로소픽, 2015, 264쪽

◉ 참을 수 없는 존재의 가벼움(L'insoutenable légèreté de l'être)
- 밀란 쿤데라, 이재룡 옮김, 민음사, 2012, 507쪽

   의미와 무의미 - 탁월함과 보잘 것 없음.
◉ 무의미의 축제(La fete de l'insignifiance)
- 밀란 쿤데라, 방미경 옮김, 민음사, 2014, 152쪽

◉ 영혼의 자서전(Report to Greco) (상)·(하)
- 니코스 카잔차키스, 안정효 옮김, 열린책들, 2009, 350·737쪽

제3장 삶을 음미하고 사유하라

국내 안팎으로 코로나19 바이러스로 마음이 뒤숭숭하다. 바이러스는 우리들로 하여금 내면의 허약함을 드러내게 하였다. 그동안 지향점도 모른 채 무작정 내달려온 게 우리 사회의 자화상이다. 가벼움을 넘어 천박하기까지 한 요즘 『삶의 기술 사전』은 60가지에 이르는 삶의 다양한 일상과 감정에 대해 화두를 던지고, 철학의 눈으로 삶을 음미하고 사유케 한다.

01 자부심[정당한 자기애(自己愛)]

우리는 인생을 살면서 희로애락 속에서 주인이 되어야 한다. 리처드 테일러(Richard Taylor, 1919~2003)는 『무엇이 탁월한 삶인가』에서 '자기 자신에 대한 정당한 사랑만이 우리 삶의 목적'이라고 한다. 자부심이 결여된 삶은 부유하든 가난하든 노예의 삶에 불과하다. 부와 명예의 과시는 자부심을 주지 못하며 진정한 자신의 발견을 가로막는 관습과 종교에 맞춰 살며 안주하는 것은 '자발적 노예'의 삶이다.

자부심(自負心)은 자신을 자랑스럽게 여기는 마음가짐이다. 즉 자기 자신을 사랑하는 것이다. 우리는 자기를 존중하고 사랑할 줄 알아야한다. 그래야만 다른 사람으로부터도 사랑을 받을 수 있다.

02 존엄성

사람들은 품위 있고 존엄한 죽음은 말하면서도 존엄한 삶을 이야기하지 않는다. 우리는 어떻게 존엄하게 살 수 있는가? 당신의 죽음이 존엄하길 원한다면 먼저 삶이 존엄해야 하지 않겠는가? 병원들은 사람의 목숨보다는 병원의 이익만을 우선시하는 경향이 있다. 점점 더 인간의 존엄성은 의학기계의 발달로 설 자리를 잃을 것이다.

위키 백과(Wikipedia)에서 '존엄(尊嚴; dignity)'의 뜻을 찾아보니 "도덕, 윤리, 사회적 논고(論告)에서 사용되는 단어로 한 개인은 가치가 있고 존중받고 윤리적인 대우를 받을 권리를 타고났음을 나타낸다."고 나온다. 한 개인이 가치가 있고 존중받는다는 말속에는 타자가 개입된다. 즉 나 자신을 포함한 모든 타자들은 한 개인의 가치를 존중하고 윤리적인 대우를 할 의무가 있음을 내포하는 말이기도 하다.

독일 괴팅겐대학 교수 게랄트 휘터(Gerald Hüther, 1951~)는 『존엄하게 산다는 것(Wuerde)』에서 '인간답게 살아간다는 것은 무엇인가'라는 질문을 던진다. 즉 "자신의 존엄성을 인식하게 된 인간은 결코 현혹되지 않는다."고 운을 때면서 "타인의 존엄을 해치는 것은 결국 자신의 존엄을 해치는 것이 아닐까?"라는 물음으로 이 책을 시작한다.
그는 신경생물학적 관점에서 존엄이란 인간이 타고난 본능이자 삶 속에서 다시 되살려야 하는 감각이라고 말하면서, 존중과 품위를 잃고 고통을 주는 모멸의 시대, 인간다움을 잃어버린 이 시대에 존엄이라는 삶의 원칙을 되살리는 일이 가장 시급하다고 강조한다. 그는 "사는 대로 사는 것이 아니라 존엄함 속에 살아가는 사람. 방향 없이 사는 사람이 아니라 인간다움을 향해 살아가는 사람"을 꿈꾼다. 그는 계속해서 이렇게 말한다. "생명의 다양성을 파괴하거나, 인간 내면의 다양성, 즉 모든 인간이 가지고 있는 저마다의 잠재력을 억누르는 누군가가 있다면, 어떻게 해야 할까? 그 사람에게는 자신이 하고 있는 일, 자신이 살아가는 방식이 자신이 생각하는 존엄이라는 가치에 부합하는지를 돌아볼 기회가 주어져야 한다. (중략) 자신의 행동이 자신이 존엄에 대해 가지고 있는 인식에 모순될 경우 내면에 일어나는 동요를 느껴봐야 한다는 말이다. 이렇게 해야만 자신의 존엄하지 않은 행동을 인지하는 것이 가능하다. 존엄한 인생이 무엇인지 아는 사람은, 더 이상 존엄하지 않은 인생을 살 수 없기 때문이다."44)

존엄성은 인간의 특성으로서의 존엄성[권리라는 성질을 지닌 인간의 특성], 즉 인간이라면 누구나 내재돼 있고 타인이 아무리 끔찍한 짓을 하더라도 빼앗을 수 없는 권리로 규정하는 방법과 페터 비에리(Peter Bieri, 1944~)45)와 같이 인간이 삶을 살아가는 특정한 방법, 즉 사고, 행위, 경험의 틀−삶의 방식 - 으로 접근하는 방법이 있다.

페터 비에리는 『삶의 격: 존엄성을 지키며 살아가는 방법(EINE ART ZU LEBEN)』에서 존엄은 삶을 살아갈 때, 무엇인가를 선택해야 할 때 기준이 되는 하나의 틀이라면서, 존엄성이란 어떤 절대적인 속성이 아니라 삶의 방식, 즉 '삶의 격'이며, 우리가 자립성, 진실성, 가치 있는 삶에 대한 기준을 바로 세워나갈 때 드러난다고 밝히고 있다.

페터 비에리는 존엄한 삶의 형태를 세 가지 차원으로 나눠서 생각한다.46)

- 내가 타인에게 어떤 취급을 받느냐?
- 내가 타인을 어떻게 대하느냐?
- 내가 나를 어떻게 대하느냐?

키케로(Marcus Tullius Cicero, BC 106~BC 43)가 『의무론(De Officiis)』에서 '존엄'이라는 개념을 최초로 언급했다고 하는데, 그는 인간을 특징짓는 것이 '숭고한 태도'와 '우월한 태도' 그리고 '존엄'이라고 했다. 즉 인간은 스스로가 참됨으로 나아갈 수 있는 능력을 학습하고 이성적인 삶을 살아야 한다는 것이다.47)

---

44) 『존엄하게 산다는 것(Wüerde)』, 60쪽.
45) 파스칼 메르시어(Pascal Mercier)라는 필명으로 『리스본행 야간열차』를 발표했다.
46) 『삶의 격』, 12~13쪽.

또한, 임마누엘 칸트(Immanuel Kant, 1724~1804)는 "너 자신과 다른 모든 사람의 인격을 언제나 동시에 목적으로 대하도록 행위 하라."고 했다. 인간은 절대적인 가치를 지닌 인격체로서, 다른 목적을 위한 수단이 아니라, 그 '자체가 목적'이며 그에 합당한 존엄한 대우를 받아야 한다고 했다.48) 칸트에게 존엄은 "그 사람을 함부로 대하는 타인에 의해서만 다치는 것이 아니라, 우리가 우리 스스로를 함부로 대할 때에도 상처를 입는 것"이며, 이는 나와 타인 모두에게 무조건적인 존중을 (반드시 따라야 하는) 정언명령(定言命令)으로 규정했다.

20세기에 치른 2차례 세계대전은 인간의 존엄성에 크나큰 상처를 남겼다. 이에 1948년 UN 총회에서 인권선언문을 채택하였는데, 제1조는 이렇다. "모든 인간은 태어날 때부터 자유로우며 그 존엄과 권리에 있어 동등하다. 인간은 천부적으로 이성과 양심을 부여받았으며 서로 형제애의 정신으로 행동하여야 한다."

대한민국 헌법도 제2장 제10조에서 "모든 국민은 인간으로서의 존엄과 가치를 가지며, 행복을 추구할 권리를 가진다."라고 규정하여 인간의 존엄성을 보장하고 있다.

📖 함께 읽을 책

삶을 예술로 만드는 일상,
◉ 삶의 기술 사전
 - 안드레아스 브레너(Andreas Brenner)·외르크 치르파스(Jörg Zirfas),

---

47) 로마 사람들은 사회적 명망이 있거나 지위를 가진 사람, 관직에 오른 사람을 존엄한 사람으로 여겼다고 한다. 결국 로마의 존엄은 권력과 부를 가지고 있는 사람들의 전유물이며, 힘없고 가난한 사람들은 갖지 못하는 것이었다.
48) 칸트는 당시 유럽에서 유행하던, 인간이 자연법칙의 지배를 받는다고 본 자연론적인 인간관을 부정하면서, 모든 인간의 평등한 존엄성을 강조했다.

　　김희상 옮김, 문학동네, 2015, 565쪽

　　전복적(顚覆的) 인생지침,
◉ 무엇이 탁월한 삶인가?
 - 리처드 테일러, 홍선영 옮김, 마디, 2014, 278쪽

　　품격 있는 삶과 존엄한 삶의 의미를 묻다,
◉ 삶의 격: 존엄성을 지키며 살아가는 방법(EINE ART ZU LEBEN: Über die Vielfalt menschlicher Wüerde)
 - 파스칼 메르시어[페터 비에리], 문항심 옮김, 은행나무, 2014, 466쪽

◉ 존엄하게 산다는 것(Wüerde)
 - 게랄트 휘터, 박여명 옮김, 인플루엔셜, 2019, 232쪽

03 겸손과 절제

▌빅 미(Big Me), 자기과잉의 시대

　세월이 흐르면서 '자신을 낮추라고 강조하는 문화'에서 '자신을 우주의 중심(中心)으로 보는 문화'로 바뀌고 있다. 요즘 사회에서는 누구나 명성을 얻고 유명인이 되고 싶어 한다. 여기에 자녀교육, 각종 축사, 성직자들의 설교에서도 한결같이 '자신을 특별한 사람'으로 여기라고 한다.[49]

　대부분의 사람들이 '조문(弔文)에 들어 갈 덕목'이 중요하다고 생각은 하지만, 인생을 살면서 상당한 시간을 '이력서에 들어 갈 덕목'에 할애해 왔고 현재의 교육체계도 '이력서 덕목'에 치중하고 있다. 또한 자기계발 베스트셀러를 보더라도 '깊이 있는 인격'을 기르는 방법보다 '성공적인 커리어'를 성취하는 방법에 많은 비중을 두고 있다.

---

49) 요즘 세태는 자기과잉을 뛰어넘어서 자녀교육에서도 자기자식만 최고이기 때문에 기가 죽어서는 안 되고, 뭐든지 최고로 해주려는 현상이 벌어지고 있다.

▌ 아는 척, 있는 척… 당신도 그런가요?

칸트의 말처럼 우리 인간은 모두 '뒤틀린 목재(crooked timber)'다. 칸트는 "인간이라는 뒤틀린 목재에서 곧은 것이라고는 그 어떤 것도 만들 수 없다."고 하면서 '뒤틀린 목재'라고 생각하는 사람들은 자신의 결점을 적나라하게 인식하고, 스스로의 약점을 극복하기 위한 투쟁의 과정에서 인격형성이 이루어진다고 믿는다.

데이비드 브룩스(David Brooks, 1961~)는 『인간의 품격(The road to character)』에서 소위 'Big Me' 자기과잉의 시대에서 'Little Me'의 겸손과 절제가치를 일깨우고 있다.

브룩스는 오늘날을 자기 PR, 자기소개서, 자기 SPEC 등 'Big Me'의 시대로 규정한다. 다시 말해 자신을 드러내고, 욕망을 채우고, 오로지 성공만을 위해 나를 부풀리는 시대라고 설명한다.[50] 이에 따라 극단적인 자기중심성이 문화적 특징으로 자리했다고 진단한다. 물질적 풍요와 개인의 능력을 최우선시하는 시대, 이른바 능력주의체제에서는 자신을 부풀리고, 스스로에 대한 확신을 가지라고 말한다. 나아가 자신의 주장을 내세우고, 자신을 광고하라고 권하기까지 한다. 결국에는 자기중심주의를 극대화하여 나약한 영혼을 만들어 낼 뿐 아니라 삶을 의미 있게 만드는 데 필요한 도덕적 능력을 위축시킨다.

데이비드 브룩스의 『인간의 품격』은 바로 이런 문제의식에서 출발한 책이다. 그는 종래 우리에게는 인간을 '뒤틀린 목재'로 보는 인식이 있었다고 한다. 누구나 결함을 지닌 존재라는 것이다. 그리고 인간의 삶이란 결함 있는 내면의 자아와 끊임없이 투쟁하며 성장하는 과정이라는 것이다. 여기서 겸손과 절제를 가장 중요한 덕목으로 여기며, 삶의 궁극적인 목적을 외적 성공이 아니라 내적 성숙에 둔다.

▌ 아담論과 빅미(big me)·리틀미(little me)

---

50) 데이비드 브룩스는 언젠가부터 미국사회가 "그 누구도 나보다 더 나은 것은 아니다. 하지만 나 또한 그 누구보다 나은 것은 아니다"라고 말하는 겸양의 문화에서 "내가 이뤄낸 것을 보라. 나는 정말 특별한 사람이다"라고 외치는 자기광고의 시대로 옮겨갔다고 말한다.

데이비드 브룩스(David Brooks)는 랍비 조셉 솔로베이치크(Joseph Soloveitchik, 1903~1993)가 저술한 『고독한 신앙인(Lonely Man of Faith, 1965)』에 나오는 '아담Ⅰ'과 '아담Ⅱ'[51]를 우리 인간의 두 가지 상반된 본성의 표본으로 예를 들면서 '아담Ⅰ'의 커리어를 키우고 싶으면 힘을 길러야 하고, '아담Ⅱ'의 도덕적 '고갱이'를 성장시키고 싶다면 자신의 결함과 직면해야 한다고 주장한다.

즉, 우리 마음에는 두 명의 아담이 산다. '아담Ⅰ'이 성공을 추구하고 야망에 충실한 '나'라면, '아담Ⅱ'는 고요하고 평화로운 내적 성숙을 추구하는 '나'다. 취업이력서에 쓸 내용들을 찾느라 혈안이 된 주체가 '아담Ⅰ'이라면, 장례식장 조문(弔文)에 걸맞을 담담한 고백의 자아가 '아담Ⅱ'다. 없는 재능도 있다고 부풀리는 자기과잉시대의 '아담Ⅰ'은 이른바 '빅 미'다. 하지만 우리는 동시에 결함을 가진 존재로 겸손과 절제가 가장 중요한 덕목이다. 우리는 모두 '뒤틀린 목재'로 평생 동안 '리틀 미'인 것이다. 문제는 현대사회가 '아담Ⅰ'과 '빅 미'만 편애하고 '아담Ⅱ'와 '리틀 미'를 홀대했다는 것이다.

우리 자신을 돌아보자. 가령 인간의 사악함에 대해 언급한다 할지라도 자신의 책임보다는 사회구조를 탓하지 않는가. 이를테면 불평등, 억압, 인종차별 등 남 탓을 하지 '내 탓이오'는 없다는 것이다. 죄를 짓고 나서도 '죄'라는 단어를 '실수', '오류', '약점' 등 도덕성과 상관없는 단어로 대체하면서 궤변을 늘어놓는다. 하지만 모든 것은 용감함과 비겁함, 정직과 기만, 연민과 냉정, 신뢰와 배신 사이에서 '내'가 내리는 선택의 결과라고 설명한다.

▌ 리틀 미(Little Me), 겸손의 미덕

---

51) 솔로베이치크는 창세기에 나오는 창조에 관한 두 가지 묘사가 우리 본성의 두 가지 상반된 면을 상징한다고 주장했다. 그는 이 두 본성을 각각 아담 I, 아담 II라고 불렀다. 솔로베이치크의 아담과 II에 대한 성찰은 도덕적 실재론(Moral Realism)과 도덕적 낭만주의(Moral Romanticism)에 터잡은 것이다. 중세의 아우구스티누스, 단테, 데이비드 흄, 에드먼드 버크, 몽테뉴, 조지 엘리엇, 사무엘 존슨, 라인홀드 니버 등은 인간의 이성과 감성과 의지의 한계를 역설해 왔다. 18세기 계몽주의 이후 도덕적 낭만주의자들이 등장하기 시작했는데 루소가 선두주자다다. 인간성 속에는 선한 요소가 자리하고 있다는 주장이다.

티셔츠에 뭔가 주장하는 메시지를 프린팅하고, 연대감을 표시하는 리본도 달고, 개인적 주장이나 도덕적 선언을 하는 차량용 스티커도 버젓이 붙이고 다닌다. 이처럼 요즘은 '나'라는 표현과 '자화자찬'하는 표현에 거부감을 느끼지 않는 것 같다. 그래서 나이 든 사람들은 지금의 세태와 격세지감을 느낀다.

우리는 '빅 미'를 중심으로, 그리고 우리 안에 특별한 모습이 존재한다는 믿음을 중심으로 '자기도취'와 '자기확대' 성향이 강화되면서 그 결과 우리 본성 중 외적인 '아담Ⅰ'에 더 초점을 맞추고, '아담Ⅱ'의 내적 세계는 무시하게 됐다. 이제 '잘못된 삶'을 반성하면서 '제대로 된 삶'을 살고, 건강한 영혼을 갖기 위해서는 '아담Ⅰ'과 '아담Ⅱ' 사이의 균형을 찾아야 할 필요가 있다.

데이비드 브룩스는 말한다. 지금 허둥대고 있다면 스스로에게 질문을 던져 보라고. 나는 누구이며, 내 본성은 무엇인가? 내 삶을 어떤 방향으로 이끌어가고 싶은가? 내가 가장 경계해야 할 결함은 무엇이고, 이를 어떻게 가다듬어갈 수 있을까? 등등. 다음은 자신을 낮추고 배울 차례다. 두려워할 이유는 없다. 나보다 더 많이 아는 사람, 나보다 잘 하는 사람, 나보다 명확히 사물을 보는 사람과 밀접한 관계를 맺고 가능한 한 많이 배워야 한다. "우리는 모두 발을 헛디디고 휘청거린다. 삶의 묘미와 의미는 발을 헛디디는 데 있다. 발을 헛디뎠다는 사실을 인식하고, 시간이 흐르면서 좀 더 우아하게 만들려고 노력하는 데 삶의 아름다움이 있다."[52]

톨스토이의 소설 『이반 일리치의 죽음』[53]에서 이반 일리치(Ivan Illich)[54]

---

52) 『인간의 품격(The road to character)』, 475쪽.
53) 1886년 출간된 소설로, 이 소설의 배경은 19세기 말 러시아다. 죽음 앞에서 자신의 인생전 체를 돌아보는 한 인간의 의식과 심리적인 과정을 예리하고 생생한 필치로 전달하며, 삶과 죽음의 의미에 대한 통찰을 보여 주는 작품이다. 러시아작가 블라디미르 나보코프는 이 작품에 대해 '톨스토이가 쓴 것 중 가장 예술적이고 가장 완벽하며 가장 세련된 작품'이라고 극찬했다.
54) 이반은 히브리어로 '신은 선하다, 신은 자비롭다'라는 의미를 지닌 요한(John)의 러시아식 이름이다. 일리치는 '일랴의 아들'이란 뜻의 부칭이다. 일랴는 엘리아스 또는 엘리야의 러시 아식 이름이고, 히브리어로는 '여호아는 선하다'라는 의미를 지닌다. 결국 일리치는 일(Ill) 과 잇치(Itch)이므로 인간의 유한한 삶이 겪는 시련(ills)과 갈망(itch)으로 풀이된다.(『나보

는 외적으로 높이 상승할수록 내적으로는 더 낮은 곳으로 떨어진다. 그는 자신이 살아 온 삶이 '점점 가속이 붙으면서 떨어지는 돌'처럼 느껴지기 시작했다. 이반 일리치가 '아담Ⅰ'로서 산 삶이 모두 허위이고 가치 없는 삶은 아니었다. 그러나 톨스토이는 죽음에 이르기까지 내적세계 없이 살아온 사람의 초상을 꾸밈없이 그리고 있다. 일리치는 마지막순간에 이르러서야 사는 동안 늘 알아야 했던 사실을 마침내 조금 엿보게 된다. "그는 구멍을 통해 떨어졌다. 그리고 떨어진 바닥에서 빛을 봤다. 이반 일리치가 떨어져서 빛을 보게된 바로 그 순간, 그는 자신이 삶을 제대로 살아오지 못했는지는 모르지만 그때라도 바로잡을 수 있다는 것을 깨달았다. 그는 자신에게 물었다. '그게 도대체 뭐지?[무엇이 옳은 것인가?]' 그리고 침묵을 지키며 귀를 기울였다."55)

오늘날 많은 사람이 이반 일리치와 같은 상황에 처해 있다. 우리에게는 일리치에게 없었던 잘못을 바로 잡을 수 있는 시간이 있다는 점이다. 인격연마를 위한 긴 여정 동안 우리는 자신의 본성을 정확히 이해해야 한다. 그 이해의 핵심은 우리가 결함 있는 존재라는 깨달음이다. 자신의 결함을 상대로 투쟁을 벌일 때, 겸양은 가장 필요한 덕목이다. 오만은 모든 악의 중심에 있다. 우리를 잠시 옆길로 새게 만드는 것들은 단기적 효과를 갖는 것들, 즉 욕정, 두려움, 허영, 식탐 같은 것들이다. 인격은 내적 투쟁과정에서 길러진다. 삶이란 더 나은 인간이 되기 위한 투쟁이다. "삶은 성공이 아닌 성장의 이야기다. 우리는 행복을 위해 사는 것이 아니라 성스러움을 위해 산다. 인격은 자신의 결함과 맞서 싸우는 과정에서 만들어진다."56)

스티븐 코비(Stephen R. Covey, 1932~2012)의 『오늘 내 인생 최고의 날(Everyday Greatness)』이라는 책 제목같이 살아야 한다. 책 제목인 'Everyday Greatness'는 겉으로 드러나지 않은 또 다른 위대함, 일상속의

코프의 러시아 문학 강의』, 블라디미르 나보코프, 이혜승 옮김, 을유문화사, 2012, 422~423쪽)
55) 『이반일리치의 죽음』, 117쪽.
56) 『인간의 품격(The road to character)』, 464~473쪽 참조.

위대함, 성품이나 인격과 관련된 일차적 위대함을 말한다. 이는 명예, 부, 지위 등과 연관되는 '이차적 위대함'과 구별된다.

세상에서 가장 슬픈 말은 "If only(…했으면, …할 텐데)"라고 한다. 이런 말을 입에 담지 않기 위해서라도 오늘 내 인생 최고의 날처럼 살아야 한다. 매일매일 아침을 맞이하고, 눈을 떠 호흡하며, 모든 것과 사랑할 수 있는. 이런 조건이라면 누구나 성공할 수 있는 필요충분조건을 다 가진 셈이다. 인생, 정말 멋지지 않은가?

여기서 가수 김종환(1966~)이 그의 딸 리아 킴에게 작사·작곡해 준 노래 《위대한 약속》의 가사를 음미해보자.

> 좋은 집에서 말다툼보다
> 작은 집에 행복 느끼며
> 좋은 옷 입고 불편한 것보다
> 소박함에 살고 싶습니다.
> 비가 오거나 눈이 오거나
> 때론 그대가 아플 때도
> 약속한대로 그대 곁에 남아서
> 끝까지 같이 살고 싶습니다.
> 위급한 순간에 내편이 있다는 건
> 내겐 마음의 위안이고
> 평범한 것이 얼마나 소중한지
> 벼랑 끝에서 보면 알아요.
> 하나도 모르면서 둘을 알려고 하다
> 사랑도 믿음도 떠나가죠.
> 세상 살면서 힘이야 들겠지만
> 사랑하며 살고 싶습니다.

📖 함께 읽을 책

◉ 인간의 품격(The road to character)
- 데이비드 브룩스, 김희정 옮김, 부키, 2015, 495쪽

◉ 스티븐 코비의 오늘 내 인생 최고의 날(Everyday Greatness)
- 스티븐 코비(Stephen Covey)·데이비드 해치(David Edwin Hatch), 김경섭 옮김, 김영사, 2007, 473쪽

제4장 카르페 디엠(Carpe diem): 오늘 그리고 지금 충실하라

죽음을 앞둔 사람에게 어떤 이가 물었다. "다시 태어난다면 어떤 삶을 사시 겠습니까?" 이 사람은 한참을 생각하더니 이렇게 대답했다. "다시 살 기회를 얻는다면 꼭 더 많은 순간을 누릴 겁니다. 여행도 더 많이 하고, 더 많은 산에 오르고, 강도 더 많이 건너보고, 춤도 더 많이 추고, 회전목마도 더 많이 타보 고, 꽃구경도 더 많이 하고요. 그 순간의 달콤함을 하나하나 느낄 수 있다면 다른 것은 더 바라지 않을 겁니다."[57]

당신이 붙잡을 수 있는 시간은 오늘 뿐이다. 오늘은 오늘이고, 내일은 내일 일 뿐이다. 오늘은 남은 인생의 첫날이다. 매일 첫날같이 살면 된다.

01 인생은 짧다

> 지금 말하는 동안에도
> 우리를 시샘하는 세월은 저만큼 도망갑니다.
> 바로 이 순간을 낚아채십시오.
> 미래에 일어날 일을 신경 쓰지 마십시오.
> (Dum loquimur, fugerit invidiaa aetas:
> carpe diem, quam minimum credula postero.)
> - 호라티우스(Horatius)

---

57) 『어떻게 인생을 살 것인가(What should we learn in Harvard)』(쑤린(蘇林), 원녕경 옮김, 다연, 2015), 241쪽.

호주의 로먼 크르즈나릭(Roman Krznaric)은 『인생은 짧다 카르페 디엠(傲慢王子とシークレットラブ)』에서 카르페 디엠(Carpe diem)[58]에 대한 다섯 가지 의미의 해석을 소개한다. ① 기회포착, ② 쾌락주의, ③ 현존(presence), ④ 즉흥성(spontaneity), ⑤ 집단의 정치가 그것이다. 이 다섯 가지 해석은 인류가 '오늘에 충실'하기 위해 개발한 방법들의 총체다.

해석 하나, '인생이 우리에게 제공하는 짧은 기회를 움켜쥐라'는 외침으로 해석한다. "내일을 위해서는 되도록 적게 남겨두라."고 호라티우스(Horatius, BC 65~BC 8)[59]는 충고한다. 해석 둘, 관능적이고 쾌락주의적인 메시지를 강조한다. 해석 셋, '카르페 디엠'을 '기회의 창을 잡아라'가 아닌 '이 순간에 몰입하라'는 의미로 받아들인다. '지금, 여기에' 충실하게 존재하는 것으로 해석한다. 해석 넷, '카르페 디엠'을 즉흥적인 생활방식의 표제어로 받아들인다. 해석 다섯, 18세기부터 '카르페 디엠' '오늘을 붙잡아라' '순간을 포착하라' 같은 구호는 정치적 기회 또는 가능성을 극대화하라는 뜻으로 쓰인다. 이 다섯 가지 의미의 해석을 하나로 엮어주는 것은 무엇인가? 그것은 바로 죽음에 대한 두려움이다.

나는 잠자리에 들 때 과연 내가 내일 아침 다시 눈을 뜰 것인가 의심하기도 한다. 아침에 일어났을 때 내가 아직 살아 있음에 감사하다. 이처럼 존재의 덧없음을 인식하고 때때로 죽음을 응시하는 것이야말로 '카르페 디엠'일지도 모른다. 알베르 카뮈(Albert Camus)는 "죽음을 받아들이는 법을 배워라. 그러면 모든 것이 가능해진다."고 썼다.

02 죽음을 두려워 마라

---

58) '카르페 디엠'은 영어로 'seize the day(오늘을 붙잡아라)'로 옮기기도 한다. 일본어에는 '이마오 다노시메(현재를 즐겨라)'라는 말이 있고, 슬로바키아에서는 'žinaplno(충만한 삶을 살아라)'라는 말이 있다.
59) 영미권에서는 호레이스(Horace)라고도 불린다.

로먼 크르즈나릭은 ① 17세기 기독교와 산업혁명의 유산인 '효율성'에 대한 맹목적 믿음, ② 제1차 세계대전 이후에 발달한 소비자본주의라는 이데올로기, ③ 1950년대부터 우리의 삶을 식민화한 텔레비전이라는 이름의 유쾌한 문화 중독을 카르페 디엠을 훔친 도둑들이라고 한다. 이 삼총사의 출현으로 '무조건 행동하라'라는 카르페 디엠의 이상을 추방하고 그 자리에 일련의 새로운 욕망 - '무조건 계획하라', '무조건 사라', '무조건 보자' - 을 이식했다는 것이다. 그러면서 로먼 크르즈나릭은 사라져가는 '카르페 디엠'을 되찾는 5가지 방법, 즉 오늘을 붙잡는 '카르페 디엠'의 기술을 제안한다.

- 기회를 포착하는 기술을 연마하라.
- 쾌락주의의 숨은 미덕을 발견하라.
- 마음 챙김을 넘어 진짜 삶을 만나라. 삶이 흥과 몰입, 경이와 황홀경을 만나게 하라.
- 즉흥적 본성을 틈나는 대로 되찾아라.
- '카르파무스 디엠(carpamus diem)', 함께 행동하라.

삶의 기쁨을 만끽하자. 자연에 순응하면서 살자. 지금 이 순간을 즐기자. 별것 아닌 일로 덤벙대지 말자. 페스티나 렌테(Festina lente), 천천히 서두르자. 카르페 디엠(Carpe diem), 현재를 즐겨라, 가급적 내일이란 말은 최소한만 믿으라. 결국은 죽음에 대해 쓸데없이 걱정하지 말고 오늘 이 순간을 충만하게 즐기라는 것이다.[60] 이처럼 순간을 위해 살 수 있는 사람, 다시 말해 현재에 충실하여 길가에 핀 작은 꽃들도 다정하게 대하고 유희적인 순간들의 가치도 신중하게 여기는 사람에게, 삶은 아무런 피해도 입히지 않을 것이다.[61]

베르나르 베르베르(Bernard Werber, 1961~)는 장편소설 『죽음』에서 가

---

60) 『나이 듦과 죽음에 대하여』, 293~295쪽.
61) 『황야의 늑대』(헤르만 헤세, 안장혁 옮김, 현대문학, 2013), 160~161쪽.

브리엘의 마지막 깨달음을 통해 우리에게 가르침을 준다.[62] 첫째, 인간의 삶은 짧기 때문에 매 순간을 자신에게 이롭게 쓸 필요가 있다. 둘째, 뿌린 대로 거두는 법이다. 남들이 우리에게 영향을 줄 수는 있지만, 결국 선택은 우리 스스로 하는 것이며, 그 결과에 대한 책임 또한 우리가 지는 것이다. 셋째, 실패해도 괜찮다. 실패는 도리어 우리를 완성시킨다. 실패할 때마다 뭔가를 배우기 때문이다. 넷째, 다른 사람에게 우리를 대신 사랑해 달라고 할 수는 없다. 스스로를 사랑하는 일은 각자의 몫이다. 다섯째, 만물은 변화하고 움직인다. 사람이든 동물이든 물건이든 억지로 잡아 두거나 움직임을 가로막아선 안 된다. 여섯째, 지금 갖고 있지 않은 것을 가지려하기보다 지금 가진 것을 소중히 여길 줄 알아야 한다. 모든 삶은 유일무이하고 나름의 방식으로 완벽하다. 비교하지 말고 오직 이 삶을 최대한 누리기 위해 애써야 한다.

❏ Think About

O 저 들판을 가득 채우고 있는 새들의 숫자가 정확히 얼마인지 헤아리는 게 아무런 의미가 없듯이, 인생이 얼마나 남아 있는지 손꼽아보는 게 무슨 의미가 있을까? 인생은 바로 지금 이 순간, 살아 숨 쉬고 있다는 충만한 느낌으로만 채워져 있을 뿐이다.[63]

O 누가, 왜 대단한 기적을 만드는가? 나는 매일 일어나는 기적들밖에 모른다.[64]

📖 함께 읽을 책

◉ 카르페 디엠
  - 호라티우스, 김남우 옮김, 민음사, 2016, 168쪽

---

62) 『죽음』 2, 311쪽.
63) 『죽기 전에 답해야 할 101가지 질문』, 14쪽.
64) 『죽기 전에 답해야 할 101가지 질문』, 104쪽.

주체적으로 살아가려면,
- ◉ 인생은 짧다 카르페 디엠(傲慢王子とシークレットラブ)
 - 로먼 크르즈나릭, 안진이 옮김, 더퀘스트, 2018, 416쪽

- ◉ 죽은 시인의 사회(Dead Poets Society)
 - N.H. 클라인바움, 한은주 옮김, 서교출판사, 2004, 343쪽

- ◉ 황야의 늑대
 - 헤르만 헤세, 안장혁 옮김, 현대문학, 2013, 342쪽

- ◉ 죽음 1·2
 - 베르나르 베르베르, 전미연 옮김, 열린책들, 2019, 323·321쪽

제5장 지금, 당신의 삶에서 가장 중요한 것은 무엇인가?

누가 "지금, 당신의 삶에서 가장 중요한 것은 무엇입니까?"라고 묻는다면 뭐라고 답변하겠는가?

돈?

아름다운 외모?

사회적 성공?

다른 사람의 인정?

각자 답하기로 한다.

01 인생 점검 리스트

스테판 M. 폴란(Stephen M. Pollan, 1955~)은 『2막(Second Acts)』이란 책에서 2막을 시작하기 위한 9가지 태도로, 다른 이에게 도움을 청하는 일을 두려워하지 말 것, 서로 타협하기보다 그냥 받아들일 것과 선택의 기회는 많을수록 좋으니 여러 기회를 두려워하지 말 것, 실패를 두려워하지 말고 과감히 행동할 것, 자신의 장단점을 솔직하게 드러낼 것, 현재와 미래의 위험과 기회에 초점을 두고 장단기 계획을 마련할 것, 모든 것을 계획하기보다는 현재의 일에 집중할 것, 남과 비교하며 부정적인 생각에 빠지지 말 것, 그리고 미래에 좋은 일이 있을 거라는 강력한 희망을 가질 것을 주문하고 있다.

찰스 E. 도젠(Charles E. Dodgen)의 『왜 생의 마지막에서야 제대로 사는 법을 깨닫게 될까(Simple Lessons for a Better Life)』는 행복한 인생 2막을 위해 인생의 진리를 25개의 질문으로 정리해 놓은 책이다. 그가 제시한 삶의 끝자락에서 마주하는 25가지 인생 질문과 교훈은 이렇다.

¿ 인생질문 01 고통과 괴로움 없이 나이 들 수는 없을까?
√ Lesson 고통과 괴로움은 별개로, 괴로움은 선택 가능하다.

¿ 인생질문 02 살아가는 데 사랑이 꼭 필요할까?
√ Lesson 사랑은 타협할 수 없는 평생의 필요조건이다.

¿ 인생질문 03 내가 쓸모없는 사람처럼 느껴질 때는 어떻게 해야 할까?
√ Lesson 모든 시련에는 좌절이 따르지만 사기저하는 경계해야 한다.

¿ 인생질문 04 중년 이후의 삶을 위해 무엇을 준비해야 할까?
√ Lesson 인간관계를 잘 관리하는 것이 무엇보다 중요하다.

¿ 인생질문 05 젊음을 잃는 대신 얻는 건 무엇일까?
√ Lesson 상실에 따른 괴로움을 받아들여야 성장할 수 있다.

¿ 인생질문 06 소중한 사람을 잃은 아픔을 어떻게 극복할까?
√ Lesson 기억은 쉽게 지워지지 않지만 새로운 기억으로 덮을 수는 있다.

¿ 인생질문 07 건강하게 나이 드는 비결은?
√ Lesson 자기 몸과 건강에 대한 주인의식을 가져야 한다.

¿ 인생질문 08 어떻게 하면 품위를 지키며 살 수 있을까?
√ Lesson 우위에 있을수록 겸손함으로 상대방을 배려해야 한다.

¿ 인생질문 09 만족스러운 삶을 위해 무엇부터 시작해야 할까?
√ Lesson 더 나은 삶을 원한다면 주위환경부터 바꿔야 한다.

¿ 인생질문 10 억눌린 감정을 해소하는 가장 효과적인 방법은?
√ Lesson 말은 눈에 보이지는 않지만 몸과 마음에 큰 영향을 미친다.

¿ 인생질문 11 어떻게 스트레스를 줄이면서 살 수 있을까?

√ Lesson 먼저 자기 자신을 잘 보살펴야 긍정적이고 무한한 사랑을 나눌 수 있다.

¿ 인생질문 12 주어진 환경에 얽매이지 않고 살아가려면?

√ Lesson 용서와 수용, 긍정적 태도는 삶에서 우리가 유일하게 선택할 수 있는 문제다.

¿ 인생질문 13 왜 감정의 충동을 이기지 못하는 걸까?

√ Lesson 급할수록 먼저 마음의 소용돌이를 가라앉혀야 한다.

¿ 인생질문 14 즐겁게 살기 위해 가장 필요한 것은 무엇일까?

√ Lesson 건강관리야말로 즐거운 삶을 위한 필수조건이다.

¿ 인생질문 15 존중받는 사람이 되려면 어떻게 해야 할까?

√ Lesson 긍정적인 반응은 더 많은 사랑과 존중을 이끌어 낸다.

¿ 인생질문 16 어떻게 해야 좋은 대인관계를 유지할 수 있을까?

√ Lesson 감정을 이해하고 제대로 관리하면 건강과 대인관계에 도움이 된다.

¿ 인생질문 17 바쁘게 부지런히 살아야만 가치 있는 삶일까?

√ Lesson 세상과 멀어지면 마음의 균형과 평온을 얻을 수 있다.

¿ 인생질문 18 외롭고 고립된 노년을 보내지 않으려면?

√ Lesson 형태는 달라져도 가족의 가치는 달라지지 않는다.

¿ 인생질문 19 신체나이와 뇌 나이는 반드시 비례할까?

√ Lesson 우리 뇌는 유연하며 끊임없이 자극이 필요하다.

¿ 인생질문 20 나이가 들었다고 여성성과 남성성까지 포기해야 할까?

√ Lesson 성은 자아정체성의 중요한 부분이므로 거부하거나 무시해서는 안 된다.

¿ 인생질문 21 상처받지 않고 살아갈 방법은 없을까?
√ Lesson 누군가의 말과 행동은 결국 그들 자신에게서 비롯된 것이다.

¿ 인생질문 22 인간의 기본욕구를 억눌러야 성숙한 삶일까?
√ Lesson 몸의 기본욕구에 관심을 기울이면 삶의 만족도가 높아진다.

¿ 인생질문 23 사랑은 항상 아름답기만 할까?
√ Lesson 진정으로 상대방을 위하는 행동이라도 때로는 사랑처럼 느껴지지 않을 수 있다.

¿ 인생질문 24 제2의 인생을 살려면 무엇부터 해야 할까?
√ Lesson 좋은 인간관계는 안정적이고 성공적인 삶을 여는 열쇠다.

¿ 인생질문 25 다음 세대에게 무엇을 남겨야 할까?
√ Lesson 가장 값진 유산은 감사와 봉사의 가치를 알려주는 것이다.

여러분도 찰스 E. 도젠이 제시하는 인생 질문에 스스로 대답해 보라.

📖 함께 읽을 책

◉ 왜 생의 마지막에서야 제대로 사는 법을 깨닫게 될까(Simple Lessons for a Better Life)
 - 찰스 E. 도젠, 정지현 옮김, 아날로그(글담), 2016, 281쪽

◉ 2막
 - 스테판 M. 폴란, 조영희 옮김, 명진출판사, 2003, 263쪽

◉ '최고의 유산' 상속받기(The Ultimate gift)
 - 짐 스토벌(Jim Stovall), 정지운 옮김, 예지, 2001, 194쪽
   {세계적인 석유회사와 대목장을 소유하고 있는 대부호가 사후에 '최고

의 유산' 상속을 시작한다. 그를 대리한 변호사가 손자에게 매달 1개씩 비디오를 통해 12개의 과제('일'·'돈'·'친구'·'배움'·'고난'·'가족'·'웃음'·'꿈'·'나눔'·'감사'·'하루'·'사랑'이란 유산)를 내준다. 할아버지는 평생 자기 자신밖에 모르고 살아온 손자 제이슨에게 기본적이지만 소중한 삶의 가치를 일깨워 준다. 제이슨은 이 세상에서 '최고의 유산'은 자신이 이미 가지고 있는 유산이라는 것을 깨닫게 된다.}

02 내가 원하는 삶을 살았더라면

　호주에서 수년간 임종 직전 환자들을 보살폈던 호스피스 간호사 브로니 웨어(Bronnie Ware, 1967~)는 환자들의 임종 직전 '깨달음'을 블로그에 기록해뒀다가, 『죽을 때 가장 후회하는 다섯 가지(The Top Five Regrets of the Dying)』란 제목의 책을 펴냈다. 이 책에 의하면 임종을 앞둔 사람들은 평생 뜻대로 살아보지 못한 것, 일만 하고 살았던 것, 감정에 솔직하지 못했던 것, 친구들과의 관계를 소홀히 했던 것, 행복을 위해 노력하지 않았던 것을 가장 후회했다고 한다.[65]

　브로니 웨어가 정리한 5가지는 다음과 같다.

> ✔ 내 뜻대로 한 번 살아봤으면…
> 　다른 사람들의 시선이나 기대에 맞추는 '가짜 삶'을 사느라, 정작 사람들은 자신이 정말 하고 싶은 것을 누리며 사는 '진짜 삶'에 대한 용기를 내지 못했다는 것이다.
>
> ✔ 일 좀 적당히 하면서 살 것을…
> 　돈벌이에 매달려 직장에 파묻혀 사는 동안 자식의 어린 시절, 부인과의

---

[65] 이 책 71~77쪽 참조.

따뜻한 가정생활을 놓친 것을 후회했다.

✔ 내 기분에 좀 솔직하게 살았다면, 화내고 싶을 땐 화도 내고…
평생 자신의 솔직한 감정을 표출해보지 못하고 살아온 것을 후회했고,
심지어는 분노의 감정을 너무 숨기고 살아 '병'으로까지 이어지기도 했다.
더 나아가 왜 화해하고 용서하고 사랑하지 못했는가를 후회한다고 한다.

✔ 오래된 친구들과 좀 더 가깝게 지낼 걸…
친구들이 보고 싶어 수소문을 해보기도 하지만, 정작 그때쯤엔 자신의
수중에 친구들의 연락처조차 없다는 점을 깨닫고는 좌절했다.

✔ 좀 더 내 행복을 위해, 도전해 볼 걸…
사람들은 현실에 안주하느라 좀 더 모험적이고, 좀 더 변화있는 삶을 살
지 못한 점을 아쉬워했다. 이것저것 다 해보고 여유 있는 마음으로 살지
못했음을 후회한다.

결국, 임종을 앞둔 사람들은 평생 뜻대로 살아보지 못한 것, 일만 하고 살
았던 것, 감정에 솔직하지 못했던 것, 친구들과의 관계를 소홀히 했던 것, 행
복을 위해 노력하지 않았던 것을 가장 후회했다.66)

사람이 얼마나 죽기를 꺼리는지는 그가 이루지 못하고 남긴 것에, 그리고
일할 수 있는 여분의 능력에 좌우된다. 죽음이 다가올 때 개인이 느끼는 후회
는 성취하지 못하고 남겨진 모든 행동에 좌우된다.

📖 함께 읽을 책

---

66) 삼성생명 은퇴연구소에서 2014년 50세 이상의 은퇴자들을 대상으로 '은퇴 후 후회하는 것'
   에 대한 설문 조사를 실시했는데, 그 결과 체력관리를 하지 못한 것, 마음껏 여행을 나니지 못
   한 것, 평생 즐길 취미를 만들지 못한 것, 자녀와의 대화 부족 등이 높은 순위를 차지했었다.

　1000명의 죽음을 지켜본 호스피스 전문의가 말하는,
◉ 죽을 때 후회하는 스물다섯 가지(死ぬときに後悔すること25)
　－ 오츠 슈이치, 황소연 옮김, 아르테(arte), 2015, 240쪽

03 '지금, 이 순간'을 즐겨라

　바로 지금이 최고의 순간이다. 지금 상태가 아무리 좋지 않더라도 지금은 항상 최고의 순간이다. 그래서 매 순간 감사하며 살라고 모든 종교가 가르치고 있다.

　나중에 늙어 죽게 됐을 때, 다른 사람이 아닌 내가 원하는 삶을 살았더라면…, 내가 그렇게 열심히 일하지 않았더라면…, 내 감정을 솔직히 표현했더라면…, 친구들과 계속 연락하고 지냈더라면…, 나 자신에게 더 많은 행복을 허락했더라면… 하고 후회하지 않기 위해서라면 지금, 이 순간을 즐겨라.

　붓다는 참된 삶의 의미를 '지금 여기'에 깨어 있는 것으로 설명했다. 이는 지금 여기에서 최선을 다하는 삶을 말하며, 지금 여기에서 즐겁게 사는 것을 뜻한다. 현재 직면한 삶을 즐겁고 행복하게 사는 것[現法樂住]이 참된 삶의 태도다. 붓다는 말했다. "지혜로운 사람은 지나간 과거를 슬퍼하지 않고 오지 않은 미래를 걱정하지도 않는다. 지금 당장 해야 할 일에만 전념한다." 오직 지금 여기에 깨어 있을 때만 과거로부터 잘 배울 수 있고, 미래를 잘 설계할 수 있다. 붓다에 따르면, 삶은 끊임없이 변화하며 흘러가는 과정일 뿐이다. 우리는 순간순간마다 경이로움과 아름다움을 만끽하며 살아야 한다. 하지만 삶을 고착된 소유물로 여기기 때문에 죽음을 두려워하게 된다. 사는 것에 집착하지 않고 소유하려 하지 않으면, 엄연한 변화의 우주적 질서를 두려워할

이유가 없다는 것이다.

우리가 사후 세계와 불멸의 영혼을 말하고, 내세에서 누리게 될 지복의 영생을 떠올리게 된 배경은 대체로 영혼불멸과 내세의 형이상학을 논한 플라톤 사상에서 찾을 수 있다. 사람이 죽으면 영혼이 육체를 떠나 천당으로 올라가 고통 없는 영원한 생명을 누리며 살게 되리라는 식의 내세이해는 도식화된 플라톤식 내세관이 변용된 결과일 뿐이다.

예수(BC 4~AD 30)는 내세의 부활 신앙에 터 잡아 자신의 현재 생명을 덜 중요하게 여기거나, 내세의 황홀함을 앞세워 자신의 죽음을 간절히 소망한 것은 아니다. 예수는 '지금 여기서'의 삶에 담긴 일상적 의미를 소중히 여기며 건강한 삶의 지속을 갈구한 지극히 정상적인 인간이었다.

이슬람의 예언자 무함마드(Muhammad, 570~632)의 삶을 이야기로 풀어낸 『하디스 40선』에서는 지금 이 순간에 머무르기를 이렇게 권하고 있다. "아침을 맞이하면 저녁을 기다리지 말고, 저녁을 맞이하면 아침을 기다리지 말 것이며, 이미 이 세상에 와 있는 자신을 위해 영원히 사는 것처럼 열심히 일하고, 질병에 대비해 건강을 관리하며, 내일 이 세상을 떠난다고 생각하고, 내세를 위해 오늘 준비를 해야 한다." 이 말은 현세를 위해 영원히 사는 것처럼 일하고, 한편으로는 내일 죽음이 찾아올 수도 있다고 생각하며 하루하루를 살아야 한다는 의미다. 무함마드에게 죽음이란, 천국으로 돌아가기 위한 탈바꿈으로 신으로부터 와서 신의 곁으로 돌아가는 것이다.

에리히 프롬(Erich Seligmann Fromm, 1900~1980)은 애니스 프리먼(Annis Freeman)에게 보낸 연애편지에서 "어떻게든 삶은 즐겨야 하는 것이라오."라고 썼다. 그는 건강증진에 도움이 되지 않는다고 하더라도, 인간은 삶이 제공하는 모든 즐거움을 향유해야 한다고 한다. '향유'란 생명애의 본질이며, 호전성과 전쟁, 생명의 파괴는 시간애의 중심적 요소들이다. 프롬은 생명애와 시간애의 이분법67)이 본능의 산물이라기보다는 사회적 경험의 산물이라고 여겼다.68) 프롬은 죽음이 끼어들기 전에 삶을 '향유하며' 즐겁게 살기로 한다.

생명과학의 발달로 고통, 질병, 노화, 죽음이 제거되면 삶은 의미 있을까? 하물며 삶이 짐이 되어서야 되겠는가? 인공지능시대, 우리 인간은 어떻게 변할까? 인공지능시대에는 요한 하위징아(Johan Huizinga, 1872~1945)가 말한 '호모 루덴스(Homo Ludens)'라는 유희성이 빛을 발할 것이다. 우리는 놀이를 통해 즐거움과 행복을 느끼게 될 것이다. 결국, 미래에는 잘 노는 방법을 터득해야 잘 살 수 있을 것이다. 삶이 짐이 되어서는 안 된다. 삶을 유희로 만드는 재능이 있어야 한다. 사소한 일들, 작은 즐거움을 소중히 여기는 삶의 예술가가 되면 어떨까?

📖 **함께 읽을 책**

◉ 인공지능의 시대, 인간을 다시 묻다
 - 김재인, 동아시아, 2017, 372쪽

 놀이하는 인간,
◉ 호모 루덴스(Homo Ludens: a study of the play element in culture)
 - 요한 하위징아, 이종인 옮김, 연암서가, 2018, 448쪽

---

67) 에리히 프롬은 생명애와 시간애를 프로이트의 에로스[삶본능]와 타나토스[죽음본능]라는 용어와 동의어로 여기지 않았다.
68) 『에리히 프롬 평전』(로런스 프리드먼, 김비 옮김, 글항아리, 2016), 448~449쪽.

제6장　삶 독서일기

01　나는 유일무이한 존재인가?

> ◉ 마지막 강의(The Last Lecture)
> - 랜디 포시 · 제프리 재슬로[69], 심은우 옮김, 출판사 살림, 2015, 380쪽

　부상당한 사자도 으르렁대고 싶다.(An Injured Lion Still Wants to Roar.) 만약 지금이 마지막 기회라면 나는 어떤 지혜를 세상에 나누어줄 수 있을까? 내가 만약 내일 당장 사라지게 된다면 나는 무엇을 유산으로 남길 것인가?

▌부모 제비뽑기(The Parent Lottery)

　부모는 정말 제비뽑기라는 말이 맞는 것 같다. 아무리 노력해도 우리는 부모를 바꿀 수 없다. 게다가 이 제비뽑기는 내 삶에 너무나 크게 작용한다. 난 그래도 축복받은 제비를 뽑은 것이고, 적어도 내 자식에게 불행한 제비를 뽑

---

69) Randy Pausch · Jeffrey Zaslow. 랜디 포시는 카네기멜론대학(Carnegie Mellon University)에서 '인간과 컴퓨터의 상호관계(Human-Computer Interaction)'와 '디자인'을 강의하는 컴퓨터공학 교수다. 1960년 매릴랜드에서 태어나 브라운대학을 졸업하고 1988년부터 1997년까지 버지니아대학에서 교수로 재직했다. 2006년 마흔여섯의 나이에 말기췌장암을 진단을 받고, 그 다음해인 2007년에 교수직에서 사퇴하기로 하고 췌장암 투병 중 이 책을 썼고, 2008년 7월 25일, 카네기 멜론 대학교에서 '어린 시절 꿈을 진짜로 이루기(Really Achieving Your Childhood Dreams)'라는 주제로 세 자녀에게 '마지막 강의'를 남기고 자택에서 생을 마감했다. 랜디 포시의 어릴 적 꿈들은, 무중력상태에 있어보기, NFL 선수되기, 세계백과사전에 내가 쓴 항목 등재하기, 커크(Kirk) 선장되기, 봉제동물인형 따기, 디즈니(Disney)의 이매지니어(Imagineer)되기였는데, NFL 풋볼(Football)선수가 되는 것 빼고는 다 이루었다. 웹사이트 www.thelastlecture.com에 들어가면 그의 마지막 강의내용과 동영상을 볼 수 있다.

앉다는 생각은 들지 않도록 노력해야 할 것이다.

랜디 포시(Randy Pausch, 1960~2008)는 세상엔 두 종류의 가족들이 존재한다고 생각했다. 저녁식사를 마치기 위해서는 1) 사전이 필요한 가족, 2) 필요 없는 가족. 랜디 포시네는 단연 1번이었다. 부모님은 이렇게 말했다. "만약 질문이 있다면 답을 찾아라." 매일 밤 결국은 식탁 옆에 놓인 사전을 가져다 펼쳐보곤 했다.

✔ 사람들은 상대방이 만들어낸 지혜는 선뜻 받아들이지 않지만 제3자에게서 들은 지혜를 인용하면 순순히 받아들인다.

▌기초부터 알기(Fundamentals)
당신은 반드시 기초부터 제대로 익혀야 한다. 그렇지 않으면 그 어떠한 것도 해낼 수 없다.

✔ 당신이 잘못하고 있는데도 더 이상 당신에게 아무 말도 하지 않는다면 그건 당신을 포기했다는 뜻이다. 듣고 싶지 않은 소리일지라도 당신을 비판하는 사람들은 대부분 당신을 진정으로 사랑하고 아끼는 사람들이며 당신을 좀 더 발전시키고 싶은 마음을 가지고 있다.

✔ 부모들이 아이들에게 구체적인 희망을 제시하는 것은 매우 위험한 일이 될 수 있다. 부모의 임무란 아이들이 일생 동안 즐겁게 할 수 있는 일을 찾고 그 꿈을 열정적으로 좇을 수 있도록 격려해주는 것이다.

✔ 자녀에게 자신감을 키워주는 것이 매우 중요하다고들 말한다. 그러나 자신감은 부모가 줄 수 있는 것이 아니다. 아이 스스로 키워나가야 한다. 자신감을 발달시키는 데는 오직 한 가지 방법만이 존재한다. 아이에게 도저히 가능할 것 같지 않은 과제를 내주고 할 수 있다는 것을 스스로 깨

닿게 될 때까지 열심히 노력하게 이끈다. 그리고 계속 그 과정을 반복하라.

✔ 이미 돌려진 카드의 패는 바꿀 수가 없으니 손에 쥐고 있는 카드로 승부를 걸어야 한다. 손에 들어온 카드로 승부를 봐야 한다. 이를 위한 첫 번째는 내 손에 어떤 카드가 있는지 확인하는 것이다. 지금의 상황을 너무 비관하지 말고 그 상황에서 최선의 선택을 하라는 것이다.

▌장벽에게 구애하기(Romancing the Brick Wall)

가로막고 선 장벽[장애물]은 다 그 자리에 있는 이유가 있다. 우리가 지나가지 못하게 하기 위해서 있는 것이 아니다. 장벽은 우리가 무엇을 얼마나 절실하게 원하는지 깨달을 수 있도록 기회를 제공하는 것이다.(The brick walls that you know, are there for a reason. They are not there to keep us out. They're there to give us a way to show how much we want it.) 랜디 포시는 우리 앞에 벽이 존재하는 이유는 우리가 그것을 얼마나 간절히 원하는지 시험하기 위해서라고 말한다. 그가 말하는 소중한 가치는 다음과 같은 것들이다.

- 감사하는 마음을 보여주세요. 감사할수록 삶은 위대해집니다.
- 준비하세요. 행운은 준비가 기회를 만날 때 옵니다.
- 가장 좋은 금은 쓰레기통의 밑바닥에 있습니다. 그러니 찾아내세요.
- 당신이 뭔가를 망쳤다면 사과하세요. 사과는 끝이 아니라 다시 할 수 있는 시작입니다.
- 완전히 악한 사람은 없어요. 모두에게서 좋은 면을 발견하세요.
- 가장 어려운 일은 듣는 일입니다. 사람들이 당신에게 전해주는 말을 소중히 여기세요. 거기에 해답이 있답니다.
- 그리고 매일같이 내일을 두려워하며 살지 마세요. 오늘 바로 지금 이 순간을 즐기세요.

▌ 시간관리 비법

✔ 시간은 명쾌하게 관리되어야 한다, 마치 돈처럼.(Time must be explicitly managed, like money.)

시간은 당신이 가진 전부다. 그리고 당신은 언젠가 생각보다 시간이 얼마 남지 않았다는 사실을 알게 될 것이다.

✔ 계획은 늘 바뀔 수 있지만, 단 분명할 때만 바꿔라.(You can always change your plan, but only if you have one.)

✔ 스스로에게 물어라. 옳은 일에 시간을 쓰고 있는가?(Ask yourself : Are you spending your time on the right things?)

당신은 여러 가지 목표 그리고 관심거리를 가지고 있을 것이다. 그것들이 추구할 만한 가치가 있는가?

✔ 체계적인 파일시스템을 만들어라.(Develop a good filing system.)

✔ 전화를 걸기 전 정말 필요한 전화인지 다시 생각해봐라.(Rethink the telephone.)

예컨대, 전화판매원을 따돌리고 싶다면 당신이 말하고 그들이 듣는 동안에 끊어버려라.

✔ 위임해라.(Delegate.)

책임을 넘겨주기에 이른 때란 절대 없다.

✔ 제대로 쉬어라.(Take a time out.)

여행 가서 아무 전화도 받지 않을 만큼.

▌ 교육방법

가장 좋은 교육이란 학생들로 하여금 자기성찰을 할 수 있도록 돕는 것이다.

▌ 인생을 사는 방법(It's About How To Live Your Life)
✔ 꿈은 크게 꾸어라.(Dream Big.)
당신 스스로 당신의 꿈을 허락해라. 당신 이이들의 꿈에도 불을 지펴라.

✔ 성실함이 겉멋보다 낫다.(Earnest is better than Hip.)
멋은 관심을 끌기 위해 겉으로만 노력하는 것이지만 성실함은 마음 밑바닥에서 온다.

✔ 때론 백기를 들어라.(Raising the White Flag.)

✔ 협상을 해라.(Let's Make a Deal.)

✔ 불평하지 마라, 그저 노력하라.(Don't Complain, Just Work Harder.)
우리 모두 한정된 시간과 에너지를 가지고 있다. 우리가 불평하는데 쓰는 약간의 시간도 목표를 달성하는데 아무런 득이 되지 않는다.

✔ 증상이 아닌 병을 고쳐라.(Treat the Disease, Not the Symptom.)

✔ 나른 사람의 생각에 집착하지 마라.(Don't Obsess over What People Think.)
사람들이 하루 중 상당부분을 다른 사람들이 자신에 대해 어떤 생각을 하는지 염려하는데 쓰고 있다. 만약 다른 사람 머릿속에 무엇이 들었는지 걱정하지 않는다면 우리의 인생이나 우리의 일에 더 능률을 올릴 수 있을 것이다.

✔ 옆에 앉는 것에서부터 시작하라.(Start by Sitting Together.)

- 정중하게 사람들을 대해라.(Meet people properly.) 모든 일의 시작은 자기소개부터다. 연락처를 주고받아라. 사람들의 이름을 정확히 발음할 수 있게 하라.
- 공통점을 찾아라.(Find things you have in common.)
- 최적의 만남조건을 만들어라.(Try for optimal meeting conditions.) 가능하면 식사시간에 만나라.
- 모두가 이야기하게 해라.(Let everyone talk.) 남의 말을 자르지 마라. 그리고 큰소리로 말하거나 빠르게 말한다고 당신의 아이디어가 더 나아지는 것은 아니다.
- 문 앞에서 나를 버려라.(Check egos at the goor.)
- 서로를 칭찬해라.(Praise each other.) 약간은 무리를 해서라도 좋은 말을 해주어라.
- 대안을 질문형식으로 해라.(Phrase alternatives as questions.) 대안을 내놓으려면 "만약 우리가 B가 아니고 A로 한다면 어떨까?"와 같이.

✔ 모두에게서 장점을 찾아라.(Look for the Best in Everybody.)

✔ 말이 아닌 행동을 봐라.(Watch What They Do, Not What They Say.)

여자에게 접근하는 남자를 판단하는 방법은 아주 간단하다. 그가 무슨 말을 하는지는 완전히 무시해버리고 오직 그가 하는 행동만 집중해서 보면 된다.

✔ 만약 첫 번에 성공하지 못했다면, 다시 시도하라.(If at first You Don't Succeed, Try.)

행운이란 준비가 기회를 만날 때 생긴다.70) 당신이 할 수 있다고 생각하든 할 수 없다고 생각하든 당신이 옳다.

---

70) 세네카(Seneca, Lucius Annaeus, ?B.C. 4~A.D. 65)가 한 말이다.

✔ 첫 번째 펭귄71)이 되어라.(Be the first Penguin.)

경험이란 당신이 원하는 것을 얻지 못했을 때 얻는 것이다. 그리고 경험은 당신이 가진 것 중 가장 가치 있는 것이다.

✔ 사람들을 집중시켜라.(Get People's Attention.)

주목을 끌어내 관심을 집중시키는 것은 지나치기 쉬운 문제를 푸는 첫 번째 단계다.

✔ 은혜에 보답하라.(Showing Gratitude.)

감사의 마음을 표시하는 것은 인간이 서로에게 할 수 있는 가장 간단하면서도 강력한 행위 중의 하나다. 감사편지(Thank-You Notes)를 손으로 직접 써라.

✔ 신뢰는 양방향도로다.(Loyalty is a Two-Way Street.)

✔ 묵묵히 최선을 다하라.(Work Hard.) 많은 사람들은 지름길을 원한다.

나는 최고의 지름길은 돌아가는 길이라 생각한다. 간단히 말해 묵묵히 최선을 다하라는 것이다. 만약 당신이 다른 사람보다 더 많은 시간 일을 한다면 그 시간만큼 당신은 당신의 일에 관해 더 많은 것을 배우게 될 것이다. 열심히 일하는 것은 은행의 복리이자계산법과 같다.

✔ 당신이 준비한 것이 당신이 가진 전부다.(All You Have is What You Bring With You.)

어떤 상황에 처하든 이에 대처할 완벽한 준비가 필요하다. 준비를 생활화하는 방법은 모든 상황을 부정적으로 생각해 보는 것이다.

---

71) 펭귄들이, 적이 은밀하게 잠복해 있을지도 모르는 물속으로 뛰어들어야 할 때 어느 하나는 반드시 첫 번째가 될 수밖에 없다.

✔ 무성의한 사과는 안 하느니만 못하다.(A Bad Apology is worse than NO Apology.)

사과하는 것은 합격만 하면, 또는 낙제만 면하면 되는 간단한 일이 아니다. 누군가에게 사과할 때는 A학점이 아니면 모두 낙제다. 성의 없거나 진실하지 못한 사과는 아예 하지 않느니만 못하다. 사과를 받는 사람이 모욕을 느낄 수 있기 때문이다. 적절한 사과는 다음과 같은 세 가지를 포함하고 있다.

- 내가 한 일은 잘못됐어.
- 너에게 상처를 준 점 미안하게 생각해.
- 내가 어떻게 하면 좋을까?

✔ 진실을 말하라.(Tell the Truth.) 진실은 당신을 자유롭게 한다.(The Truth Can Set You Free.)

정직함은 도덕적으로 옳을 뿐 아니라 효율적이기도 하다. 모두 진실만 말하는 세상에 산다면 재확인에 허비하는 많은 시간을 줄일 수 있다. 사람들은 다양한 이유로 거짓말을 한다. 힘을 덜 들이고도 원하는 것을 얻을 수 있는 것처럼 보이기 때문이다. 거짓말을 한 대부분의 사람들은 교묘히 잘 피해왔다고 생각하지만, 사실은 그렇지 않다.

✔ 크레용과 친해져라.(Get in Touch with Your Crayon Box.)

크레용 상자에는 두 가지 이상의 색이 들어 있다. 사물을 흑백논리로만 재단하지 마라.

✔ 직업에는 귀천이 없다.(No Job is Beneath You.)

육체노동은 어떤 사람에게도 비천한 일이 아니다. 열심히 일해서 세계 최고의 노동자가 되는 것이 자만심 가득한 엘리트로 주변을 겉도는 것보다 훨씬 좋은 일이다.

✔ 당신의 위치를 파악하라.(Know Where You Are.)

만약 당신이 두 문화 사이에서 당신만의 자리를 찾아낸다면 두 세계의 좋은 점 전부를 당신 것으로 만들 수 있디.

✔ 절대 포기하지 마라.(Never Give Up.)

누구의 인생에나 몇 번의 절대적인 순간들이 있다. 대개는 일이 다 끝난 후에야 깨닫게 된다. 만약 당신이 무언가를 절실하게 원한다면 절대 포기하지 말라. 우리 앞에 장벽이 나타나는 것에는 다 이유가 있다. 그리고 당신이 그것을 넘게 되면 당신이 어떻게 그 일을 해냈는지 이야기함으로써 다른 이에게 도움이 될 수 있다.

✔ 공동체주의자가 되어라.(Be a Communitarian.)

권리는 어딘가에서 주어지는 것이고 그 어딘가는 바로 공동체다. 그 대신에 우리 모두는 공동체에 대한 의무가 있다. 우리가 다른 사람들과 결합되었을 때 우리는 보다 나은 사람이 된다는 것을 알게 된다.

✔ 당신은 묻기만 하면 된다.(All You Have to Do is Ask.)

가끔씩 당신은 그저 물어보기만 하면 된다. 때때로 당신은 묻기만 하면 되는데 그것으로 평생의 꿈을 이룰 수도 있다. 궁금한 것이 있으면 질문하라. 그저 묻기만 하면 된다. 당신이 기대하는 것보다 자주 당신이 듣게 될 대답은 "물론이쇼."가 될 것이다.

✔ 결정을 내려라, 티거냐 이요르냐.(Make a Decision; Tigger or Eeyore.)

우리가 결정을 내려야 할 일은 언제나 있기 마련이다. 밀른(Alan Alexander Milne, 1882~1956)이 창조한 『곰돌이 푸』에 등장하는 티거(Tigger)와 이요르(Eeyore)에 대입해 보면 간단하다. 나는 재미를 쫓는 티거(Tigger)인가, 아니면 엉덩이가 무거운 이요르(Eeyore)인가? 우리는 반드시 결정해야 한다.

✔ 낙관과 현실 사이에서 건강한 균형(The healthy balance between Optimism and Realism)을 지녀라.

낙관론은 정신적 상태가 신체적 상태를 향상시키는 작용을 한다.

이 책은 죽음보다는 오히려 삶에 대한 책이다. "이 강의는 어떻게 당신의 꿈을 달성하느냐에 관한 것이 아닙니다. 이 강의는 어떻게 당신의 인생을 이끌어갈 것이냐에 관한 것입니다. 만약 당신이 인생을 올바른 방식으로 이끌어간다면 그 다음은 자연스럽게 운명이 해결해줄 것이고 꿈이 당신을 찾아갈 것입니다."72)이 책은 어떻게 죽어 가는지가 아닌, 어떻게 살아왔는지, 그리고 나중에 아빠에 대한 추억 없이 자랄 아이들이 어떻게 살아가야 할지, 아이들을 놔두고 죽어야 하는 아빠가 쓴 책이다. 랜디 포시는 이 강의가 자신의 세 아이들, 딜런(6살), 로건(3살), 클로이(18개월)를 위한 선물임을 밝혔다.73) 랜디 포시가 가장 힘들어 한 것은 아버지를 잃어버릴 세 명의 아이들 문제다. 아직 어려 아버지의 모습을 기억할 수 없는 아이들이 불쌍하고, 한편으로는 누가 이들에게 자신을 대신해 아버지역할을 해 줄 것인지, 또 이들이 철이 들어 아버지가 없다는 것을 어떻게 받아들일지 걱정되기 때문이다.

랜디 포시는 강의를 거의 끝마쳤을 때 아내의 생일을 위해 참석자들에게 생일축하노래를 불러달라고 했다. 랜디 포시와 그의 아내 제이 글래스고(Jai Glasgow)가 서로에게 안겨있던 그 순간 제이는 무언가 랜디 포시의 귀에 속삭였다. '제발 죽지 말아요.'74)

02 당신의 가방에는 너무 많은 것이 들어있다

◉ 인생의 절반쯤 왔을 때 깨닫게 되는 것들(Repacking your bags: lighten your load for the rest of your life): 자신을 위한 삶의 우선순위를 다시 정하는 법

---

72) 『마지막강의』, 375쪽.
73) 『마지막강의』, 377쪽.
74) 『마지막강의』, 371쪽.

- 리처드 J. 라이더·데이비드 A. 샤피로, 김정홍 옮김, 위즈덤하우스, 2011, 286쪽

동부아프리카를 여행하던 중 만난 마사이족 족장에게 배낭에 들어있는 신기한 물건들을 자랑하듯 모두 꺼내 보여주었다. 그 물건들을 빤히 쳐다보던 그 족장이 이렇게 물었다. "이 모든 것이 당신을 행복하게 해줍니까?" 얼마나 깊은 울림이 담긴 질문인가?

리처드 J. 라이더(Richard J. Leider, 1944~)와 데이비드 A. 샤피로(David A. Shapiro)가 인생의 절반쯤 왔을 때 깨달은 것들은 다음과 같다.

- 내가 잃어버린 날은 웃지 않았던 날이다.
- 바람직한 삶은 깨달음에 이르는 과정에 있다.
- 인생에는 중요한 것이 많다. 그러나 중요하지 않은 것이 더 많다.
- 도대체 왜 이 짐을 모두 짊어져야 하는가?
- 성공을 했는가, 성취를 했는가?
- 삶은 애초에 계획한 대로 되지 않는다.
- 인생의 여정을 함께할 친구를 가졌는가?
- 답은 내 안에 있다. 내 마음을 들여다 볼 수 있다면.
- 하나의 문을 닫으면 또 다른 문을 열 준비가 필요하다.
- 현재 처한 상황이 나에게 무엇을 가르쳐 주는가?
- 지금과 꼭 다른 삶을 살 필요는 없다.
- '타임아웃'이 충만한 하루를 만든다.
- 길을 잃어야 새로운 길을 발견할 수 있다.
- 내가 찾아야 할 것은 마지막 목적지가 아니다.

인생 여행의 절반쯤에 이르렀을 때, 인생 가방에서 무엇을 버리고 인생 가방에 무엇을 채울 것인지 돌아보자.

에릭 에릭슨(Eric H. Erikson, 1902~1994)이 분류한 라이프 사이클(Life Cycle)[75]의 단계별 특징에 따르면, 우리 삶의 후반부는 희망과 절망 사이를 쉴 새 없이 넘나드는 엄청난 내적 긴장의 시기라고 한다. 이 시기에 접어든 사람들은 그동안 자신이 무엇을 하며 어떻게 살아왔는지 한 번쯤은 되돌아보게 된다. 삶의 다음 단계를 어떻게 살 것인가는 어떤 라이프 스타일을 갖고 있으며, 어떤 일에 관심을 두고 있는가에 따라 달라진다는 것이다.

행복에 영향을 미치는 삶의 조건은 '인간관계', '일', '여가' 3가지로 요약된다. '부(富)'는 행복에 그다지 영향을 미치지 못한다. 바람직한 삶은 '자신이 속한 곳에서, 사랑하는 이들과 함께하며, 삶의 목적을 위해, 자기 일을 하는 것'이다. 그리고 결혼이란 긴 대화라고 하지만 시간이 갈수록 침묵의 동반자가 되어간다. 게다가 결혼생활 속에 정작 '너'와 '나'의 이야기는 빠져 있다. 그러니 인생 여행의 절반쯤 왔을 때 가장 먼저 자신과 진솔하게 대화하라.

잠시 일손을 멈추고 '나'란 인생 여행 영화 한 편을 감상해 보자.

---

75) 미국 정신분석학자 에릭 에릭슨은 아동기에서 노년기를 거쳐 죽음에 이르는 개인적 변화과정, 즉 인간의 생애주기를 8단계로 구분하여 설명하고 있는데, 그는 이를 'Life Cycle Theory'라고 불렀다. 에릭슨의 주장 핵심은 '현재의 단계는 다음 단계의 기초로 작용하기 때문에 지금 단계의 부정적 혹은 긍정적 발달은 다음 단계에 영향을 미친다.'라는 데 있다.

- 지금 있는 곳에서 어떤 모습으로 살아가고 있는가?
- 당신의 능력을 제대로 발휘하고 있는가?
- 시간과 에너지를 대부분 어디에 쏟고 있는가?
- 돈 문제만 걸리지 않는다면 당신의 삶과 일에 대해서 어떤 결정을 내리 겠는가?
- 이것이 과연 내가 원하는 삶인가?

인생 가방에서 무거운 짐을 버리고 집착에 시달리지 않는 가벼운 마음이 중요하다. 정말로 소중한 것은 일도, 물질도, 소유도 아닌 그저 우리 자신일 뿐이다. 즐길 수 있는 건 오로지 이 순간뿐이다. 오늘, 이 순간 행복하다면 성 공한 삶이다. 지금, 이 순간 있는 그대로 받아들이고 놓아버려라.

📖 함께 읽을 책

자책과 후회 없이 나를 사랑하는 법,
◉ 받아들임(Radical Acceptance: Embracing Your Life with the Heart of a Buddha)
 - 타라 브랙(Tara Brach), 김선주·김정호 옮김, 불광출판사, 2012, 456쪽

내 안의 위대함을 되찾는 항복의 기술,
◉ 놓아버림(LETTING GO)
 - 데이비드 호킨스(David R. Hawkins), 박찬준 옮김, 판미동, 2013, 427쪽

◉ 놓아버림(The art of forgiveness loving kindness and peace)
 - 잭 콘필드(Jack Kornfield), 정경란 옮김, 한언, 2007, 203쪽

03 지금까지 살면서 가장 후회되는 것은 무엇입니까?

> ◉ 죽을 때 후회하는 스물다섯 가지(死ぬときに後悔すること25)
> - 오츠 슈이치, 황소연 옮김, 아르테(arte), 2015, 240쪽

만일 당신에게 주어진 시간이 단 하루밖에 없다면 무엇을 하고 싶은가? 사람이 한평생 살다가 죽을 때 가장 후회하는 것들은 무엇일까?

『죽을 때 후회하는 스물다섯 가지』는 1000명의 죽음을 지켜본 호스피스 전문의가 인생의 마지막에 서 있는 이들에게 "지금 무엇을 가장 후회하고 있나요?"라고 물었을 때 그들이 말하는 '마지막 후회들' 모음이다.

✔ 첫 번째 후회, 사랑하는 사람에게 고맙다는 말을 많이 했더라면…
당신은 소중한 사람들에게 사랑한다는 말을 몇 번이나 했는가? '사랑한다'라는 말은 가장 익숙하면서도 가장 입 밖으로 내기 어려운 말이다. '고마워!', 후회 없는 마지막을 위해 꼭 필요한 말이 아닐까?

✔ 두 번째 후회, 진짜 하고 싶은 일을 했더라면…
누구나 하고 싶은 대로 살길 갈망하지만, 실제 그렇게 산 사람은 드물다. 그러니 다른 일을 하고 싶다면 지금 당장 시작하라.

하지만 하고 싶은 일을 하면서 즐겁게 사는 것, 말처럼 쉽지만은 않다. 어찌 되었든 본업의 노예가 되는 것은 불행하다. 죽어라 놀아서도 안 되지만 죽어라 일하기만 하는 것도 그리 좋은 것은 아니다.

아래 질문을 자신에게 해보라.

> • 내가 좋아하는 일은 무엇인가?
> • 나는 그 일을 통해 무엇을 얻고자 하는가?

- 나를 가장 기쁘게 하는 일은 무엇인가?
- 내가 가장 싫어하는 일은 어떤 일인가?
- 내가 가장 잘하는 일은 무엇인가?
- 내가 가장 못하는 일은 무엇인가?

✔ 세 번째 후회, 조금만 더 겸손했더라면…
기준은 높이고 자세는 낮춘다. 자신을 실제보다 많이 낮추어 말하는 것은 어리석은 것이지 결코 겸손이 아니다.

✔ 네 번째 후회, 친절을 베풀었더라면…
누군가에게 친절을 베푼다는 것은 생각보다 힘들고 어렵다.

✔ 다섯 번째 후회, 나쁜 짓을 하지 않았더라면…
매사에 정의로운 사람은 현실에는 존재하지 않는다. 옳은 일에는 고통과 모욕이 따른다.

✔ 여섯 번째 후회, 꿈을 꾸고 그 꿈을 이루려고 노력했더라면…
좌절은 순간이지만 꿈은 평생 간다.

✔ 일곱 번째 후회, 감정에 휘둘리지 않았더라면…
사소한 것에 마음을 다치지 말고 그냥 흘려보내라.

✔ 여덟 번째 후회, 만나고 싶은 사람을 만났더라면…
맛있는 만남, 즉 맛남이 필요하다.

✔ 아홉 번째 후회, 기억에 남는 연애를 했더라면…
오랫동안 곁에서 지켜보고, 말없이 변함없는 눈길을 준 연애도 있음을 상기하라.

✔ 열 번째 후회, 죽도록 일만 하지 않았더라면…
일하되 여유를 가져라. 자기 자신을 위한 충전의 시간이 필요하다.

✔ 열한 번째 후회, 가고 싶은 곳으로 여행을 떠났더라면…
때론 혼자라도 훌쩍 여행을 떠나라.

✔ 열두 번째 후회, 고향을 찾아가 보았더라면…
고향은 나의 근원이다. 영국의 소설가 조지 엘리엇(George Eliot, 1819~1880)은 말한다. "삶이란 자신이 태어난 땅의 어느 보금자리에서 뿌리박고 사는 것이다. 그 땅과 마주하며 느끼는 살가운 유대감, 그 땅을 일구는 인간의 노동에서 느끼는 살가운 유대감, 그 땅의 소리와 그곳 사람들의 말씨에서 느끼는 살가운 유대감, 훗날 경험하게 될 더 넓은 세상 속에서도 그 옛집만큼은 여지없이 알아볼 수 있게 익숙한 각별함을 부여해 줄 그 무엇에서 느끼는 살가운 유대감, 그 유대감에서 피어난 애정이 어리는 곳, 바로 그곳에 자리하고 사는 것이 인간의 삶이다."라고.[76]

✔ 열세 번째 후회, 맛있는 음식을 많이 맛보았더라면…
건강식 강요는 환자의 마음을 헤아리지 않은 채 가족의 마음만 앞세우는 일이다. 정말 좋아하는 먹거리는 건강할 때 맛보는 것이 최고다.

✔ 열네 번째 후회, 결혼했더라면…
철학자 키르케고르는 "결혼이란 해도 후회하고 안 해도 후회한다."라고 했다. 그렇다면 어차피 후회할 거 한번 결혼을 해보고 후회하는 것이 더 낫지 않을까?

✔ 열다섯 번째 후회, 자식이 있었더라면…
누군가와 함께 산다는 것은 절대 쉬운 일이 아니다. 하지만 가족은 소중하

---

76) 『인간의 품격』, 277쪽.

다. 누군가에 대해 완벽한 책임감을 경험하고 사랑하는 법과 가장 깊이 서로 엮이는 법을 배우고 싶다면 자식을 가져야 한다.

✔ 열여섯 번째 후회, 자식을 혼인시켰더라면…

✔ 열일곱 번째 후회, 유산을 미리 염두에 두었더라면…
유산문제를 생각할 때 병간호를 염두에 두어야 한다.

✔ 열여덟 번째 후회, 내 장례식을 생각했더라면…
죽음을 앞두고 미리 장례준비를 해두면 가족들이 무거운 짐을 덜 수 있다.

✔ 열아홉 번째 후회, 내가 살아온 증거를 남겨두었더라면…
글씨는 이 세상에 그 사람의 흔적을 가장 진하게 새기는 정직한 수단이다.

✔ 스무 번째 후회, 삶과 죽음의 의미를 진지하게 생각했더라면…
삶을 모르면 죽음도 알 수 없다.

✔ 스물한 번째 후회, 건강을 소중히 여겼더라면…
병 걸리면 어차피 쓰는 돈, 완치하지 못하는 치료보다는 조기 발견에 힘쓰라.

✔ 스물두 번째 후회, 좀 더 일찍 담배를 끊었더라면…

✔ 스물세 번째 후회, 건강할 때 마지막 의사를 밝혔더라면…
연명치료는 수명만 연장하지 고통을 덜어주는 완화치료와 의미가 다르다. 환자가 원하지 않는 의료행위를 힘 있는 보호자에 의해 감행되는 것은 너무나 가혹하다.

✔ 스물네 번째 후회, 치료의 의미를 진지하게 생각했더라면…

단순한 연명을 위한 치료는 삶을 구차하게 만든다.

✔ 스물다섯 번째 후회, 신의 가르침[종교]을 알았더라면…

영적 치료인 '무라타 이론'에서는 말기 환자가 영적 고통, 즉 살아 있는 의미를 찾지 못하고 영혼의 고통을 느끼는 이유를 크게 세 가지로 구분한다. 죽음을 초월한 미래에 대한 확신[시간 존재], 신뢰할 수 있는 가족, 친구, 의료진의 존재[관계 존재], 그리고 스스로 결정할 수 있는 자유[자율 존재], 이 3가지 요소 가운데 한 가지 이상 흔들리면 영적 고통을 느끼게 된다는 것이다.

여러분은 오츠 슈이치(大津秀一, 1976~)가 말하는 스물다섯 개의 후회 중 얼마나 후회하지 않을 자신이 있는가?

이와 같은 맥락에서 오츠 슈이치는『죽을 때 후회하지 않는 사람들의 습관(「いい人生だった」と言える10の習慣: 人生の後半をどう生きるか)』에서 평소에 우리가 들여야 할 9가지 습관을 안내하고 있다.

첫째, 미안하다고, 고맙다고 말하라.
둘째, 정말로 하고 싶은 일을 하라.
셋째, 집착하지 마라.
넷째, 지금, 이 순간에 충실하라.
다섯째, 부정적인 감정을 다스려라.
여섯째, 가까이 있는 사람을 소중히 하라.
일곱째, 삶과 죽음에 의연하라.
여덟째, 삶의 의미를 찾아라.
마지막으로 거짓 희망을 버리고 진짜 꿈을 꾸어라.

□ Think About

○ 『죽을 때 후회하는 스물다섯 가지』를 읽고,
  • 아름답게 인생을 마무리하는 방법

- 알고 있지만 하지 않는 것들
- 인생의 마지막에 깨달은 것들
- 내게 단 하루만 남아있다면…

📖 함께 읽을 책

- 죽을 때 후회하지 않는 사람들의 습관(「いい人生だった」と言える10の習慣: 人生の後半をどう生きるか)
- 오츠 슈이치, 황소연 옮김, 한국경제신문사, 2015, 240쪽.
- 나는 후회하는 삶을 그만두기로 했다(The art of choosing)
- 쉬나 아이엔가, 오혜경 옮김, 21세기북스, 2018, 412쪽

- 천 개의 죽음이 내게 말해준 것들(1000人の看取りに接した看護師が教える 後悔しない死の迎え方)
- 고칸 메구미(後閑愛実), 오시연 옮김, 웅진지식하우스, 2020, 232쪽

  생의 남은 시간이 우리에게 들려주는 것.
- 어떤 죽음이 삶에게 말했다
- 김범석, 흐름출판, 2021, 264쪽

제2부
늙음[老] - 나이 듦

"정말 건강한 인간은 상처 입기 쉬운 신체를 갖고 있으며, 그 연약함을 스스로 알고 있다. 이는 일종의 반응성을 만들어내지만, 결코, 자연발생적이지 않다."

- 네덜란드 정신병리학자 반 덴 베르크(Van den Berghe), 『병상의 심리학』

제1장 100세 시대, 나이 듦은 '멋'이다

01 노인(老人)은 몇 살부터인가?

몇 살부터 늙었다고 봐야 할까?『황제내경(黃帝內經)』상고천진론(上古天眞論)에 의하면 여자는 7년 단위로, 남자는 8년 단위로 성장하고 약해진다고 한다. 이를 바탕으로 여자 팔칠(56세), 남자 팔팔(64세) 이후를 노년기라고 한다.

히포크라테스(Hippocrates, BC 460?~BC 377?)는 56세에 정점에 도달한다고 주장했고, 아리스토텔레스(Aristoteles)는 육체는 35세에, 영혼은 50세에 완벽한 경지에 이른다고 생각했다.

단테(Dante degli Alighieri, 1265~1321)는 45세면 노년에 접어든다고 말했다.[77] 보부아르(Simone de Beauvoir)는『노년』에서 65세나 그 이상 나이가 든 사람들을 가리켜 늙었다든가, 노인, 연로한 사람이라고 표현하고 있다.

우리의 일반적인 언어 습관은 60세에서 75세까지를 '젊은 노인' 혹은 '젊은 시니어'라고 부르고 75세 이상을 '늙은 노인' 또는 '고령자'라고 한다. 노인의 호칭도 '늙은이', '어르신', '고령자', '시니어', '실버' 등 다양하다.

현대사회에서 노령화의 단계를 기술하는 용어로 활동적인 노년의 시기를 '제3의 인생', 이보다 늦은 덜 활동적이고 덜 독립적인 인생 단계를 '제4의 인생'이라고도 한다.

---

77) 단테는 인간의 생애를 성장기(25세까지), 성숙기(25~45세), 쇠퇴기(45~70세)로 나눈다.

우리나라의 경우 만 65세가 되면 법적으로 노인이 된다.[78] 만 65세가 되면 기초노령연금 수급대상자가 되고, 지하철 무료, 고궁·능원·국공립박물관·국공립미술관 무료입장, 틀니·임플란트 및 건강검진 관련 의료혜택 등 경로우대 대상이 된다.

누가 늙었다는 것은 산술적 연령보다는 각 개인의 용모나 신체 상태에 대한 주관적이고 인상적인 판단에 따른 것이다. 단백질이 풍부한 식사와 안락한 주거, 그리고 육체적으로 덜 힘든 생활 스타일 덕분에 노년의 표지가 오랫동안 나타나지 않기 때문이다. 노화의 속도는 사람마다 다르다. 원하는 것을 더는 할 수 없을 때 '늙은' 것이다.

📖 **함께 읽을 책**

◉ 황제내경(黃帝內經)과 생명과학
 - 남회근, 신원봉 옮김, 부키, 2015, 323쪽

02 고령사회, 재난인가? 축복인가?

2020. 9. 28. 통계청이 발표한 '2020 고령자통계'[79]에 따르면, 2020년 기준 65세 이상 고령 인구는 812만5000명으로 전체인구 중 15.7%를 차지한다. 우리나라는 급속한 고령화로 인하여 전체인구 중 고령 인구비율이 2025년 20.3%에 이르러 '초고령사회'로 진입하고, 2060년엔 고령 인구비율이 43.9%가 될 것으로 전망된다. 이에 따라 생산연령인구(15~64세) 100명이 부

---

78) 노인복지법, 노인장기요양보험법, 도로교통법, 장애인·고령자 등 주거약자 지원에 관한 법률 등.
79) 통계청에서는 2003년 이후 매년 노인의 날(10. 2.)에 맞추어 고령자 관련 통계를 수집·정리한 '고령자 통계'를 제공해 오고 있다.

양하는 고령 인구를 뜻하는 '노년부양비'는 2020년 21.7명에서 2036년 51.0
명, 2060년에는 91.4명이 될 것으로 통계청은 내다보고 있다.

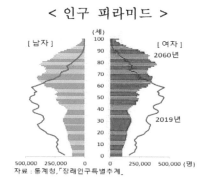

< 인구 피라미드 >

자료 : 통계청, 「장래인구특별추계」

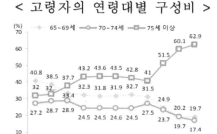

< 고령자의 연령대별 구성비 >

자료 : 통계청 「인구주택총조사」, 「장래인구특별추계」

OECD 보건통계 2019 자료에 따르면, 2017년 기준 우리나라 사람의 기대
수명은 82.7년(남자 79.7년, 여자 85.7년)으로 OECD 국가의 평균(80.7년)보
다 2년 길다.

우리나라는 전통적으로 생일잔치나 결혼식 때 으레 국수를 먹었다. 기다란
국수가 긴 수명이나 긴 해로를 연상시키기 때문이다. 중국 전설에선 인중과
면상이 길면 장수한다고 했다. 얼굴을 뜻하는 면상이 국수의 면과 발음이 같
아 민간에서 국수가 장수를 기원하는 음식으로 정착했다고 전한다.

과거에는 노인이 될 때까지 살아남는 경우가 흔치 않았고, 그렇게 살아남
은 사람은 전통과 지식, 역사의 수호자로서 특별한 역할을 했다. 그러면서 죽
을 때까지 집안의 우두머리라는 지위와 권위를 유지하려는 경향이 있었다.
많은 사회에서 노인들은 존경과 복종의 대상일 뿐 아니라 성스러운 의식을
주도하고 정치 권력을 휘두르는 사람이었다. 그런 만큼 나이 든 사람에 대한
존중이 두터웠기 때문에 대개 나이를 밝힐 때는 어린 척하기보디는 나이 든

척하곤 했다. 인구학자들은 이런 현상을 '나이 반올림'이라 부른다. 그런데 18세기경부터 미국과 유럽에서 나이에 관한 거짓말의 방향이 달라지기 시작했다. 요즘 사람들은 자기 나이를 깎아 말하는 경향이 있다는 것이다.[80]

'행복한 노후란 없다.' 지금 그냥 행복하면 되는 것이다. <u>우리는 행복을 위해 평생 준비하다가 한 번도 행복해 보지 못한 채 죽게 된다. 늙으면 늙어서 좋고, 살면 살아서 좋고, 죽으면 죽어서 좋아야 한다.</u>

03 고령사회와 노화

생명공학 덕분에 신체는 강화되고 수명은 연장됐지만,[81] 우리는 모두 늙고 죽는다. 100세 넘는 장수만세(長壽萬歲)가 뉴스가 아니라, 그 연장된 삶을 어떻게 끝낼 것인가가 화두인 시대를 우리는 살고 있다.

노인병 전문의 펠릭스 실버스톤(Felix A. Silverstone, 1919~2018)박사에 의하면, 노화 과정에 관한 한 단일하고 일반적인 메커니즘(mechanism)은 존재하지 않는다고 한다. 인간의 노화 과정은 점차적이지만 가차 없다. 실버스톤 박사는 "우리는 나이가 들면서 그저 허물어질 뿐"이라 했다. 의학이 발달하면서 노인들이 허물어지는 기간은 점점 더 늦춰지면서 그 속도도 완만하다. 하지만 노년은 항상 내리막길이고, 결국은 다시는 회복 불가능한 시점이 오고 만다. 노령은 의학적으로 진단명이 아니다. 우리는 현대의학의 힘으로 여기저기 보수하고 기워가며 겨우 생명을 유지하다가 신체기능이 종합적으로 무너지면 결국 죽음에 이르게 된다. 나이 듦[老化]은 우리 몸이 여기저기 노쇠해진다는 의미다.

---

80) 『어떻게 죽을 것인가』, 37~38쪽.
81) 노인의 장수요인으로 개인석으로는 ① 규칙적인 식습관 ② 충분한 수면 ③ 여유로운 성격을, 사회적으로는 ① 지속적 사회활동 ② 강한 공동체적 유대관계 등을 들 수 있다.

반면 데이비드 싱클레어(David A. Sinclair, 1969~) 하버드대학교 의과대학교수는『노화의 종말(Lifespan)』에서 노화를 '신체 기능의 불가피하고 돌이킬 수 없는 쇠퇴'라고 정의하는데 반대하면서 "노화는 정상이 아니라 질병이며, 이 병은 치료 가능하다"는 것이다. 그러면서 노화는 늦추고, 멈추고, 되돌릴 수 있다고 한다. 늙고 싶지 않다면 첫째 몸을 차갑게 하라, 둘째 건강수명 물질을 섭취하라, 셋째 열량을 제한하라고 조언한다.

젊게 오래 살려면 건강 식단과 운동, 동료·이웃과 좋은 관계를 갖고 스트레스 없이 생활해야 한다. 뻔한 얘기지만 평범해도 실천하기 쉽지 않다.

▌ 노화 현상

인체에서 가장 단단한 물질은 치아의 하얀 에나멜(enamel) 층[82]인데 나이 들면서 닳아 없어지게 된다. 선진국 사람들은 60세가 되면 평균적으로 치아의 3분의 1을 잃고, 84세를 넘어서면 약 40%가 치아를 모두 잃는다고 한다. 65세 즈음에는 인구의 절반이 고혈압이다.[83] 40세 정도부터 근육량과 근력을 잃기 시작해서 80세가 되면 근육 무게의 4분의 1에서 절반 정도를 잃고, 50세 이후부터 골밀도는 해마다 평균 1%씩 떨어지기 마련이다. 백내장이 아니더라도 60세의 망막에 도달하는 빛은 20세 때의 3분의 1에 불과하다. 80대 중반에 접어들면 약 절반은 교과서적 의미의 치매 증세를 보인다.[84] 늙어가면서 가장 두려운 질병은 알츠하이머[치매]이다. 모든 병은 통증을 동반하지만, 알츠하이머는 통증이 없기에 더 위험하다. 내 의지와 관계없이 존엄성을 떨어뜨리고 삶의 질을 위협한다. 환자 자신은 물론 가족에게 큰 고통을 준다.

▌ 노화의 원인

---

82) 잇몸의 머리의 표면을 덮고, 상아질을 보호하는 유백색의 반투명하고 단단한 물질이다. 사기질 또는 법랑질이라고도 한다. 치관부 표면의 가장 단단한 부분으로 저작압력 (Masticatory Forces)과 충치를 일으키는 산이나 온도변화로부터 치아의 내부구조를 보호하는 역할을 한다.
83) 압력을 더 높여서 펌프질을 해야 하기 때문에 심장근육이 점점 두꺼워지기 때문이다.
84) 『어떻게 죽을 것인가』, 55~58쪽 참조.

고전적인 견해에 따르면 노화란 신체가 무작위로 마모됨에 따라 일어나는 현상이다.[마모설(Wear and tear theory)] 최근에는 노화가 보다 질서 있게 진행되는 유전적 프로그램이라고 주장한다.[유전적 결정론] 전자는 평범한 일상의 환경에서 제 기능을 수행하던 세포와 기관이 극히 일상적이고도 연속적인 과정에 의해 파괴된다고 한다. 후자는 각 세포뿐만 아니라 기관과 모든 조직이 타고날 때부터 유전적으로 설정된 시계에 따라 노령화한다는 주장이다.

생물이 마모가 아니라 생명작용을 정지함으로써 죽는다는 개념은 최근 들어 상당한 지지를 받고 있다. 수명이 미리 입력되어 있다는 개념에 반하는 증거가 훨씬 더 우세하다. 10만 년에 달하는 인류 역사 중 최근 수백 년을 제외하면 인간의 평균수명이 항상 30세 이하였다는 것이다. 최근 수명을 결정하는 데 있어서 유전인자는 놀라울 정도로 작은 요인이라는 것이 밝혀졌다.

독일 막스 플랑크 인구통계연구소(MPIDR)의 제임스 보펠(James Vaupel, 1945~)은 평균수명에 비해 한 개인이 얼마나 오래 살지를 결정하는 요인 중 부모의 수명이 차지하는 비중은 3%에 불과하다고 말한다.[85] 시카고 대학의 레오니드 가브릴로프(Leonid A. Gavrilov)는 다른 모든 복잡한 시스템이 고장 나는 것과 동일한 방식으로 인체도 고장이 난다고 주장한다.[86] 데이비드 싱클레어(David A. Sinclair)교수는 노화의 유일한 근본 원인이 '후성(後成) 유전정보의 상실' 때문임을 규명한 '노화의 정보이론(Information Theory of Aging)을 제시한다.

▌ 새로운 인구구조와 의료시스템

평균수명이 80세가 넘는 지금, 의학의 발전으로 수명이 늘어남에 따라 이른바 세대 간 인구구성의 '직사각형화'가 일어나고 있다. 현재는 50세 성인과 5세 유아의 숫자가 맞먹지만, 30년 후가 되면 80세 이상 인구와 5세 이하의 인구가 맞먹을 것이다. 그런데 이런 인구구조의 새로운 변화에 제대로 대처하지 못하고 있다.

---

85) 이에 비해 키가 얼마나 클지는 부모의 키로 90% 이상 설명할 수 있다고 한다.
86) 『어떻게 죽을 것인가』, 58~60쪽 참조.

문제는, 의료계가 상당부분 자신들에게 책임이 있는 이 변화를 맞닥뜨리는 데 있어서도, 노년의 삶을 더 낫게 만드는 방법에 대해 우리가 이미 갖고 있는 지식을 적용하는 데 있어서도 너무 더디다는 데 있다. 노인병과 성인 1차 진료 분야의 수입이 의학계에서 가장 낮아, 미국에서는 1996년과 2010년 사이에 노인병 전문의 수가 25%나 감소했다. 노인병을 고칠 수는 없지만 관리하는 건 가능하다. 예를 들면, 노인들에게 가장 심각한 위협은 낙상(落傷), 곧 넘어지는 일이다. 미국 노인의 약 35만 명이 매년 넘어져 고관절 골절상을 입는데, 그중 40%가 결국 요양원에 들어갔고, 20%는 다시 걷지 못했다. 노인이 넘어지는 주요 원인 세 가지는 균형감각 쇠퇴, 네 가지 이상 처방약 복용, 그리고 근육 약화다. 이런 위험요인을 가지지 않은 노인이 1년 사이 낙상할 확률은 12%지만, 위 세 가지 요인들을 모두 지닌 노인의 낙상 확률은 100%에 가깝다고 한다.[87] 그러나 재정적자라는 이유로 아직은 병원에서 노인병 전문의 역할은 제한적이다.

최근 인류 역사에서 두드러진 변화 중의 하나는 길어진 수명이다. 이런 변화로 인해 노인부양이 우리 시대 중요한 딜레마다. 양로원은 우리 '문명'의 가장 불명예스러운 부분 중의 하나로, 노인을 따로 둠으로써 눈에서도 마음에서도 멀어지게 한다. 양로원 거주자들은 보통 고독, 권태, 사생활 침해, 어린아이 취급 등에 대한 불만을 토로한다. 그곳에서 사람들은 정체성을 박탈당하고 모두에게 망각된 채로 지옥 언저리에 머물다가 죽어간다.[88]

📖 **함께 읽을 책**

당신도 늙지 않고 살 수 있다,
◉ 노화의 종말(Lifespan: Why We Age-And Why We Don't Have To, 2019)
- 데이비드 A 싱클레어(David A. Sinclair)·매슈 D. 러플랜트(Matthew

---

87) 『어떻게 죽을 것인가』, 64~70쪽 참조.
88) 『원더박스』(로먼 크르스나릭, 강혜정 옮김, 원더박스, 2013), 477~485쪽 참조.

D. LaPlante), 이한음 옮김, 부키, 2020, 624쪽

노화를 결정짓는 '생체시계'를 잡아라,
◉ 늙지 않는 비밀(The Telomere Effect)
- 엘리자베스 블랙번(Elizabeth Blackburn)[89]·엘리사 에펠(Elissa Epel),
  이한음 옮김, RHK, 2018, 460쪽
  {노화는 못 막아도 '건강수명'은 늘릴 수 있다. 건강하게 사는 기간과
  질병을 앓는 기간은 사람마다 다르다. '건강수명'을 늘리고 '질병수명'
  을 최소로 줄일 수 있어야 장수(長壽)가 축복이다.
  『늙지 않는 비밀』은 젊게 오래 사는 비결이 '텔로미어'에 숨어있다고
  말한다. 텔로미어(Telomere)는 세포 속 염색체의 끝부분으로, 운동화
  끈의 올이 풀리지 않도록 투명하고 둥근 플라스틱으로 끄트머리를 마
  감 처리한 부분처럼 염색체의 손상을 막는 덮개역할을 한다. 텔로미어
  를 길게 유지하면 오랜 기간 건강하게 살 수 있다. 신생아의 텔로미어
  길이는 염기쌍 1만개에 해당한다. 35세엔 7500개, 65세에는 4800개
  길이로 준다. 텔로미어는 스트레스에 가장 취약하다. 스트레스를 받으
  면 급격히 줄어든다. 저자는 당초 텔로미어 길이가 나이 들면서 지속
  적으로 줄어든다고 여겼으나 임상실험을 통해 그 길이를 늘일 수도 있
  다는 사실을 발견했다. 저자는 텔로미어 축소를 막는 효소를 찾아 텔
  로머라아제(Telomerase)란 이름을 붙였다. 그러나 텔로미어를 늘이겠
  다고 약물 등을 통해 인위적으로 수치를 높이면 암에 걸릴 가능성이
  커진다. 부작용 없이 텔로미어를 늘이는 방법은 식단조절과 운동, 스
  트레스 줄이기와 충분히 잠자기 등 건강습관을 갖는 것이다. 오메가-3
  가 풍부한 연어·잎채소·아마씨와 견과류를 먹고 주 3회 45분씩 유산소
  운동을 하라고 주문한다. 잠자기 전 명상·독서·음악을 들으라는 등등.}

뇌가 있는 사람이라면 무조건 읽어야 한다,
◉ 알츠하이머의 종말(The End of Alzheimer's)
- 데일 브레드슨, 박준형 옮김, 토네이도, 2018, 336쪽
  {『알츠하이머의 종말』은 뇌질환과 노화전문가가 30년간 알츠하이머를
  연구한 과정, 임상실험을 통해 얻은 알츠하이머의 원인과 예방법을 서

---

89) 텔로미어의 특성을 발견한 공로로 2009년 노벨생리의학상을 받았다.

술한다. 알츠하이머는 염증과 영양 불균형, 체내에 쌓인 독성물질 등 36가지 원인으로 발병한다. 저자는 2017년 세계 최초로 영양·호르몬·스트레스·수면관리를 통해 알츠하이머 증상을 완화하고 예방하는 프로그램 '리코드(ReCODE)'를 개발해 의학계에 파장을 일으켰다.

알츠하이머는 설탕섭취량을 줄이는 것으로도 예방할 수 있다. 사람의 몸은 하루 15g 이상 설탕을 처리하지 못한다. 흔히 마시는 청량음료 1캔에 든 설탕의 3분의 1도 되지 않는 양이다. 약물치료와 함께 하루 30~60분 근력·유산소 운동을 하고 8시간 이상 잠자고 명상·요가·음악 등으로 스트레스를 관리하는 프로그램을 소개한다. 부록으로 주요 식단과 알츠하이머 자기테스트 문항을 덧붙였다.}

04 나이를 먹는다는 것은?

통계는 끊임없이 나이를 먹어가는 상황에서 뭘, 어떻게 해야 하는가 하는 물음에 아무런 답을 주지 못한다.

서머싯 몸(William Somerset Maugham, 1874~1965)은 인간의 노년을 신랄한 눈길로 바라본 작가로 유명하다. 노인은 자신과 비슷한 연배의 사람들과 교제해야 한다고 말하면서 그 교제가 즐겁지는 않을 것이라는 독설을 남긴다. "참석한 사람들 모두가 살날이 얼마 남지 않았다. 그런 자들의 파티에 내가 초대되었다는 것은 기분 나쁜 경험이다. 나이 든 바보는 젊은 바보보다 훨씬 더 지루하다는 특색이 있다.[90] 늙어 쇠약해진 육신에 굴복하지 않으려고 애써 경박하게 구는 노인과 과거에 뿌리박힌 채 자신을 버리고 저만치 앞으로 달려간 세상에 분노하는 노인이 양편에 앉아 있다. 누가 더 나를 힘들게 하는지 판단이 어려울 정도다. 그래서 젊은이 곁을 쭈뼛거리지만 환영받지 못하고, 같은 또래 사람들은 지루하기만 하다. 이것이 노인의 생활이다.

---

90) 라 로슈푸코는 "나이 든 바보는 젊은 바보보다 다루기 어렵다."고 말했다.

마지막 남은 위안은 자기뿐이다. 남보다 나 자신을 상대했을 때 더 영속적인 만족을 느꼈고, 이제 와서 생각해보니 매우 큰 행복이었다.”

‘라테’를 외치지 말자. “라테는 말이야”라고 말할 때마다 밀레니얼 세대(Millennial Generation)[91]와 점점 더 거리는 멀어진다.

노인의 느림은 참을성을 가지고 지켜보노라면 불쌍하다는 생각만 드는 고통스러운 것일 따름이다. 나이를 먹는다는 것은 자기도 모르는 사이에 계단을 내려가고 있는 것과 같다. 피할 수 없는 자신의 한계와 맞부닥뜨리는 순간을 맞는다. 그리고 늙는다는 것은 시간이 흐른다는 것, 갈수록 빠르게 흐른다는 것을 경험함을 뜻한다. 배움이라는 게 덧없어진다는 점도 노년의 특징이다. 노인이 살아가는 공간은 과거다. 다시 말해서 노인은 추억 속에서 살아간다. 추억 안에서 자신과 세계를 다시금 발견한다. 추억이 노인을 살아가게 만든다.

쇼펜하우어는 죽음을 맞이하는 쓰라린 환멸의 순간에 나이가 많은 이들이 강점을 갖는다고 보고 있다. 쇼펜하우어는 말한다. “인생은 이미 등 뒤로 흘러가버린 것, 마무리해서 흘려보낸 것일 뿐이다.” 청년은 행복을 갈망하기 때문에 불행하며, 노인은 이제 불행의 속내를 환하게 들여다보는 까닭에 행복하다는 것이다.

엘리아스 카네티(Elias Canetti, 1905~1994)는 『파리의 고통(Die Fliegenpein)』에서 ‘늙음을 찬미’하고 있다. 즉, 잘 늙는 기술에는 남을 배려하는 도덕이 중요한 역할을 하며, 과거를 회상하면서 타인에게 연민을 느끼며 공감해 나간다. 나이를 먹으면서 비로소 우리는 어떤 사람을 다시금 새롭게, 다르게 알 수 있는 기회를 얻는다. 이유는 나이를 먹은 우리는 자신을 상

---

91) 밀레니얼스(영어: Millennials) 또는 Y 세대(영어: Generation Y)라고도 한다. 일반적으로 1980년대 초반부터 2000년대 초반까지 출생한 세대를 주로 일컫는다.

대에게 맞춰야 할 필요가 없기 때문이다. 카네티는 말한다. "노년은 나이에 걸맞게 살아오지 못한 사람에게만 능력의 상실이자 쇠퇴일 따름이다."

안드레아스 브레너(Andreas Brenner)·외르크 치르파스(Jörg Zirfas)는 『삶의 기술사전: 삶을 예술로 만드는 일상의 철학』 머리말에서 "새로운 마음가짐으로 다시금 시작하겠다는 결심은 아무리 늦어도 늦은 게 아니다. 기회가 생길 때마다 자신의 삶을 멀찌감치 떨어져서 바라봐야 할 이유는 여기에 있다. 느긋한 마음으로 인생을 곱씹어볼 때 우리는 종종 신선한 활력을 얻는다."고 말한다.[92]

빅터 프랭클은 나이든 사람을 불쌍하게 여길 이유가 전혀 없다고 한다. "사람들은 그루터기만 남은 일회성이라는 밭만 보고, 자기 인생의 수확물을 쌓아 놓은 과거라는 충만한 곡물창고를 간과하고 잃어버리려는 경향이 있다. (중략) 물론 나이든 사람에게 미래도 없고, 기회도 없는 것이 사실이다. 하지만 그들은 그 이상의 것을 가지고 있다. 미래에 대한 가능성 대신 과거 속에 실체, 즉 그들이 실현시켰던 잠재적 가능성들, 그들이 성취했던 의미들, 그들이 깨달았던 가치들을 가지고 있다. 세상의 그 어떤 것도, 그 어느 누구도 과거가 지니고 있는 이 자산들을 가져갈 수 없다."[93]는 것이다.

100세 장수가 현실화하고 있는 지금, 나이가 든다는 것은 덕이 깊어지고 성숙해가는 과정이다. 죽음도 인간의 성숙이 완결된 상태다. 요컨대, 나이 듦은 시간의 흐름과 물리적 쇠락의 결을 거슬러 올라가기보다는 결을 따르는 것이다. 시간에 따라 늙어가는 것, 그것이 곧 시간에 맞는 일, 시의성(timeliness)일 것이다.

내가 나이 들었다, 늙었다고 느꼈을 땐, 언제부턴가 거울 보는 게 싫어졌

---

92) 『삶의 기술 사전』, 8쪽.
93) 『죽음의 수용소에서』, 237~238쪽.

다, 아이 취급당하는 생활이 비참하다, 과한 배려가 불편하다, 몸 움직임이 예전 같지 않다, 시대에 뒤쳐졌다고 느낀다. 사회의 중심이 더 이상 내 자리가 아니다.

우리 사회에서 '나이 들었다'는 것은 그 자체로 부정적 의미가 강하다. 하지만 나이가 들었다고 불행한 것만은 아니다. 경쟁사회에서 한 발짝 물러남으로써 자신과 타인을 있는 그대로 사랑하는 여유가 생긴다. 자신에게 관대해짐으로써 과거의 상처를 스스로 치유할 수 있고, 지나온 경험을 통해 평범한 일상에서 행복을 찾는다.

미국의 심리치료사 메리 파이퍼(Michelle Marie Pfeiffer, 1958~)는 『나는 내 나이가 참 좋다』에서 "나이 들어서도 얼마든지 우아하게 성장하고 지혜로운 어른으로 거듭날 수 있다."고 이야기한다. 어떤 태도를 선택하는가가 고인물로 남을지, 온전히 충족된 사람으로 성장할지 결정하는 핵심열쇠다.

나이가 들어 눈이 안 보이는 것은 큰 것만 보고 멀리 보라는 뜻이다. 귀가 안 들리는 것은 필요한 말만 들으라는 의미다. 정신이 깜박깜박하는 것은 아름다운 추억만 기억하라는 의미일 것이다. 한 평생 살면서 보고 듣고 한 것을 모두 기억한다면 머리가 돌지 않겠는가? 잊어야 한다. 그렇지 않으면 마음이 교란되어 삶을 감당할 수 없을 것이다.

📖 **함께 읽을 책**

인생을 최대한 쓸모 있게 사는 법,
◉ 면도날(The Razor's Edge)
 - 윌리엄 서머셋 모옴, 안진환 옮김, 민음사, 2009, 529쪽

중년이라는 사실을 받아들이고 싶지 않을 때,
◉ 우아하게 나이들 줄 알았더니

- 제나 매카시, 김하현 옮김, 현암사, 2020, 344쪽

우아하고 지혜롭게 세월의 강을 항해하는 법,
◉ 나는 내 나이가 참 좋다(Women Rowing North)
- 메리 파이퍼, 서메리 옮김, 티라미수 더북, 2019, 376쪽

나이 듦이 쇠퇴가 아닌 성장이다,
◉ 나이 듦, 그 편견을 넘어서기
- 조 앤 젠킨스, 정영수 옮김, 청미, 2018, 355쪽

나이 듦을 서러워 마라,
◉ 노인은 없다
- 마크 아그로닌, 신동숙 옮김, 한스미디어, 2019, 320쪽

연령차별도 당하고 있다,
◉ 나는 에이지즘에 반대한다(This Chair Rocks)
- 애슈턴 애플화이트, 이은진 옮김, 시공사, 2016, 401쪽

마음의 평정에 이르는 열 갈래 길,
◉ 나이 든다는 것과 늙어간다는 것
- 빌헬름 슈미트, 장영태 옮김, 책세상, 2014, 168쪽

누구나 늙는다,
◉ 늙는다는 건 우주의 일
- 조너선 실버타운, 노승영 옮김, 서해문집, 2016, 256쪽

인생 100세 시대, 무엇을 준비할 것인가,
◉ 도쿄대 고령사회 교과서(東大がつくった高齢社會の教科書: 長壽時代の
  人生設計と社會創造)
- 도쿄대 고령사회 종합연구소, 최예은 옮김, 행성B, 2019, 532쪽

05 우러름과 능멸(凌蔑)의 이중 시선

늙는다는 건 자연의 현상일 뿐 부끄럽거나 비난받을 일이 아니다. 영화 '은
교'의 대사처럼 젊음이 노력으로 받은 상이 아니듯 늙음은 잘못으로 받은 벌
이 아니다.

늙음을 뜻하는 한자 '노(老)'[94]에는 이중적 의미가 있다. '노련(老鍊)'[95]
'노숙(老熟)'[96] '노성(老成)' '노익장(老益壯)'에서 '노(老)'는 오랜 경험으로
무르익었다는 긍정적인 뜻이 있는 반면, '노둔(老鈍)'[97] '노후(老朽)'[98] '노욕
(老慾)'에는 낡고 고집스럽다는 부정적 의미가 담겨 있다.

『한비자(韓非子)』《설림 상(說林 上)》편에 나오는 얘기다. 「관중(管仲)과
습붕(隰朋)이 환공(桓公)을 따라 고죽국(孤竹國)을 정벌했는데, 봄에 떠나 겨
울에 돌아오면서 길을 잃고 말았다. 관중이 "늙은 말의 지혜를 이용할 수 있
을 것이오."라고 말하고는 늙은 말을 풀어놓고 그 뒤를 따라가 길을 찾게 되
었다. 산중에서 행군을 하다가 물이 떨어졌다. 습붕이 말했다. "개미는 겨울
에 산의 남쪽에 살고, 여름에는 산의 북쪽에 산다. 개미가 쌓아 놓은 흙이 한
치면 한 길 깊이에 물이 있다." 과연 땅을 파서 물을 얻었다. 관중의 성명(聖
明)과 습붕의 지혜를 가지고도 알지 못하는 것을 만나면 늙은 말과 개미에게
서 배웠거늘, 오늘날의 사람들은 어리석으면서도 성인의 지혜를 배우려고 하
지 않으니 어찌 지나치지 않다고 할 수 있겠는가.(管仲隰朋從於桓公而伐孤
竹, 春往冬反, 迷惑失道. 管仲曰, 老馬之智可用也. 乃放老馬而隨之, 遂得
道. 行山中無水, 隰朋曰, 蟻冬居山之陽, 夏居山之陰 , 蟻壤一寸而仞有水.

---

94) 노인의 '老'자는 머리카락이 길고 허리가 굽은 노인이 지팡이를 짚고 서 있는 모양을 본뜬 것
    이다. 또는 毛(모)+人(인)+匕(비)의 합자(合字)라고 한다. 지팡이가 匕(비)로 변했는데, 이는
    머리칼이 하얗게 변했다는 의미를 담고 있다. '나이가 들다'가 원래 뜻이다.
95) 오랜 경험으로 능숙함.
96) 오랜 경험으로 익숙함.
97) 늙고 둔함.
98) 오래되고 낡음.

乃掘之, 遂得水. 以管仲之聖而隰朋之智, 至其所不知, 不難師與老馬老蟻, 今人不止以其愚心而師聖人之智, 不亦過乎.)」관중이 늙은 말을 이용하여 길을 찾았다는 말에서 '노마식도(老馬識途)'가 유래했다고 한다. '노마지도(老馬知道)' 혹은 '노마지지(老馬之智)'라고도 한다.

욥기도 노인들의 배움에는 특별한 가치가 있다고 말한다. "늙은 자에게는 지혜가 있고 장수하는 자에게는 명철이 있느니라.(욥기 12:12)"

요즘 핫(hot)한 트롯의 열풍 속에 김종환이 작사·작곡한 《여백》의 가사를 써 내려가려 한다.

얼굴이 잘생긴 사람은
늙어 가는 게 슬프겠지
아무리 화려한 옷을 입어도
저녁이면 벗게 되니까
내 손에 주름이 있는 건
길고 긴 내 인생에 훈장이고
마음에 주름이 있는 건
버리지 못한 욕심에 흔적
청춘은 붉은 색도 아니고
사랑은 핑크빛도 아니더라.
마음에 따라서 변하는
욕심 속 물감의 장난이지
그게 인생인거야
전화기 충전은 잘 하면서
내 삶은 충전하지 못하고 사네.
마음에 여백이 없어서
인생을 쫓기듯 그렸네.
(중략)
마지막 남은 나의 인생은
아름답게 피우리라.

나이 들면 꽃에 눈길이 가기 마련이다. 꽃은 마음의 여백에서 피어난다. 마음에 여유가 없으면 꽃이 눈에 들어오질 않는다. 살아가면서 그 여백을 충전하려고 부단히 노력해야 한다.

▌노인은 경멸의 대상이었나, 존중의 대상이었나?

근대화·산업화 이전에는 노령자들이 지혜의 상징이었으며, 가정과 사회에서 존경받았다는 내용의 '근대화론'99)과 늙은 아버지를 보살피는 데 싫증이 난 아들이 식탁 대신 여물통으로, 침구도 거친 삼베로 바꿔버리자 손자가 "나도 아버지가 늙으면 쓸 테니 삼베 절반은 남겨 달라."고 했다는 '여물통과 삼베' 설화로 갈린다.100)

전통적인 노인상은 가정과 사회에서 권위와 존경을 누리는 '어른'으로 자리매김하였다. 하지만 중세 이래 유럽 곳곳에 구전된 속담이나 격언뿐 아니라 셰익스피어의 『리어왕』에게서도 많은 시사점을 찾을 수 있다. 그것들은 똑같이 생전에 자식에게 재산을 넘기는 것에 대한 경고, 노후 자녀의 가정에 얹혀살게 되었을 때의 굴욕과 냉대, 노년에 대한 걱정과 두려움 등을 모티브로 한 것이었다. '자기 전까지는 옷을 벗지 말라', '죽기 전까지는 눈을 감지 말라'라는 속담과 미리 자식들에게 재산과 권력을 탈탈 털어준 뒤 고난을 겪는 노년의 비참함에 대한 공감대를 집약해 극화(劇化)한 『리어왕』의 이야기가 좋은 예다.

대개의 문화에서 노인은 문화적 유산의 계승자로 떠받들어지지만, 진보를 가로막는다는 이유로 홀대를 당하기도 한다. 역사적으로 노인이 누린 존경과 권위는 노령에 따라 자동으로 보장된 것이 아니라 개개인의 능력과 지속적인 성취를 통해서만 획득되고 유지되었다. 한마디로 '나이만으로 존경받고 편하

---

99) 근대화론은 '과거 장수한 노인은 희귀했다'는 가설에 맹점이 있다.
100) 아버지가 할아버지(할머니)를 산속에 버리고 오자 아들이 '나중에 아버지 버릴 때 쓰게 그 지게 놔두라'고 했다는 우리의 '고려장(高麗葬)' 설화와 같은 구조다.

게 살았던 노년은 적어도 서양 역사엔 없다'는 이야기다.

잠깐 이희중(1960~)의 시《숨결》을 보자.

> 오래전 할머니 돌아가신 후
> 내가 아는 으뜸 된장 맛도 지상에서 사라졌다
> (중략)
> 한 사람이 죽는 일은 꽃이 지듯 숨이 뚝 지는 것만 아니고
> 목구멍을 드나들던 숨, 곧 목숨만 끊어지는 것만 아니고
> 그의 숨결이 닿은 모든 것이, 그의 손때가 묻은 모든 것이,
> 그의 평생 닦고 쌓아온 지혜와 수완이
> 적막해진다는 것, 정처 없어진다는 것
> 그대가 죽으면,
> 그대의 둥글고 매끄러운 글씨가 사라지고
> 그대가 끓이던 라면 면빌의 불가사의한 쫄깃함도 사라지고
> 그대가 던지던 농의 절대적 썰렁함도 사라지고
> 그대가 은밀히 자랑하던 방중술도 사라지고
> 그리고 그대가 아끼던 재떨이나 만년필은 유품이 되고
> 또 돌보던 화초나 애완동물은 여생이 고달파질 터이니
> 장차 어머니 돌아가시면
> 내가 아는 으뜸 김치 맛도 지상에서 사라질 것이다.

위 시는 아프리카 말리(Mali) 작가 아마두 앙파테 바(Amadou Hampate Ba, 1901~1991)[101]가 1960년 유네스코 연설에서 "노인 한 명이 죽는 것은 도서관 하나가 불타는 것과 같다."고 한 말과 그 맥락을 같이 한다. 노인은 지식의 저수지다. 죽음과 함께 한 사람의 재능과 솜씨가 사라지는 것은 적어도 서재 하나가 불타는 것이나 마찬가지다.

---

101) 1900년 아프리카 말리의 반디아가라 지방 페울족의 귀족가문에서 태어났고, 10년 동안 유엔대사로 활동했다.

▌연륜이 쌓인다고 지혜가 저절로 생기는 것은 아니다

지혜는 나이 먹는 것하고는 상관이 없다. 노인이라고 해서 다 현명한 것은 아니다.

보부아르의 『노년』에 따르면 나이 듦은 점진적으로 과정이 아니고 갑작스러운 깨달음처럼 찾아온다. 이 깨달음이란 나의 주관적 정체성의 일부가 급격하게 부정적인 방향으로 변하는 것으로, 나는 나름 젊다고 느낄 수도 있는데 남들이 갑자기 나를 경멸하는 것을 보고 주관적 자아의 극적인 변화를 경험한다고 한다.

한편 나이가 들면 이타적(利他的)이 된다. 프로이트(Freud) 용어를 빌리면 이드[(id, 본능)와 에고[ego, 자아]는 옅어지고 초자아[超自我; super ego, 도덕적 자아]는 강해진다.

아리스토텔레스는 "노령자는 지나치게 비관적이고 불신이 강하고 악의적이며 의심이 많고 편협하다."고 비난했다.[102] 허약해진 몸과 많은 경험 탓에 우리의 취향은 한층 더 예민하고 까다로워져서, 내놓는 것도 별로 없으면서 요구가 많아지며, 받아들여질 확률이 높지 않은데도 여지(餘地)가 주어지길 원한다. 게다가 젊었을 때만큼 과감하지 못하며, 사람을 더욱 믿지 못한다.[103] 나이가 들면 어리석고 비생산적인 자존심을 내세우고, 따분한 수다나 떨고, 사소한 일에 걸핏하면 성을 내고, 비사교적으로 변하고, 미신에 사로잡히고, 아무 쓸모없는 부에 대해 걱정하는 경향을 띤다.[104] 나이 듦의 가치는 그러한 결함을 바로잡는 데 있다.

18세기 독일 브란덴부르크(Brandenburg) 지역 등 일부 도시 성문에는 큰 몽둥이가 걸려 있었다. 거기엔 "자녀에게 먹을 것을 의존하거나 가난에 시달

---

102) 『노년의 역사(The long history of old age)』, 97쪽.
103) 『나이 듦과 죽음에 대하여』, 32쪽.
104) 『나이 듦과 죽음에 대하여』, 276~278쪽.

리는 자는 이 몽둥이로 죽도록 얻어맞을 것이다."라고 새겨져 있었다고 한다.[105] 역사적으로 보면 노인들은 가능할 때까지 독립적으로 경제·생산 활동을 해야 살아갈 수 있었다. 노인을 위한 나라는 18세기 - 계몽주의 - 에 생겼다.

▌노인의 복권(復權)

중세와 르네상스 시대까지도 유럽에서 노년은 경멸과 조롱의 대상이었으나 18세기를 지나면서 존경의 대상으로 바뀌기 시작한다. 교회가 지배하던 중세엔 노년이란 최후의 심판에 다가선 사람들이었지만 종교 대신 이성을 앞세운 계몽주의자들은 현실적으로 원숙하고 경험 많은 노년의 장점에 초점을 맞췄다.

루미(Rūmī, 1207~1273)는 "늙어가는 것에는 시작이 없고 경쟁자도 없습니다. 다만 오래된 와인처럼 더욱 깊어지는 것입니다. 노인의 지혜를 받아들여야 합니다. 우리가 가는 길에 그것이 없다면 많은 재앙과 공포와 위험이 가득할 것입니다."[106]라고 읊고 있다.

100년 전만해도 나이가 들면 경험을 통해 축적된 삶의 지혜로 젊은이에게 해줄 이야기가 있었다. 그러나 오늘날 노인은 더 이상 삶의 지혜를 가진 사람이 아니라, '컴맹', '스마트폰맹'으로 삶을 따라가지 못하고 젊은이에게 의존하는 사람으로 격하되었다.

📖 함께 읽을 책

고대에서 르네상스까지 서양 역사에 나타난 노년,
◉ 노년의 역사(Histoire de la vieillesse en Occident)
 - 조르주 미누아[107], 박규현·김소라 옮김, 아모르문디, 2010, 560쪽

---

105) 『노년의 역사(The long history of old age)』, 24쪽.
106) 『루미 시집』(잘랄 아드딘 무하마드 루미, 정제희 옮김, 시공사, 2020), 155~156쪽.
107) 프랑스의 역사학자인 저자는 문학과 예술, 고대의 의학서적, 묘비명, 중세의 각종 기록들,

서양 역사 속 노인과 노년의 삶 이야기,
- ◉ 노년의 역사(THE LONG HISTORY OF OLD AGE, 2005): 고정관념과 편견을 걷어낸 노년의 초상
  - 팻 테인·팀 파킨·슐람미스 샤하르·린 A. 보텔로·데이비드 G. 트로얀스키, 안병직 옮김, 글항아리, 2012, 502쪽

나이 듦에 직면한 동양의 사유와 풍속,
- ◉ 노년의 풍경
  - 김미영·이숙인·고연희·김경미·황금희·조규헌·박경환·임헌규, 글항아리, 2014, 350쪽

- ◉ 노년[나이 듦]에 관하여(De senectute)
  - 마르쿠스 키케로, 오흥식 옮김, 궁리, 2002, 174쪽

나이 듦의 의미와 그 위대함,
- ◉ 노년(La Vieillesse, 1970)
  - 시몬 드 보부아르, 홍상희 옮김, 책세상, 2002, 776쪽

죽음에 대한 성찰,
- ◉ 말년의 양식에 관하여(On late style)
  - 에드워드 사이드(Edward W. Said), 장호연 옮김, 마티, 2012, 230쪽
    {깨달음과 즐거움 간의 모순을 해결하지 않고 둘 모두를 그대로 드러내는 힘은 말년의 양식의 특징이다. 반대 방향으로 팽팽하게 맞서는 두 힘을 긴장 속에 묶어둘 수 있는 것은, 오만한 태도를 버리고 오류 가능성을 부끄러워하지 않으며 노년과 망명으로 인해 신중한 확신을 얻은 예술가가 가진 성숙한 주체성이다. 진정한 예술가는 나이를 먹으면서 원숙 또는 조화와는 반대되는 지점에 도달한다. 그러한 '만년의 작업(Late Work)'을 궁극의 지점까지 몰고 감으로써 때로는 완벽한 조화에 이를 수도 있다. 『말년의 양식에 관하여』의 부제는 '결을 거슬러 올라가는 문학과 예술'이다. 말년의 양식은 말년의 특징으로 간주

교황과 왕에 대한 자료들을 토대로 고대에서 르네상스까지 서양역사에 나타난 노년의 역사를 소개한다.

되는 조화, 화해, 포용, 관용과 같은 자연스러운 양식이 아니라 균열과 모순을 있는 그대로 드러내면서 기존의 사회질서에 저항하고 '말년(Lateness)'이라는 죽음 또는 종말의 시간성이 만들어내는 파격적 양식이다.108)}

◉ 리어 왕(King Lear)
- 윌리엄 셰익스피어, 최종철 옮김, 민음사, 2005, 224쪽

06 노년의 문화적 표상

▌주변화·세속화

성호 이익(星湖 李瀷, 1681~1763)은 『성호사설』에서 노년의 비감 미를 고백했다. 「노인의 열 가지 좌절(挫折)이란, 대낮에는 꾸벅꾸벅 졸음이 오고 밤에는 잠이 오지 않으며, 곡할 때는 눈물이 없고, 웃을 때는 눈물이 흐르며, 30년 전 일은 모두 기억되어도 눈앞의 일은 문득 잊어버리며, 고기를 먹으면 뱃속에 들어가는 것은 없이 모두 이 사이에 끼며, 흰 얼굴은 도리어 검어지고 검은 머리는 도리어 희어지는 것이다.」

『노년의 역사(The long history of old age)』에서 밝힌 노년의 문화적 표상은 다양하지만, 노년의 역사를 관통하는 노년의 이미지를 나타내는 두 개의 키워드는 주변화와 세속화다.

첫 번째 키워드 '주변화'는, 노인은 어린이, 여성과 함께 사회의 중심부에

---

108) 절체절명의 위기를 감지하는 순간 모든 생명체는 생애 가장 아름다운 꽃을 피운다고 한다. 즉, 생존이 위태로운 생명체가 사력을 다하여 마지막 꽃과 씨앗을 맺어, 자신의 유전자를 후대로 이어가기 위하여 노력한다. 이러한 종족보존 현상을 생물학적 용어로 '앙스트블뤼테(Angstblüte)'라고 한다. 이 단어는 독일어로 '공포, 두려움, 불안'을 뜻하는 앙스트(Angst)와 '개화, 만발, 전성기'를 뜻하는 블뤼테(Blüte)의 합성어이며 '불안 속에 피는 꽃' 정도로 의역할 수 있다.

서 동떨어진 채 존재했다는 인식이다. 두 번째 키워드는 '세속화'로 늙음을 포용하고 긍정하는 태도이다. 노년이 세속화되는 데에는 정치적 환경의 변화와 더불어 과학과 의학서적의 역할이 컸다. 중세의 종교 서적이 현세의 문제보다는 내세의 생에 초점을 맞춰 정신의 평온과 영성의 회복에 집중한 반면, 과학과 의학서적은 노화 과정을 탈신비화했고, 결과적으로 탈기독교화로 이어졌기 때문이다.

▎ 예술작품에 비친 노년의 이미지

O 걸리버 여행기(1726)

조너선 스위프트(Jonathan Swift, 1667~1745)는 『걸리버 여행기』에서 불로장생인 스트럴드브럭(struldbrug) 종족의 영생에 대한 욕망을 풍자했다. 걸리버(Gulliver)는 럭낵(Luggnagg)이라는 곳에서 영생인들을 만난다. 조너선 스위프트는 처음엔 그곳을 환상적으로 묘사한다. 영생이 가능하다니 하는 흥분도 잠시, 곧 끔찍한 참상이 드러난다. 서른 살 정도까지는 정상적인 삶을 누리지만 그 이후는 우울하고 절망적인 나날을 보낸다. 여든 살이 되면 그들은 완고하며, 까다롭고, 탐욕스러우며, 침울하고, 우쭐대며, 수다스러웠을 뿐아니라 친구도 못 사귀고 온갖 자연스러운 애정에도 무감각하였는데, 자연적인 애정은 그들의 손자, 손녀 아래로는 결코 내려가지 않았다. 질투와 이룰 수 없는 욕망만이 그들을 지배하는 열정이다. 아흔 살 정도가 되면 건강이 급격히 나빠지기 시작하며 기억력이 감퇴하고 이와 머리카락이 빠진다. 럭낵 사람들은 영원히 늙어가고 있었다. 영생인들은 80세가 넘으면 법적으로 사망한 것으로 치부될뿐더러 감각과 기억의 상실로 살아도 산 게 아니다. 그래서 죽는 자들을 보면, 왜 자기들은 영원한 안식처로 돌아갈 수 없느냐며 질투심에 휩싸이곤 한다. "그들은 내가 지금까지 본 인간들 중에서 가장 흉해 보였다." 그래서 저렇게 살 바엔 차라리 '불구덩이 속에 들어가서라도 죽음을 맞이하는 게 낫다'는 게 걸리버의 결론이다. 결국 스위프트는 영생을 끔찍한 형벌로 묘사하고 있다.

걸리버에게 불로장생인들이 처음엔 부러움의 대상이었지만 얼마 지나지 않아 영원히 사는 것이 어떤 운명인지를 알게 된다. 이들은 '죽음'에서 소외된 불행한 존재였다. 『걸리버 여행기』는 당시 영생과 수명연장에 집착하던 유럽 사람들에게 깨달음을 주기 위해서 쓰였을지 모른다. 고통과 괴로움과 비참함에 종지부를 찍어주는 죽음을 '축복'이라고 말하는 것 같다.

○ 뜻대로 하세요(1623)

셰익스피어는 『뜻대로 하세요』에서 노인에 대한 부정적인 태도를 서술하고 있다.

> 여섯 번째 시기는
> 슬리퍼나 질질 끄는 야윈 어릿광대로 변한다.
> 콧등에 안경을 걸치고, 옆구리에는 쌈지를 차고 있으며
> 고이 간직한 젊은 시절의 홀태바지가
> 마른 정강이에는 헐겁고, 우렁찬 목소리도
> 어린애 목소리로 돌아가 빽빽거리는
> 피리 소리를 낸다.
>
> 이 기이하고 파란만장한
> 모든 이야기가 끝나는 마지막 장면은
> 또 다시 어린애가 되는 것, 오로지 망각이다.
> 이는 빠지고, 눈은 멀고, 입맛도 떨어지고
> 모든 것이 사라진다.

○ 도리언 그레이의 초상(1890)

오스카 와일드(Oscar Wilde, 1854~1900)는 『도리언 그레이의 초상』에서 아름다운 청년 도리언 그레이(Dorian Gray)는 자기 대신 늙어줄 초상화와 자신의 영혼을 바꾸고 영원한 젊음을 얻는다. 자신의 아름다움에 도취된 그

는 젊음이라는 권력을 믿고 욕망을 마음껏 드러내며 방탕한 삶을 이어간다. 도리언 그레이 대신 늙어가는 것은 그의 초상화. 그림은 그레이가 지은 죄와 탐욕의 흔적까지 모두 짊어지고 추하게 변해간다.

O 향연(饗宴, 1306~1308?)

이탈리아의 시인 단테는 『향연(Convivio)』에서 삶의 마지막단계를 입항하기 전에 점차적으로 돛을 내리는 배에 비유했다. "품위를 갖게 된 영혼이 조용히 그리고 우아하게, 괴로워하지 않고 정해진 순서에 따라 최종 목적지를 향해 나아간다." 단테는 노인의 죽음을 익어서 나무에서 떨어지는 사과에 비유했다. 단테는 행로의 끝, 수용, 평화를 강조했다.

O 파우스트(1832)

『파우스트(Faust)』 제2부 제5막 「한밤중」 중 일부 장면으로 파우스트(Faust)가 말한다. 괴테(Johann Wolfgang von Goethe, 1749~1832)는 평정과 성찰의 시기로, 욕망이 충족된 시기로 노년을 긍정했다.

> 나는 오로지 세상을 줄달음쳐 왔을 뿐이다.
> 온갖 욕망의 머리채를 틀어쥐었지만,
> 흡족하지 않은 건 놓아버렸고,
> 빠져나가는 건 내버려두었다.
> 나는 오직 갈망하면서 그것을 성취하였다.
> 또한 소망을 품고 기운차게 평생을 질주해 왔다
> 처음엔 원대하고 힘차게, 지금은 현명하고
> 생각이 깊어졌다.
> 지상의 일은 낱낱이 알고 있지만,
> 천상을 향한 전망은 막혀버렸다.
> 눈을 깜박거리며 그곳을 향해 구름 너머 자신을
> 꿈꾸는 자는 바보로다!
> 이곳에 굳건히 서서 주위를 둘러보아라.

> 유능한 자에게 이 세상은 잠자코 있지 않는다.
> 무엇 때문에 영원 속을 헤맬 필요가 있을까!
> 자기가 인식하는 것은 잡을 수가 있다.
> 그런 식으로 지상의 날을 보내도록 하라.
> 유령이 날뛰어도 내 갈 길만 가면 된다.
> 그 어느 순간에도 만족을 모르는 자,
> 그가 나아가는 길엔 고통도 행복도 함께 있겠지.

16~17세기 문학에 나타난, 10년 단위로 쪼갠 일생에 대한 묘사를 보면 다음과 같다.

10대 - 어린아이
20대 - 청년
30대 - 성년
40대 - 안정의 추구
50대 - 정착과 풍요
60대 - 은퇴의 시기
70대 - 영혼 수련
80대 - 세상의 놀림감
90대 - 어린아이의 웃음거리
100대 - 주여 불쌍히 여기소서

톨스토이는 노년에는 많은 것을 즐길 수 있다고 생각했다. '노년에 대해 불평하지 마라. 그것이 나에게 예상하지 않았던, 훌륭한 이점을 얼마나 많이 가져왔던가. 그래서 내가 내린 결론은 노년과 삶의 끝도 똑같이 예상 밖으로 멋진 것이 되리라'는 것이다.

📖 함께 읽을 책

◉ 걸리버 여행기
 - 조너선 스위프트, 이종인 옮김, 현대지성, 2020, 415쪽

◉ 걸리버 여행기
 - 조너선 스위프트, 류경희 옮김, 더스토리, 2020, 547쪽

◉ 도리언 그레이의 초상(The picture of Dorian gray)
 - 오스카 와일드, 윤희기 옮김, 열린책들, 2010, 362쪽

◉ 향연(Convivio)
 - 단테 알리기에리, 김운찬 옮김, 나남출판, 2010, 429쪽

◉ 파우스트 1·2
 - 요한 볼프강 폰 괴테, 전영애, 길, 2019, 1512쪽

제2장 늙어갈 용기

나이 드는 걸 좋아할까? 새해에 떡국 먹는다는 말은 나이가 한 살 늘었다는 의미다. 그리고 요즘엔 생일날 케이크에 나이 수만큼 촛불을 꽂고 노래를 부르며 생일을 축하하곤 한다. 아마 이때는 나이 먹는 게 기분 나쁜 순간은 아닐 것이다. 하지만 원하든 원하지 아니하든 사람은 늙어간다. 그럼에도 늙는데 과연 '용기'가 필요할까?

일본 철학자 기시미 이치로(岸見 一郎, 1956~)가 『늙어갈 용기』라는 책을 냈다. 일본어판 원제는 '잘 산다는 것 - 죽음으로부터 삶을 생각한다(よく生きるということ - 死から生を考える)'이다. 그는 50세였던 2006년 심근경색으로 쓰러져 죽음의 문턱까지 갔다 살아나고 알츠하이머를 앓기 시작한 아버지를 간병하며 어떻게 늙어갈 것인가의 문제를 깊이 생각하게 됐다고 한다.[109] "죽을지도 모르는 큰 병을 앓은 개인적 경험 그리고 2011년 동일본대지진과 후쿠시마 원전사고라는 사회적 경험이 내 사고방식[생사관]에 큰 영향을 미치지 않을 수 없었다."[110]

『늙어갈 용기』는 모두 5장으로 되어있다. 장별로 '타자[대인관계]·질병[아픔]·나이 듦·죽음·잘삶[well-being]'이라는 '인생의 과제'를 설정하고 이에 아들러 심리학을 투영하여 '대화할 용기', '몸말에 응답할 용기', '늙어갈 용기', '책임질 용기', '행복해질 용기'가 필요하다는 것이다.

---

109) 기시미 이치로는 유년시절 조부와 조모, 동생을 차례로 잃었고, 모친은 49세에 뇌경색으로 쓰러져 얼마 뒤 요절했으며, 알츠하이머 치매로 고생하다 사망한 부친을 오랫동안 간병했다. 2006년에는 쉰 살의 나이로 심근경색이 발병하여 죽음의 문턱을 넘었으며, 동일본대지진과 후쿠시마 원전사고와 같은 대재앙을 경험하고 『늙어갈 용기』를 집필했다.
110) 『늙어갈 용기』, 21쪽.

01 에네르게이아(energeia)적 삶

아리스토텔레스는 삶에는 두 가지 방식이 있다고 한다. '키네시스(kinesis)111)'와 '에네르게이아(energeia)112)'가 그것이다. 키네시스적인 삶에서는 수단과 방법을 가리지 않고 '효율적으로' '빨리' 목적을 이루는 게 가장 시급하다. 반면 에네르게이아(energeia)는 '지금 하고 있는' 것 그 자체를 그대로 '해냈다'고 본다. 에네르게이아적인 삶은 '과정 자체를 결과로 보는 운동'으로, 모든 움직임은 '지금, 여기'에서 충실하면 그 자체로 풍족하다.

아들러(Alfred W. Adler, 1870~1937)113)는 아프거나 늙었거나 죽어가는 그 인생의 절박한 과제에 직면한 사람일수록 '지금 여기서 살아가고 있다'는 그 존재자체가 목적이라는 에네르게이아적인 삶의 태도를 갖는 게 중요하다고 역설했다. 인생은 '지금'을 '살아가고 있는'것이기 때문이다. '만약…이라면' 그 결과만을 중요시하는 키네시스(kinesis)로 산다는 것이다. 그래서 특히 병이나 늙음, 죽음과 같이 인생의 절박한 과제에 직면한 사람일수록, '지금 여기서 살아가고 있다'는 그 자체가 목적이라는 에네르게이아(energeia)적인 삶의 태도야말로 살아가는 존재의 진정한 힘이다.

02 몸 말에 응답할 용기

어느 날 갑자기 병으로 쓰러진 것처럼 보여도, 실제로는 몸의 말에 귀를 기

---

111) 동물은 환경에 대응하여 일정한 행동을 취하는데. 자극의 방향에 대하여 체축(體軸)의 방향을 정하고 행동하는 경우와 체축방향에 대하여 일정성은 없지만 자극의 세기나 변화에 대응하여 행동하는 경우가 있는데, 후자를 특히 '운동성(運動性)'이라고 한다.

112) '현실태(現實態)' '현실성(現實性)' '실현(實現)'으로 번역된다. 에네르게이아는 질료가 형상적 규정(形相的 規定)에 의해 완성태(完成態)에 이른 상태를 말한다.

113) 아들러는 열등감, 인정욕구, 권력욕, 인격, 생활양식이라는 개념을 만들어냈다. 또한 '용기의 심리학자'라 불리는 그는 '개인의 용기를 진작시키는' 것이 심리학의 가장 큰 의무라고 설파했다.

울이지 않은 경우가 대부분이다. 건강한 사람은 자신의 몸이 '상처 입기 쉽다'는 것, 따라서 언제든 병이 날 수 있다는 것, 몸이 아프다는 신호를 보낼 때에는 병이 자신의 것임을 받아들일 수 있어야 한다. 병이 치유되었을 때도 '운이 좋았다'거나 '살아났다'고 중얼거리지 말고 신체가 '말을 건 병'에 응답(respond)한 것이고, 쾌유는 바로 그 몸의 말에 책임(responsibility)을 다한 것이라고 생각해야 한다.[114]

아들러는 완전한 자유는 존재하지 않으며 반드시 '책임'이 따른다고 생각했다. 내 몸의 '병'에 책임이 따르기 때문에 "'병'이라는 '몸말'에 응답할 용기를 가져라"는 것이다. 즉, 병은 자신과 신체 사이에서 이루어지는 대화인 것이다.

03 곱게 늙어감

노자(老子)는 『도덕경』 제55장에서 "知和曰常 知常曰明 益生曰祥 心使氣曰强"이라고 했다. "조화를 아는 것을 항상(恒常)이라 하고, 항상(恒常)을 아는 것을 밝음이라 한다. 삶을 더하는 것은 상서롭다 하고, 마음으로 기를 다스리면 강하다."고 한다.[115]

나이 듦이 허영심, 자만심, 명예욕이 되지 않도록 하여야 한다. 노자가 한 말의 핵심은 억지로 삶을 도모하는 것은 상서롭지 못하니, 무릇 성찰과 절제를 통해 '본성을 가로막는 자기중심적 욕망을 비우는 과정'이 '곱게[잘] 늙어감'이다. 즉, 나로 사는 용기가 필요하다.

---

114) 반응성이든 책임이든 둘 다 영어로는 responsibility이며 그 의미는 응답하는 능력 (response + ability)이다.
115) '祥(상)'은 현대어에서는 '吉祥(길상)'처럼 좋은 일을 뜻하지만 고어에서는 불길의 징조라는 뜻으로 쓰였다.

아들러는 "예순, 일흔 혹은 여든 살 먹은 사람조차도 일을 멈추라고 권유하면 안 된다."고 강조한다. 늙어갈 용기를 어떻게 낼지는 개인의 라이프 스타일[life style, 生活樣式]에 따라 다르다고 판단했기 때문이다.

오래 산다는 것에만 주의를 기울이지 말고, 주어진 삶 속에서 긍정적이고 유쾌한 마음가짐으로 가능한 것을 하려고 노력하는 게 중요하다. 아들러는 말한다. "중요한 것은 무엇이 주어졌는가가 아니라 주어진 것을 어떻게 쓰느냐."

그리스인은 시간을 '크로노스(Kronos)'와 '카이로스(kairos)'[116] 두 단어로 나눠 사용했다. '크로노스'는 물리적인 시간이고, '카이로스'는 심리적·상대적인 시간이다. 직장인이 평일에 1분이 1시간처럼 느낀다든가 주말에 1시간이 1분처럼 느껴지듯이 말이다. 인간은 동일한 물리적 시간에도 상황에 따라 빠름과 더딤을 느낀다. 인간은 '크로노스'의 시간 속에서 살아가지만 '카이로스'의 시간에 지배 받고 있다. 노인이 되면 물리적인 시간뿐만 아니라 심리적인 시간도 본인이 어떻게 하느냐에 따라 다르다. 따분함을 느끼지 않기 위해서는 뭔가 '하는 일'이 있어야 한다.

언젠가 올 그날을 생각해 보자.

현재 당신 나이가 65세라면, 통계청 발표 2019. 12. 4. 기준 완전생명표에 의하면 기대여명[117]이 20.8년으로 85.7세까지 살 수 있는 셈이다. 남자의 경우는 기대여명이 18.7년으로 83.7세까지, 여자는 기대여명이 22.8년으로 87.8세까지 살 수 있게 된다. 일반적으로 100세 시대[118]라고 하지만 80이란

---

116) 기회의 신인 그리스신화에 나오는 카이로스의 모습을 보면, 앞머리는 숱이 무성한 대신 뒷머리는 대머리이며, 어깨와 양발 뒤꿈치에는 날개가 달려있을 뿐만 아니라 양손에는 저울과 칼을 들고 있다. 카이로스의 앞머리가 무성한 이유는 그를 발견한 자가 그의 머리채를 쉽게 붙잡을 수 있기 위함이고, 그의 뒷머리는 대머리이기 때문에 머리카락을 붙잡을 수 없을 뿐만 아니라 발에 날개가 달려있어 순식간에 사라져 버린다고 한다. 한번 지나가면 다시는 잡을 수 없는 것을 기회라고 보았던 것이다. 카이로스가 손에 들고 있는 저울과 칼은 기회가 다가왔을 때 해야 하는 행동을 상징한다. 저울과 같이 정확한 판단을 내리고, 칼과 같이 날카로운 결단을 행동으로 옮기는 것이 기회를 만났을 때 해야 하는 일이라는 것이다.
117) 앞으로 살 수 있는 연수.

나이는 이 세상에서 우리의 삶이 끝나는 지점이라는 것을 명심하자.

04 노인들이여, 늙어가면서 자존감을 잃지 말자

노년의 경험은 오늘날에도 다양하게 표출되고 있다. 고대 로마의 정치가·사상가 키케로가 『노년에 관하여』에서 '좋은 노인'과 '나쁜 노인'을 구별한 뒤 남긴 다음의 논평은, 여전히 유효하다. "모든 이에게 노년이 하나의 유형만 있는 것은 아니다."

플라톤(Platon, BC427~BC347)의 『국가론』 첫머리에 소크라테스가 늙은 케팔로스(Cephalus)를 만나 늙는 것이 어떤 것인지 묻는 장면이 있다. 케팔로스가 답한다. "노령이 아니라 성격이라오. 왜냐하면 분별력이 있고 좋은 성격이라면 노년은 견뎌내기 쉽기 때문이오. 만약 그렇지 않다면 노년뿐 아니라 청춘도 고생보따리라오."

키케로는 일반적으로 사람들이 흠잡는 노년의 네 가지 측면을 제시하고 있는데, 1)노년은 당신들이 좀 더 젊었을 때 했던 일을 못하게 한다, 2)노년은 신체를 약하게 한다, 3) 노년에는 즐거움이 없다, 4)노년은 죽음과 멀지 않다. "노년에는 스스로 싸우고, 권리를 지키며, 누구든 의지하려 하지 않고, 마지막 숨을 거두기까지 스스로를 통제하려 할 때만 존중받을 것이다."는 키케로의 말 역시 시대를 넘어선 진리다.

어떤 이119)는 사람, 돈, 일, 건강, 시간 등 다섯 가지 요소를 균형 있게 갖춘

---

118) 현재 우리나라 100세 이상 어르신은 2만1411명(남성 5203명, 여성 1만6208명)으로 우리나라 인구 5185만 명의 0.04%에 불과하다. 2020년 기준 65세일 경우 100세까지 살 확률은 6.8%이다.(www. chosun.com '당신이 100세까지 살 확률 보기'를 링크하면 확인할 수 있다.)
119) 서사현.

사람을 '명품노인'으로 규정하고, 나이 들수록 베풀고 나누며 즐기는 멋진 인생을 주문한다. 더 좋은 것은 우피족[WOOPIES; Well-Off Older People]이 되는 것이다. 경제적으로 부유해 자식들에게 기대지 않고 독립적으로 생활하는 노인이 되는 것이다. 그러려면 다 쓰고 죽자.

📖 함께 읽을 책

두려움과 용기, 어느 것에 전염되고 싶은가.
◉ 늙어갈 용기(よく生きるということ「死」から「生」を 考える)
 - 기시미 이치로, 노만수 옮김, 에쎄, 2015, 385쪽

◉ 명품노인
 - 서사현, 토트, 2013, 232쪽

얼마를 벌 것인가 보다 어떻게 쓸 것인가를 고민하라.
◉ 다 쓰고 죽어라(Die broke)
 - 스테판 M. 폴란·마크 레빈, 노혜숙 옮김, 해냄, 2011, 290쪽

제3장 '내 삶'을 살고 싶다

01 나에게 독서란?

좋은 책은 좋은 친구가 될 수 있다. 어떤 친구를 사귀는지 보면 그 사람을 알 수 있듯이 어떤 책을 읽는지 보아도 그 사람을 알 수 있다. "좋은 책은 참 을성 있고 기분 좋은 친구다. 좋은 책은 어렵고 힘들 때도 등을 돌리지 않는 다, 좋은 책은 항상 친절하게 반긴다. 젊어서는 즐거움과 가르침을 주고, 늙 어서는 위로와 위안을 준다."120) 아무것도 배울 것이 없을 정도로 평범한 사 람은 없다고 괴테는 말한다. 즉, 독서는 사람을 읽는 것이다.

몽테뉴는 세 가지 교제로, 존경할 만한 남자들과의 교제, 아름답고 정숙한 여자들과의 교제, 책과의 교제를 들고 있다. 그는 여기서 "존경할 만한 남자 들과의 교제, 아름답고 정숙한 여자들과의 교제는 우연적이고 타인 의존적이 다. 첫째 교제는 드물어서 힘들고, 둘째 교제는 나이와 더불어 시들해진다. 책과의 교제는 꾸준히 그리고 매우 쉽게 누릴 수 있다."고 말한다.121) 그러면 서 몽테뉴는 "젊어서 남에게 과시하기 위해 공부했다. 그다음에는 현명해지 기 위해 공부했고, 지금은 재미로 한다."고 덧붙인다.122)

몽테뉴의 《수상록》에서 발췌한 『나이 듦과 죽음에 대하여』의 옮긴이는 말 한다. "스무 살에는 꿈을 갖기 위해 책을 읽었다. 서른에는 살기 위해 읽었다. 마흔에는 타인을 이해하기 위해 읽었다. 오십에는 '나이 듦'과 '죽어 감'을 이 해하기 위해 읽었다. '죽음이 두려워서 오래 살고 싶은 것인지, 아니면 오래

---

120) 『인격론』(새무얼 스마일즈, 정준희 옮김, 21세기북스, 2005), 330쪽.
121) 『나이 듦과 죽음에 대하여』, 89쪽.
122) 『나이 듦과 죽음에 대하여』, 94쪽.

살고 싶어서 죽음이 두려운 것인지?' '타인을 가르치기 위해서가 아니라 바로 나를 가르치기 위해서' 말이다."[123]

나도 독서클럽을 만들어 1년 단위로 3개월마다 읽을 책의 주제를 미리 정하고 여러 분야의 책을 읽고 있다. 책은 늘그막에 나의 최고의 벗이 되었다. 에라스무스(Desiderius Erasmus, 1466?~1536)는 "의복은 사치품이지만 책은 필수품이다."라고 했다. 그렇다. 난 책 사는 게 아깝지 않다. 책은 사색, 성공 그리고 실패의 기록이다.

난 요즘 고전이라고 부르는 소설, 특히 톨스토이(Tolstoy), 도스토예프스키(Dostoevskii, 1821~1881), 헤르만 헤세(Hermann Hesse, 1877~1962), 카프카(Franz Kafka) 등의 소설을 읽으면서 역사, 철학, 종교, 사랑 등 모든 것이 망라된 그들의 삶을 보며 감탄을 자아낼 때가 한두 번이 아니다. 인간은 그가 사라지면 그와 함께 모든 것이 사라지지만, 책은 영원하다.

02 섣불리 남을 재단하지 말라

영국의 정신과의사 로널드 랭(Ronald David Laing, 1927~1989)은 『자아와 타자』에서 자신이나 세상[타자]에 관한 의미부여와 해석을 '속성화' 또는 '속성부여'라는 말로 설명한다. "어떤 사람에게 주어진 속성이 그 사람을 한정하고 어떤 특정한 환경에 놓이게 한다."는 것이다. 그러니 타자에게 속성을 부여하지 말라.

대화할 용기가 필요한 두 가지 까닭은, 하나는 잘못된 속성화로 남을 오해하지 않기 위해서이고, 다른 하나는 이론(異論)이 있는 사람과 공존하기 위해서다. '대화'의 본래 뜻은 '로고스(Logos)를 주고받는다[디아로고스;

---

123) 『나이 듦과 죽음에 대하여』, 300~305쪽.

Dialogos]'이다. 로고스는 말이고 이성이라는 뜻도 있다. 사고는 자기 자신을 상대로 행하는 토론이며, 그것이 외화(外化)된 형태가 대화다. 대화에서는 '누구'가 아니라 어디까지나 '무엇'이 문제가 되어야 한다.

장자(莊子, BC 369?~BC286년)가 혜자(惠子)와 함께 호숫가를 거닐다가 문득 입을 열었다.

"물고기가 한가로이 헤엄치고 있군, 물고기는 즐거울 거야."
그러자 혜자가 물었다.
"자네는 물고기도 아니면서 물고기가 즐겁다는 것을 어떻게 아는가?"
혜자의 물음에 이번에는 장자가 되물었다.
"자네는 내가 아니면서 내가 물고기의 즐거움을 알지 못한다는 것을 어찌 아는가?"
혜자가 대답했다.
"나는 자네가 아니므로 본디 자네를 알지 못한다네. 자네도 원래 물고기가 아니니 자네가 물고기의 즐거움을 알지 못한다는 것은 틀림없는 사실이네."
장자가 말했다.
"처음으로 돌아가서 얘기를 다시 해보세. 자네는 이미 내가 물고기의 즐거움을 알고 있음을 알았기 때문에 '어떻게 물고기의 즐거움을 아는가?'라는 질문을 내게 한 것인데, 나는 호숫가에서 물고기와 일체가 되어 그들의 즐거움을 알고 있었던 것이네."124)[知魚之樂; 물고기의 즐거움을 알다]

혜자(惠子)는 어느 유행가 가사[내가 나를 모르는데 네가 나를 일겠느냐]처럼 '내가 네가 아닌데 너를 어찌 알겠느냐'란 마음으로 섣불리 남을 판단할 것이 아니라는 것이고, 장자(莊子)는 내게 좋은 일이 남에게 나쁠 리 없고 내게 나쁜 일이 남에게 좋을 리가 없다고 말하고 있다.

---

124) 『莊子』(안동림 역) 外篇 秋水, 443쪽 참조.

여기서 졸시(拙詩)《자》를 읊어 본다.

누가 나를 재려 하는가?
하물며 내가 어찌 남을 재려오.

붓다는 "타인에 대해 옳고 그름을 말하지 않기 어렵다."고 한다. 타인을 내 잣대로 판단하고 비교하는 것은 어리석은 짓이라는 말씀이다. 예수도 말한다. "다른 사람을 심판하지 말라."

03 나답게 산다는 건

존경(respect)의 어원인 라틴어 '레스피치오(respicio)'는 '본다(respicere)'는 의미가 있다. 이처럼 있는 그대로 상대방을 보는 것이다. 당신 그대로의 모습을 보고 당신을 유일무이한 존재, 다른 누군가로 대신할 수 없는 존재로 받아들이는 능력이다. '있는 그대로의 모습'을 본다는 것은 미화하는 것도 아니고, 진짜 모습에 관심을 두지 않는다는 것도 아니다. 우리는 존중하기 위해 그 상대방을 있는 그대로, 바로 보는 훈련부터 시작해야 한다. 존경은 서로의 가치를 동등하게 인식할 때 비로소 피어나는 꽃이다.

아들러는 '나답게 산다는 것'의 진정한 의미는 '타자에게로의 공헌'이라고 말한다.[125] 아들러는 교환 불가능한 나를 있는 그대로 받아들이는 용기가 '자기수용'이고, 다른 사람을 조건 없이 믿는 게 '타자신뢰'라고 말했다. 아들러는 "인생의 의미는 내가 나 자신에게 주는 것"이라고 말한다. 인생에 의미 같은 것은 없고 설사 죽음을 앞두고서라도 내 인생에 의미를 줄 수 있는 사람은 다른 누구도 아닌 나밖에 없다는 것이다. 아들러의 에네르게이아적인 인

---

125) 아들러는 타자공헌의 가장 좋은 예로 '일'을 든다.

생이란 '지금, 여기의 삶'을 진지하게 받아들이는 것이기 때문이다. 설사 언젠가는 죽음이 닥치더라도 '지금 여기서' 맘껏 살다보면 인생은 완결되는 과정 그 자체이므로, '지금 여기서마저 (늘)' 생의 불가피한 '예기불안(豫期不安)'126)에 떨며 살 필요가 전혀 없다는 이야기다.

아래 '왜', '어떻게'에 뭐라고 답할 수 있는가?

- 왜 남의 인생을 사는가?
- 왜 몸말[병]에 귀 기울이지 않는가?
- 왜 늙음을 젊음의 완성으로 생각하지 않는가?
- 왜 늙을수록 허영심, 권력욕에 휘둘리는가?
- 왜 나답게 살지 못하는가?
- 왜 늙음, 죽음은 누구도 피할 수 없는가?
- '사는 날까지=죽는 날까지' 어떻게 잘 살 것인가?
- 죽음 뒤에 삶은 계속되는가?
- 마지막은 어떤 풍경이어야 하는가?

우리는 기꺼이 나이들 권리가 있다. 삶이 소중한 까닭은 언젠가 끝나기 때문이다. 그러니 더 나를 위해 더 맘껏 살다 죽자!

니체에게 중요한 것은 지금 이 순간의 삶과 그것을 만들어가는 나 자신의 힘이었다. 아모르 파티(amor fati), 자신의 운명을 사랑하라. 운명을 적극적으로 받아들이고 사랑할 때 자기만의 삶을 살게 된다는 것이다. 아모르 파티! 필연적인 운명을 긍정하고 감수할 뿐만 아니라 오히려 적극적으로 사랑할 때 진정으로 완성된 인생을 살 수 있다. 니체는 우리에게 삶을 무거운 짐이 되지 않도록 가볍게 만들라고 주문한다. 삶을 있는 그대로 인정하고 받아들이라고

---

126) 자신에게 어떤 상황이 다가온다고 생각되는 경우에 생기는 심리적 불안으로 'anticipatory anxiety'라고 한다.

말한다. 그러기 위해서는 어린아이처럼 춤을 추듯 살아야 한다.

몽테뉴는 자연이 우리에게 죽음을 학습할 기회를 주는 것이 바로 '노화'라고 말하면서, "남을 위해 실컷 살아왔으니, 적어도 남은 생애 동안에는 자기를 위해 살아보자. 우리의 생각과 계획을 우리자신과 우리자신의 안락 쪽으로 다시 향하게 하자."127)고 말을 건다.

세상은 늙은이를 싫어한다. 노년은 쓸쓸하고, 아프고, 처량하다. 노인이 되면 자신이 처한 현실을 있는 그대로 받아들여야 한다. 그래야 100세 노인의 유쾌한 '현재'를 즐길 수 있다.

04 인생 결산

독일 작가 그레고어 아이젠하우어(Gregor Eisenhauer, 1960~)는 『내 인생의 결산보고서』에서 인생에서 가장 중요한 열 가지 질문을 한다.

첫 번째 질문, 스스로 생각할 것인가, 남에게 시킬 것인가?
두 번째 질문, 왜 사는가?
세 번째 질문, 나는 행복한가?
네 번째 질문, 나는 아름다운가?
다섯 번째 질문, 무엇이 진실이고 무엇이 거짓인가?
여섯 번째 질문, 무엇을 해야 하나?
일곱 번째 질문, 누구를 위해 해야 하나?
여덟 번째 질문, 신은 있는가?
아홉 번째 질문, 내 수호천사는 누구인가?
열 번째 질문, 죽어서도 살 수 있을까?

---

127) 『나이듦과 죽음에 대하여』, 67쪽.

그레고어 아이젠하우어는 인생에서 가장 중요한 열 가지 질문에, 가장 짧은 대답을 하면서, 우리에게 자신의 '추모기사'를 A4 용지 세 장에 직접 써보라고 제안한다. 사람들은 죽음을 앞두고서야 인생이 짧다는 사실을 깨닫고, 회한에 잠긴다. 너무 뒤늦은 후회를 하지 않기 위해, 언젠가 있을 내 죽음을 현재로 끌어와 미리 '나의 추모기사'를 써보라고 권하는 것이다. 내 삶을 가장 잘 아는 이는 다른 누군가가 아닌 나이기 때문이다. 당신이 어떻게 살아왔으며, 앞으로 어떻게 살아가야 할 것인지를 당장 써 보라. 이것이 죽음과 대면하는 솔직한 방법이다. 당신이 답해야 할 첫 질문이자 마지막 질문은 이것이다. 죽기 전에 당신은 당신의 삶을 살았는가? 그리고 생의 마지막순간을 당신은 누구와 보내고 싶은가.

『내 인생의 결산보고서』에서 그레고어 아이젠하우어가 던지는 또 하나의 질문이 있다. '당신은 생의 마지막에 무슨 말을 할 것인가?'

괴테의 마지막 말은 이거였다. "방을 더 환하게 밝혀줘." 콩트(Auguste Comte, 1798~1857)는 죽음을 앞두고 "이 얼마나 막대한 손실인가"라고 말했다.

유명인들은 대개 삶의 마지막에 후세에 길이 전해질 굉장한 말을 남기고 싶어 한다. 그러나 아이젠하우어가 수많은 죽음을 접하며 들은 가장 멋진 유언은 증손자 열 명, 고손자 한 명을 두고 세상을 떠난 할머니 헤르타 두비츠키(Herta Dubitski)의 유언이었다. 그녀는 죽음을 바라보며 살지 않았다. 자신이 늙었다고 생각하지 않았기 때문이다. 그리고 죽음이 임박했을 때 그는 두려워하지 않았다. "갈 땐 조용히 가야 해." "아이들을 잘 보살펴라!" 그녀의 마지막 말이었다. 그러고는……"불을 꺼줘!"[128)]

📖 함께 읽을 책

128) 『내 인생의 결산 보고서』, 187~188쪽.

어떻게 죽어야 하는가를 배우는 철학,
◉ 나이 듦과 죽음에 대하여
 - 몽테뉴, 고봉만 옮김, 책세상, 2016, 316쪽

'원하는 모습의 나'로 사는 방법,
◉ 아비투스(HABITUS)[129]
 - 도리스 메르틴, 배명자 옮김, 다산초당, 2020, 268쪽

◉ 나와 타자들: 우리는 어떻게 타자를 혐오하면서 변화를 거부하는가(Ich und die Anderen)
 - 이졸데 카림, 이승희 옮김, 민음사, 2019, 308쪽

◉ 내 인생의 결산보고서
 - 그레고어 아이젠하우어, 배명자 옮김, 책세상, 2015, 312쪽

---

129) 아비투스(habitus)는 프랑스철학자 부르디외(Pierre Bourdieu, 1930~2002)가 처음 제시한 개념으로 사회문화적 환경에 의해 결정되는 제2의 본성이다. 타인과 나를 구별 짓는 특별한 취향과 습관, 아우라를 일컫는다.

제4장 인생여행

01 인생여행의 아름다운 준비

『유대인 랍비가 전하는 인생의 아름다운 준비(The December Project)』
는 85세 유대인 랍비 잘만 섀크터-샬로미(Zalman Schachter-Shalomi,
1924~2014)[130]와 60대 중반의 작가 새러 데이비드슨(Sara Davidson,
1943~)[131]이 '인생 12월'이라는 주제로 2년 동안 매주 금요일마다 만나 '죽
음을 지혜롭게 받아들이고 남은 인생을 행복하게 사는 법'에 대해 나눈 이야
기이다.

❖ 난 준비가 되었네. 여행자의 신발을 신었네.

> 멋진 삶이었습니다.
> 사랑하고 또 사랑받았습니다.
> 노래하고, 음악을 듣고, 꽃을 보고,
> 일출과 일몰을 보았습니다.
> 여러 곳에서, 혼자 있을 때도
> 당신은 제 마음속 외로움을
> 소중한 고독이 되도록 도와주셨습니다.
> 얼마나 고마웠는지요!

---

130) 1924년 폴란드에서 태어나 빈에서 자란 랍비 잘만은 유대교 영적지도자 중 한 명으로
2014년 향년 89세로 그의 집에서 세상을 떠났다.
131) 새러 데이비드슨은 열일곱 살 때 랍비 잘만을 처음 만나고, 예순 중반이 된 2009년 어느
날, 여든다섯 살이 된 랍비 잘만으로부터 '인생 12월을 맞이하는 지혜'에 대해 이야기하고
싶다는 제안을 받는다. 랍비 잘만과 만나는 두 해 동안 새러는 아프가니스탄에 갔다가 며
칠 사이로 자살폭탄의 참사로부터 빗겨가는 행운을 경험하고, 치매를 앓던 어머니가 세상
을 떠나고, 자신도 미로염이라는 병을 앓으면서 죽음을 한층 이해하게 된다.

02 인생 12월 여행을 준비하다

✔ 준비 하나, 용서로 치유하다

용서에는 세 항목이 있다. 내가 해를 입힌 사람, 나에게 해를 입힌 사람, 나 자신을 용서하는 일이다. 용서하기 힘든 사람이 있는가?

이런 말을 하는 사람도 제법 많다. "그자가 한 짓은 도저히 용서 못 해." "그 일은 절대 용서할 수 없어."

중요한 것은, 내가 모든 사람을 용서할 능력이 있다는 사실이다. 그 사람에게 옮아 매여 있는 나의 부정적인 에너지만 풀면 된다. 상대에게 사과를 받을 필요도 없다. 상대가 저지른 짓을 눈감아 주거나 용서하거나 이해하지 않아도 되고, 상대와 친구가 될 필요도 없다. 그냥 놓으면 된다. 틀어쥐고 있던 적대감과 분노를 풀어놓는다. 놓겠다고 마음을 먹은 후, 놓아줄 준비가 됐다고 느껴질 때까지 계속 자신의 의지를 재확인하면 된다.

✔ 준비 둘, 감사한 마음을 갖다

감사할 줄 알아야 삶의 고됨도 달콤해진다. 쑤린(蘇林)은 『어떻게 인생을 살 것인가(What should we learn in Harvard)』에서 부모님의 은혜, 선생님의 은혜, 친구, 눈부신 햇살과 신선한 공기를 제공해주는 대자연 등에 감사하라고 한다. 다른 사람에게 무엇을 해달라고 요구할 때, 당신은 그 사람에게 무엇을 해줄 수 있는지를 생각해보자.

✔ 준비 셋, 신에게 푸념하다

모든 슬픔, 불평, 자기연민, 괴로움, 더 이상 참을 수 없는 모든 것을 쏟아내자. 모두 소리 내어 말하고, 기운이 빠지면 눕거나 조용히 앉아 있자.

✔ 준비 넷, 내 존재감을 인식하다

기억력이 약해지면 내적인 존재감['나는 있다']에 초점을 맞춘다.

✔ 준비 다섯, 몸과 마음을 분리하다

우리가 고통에 시달리는 건 '나'가 아니라 '몸'이다. 자신의 정체성과 육체를 분리하여 생각하고 즐거움이나 고통을 경험하는 몸을 관찰한다.

✔ 준비 여섯, 아픔을 받아들이다

감정의 아픔을 밀어내거나 억제하지 말자. 그리고 이렇게 말해 주자. "네가 아프다는 걸 알아. 하지만 지나갈 거야."

✔ 준비 일곱, 직감에 귀 기울이다

이성적인 사고보다 직감을 신뢰한다. 기도, 명상, 사색 같은 관조할 도구를 많이 사용할수록 직관에 익숙해진다.

✔ 준비 여덟, 고독과 친구하다

자신에게 고독감을 주는 게 중요하다. 아무 것도 하지 않고 그냥 앉아서 시간을 보낸다. 때론 멍 때려라.

✔ 준비 아홉, 지난 인생을 돌아보다

지난 인생을 사회적으로, 철학적으로 돌아본다.

✔ 준비 열, 하고 싶은 일을 하다

자신에게 다음과 같이 묻는다. "세상이 사흘 후에 끝난다면 지금 어떤 일을 하겠는가?" 생각나는 대로 적는다. 그리고 자신에게 물어본다. "나는 지금 그 일을 하고 있는가, 충분히 잘 하고 있는가?"

✔ 준비 열하나, 일상에서 벗어나 감사와 인식의 폭을 높이자

✔ 준비 열둘, 마지막 순간을 연습하다

모든 이, 특히 자신에게, 내려놓는 것을 연습한다.

- 놓아버리기 연습을 한다.
- 죽는 연습, 궁극적으로 내려놓기 연습을 한다.
- 재정 상태와 생을 마감할 때의 문제를 정리한다.
- 마지막 작별인사를 하고 싶은 이들은 누구인가?
- 자신의 부고 기사를 쓴다.
- 살아 있는 동안 추모식을 연다.

몽테뉴는 말년에 이렇게 말한다. "인간의 지복은 행복하게 죽는 것이 아니라 행복하게 사는 것이다." 인생이라는 과수원을 거니는 속도를 늦추면서, 가능한 한 삶의 '감미로움'과 '아름다움'을 입 안 가득 무는 것이 우리 모두에게 주어진 과제이다.[132]

📖 함께 읽을 책

좋은 죽음을 위한 후회 없는 삶,
◉ 유대인 랍비가 전하는 인생의 아름다운 준비(The December Project)
 - 새러 데이비드슨, 공경희 옮김, 예문사, 2015, 359쪽

◉ 어떻게 인생을 살 것인가(What should we learn in Harvard)
 - 쑤린(蘇林), 원녕경 옮김, 다연, 2015, 384쪽

---

132) 『나이 듦과 죽음에 대하여』, 296쪽.

제5장 아름다운 나이 듦

01 나이 들어 알 수 있는 것들

독일 작가 쿠르트 호크(Kurt Hock, 1937~)는 『나이 들지 않으면 알 수 없는 것들(Thing you would never without Ageing; Einfach schön, dieses Leben)』 머리말에서 "내가 전하고 싶은 것은 세상을 있는 그대로 긍정적으로 보는 눈이다. 지금 내게 주어진 그대로를 받아들이고 만끽하는 것에 다름 아니다. 하루의 행복이 쌓여 생애의 충만함을 이룬다. 이것이 70년을 살면서 내가 얻은 단순한 계산법이요, 행복의 법칙이다."라고 말한다.

모든 것에 이유가 있어야 하는 것은 아니다. 링컨(Abraham Lincoln, 1809~1865)은 말한다. "사람은 행복하기로 마음먹은 만큼 행복하다."고.

✔ 나 자신에게 미소 지어라

영국 작가 윌리엄 새크리(William Makepeace Thackeray, 1811~1863)는 "삶은 거울과 같다. 당신이 웃으며 따라 웃고 당신이 울면 따라 운다."고 말한다. 내가 바라는 모습이 아니라 현재의 내 모습을 있는 그대로 살펴보는 것이다. 그리고 따스한 마음[133]으로 나 자신에게 미소를 지어보자.

✔ 이 순간이 마지막인 것처럼 살라

시간(Time)이란 단어는 '자르다, 나누다'라 뜻의 'di'에 근거를 둔 것으로, 사물이나 기간의 유한함을 뜻한다. 오늘 내가 행복하다면 그건 곧 지난날을 잘 살아왔다는 뜻이리라. 그러니 계속 지금의 삶에 충실하고 진지하게 임할

---

133) 쿠르트 호크는 '내 마음에 대해 따스한 느낌을 지닌다.'는 뜻으로 사용하면서 나 자신이 초라해 마지않을 때조차 자신에게 미소 짓는다는 뜻이라고 한다.

뿐이다. 마치 이 순간이 마지막인 것처럼.

✔ 위대한 변화는 봄처럼 부드럽다
헤라클레이토스(Heraclitus, BC 535?~BC 475?)는 말한다. "모든 것은 흐르고 아무것도 머물러 있지 않는다."고. 사시사철 자연의 변화에 기쁨을 느끼고, 나 자신과 세상의 위대한 변화 속에 공동선을 이루는 봄날을 만들자.

✔ 가만히 기다려야 할 때가 있다
메스트르(Joseph de Maistre, 1753~1821)는 "성공의 최대비결은 기다릴 줄 아는 것이다."라고 말한다. 때가 돼야 오곡백과가 익듯이 서두를 게 없다.

✔ 영원히 가지려고 하지 마라
필요 이상의 탐욕을 버리자.

✔ 모든 죽어가는 것은 생명을 품는다
"오, 가슴이여. 누군가 그대에게 육신과 영혼이 언젠가는 소멸될 것이라 말한다면, 그에게 대답하라. 꽃이 시들지만 씨앗은 남는다는 것을." 칼릴 지브란(Kahlil Gibran, 1883~1931)이 한 이 말을 명심하자.

✔ 세상에서 가장 상쾌한 것은 땀이다
'땀 흘리지 않으면 기쁨도 없다.'는 스페인 속담도 같은 뜻일 거다.

✔ 습관과 어울리되 절대 잡아먹히지 마라
너대니얼 에먼스(Nathaniel Emmons, 1745~1840)는 "습관은 최상의 하인이 될 수도 있고, 최악의 주인이 될 수도 있다."고 경고한다. 사소한 부주의에 대해서는 대개 자신도 의식하고 있고 마음만 먹으면 금세 고칠 수 있는 반면, 나쁜 습관은 자기도 모를 때가 많으며 고치기 어렵다는 특성이 있다. 물론 좋은 습관과 나쁜 습관은 상대적이다. 이 말은 습관을 판단하는 절대기준은 없다는 뜻이며, 자신의 습관을 꾸준히 점검해야 한다는 뜻이다. 따라서 습관에 안주하지 말고 가끔씩 자기 자신과 거리를 둘 필요가 있다. 한 걸음만 물러서도 습관이라는 쳇바퀴를 뚫고 새로운 길을 찾을 수 있을 것이다.

✔ 누구와도 친구가 될 수 있다
그라시안(Baltasar Gracián, 1601~1658)은 "친구를 갖는다는 건 또 하나의 인생을 갖는다는 것이다."고 말한다. 그러니 맛있는 만남을 많이 가지자.

✔ 생애 가장 아름다운 순간을 기억하라
아무리 고된 삶을 사는 사람일지라도 '이 순간이 계속되었으면' 싶을 정도로 행복에 겨운 한 때가 있을 것이다. 행복한 순간에는 삶을 이끌어 가는 힘이 있다. 단지 그때를 잊지 않고 적절히 떠올리는 것으로도 의기소침한 기분을 추스르고 새롭게 시작할 수 있다.

✔ 다른 길도 가능하다
"뭔가를 할 수 있거나 할 수 있다고 꿈을 꾼다면 그것을 시작하라."는 괴테의 말이나 "꿈을 향해 대담하게 나아가라. 자신이 상상한 바로 그 삶을 살아라."라는 헨리 데이비드 소로(Henry David Thoreau, 1817~1862)말은 한 우물만 파지 말라는 말로 들린다.

✔ 항상 깨어 있는 산처럼, 새처럼 자유롭게 살라
해머스타인(Oscar Hammerstein, 1895~1960)은 "산들은 음악의 소리로, 그것들이 수천 년 불러 운 노래들로 살아 있다."고 한다.

✔ 포기하기 전에 한 번만 더 해보라
월트 디즈니(Walt Disney, 1901~1966)는 "포기하는 방법을 배우는 순간, 그것은 습관이 된다."고 했다. 밝은 빛이 어둠을 누르고도 남을 때는 더더욱 아름다운 법이다.

✔ 무한한 행복은 가능하다

스톰 제임슨(Storm Jameson, 1891~1986)은 "행복은 깊이 느낄 줄 알고, 단순하고 자유롭게 생각할 줄 알며, 삶에 도전할 줄 알고 남에게 필요한 사람이 될 줄 아는 능력으로부터 나온다."고 말한다.

어릴 적에는 시간의 유한성을 체감하지 못한 채 자기 앞에 무한정의 시간이 기다리고 있을 줄로 착각한다. 하지만 어른이 되면 자기 앞에 놓인 시간이 얼마 없음을 깨닫고 허둥대기 시작했다. 어른이 된 후 어린 시절의 기억이 더욱 애틋해지는 건, 어쩌면 지금은 잃어버린 무한대의 시간에 대한 동경 때문은 아닐까?

✔ 곤경은 불편일 뿐 불행이 아니다

헬렌 켈러(Helen Keller, 1880~1968)는 말한다. "내가 가진 장애에 대해 나는 신에게 감사한다. 장애를 통해 나 자신과 나의 일 그리고 신을 발견했기 때문이다."

✔ 적게 취하는 것이 더 풍요하다

여유 있게 살 수 있는 두 가지 방법이 있다. 하나는 재산을 모으고 또 모으는 것이고, 다른 하나는 욕심을 덜 내는 것이다. G. K. 체스터튼(Gilbert Keith Chesterton, 1874~1936)이 한 말이다.

✔ 가끔 스스로에게 하루를 선물하라

미래가 무엇을 줄지 묻지 말고, 오늘이 주는 것을 모두 선물로 받아라. 이는 호라티우스가 말한 '카르페 디엠(Carpe diem)'이다. 때로는 무위(無爲)의 즐거움을 찾아, 나는 지금 '휴가 중'이라고 말할 수 있어야 한다.

✔ 진심은 언제나 통한다

가끔은 우리가 서로 얘기를 나눌 수 없다는 게 슬프다. 하지만 정말 중요한 것은 굳이 말을 통하지 않고도 전달되는 법이니 그걸 위안으로 삼고 참을 수밖에.

✔ 사과 한 알에 담긴 노동 그리고 기쁨을 누려라

R. G. 잉거솔(Robert G. Ingersoll, 1833~1899)은 "밭 갈기는[경작은] 기도이고 심는 것은 예언이며 추수는 응답과 성취다."라고 말한다.

『명심보감(明心寶鑑)』 입교편(立教篇)에도 다음과 같이 공자(孔子)의 삼계도(三計圖)가 인용되어 있다. 즉, 「일생의 계획은 어릴 때에 있고, 일 년의 계획은 봄에 있고, 하루의 계획은 새벽에 있다. 어려서 배우지 않으면 늙어서 아는 것이 없고, 봄에 밭 갈지 않으면 가을에 바랄 것이 없으며, 새벽에 일어나지 않으면 그날 할 일이 없다.(孔子三計圖云 一生之計在於幼하고 一年之計在於春하고 一日之計在於寅[134]이니 幼而不學 老無所知요 春若不耕 秋無所望이요 寅若不起 日無所辦이니라.)」는 가르침이다.

✔ 매일 얻을 수 없기에 더욱 빛난다

결과를 미리 알 수 없는 것에서 오는 기분 좋은 긴장감도 기쁨의 원천이다. 매일 사냥을 나갈 수는 있지만, 매일 먹잇감을 잡을 수는 없는 법이다.

✔ 싸우지 말고 조화를 이루어라

파블로 피카소Pablo Picasso, 1881~1973)가 "숨겨진 조화는 분명한 것보다 훨씬 더 좋다."고 말했듯이 이 세상과 조화를 이루며 살아야 한다.

✔ 나이에 얽매이지 마라

노먼 커즌스(Norman Cousins, 1915~1990)는 "일흔다섯 살이 되어서 가장 나쁜 일은 일흔다섯 살로 취급당하는 것이다. 그리고 그보다 더 나쁜 것은 스스로를 일흔다섯 살로 여기는 것이다."라고, 18세기 계몽사상가 베르나르 퐁트넬(Bernard Le Bovier de Fontenelle, 1657~1757)은 여든다섯에 "일

---

134) 새벽을 효(曉)나 신(晨)이 아닌 인(寅)으로 표현하였는데, 인시(寅時)는 새벽 3시 30분~5시 30분경을 의미한다.

생에서 가장 행복했던 시기가 쉰다섯부터 일흔다섯까지 20년이더라."라고
말했다.

프랑스 작가 콜레트 메나주(Colette Mesnage, 1928~)는 『노년예찬(Eloge
d'une vieillesse heureuse)』에서 "일흔이 넘어도 활기차고 치열하게 살아
갈 수 있으며 진짜 노년은 아흔에 시작된다."고 썼다.

✔ 좌절할수록 더 나아가라
"중요한 것은 투견의 크기가 아니라 투견이 지닌 투지의 크기이다."라는
미국 34대 대통령인 아이젠하워(Dwight David Eisenhower, 1890~1969)의
말이나, "성공은 최종적인 게 아니며 실패는 치명적인 게 아니다. 중요한 것
은 지속하고자 하는 용기다."라는 윈스턴 처칠(Winston Churchill,
1874~1965)의 말은 일맥상통한다.

✔ 현실 속의 이상향(Arcadia)을 꿈꿔라
"성공은 바라는 것을 얻는 것이고, 행복은 얻는 것을 바라는 것이다."라고
데일 카네기(Dale Breckenridge Carnegie, 1888~1955)가 말했다.

✔ 행복의 순간은 시간의 저편에 있다
가장 행복한 순간은 시간의 저편에 있다고 한다. 모든 체험은 분명 정해진
시간 속에서 이뤄지지만, 행복은 시간을 뛰어넘는 개념이다.

어른이 되어 아무 고민 없이 뛰놀던 행복했던 어린 시절을 회상하는 사람
의 시간은, 시간이 모래알처럼 손가락 사이로 새어나간다는 젊은이의 시간과
는 분명 다르다. 나이가 들수록 시간과 죽음이 하나의 개념에 가까워지기 때
문에 그런 차이가 발생하는 것일까? 아니면 어떤 일이든 그 일이 일어나는 동
안에는 시간을 재기 어렵기 때문에 시간 개념이 약해지는 것일까?

"행복은 보수가 아니다. 그것은 귀결(歸結)이다. 고통은 처벌이 아니다. 그
것은 결과이다." 이 역시 R. G. 잉거솔이 한 말이다.

✔ 흥정하되 빼앗지 마라

벤저민 프랭클린((Benjamin Franklin, 1706~1790)은 "필요하면 결코 좋은 흥정을 할 수 없다.(Necessity never made a good bargain.)"고 한다.

✔ 소중한 것을 떼어내야 할 때도 있다

텍사스의 석유 재벌 벙커 헌트(Nelson Bunker Hunt, 1926~2014)는 어느 날 사람들로부터 성공의 비결에 대해 한 마디 충고해달라는 부탁을 받았다. 그는 성공하기란 간단한 것이라고 했다. 첫째, 자신이 원하는 것을 구체적으로 결정하라고 했다. 둘째, 그것을 이루기 위해 대가를 치를 용의가 있는지 결정한 다음 그 대가를 치르라고 했다. 즉 성공하고 싶으면 정확히 무엇을 달성하고 싶은지 결정하고, 그것을 얻기 위한 대가를 치를 결심해야 한다는 것이다.

앤서니 라빈스 (Anthony Robbins, 1960~)는 『거인의 힘 무한능력』135)에서 자신이 무엇을 원하는지 아는 사람을 '말뿐인 다수'라고 하고, 그것을 얻는 데 필요한 모든 노고를 아끼지 않는 사람을 '행동하는 소수'라고 부른다.

✔ 삶에 만족할 줄 아는 지혜를 가져라

벤저민 프랭클린은 "만족은 자기에게 닿는 모든 것을 황금으로 만드는 '현자의 돌'이다."라고 말한다. 현명한 사람은 누구인가? 모두에게서 배우는 사람이다. 강한 사람은 누구인가? 스스로의 열정을 지배하는 사람이다. 부유한 사람은 누구인가? 만족하는 사람이다. 그렇다면 그런 사람은 누구인가? 아무도 없다.(Who is wise? He that learns from every One. Who is powerful? He that governs his Passions. Who is rich? He that is content. Who is that? Nobody.)

✔ 마음으로 소통하라

---

135) eBook 『거인의 힘 무한능력(Unlimited Power)』 1·2·3·4·5(앤서니 라빈스, 조진형 옮김, 씨앗을뿌리는사람, 2017) 참조.

"최악의 감옥은 닫힌 마음이다."라는 교황 요한 바오로 2세(Pope John Paul II, 1920~2006)의 말씀과 같이 열린 마음으로 소통하라.

✔ 단순하게 즐겨라

G. K. 체스터튼는 "단순해지는 것이야 말로 세상에서 가장 위대한 것"이라고 한다. 소로(Henry David Thoreau)는 진실하게 살기 위해서는 "간소화하고 또 간소화하라."고 말한다.

✔ 작은 것들을 사랑하라

"나는 풀잎 하나가 별들의 운행만큼 의미 있다고 믿는다."라는 월트 휘트먼(Walt Whitman, 1819~1892)의 말처럼, 스쳐지나가는 일상 속에서, 언뜻 보기에 사소하기 그지없는 일들 속에서 새롭게 느끼고 체험하는 것, 즐기고 향유하는 것, 그리고 놓아주는 것, 그 안에 기쁨이 존재한다.

✔ 때로는 비워둬라

✔ 무엇으로든 웃을 수 있다

아놀드 베이서(Arnold Baser, 1928~)는 말한다. "비극과 희극은 우리 앞에 있는 현실의 두 가지 측면이다. 비극을 볼 것인가, 희극을 볼 것인가를 우리의 시각에 달려 있다."

✔ 언제 어디서든 평온하라

막스 에르만(Max Ehrmann, 1872~1945)의 잠언시에 나오는 일부분이다. "세상이 소란함과 서두름 속에서 너의 평온을 잃지 마라. 인생의 소란함과 혼란스러움 속에서 너의 영혼을 평화롭게 유지하라."

쿠르트 호크(Kurt Hock)는 "70년이나 살았다고, 이제 두려울 것 없다고 자신했던 것이 문득 부끄러웠다. 아직 멀었구나, 점잖은 노인이 되려면 아직 멀었구나 싶었다. 살면서 노력하고 극복할 것이 내게는 여전히 많았다. 그 깨달음과 함께 내쉰 한숨이 걱정 때문이었는지, 안도감 때문이었는지는 모를 일이다."136)라며 이 책을 맺는다.

당신의 과거를 알고 싶다면 당신의 현재를 들여다보라.
당신의 미래를 알고 싶다면 당신의 현재를 들여다보라.
충만한 삶을 살고 싶다면 지금 이 순간에 헌신하라.

내일에 대한 최상의 준비는 오늘을 최대한 누리는 것이다. 따라서 진정한 성공을 꿈꾼다면 내일 못지않게 오늘 이 순간의 가치를 소중히 여겨야 한다.

📖 함께 읽을 책

◉ 바르도의 링컨
 - 조지 손더스, 정영목 옮김, 문학동네, 500쪽

 오늘날 노인들이 처한 사회적·경제적 상황을 묻는다,
◉ 노년예찬(Eloge D'une Vieillesse Heureuse, 2011): 나이 든 사람은 행복해야 할 책임이 있다
 - 콜레트 메나주, 심영아 옮김, 정은 문고, 2013, 248쪽

◉ 월든(The Walden, 1854)
 - 헨리 데이비드 소로, 정윤희 옮김, 다연, 2020, 464쪽

◉ 월든
 - 헨리 데이비드 소로, 김석희 옮김, 열림원, 2017, 536쪽

---

136) 『나이 들지 않으면 알 수 없는 것들(Thing you would never without Ageing』, 230쪽.

02 유쾌하게 나이 든다는 것은

《타임스》 에세이스트 로저 로젠블라트(Roger Rosenblatt, 1940~)가 『유쾌하게 나이 드는 법 58(Rules for aging: A Wry and Witty Guide to Life)』에서 제시한 유쾌하게 나이 드는 58가지 방법을 나열해 본다.

01 당신이 문제라고 생각하는 것이 무엇이든 실상 그것은 문제가 되지 않는다.
02 당신만 생각하고 있는 사람은 아무도 없다. 그들은 자신만을 생각하고 있다. 바로 당신이 당신 자신만을 생각하고 있는 것처럼.
03 나쁜 일은 그냥 흘러가게 내버려 두라.
04 적은 무시하라. 아니면 확실하게 죽여 버려라.
05 당신이 잘못한 일은 당신이 먼저 야유를 퍼부어라.
06 잘못은 내 탓이다.
07 서른이 넘었으면 자기 인생을 부모 탓으로 돌리지 말라.
08 당신을 지겹게 하는 사람은 바로 당신이다.
09 성직자도 아니면서 말끝마다 하나님을 들먹거리는 사람들을 가까이 하지 말라.
10 원판 불변의 법칙을 명심하라. 세상에서 아무리 잘나가도 돼지는 돼지일 뿐이다.
11 "대단해"란 찬사를 조심하라.
12 "그게 무슨 말이죠?"라는 반응이 올 때 주의하라.
13 겉모습이 실체를 드러내 보여주는 경우는 아주 많다.
14 함부로 위트를 자랑하지 말라.
15 미덕을 좇되, 그것에 목숨을 걸지는 말라.
16 자신이 잘하지 못하는 분야를 파고들지 말라.
17 모든 사람의 작품은 훌륭하다.
18 일이 생길 때마다 모든 사람과 상담하고, 비위를 맞추는 메모를 보내는 것을 잊지 말라.
19 외로움보다는 싸움이 낫다.
20 그리고 친하지도 않는 사람들을 만나는 것보다는 외로움이 낫다.

21 남자와 여자가 사이좋게 살아가려면 '그녀가 옳다'거나 '그가 정말로 아무 생각이 없는 경우'다.

22 인간 정신, 인간 조건 등 거창하기 짝이 없는 말들이 들리면 당장 도망가라.

23 아무것도 하지 않아도 되는 기회를 놓치지 말라.

24 문제의 핵심을 찔러라.

25 아무 이야기나 책이 될 수는 없다. 현실을 벗어난 공부는 죽은 공부다.

26 학연, 지연, 경력부터 따지는 사람을 가까이하지 말라.

27 바보라고 해서 틀린 말만 하는 것은 아니다.

28 칵테일 파티에 가지 말라. 부득이 가야 할 경우라면 20분 이상 어정거리지 말라.

29 시샘하지 말라, 어느 누구도.

30 모든 사람을 믿어라. 언제나.

31 다른 사람을 개선하려 하지 말라. 그에게 도움이 될 거라는 걸 안다 해도.

32 모두가 뜯어말리는 일은 하지 말라.

33 친구에게 그 친구를 중상하는 소식을 전해주는 사람이 되지 말라.

34 그것은 당신 이야기가 아니다. 어떤 상황에 처해 있을 때 혹은 어떤 의문이 있을 때, 먼저 '여기서 요구하는 것이 무엇인가?'하고 다시 자신에게 물어보라는 것이다. 내가 이 우주의 중심은 아니다.

35 절대 해서는 안 되는 말들이다!
- "자네가 지금까지 한 일 중에서 최고야!"
- "이 요트 얼마 주고 샀어?"
- "내 문은 항상 열려 있다네."
- "오늘따라 예뻐 보이는데."
- "당연하지." 또는 "제기랄!" 또는 "내가 손해 볼 건 없지."
- "정말 계약서가 꼭 필요할까요?"

36 누군가를 거짓말쟁이라고 부르는 순간 그 사람은 거짓말쟁이가 되어버린다.

37 환상은 금물이다. 웨이트리스는 당신에게 마음이 있는 것이 아니다.

38 속도를 늦추지 말라. 백미러를 힐끗대지 말고 앞에 뻗은 길에 집중하라. 인생은 전속력으로 부딪치는 사람에게만 아름다운 보상을 해준다.

39 자신을 상징하는 옷차림을 만들라.

40 행복한 인생은 길어봤자 5분이다.

41 당신보다 자신감이 없는 사람을 위해서는 일하지 말라.

42 자기반성은 적당하게 해야 오래 산다.

43 젊은 상사가 당신을 존경해주리라 기대하지 말라.

44 명성을 좇지 안 돼 있으나 마나 한 존재가 되지 말라.

45 묵묵하게 그리고 꾸준히! 이것이 경주에서 이기는 비결이다.

46 자신에게 진실하라, 그렇지 않으면 다른 누군가가 되고 싶어진다.

47 문화생활을 하더라도 다음 규칙들을 지켜라.

- '최대의 제작비, 해외 올 로케이션, 호화캐스팅'을 내세운 영화는 보지 말라.
- 제목만 그럴싸한 소설은 읽지 말라.
- 길어도 가볼 만하다고 소개된 콘서트에는 가지 말라.
- 독일어 남성 정관사 'der'로 시작되는 제목의 오페라는 보지 말라.

48 조금이라도 잘못이 있는 일은 전부를 버릴 줄 알아야 한다.

49 휴가 때는 생각하지 말라.

50 한꺼번에 인생의 8분의 1 이상을 바꾸지 말라.

51 모든 사람이 모든 일에 대해서 감사하기를 기대하라.

52 과거 속에 살되, 너무 많은 것을 기억하지는 말라.

53 무슨 일이든 돈 때문에 하지 말라.

54 원래 목적을 기억하라.

55 당신이 정말 이상하게 굴면, 세상 사람들이 적응해줄 것이다.

56 모닥불을 피울 때 불씨를 위에서부터 붙이지 말라.

57 진짜 경기는 공과 멀리 떨어져 있는 곳에서 벌어진다. 차분한 상태에 있을 때의 사람이 바로 그 사람이다. 평가하지 말고 너그럽게 바라보라.

58 먼저 사과하라, 화해하라, 도움을 주라.

03 지혜롭게 나이 든다는 것은

▌ 자신감을 갖자

- 혼자 지내는 버릇을 키우자.
- 남이 나를 보살펴 주기를 기대하지 말자.
- 남이 무엇인가 해줄 것을 기대하지 말자.
- 무슨 일이든 자기 힘으로 하자.
- 오늘 하루, 할 일이 있으면 행복한 날이라 생각하라.
- 나의 괴로움이 제일 크다고 생각하지 말자.
- 편한 것 찾지 말고 외로움을 만들지 말자.
- 늙은이라고 냉정히 대하더라도 화내지 말자.
- 자손들이 무시하더라도 심각하게 생각지 말자.
- 친구가 먼저 죽어도 지나치게 슬퍼하지 말라.

▌ 실천하라

- 젊었을 때보다 더 많이 움직이자.
- 늙으면 시간이 많으니 항상 운동하자.
- 당황하지 말고 성급해하지 말고 뛰지 말자.
- 체력·기억력이 왕성하다고 뽐내지 말자.
- 일찍 자고 일찍 일어나는 버릇을 기르자.
- 고독함을 이기려면 취미생활과 봉사생활을 하라.
- 일하고 공치사하지 말자.
- 모든 일에 감사하는 마음을 갖자.
- 마음과 다른 인사치레는 하지 말자.
- 칭찬하는 말도 조심해서 하자.
- 청하지 않으면 충고하지 말라.

▌ 자제하라

- 남의 생활에 참견하지 마라.
- 몸에 좋다고 아무 약이나 먹지 말고 남에게 권하지 말자.
- 자신의 의사를 정확히 말하고, 겉과 속이 다른 표현을 하지 말자.
- 어떤 상황에서도 남을 헐뜯지 말자.
- 함께 살지 않는 며느리나 딸이 더 좋다고 말하지 말라.
- 같이 사는 며느리나 딸을 더 소중하게 생각하자.
- 잠깐 만나 하는 말, 귀에 담아 두지 말라.
- 가끔 오는 식구보다 매일 보살펴 주는 사람에게 감사하자.

▌정리하고 베풀어라

- 할 수 없는 일은 시작도 하지 말자.
- 스스로 돌볼 수 없는 동물을 기르지 말자.
- 사진, 감사패, 내 옷은 정리하고 가자.
- 후덕한 늙은이가 되자.
- 즐거워지려면 돈을 베풀어라. 그러나 돈만 주면 다 된다는 생각은 말자.
- 일을 시킬 때는 자손보다 직업적인 사람을 쓰자.
- 일을 시키고 잔소리하지 말자.

▌겸손하고 청결하라

- 외출할 때는 항상 긴장하자.
- 젊은 사람 가는데 동행하지 말라.
- 여행을 떠나면 여행지에서 죽어도 좋다고 생각하자.
- 이사를 가거나 대청소를 할 때 자리를 피해 주라.
- 음식은 적게 먹자.
- 방문은 자주 열어 환기하고, 목욕을 자주 하자.
- 몸을 단정히 하고, 항상 화장을 곱게 하라.

- 구취와 체취에 신경 쓰자.
- 옷차림은 항상 밝게, 속옷은 자주 갈아입자.

▋ 감사하고 기뻐하라

- 이웃을 사랑하자.
- 늙음을 자연스럽게 맞이하자.
- 인간답게 죽는 모습을 자손들에게 보여주자.
- 자살은 자식에 대한 배신이다.
- 늘 감사하자. 그리고 또 감사하자.
- 늘 기도하자. 그리고 또 기도하자.
- 항상 기뻐하자. 그리고 또 기뻐하자.

여기서 최인식 할아버지의 《아름다운 노년》 중에서 발췌한 '우리 아름답게 늙어요'를 읊어 본다.[137]

미운 소리, 우는 소리
헐뜯는 소리, 그리고 군소릴랑 하지 말고
조심조심 일러주며 설치지 마소.
알고도 모르는 척
어수룩하게 사는 것이 평안하다오.
이기려 하지 마소. 져주시구려.
아무리 많은 돈 가졌다고 해도
죽으면 가져갈 수 없는 것
많은 돈 남겨 자식들 싸움하게 만들지 말고
살아 있는 동안 많이 뿌려서
산더미 같은 덕을 쌓으시구려.

---

137) 인터넷에서는 법정스님의 《친구여》라는 글로 알려져 있다. 시중에 회자되는 내용은 약간 씩 그 내용이 다르다.

언제나 감사함을 잊지 말고
언제 어디서나 고마워해요.
그렇지만 그것은 겉 이야기…!
정말로 돈은 놓치지 말고
죽을 때까지 꼭 잡아야 하오.
옛 친구를 만나거든 술 한 잔 사주고
손주 보면 용돈 한 푼 줄 수 있어야
늘그막에 모두가 받들어 준다나…
빈손 공치살랑 아무 소용이 없소.

우리끼리 말이지만 사실이다오.

옛날 일들일랑 모두 다 잊고
잘난 체 자랑일랑 하지 마소.
우리들 시대는 다 지나갔으니
아무리 버티려고 애를 써 봐도
이 몸이 마음대로 되지를 않소.
그대는 뜨는 해, 나는 지는 해…
그런 마음으로 지내시구려.

자식은 노후보험이 아니다오.
무엇을 해주길 바라지 마오.

고집하지 말고, 시샘도 하질마소.
당황하지 마소, 성급하지 마소.
뛰지 말고, 넘어지지 마소.

감기도 걸리지 말구려.
의리를 찾지 말구려.
수중에 가진 돈 없고,
내 한 몸 아플 작시면
그 누가 제 몸처럼 날 돌볼까?…
아프면 안 되오, 멍청하면 안 되오.

속옷일랑 날마다 갈아입고,
날마다 샤워도 하고,
한 살 더 먹으면 밥 한술 줄여서
적게 먹고, 많이 움직이시구려.

듣기는 많이 하고, 말을 적게 하고
어차피 삶은 환상이라지만 그래도…

오래오래 사시구려…

📖 함께 읽을 책

◉ 나이들지 않으면 알 수 없는 것들(Thing you would naver without Ageing; Einfach schön, dieses Leben)
 - 쿠르트 호크, 강희진 옮김, 브리즈, 2008, 230쪽

◉ 유쾌하게 나이 드는 법 58(Rules for aging: A Wry and Witty Guide to Life)
 - 로저 로젠블라트, 권진욱 옮김, 나무생각, 2009, 200쪽

노인들이 살아가는 방식에 대한 충고,
◉ 후회없는 삶, 아름다운 나이 듦(人生の第四樂章としての死)
 - 소노 아야코, 김욱 옮김, 리수, 2014, 184쪽

기독교 공동체의 관점에서 본 노인생활,
◉ 나이 드는 내가 좋다(Rich in years: finding peace and purpose in a long life)
 - 요한 크리스토퍼 아놀드, 원마루 옮김, 포이에마, 2014, 199쪽

노년이여, 주름살보다 우정의 깊이에 집중하라,
◉ 지혜롭게 나이 든다는 것(Aging Thoughtfully)
 - 마사 누스바움(Martha C. Nussbaum)·솔 레브모어(Saul Levmore),

안진이 옮김, 어크로스, 2019, 470쪽

{『지혜롭게 나이 든다는 것』은 마사 누스바움(1947~)과 솔 레브모어(1953~)가 키케로의 『나이 듦에 대하여』를 참조하여 들려주는 나이 듦에 관한 통찰로 60대에 들어선 두 친구의 대화형식으로 에세이 두 편씩을 짝지어 놓았다. 왜 나이가 들수록 우정이 중요한가? 나이 들어가는 몸을 어떻게 대할 것인가? 과거를 돌아보는 일에는 어떤 의미와 가치가 있는가? 유산을 어떻게 적절하게 나눠줄 수 있을까? 언제까지 일하는 것이 바람직한가? 중년 이후의 사랑은 어떤 모습일 수 있는가? 노년의 빈곤과 불평등을 어떻게 해소할 것인가? 세상에 무엇을 남길 것인가? 이 같은 인생후반을 위한 '어떻게 나이들 것인가?'에 대한 철학, 문학, 경제학, 법학을 넘나드는 8번의 지적 대화가 이어진다.}

잉태부터 탄생, 유년기, 성년기, 노년기, 죽음까지 나이 듦을 재정의하고 우리 삶을 재구상하다.
◉ 나이듦에 관하여
 - 루이즈 애런슨, 최가영 옮김, 비잉(Being), 2020, 844쪽

◉ 나이듦의 기쁨(My time: Making the most of the rest of your life)
 - 애비게일 트래포드, 오혜경 옮김, 마고북스, 2004, 400쪽

허용·납득·단념·회귀를 통한 행복하게 나이 드는 비결.
◉ 나는 이렇게 나이들고 싶다(戒老錄: 自らの救いのために)
 - 소노 아야코, 오경순 옮김, 리수, 2004, 286쪽

모두가 똑같이 늙지는 않는다.
◉ 늙어감의 기술(The Art and Science of Aging Well)
 - 마크 E. 윌리엄스, 김성훈 옮김, 현암사, 2017, 376쪽

제6장 나이듦의 지혜

인간의 노화란 무엇이고, 노년은 과연 불행인가, 노년을 통해 죽음을 준비할 수 있는가 하는 다양한 논쟁이 벌어지고 있다. 의학계에서는 육체적 노화에 관해 연구하고, 노화방지의학은 수명을 연장시키는 동시에 노화과정을 저지하는 것을 목표로 삼고 있다. 그렇다면 불멸은 어떤가? 생명공학, 나노공학, 로봇기술의 발전으로 사이보그, 냉동보존술 등이 현실화 되면서 인간의 불멸은 점차 가능한 것처럼 되어가고 있다.138) 인간이 죽지 않고 무제한으로 오래 살 수 있다면 어떤 문제가 있을까?139)

버나드 윌리엄스(Bernard Williams)는 논문 《마크로폴로스 사건(The Makropulos Case)》에서 너무 오랫동안 사는 것은 '지루함, 무관심, 냉담함'을 자아낼 것이라고 썼다. 그는 불멸의 삶은 무료하고 향유할 만한 것이 아니라고 보았다. 영생은 환상적인 인생과는 거리가 먼 끔찍한 삶이 될 수 있다는 것이다. 윌리엄스의 통찰은 바로 인간의 삶이 불멸과 조화되지 않는다는 점, 인생이 의미를 지니기 위해서는 반드시 유한해야 한다는 점이다.

01 성공적 노화

---

138) 현대판 불로초를 찾기 위해 세계적으로 327건의 임상시험이 진행 중이라고 하지만, 모든 학자가 인정하는 현대판 불로초는 바로 규칙적인 운동과 금연 등 식습관조절이다.

139) 중앙일보는 창간 52주년을 맞아 여시재·KAIST와 함께 '인류 10대 난제'를 선정했다. 핵융합발전과 암 극복, 뇌의 비밀, 우주개발 등 인류가 풀어야 할 난제가 그것이다. 중앙일보는 '인류 10대 난제에 도전하다'란 보도를 통해 미래를 개척해 나가고 있는 인류의 현장을 찾고, 한국의 위기와 도전을 점검해 본다.(중앙일보 2017. 9. 18. 이후 기획 시리즈 '인류 10대 난제에 도전하다' 참조.)

종래 노화를 인간의 쇠퇴로 정의하여 부정적 측면을 강조해 왔지만, 최근 노화의 긍정적 측면을 강조하면서 성공적 노화라는 개념이 형성되었다.

'성공적 노화[成功的 老化, Successful Aging]'의 정의는 다음과 같다. 첫째, 질병이나 장애가 없이 건강하다. 둘째, 일상생활을 영위해 나갈 수 있을 정도의 신체적 기능과 정신적 기능을 유지한다. 셋째, 자신의 욕구를 충족하고 생활양식을 지지하기에 충분한 물질적·비물질적 자원을 적절히 소유하고 있다. 넷째, 가족, 친구, 주변사람들과 친밀한 관계를 유지하여 사회적 지지 체계를 구성하고 집안일, 자원봉사, 직업 등의 생산적인 활동을 계속하여 적극적으로 인생에 참여한다. 다섯째, 노화에 대한 사회·문화적 환경이 긍정적이면 성공적으로 노화할 수 있다. 그리고 성공적 노화는 자신의 삶에 대한 행복감과 만족감 같은 주관적 경험이 중요하다.

'성공적인 노화'는 1987년 존 로우(John W. Rowe, 1944)와 로버트 칸(Robert Kahn, 1938~)이 처음 소개한 개념으로, 다음 세 요소 - 질병과 장애를 피하고, 높은 수준의 인지적·신체적 기능을 유지하며, 삶에 적극적이고 꾸준히 참여한다. - 를 포함한다.[140] 크로더(Martha R. Crowther, 1928~)는 2002년 위 세 요소에 '긍정적 영성(positive spirituality)'[141], 즉 내적인 삶을 발전시키려는 수행을 성공적 노화의 제4요인으로 제시한다. 위 4가지 요소들은 성공적 노화란 '무엇'인가에 초점을 맞추고 있다. 하지만 '무엇'보다 '어떻게'가 더 중요하다. '어떻게'라는 측면에서 심리학에 기반을 둔 성공적 노화 모델이론을 알아본다.

첫째는, 폴 발티즈(Paul Baltes, 1939~2006)와 마가렛 발티즈(Margret M. Baltes, 1939~1999)가 제안한 '보상을 수반한 선택적 최적화이론

---

140) Rowe and Kahn 1987 defined successful aging as the avoidance of disease and disability. More recently they have expanded their model to include maintenance of physical and cognitive function and engagement in social and productive activities.

141) Positive spirituality involves a developing and internalized personal relation with the sacred or transcendent that is not bound by race, ethnicity, economics, or class and promotes the wellness and welfare of self and others.

(Selective Optimization with Compensation; 일명 SOC이론)'이다. 즉 성공적인 노화를 위해서는, 나이 듦에 따라 기능쇠퇴가 나타나면 몇몇 특정 영역을 선택하여 높은 수행을 유지하고[선택(Selection)], 그 영역의 수행을 최대화하기 위해 노력하고[최적화(Optimization)], 선택된 영역의 최대화를 돕는 효과적 전략을 개발하는 것[보상(Compensation)]이 중요하다고 한다. 이 이론은 개인의 삶에서 상실[주로 신체 기능 저하]이 현저하게 일어날 때 선택과 보상과 최적화라는 세 가지 전략을 적절히 적용하면, 효과적이고 성공적인 나이듦이 가능하다고 제안한다.

둘째는 로라 카스텐슨(Laura L. Carstensen, 1953~)이 제안한 '사회·정서적 선택이론(Socioemotional selectivity theory)'이다. 이는 사회적 연결망의 선택적 '축소'가 성공적 노화를 가능하게 한다고 제안한다. 즉, 노인들은 그다지 중요하지 않은 사람들과의 교류를 축소시키고 서로 즐거움을 나눌 수 있는 가족이나 친한 친구들과의 교류를 강화함으로써, 정서적 위험을 최소화하고 긍정적 정서경험을 극대화한다. 이러한 긍정적 정서경험을 통해 노년기에는 젊은 시절에 비해 더 큰 행복감을 가지며, 결과적으로 성공적 나이듦이 가능하다는 것이다.

조지 베일런트(George Eman Vaillant, 1934~)는 『행복의 조건』에서 성공적 노화를 이룬 사람의 6가지 특징을 설명하고 있다.[142]

- 개방적 사고를 갖고 있으며, 신체의 한계 속에서도 사회에 보탬이 되고, 다인을 소중하게 사랑할 줄 안다.
- 노년을 감내하고 인정하며 품위 있게 받아들인다. 적극적으로 삶의 고통을 극복하고 감사하는 마음을 잊지 않는다.
- 희망을 잃지 않고 스스로 할 일을 자발적·주체적으로 한다.
- 유머 감각을 지녔으며, 놀이를 통해 즐길 줄 알고, 행복을 포기하지 않는다.
- 미래에 대한 호기심이 많고, 다음 세대로부터 끊임없이 배우고, 꾸준히

---

142) 『행복의 조건』, 418~419쪽.

공부한다.
* 우정을 친밀히 유지하며, 사랑은 영원히 포기하지 않는다.

이처럼 성공적인 노화의 핵심은, 경제적 안정, 육체적·정신적 건강, 대인관계에 있다고 할 것이다. 그리고 건강한 노년을 예측하는 일곱 가지 요소로, ① 비흡연 또는 젊은 시절에 담배를 끊음, ② 적응적 방어기제[adaptive defense mechanisms; 성숙한 방어기제][143], ③ 알코올 중독 경험이 없음, ④ 적정한 체중유지, ⑤ 안정적인 결혼생활, ⑥ 운동, ⑦ 교육 년 수를 들고 있다.[144]

개인마다 바라는 것, 의미가 있다고 생각하는 것이 다르기 때문에 성공적 노화의 실체 역시 개인마다 다를 수밖에 없다. 전형적인 성공적 노화는 존재하지 않는다. 하지만 "난 정말 복 많은 노인이네야. 이 나이에 나처럼 행복한 사람 있으면 나와 보라고 해."라고 큰소리 칠 수 있다면, 성공한 거 아니겠는가?

📖 함께 읽을 책

성공적 노화에 관하여,
◉ 우아한 노년(Aging with grace: what the nun study teaches us about leading longer)
 - 데이비드 스노든, 유은실 옮김, 사이언스북스, 2003, 310쪽

◉ 행복의 조건(Aging Well)

---

143) 이타주의(다른 사람의 욕구충족을 헌신적으로 도우면서 그로부터 대리만족을 얻는다.), 승화(정서적 긴장이나 원시적 에너지의 투입을 사회적으로 인정될 수 있는 행동방식으로 표출하는 것이다.), 유머(상황에 내재된 유쾌한 측면에 초점을 두어 부정적인 생각, 감정 대신 즐거운 웃음을 주기 위해 행동한다.), 억제(일종의 의식적인 거부로써, 비생산적이고 감정 소모적인 논란거리로부터 주의를 의도적으로 돌린다.).
144) 『행복의 조건』, 289~296쪽.

- 조지 베일런트, 이덕남 옮김, 프런티어, 2010, 486쪽

  건강한 나이 듦의 조건,
⊙ 건강하게 나이 든다는 것(Growing Young): 무엇이 우리의 노년을 결
  정하는가
- 마르타 자라스카(Marta Zaraska), 김영선 옮김, 어크로스, 2020, 416쪽

02 인생 2막을 위한 '행복리스트'145)

인생도 전·후반전이 있는 축구경기와 같다. 인생은 전반전과 후반전 평가 기준이 다르다. 전반전이 사회적 성공이나 지위 등으로 평가된다면, 후반전은 얼마나 행복하게 스스로 만족하며 사는가가 그 기준이다. 결국, 인생도 후반전을 잘 보내야 성공한 인생이 아닐까?

당신이 가장 행복하던 때는 언제인가? 인생 2막을 시작하기에 앞서 자신에게 물어보자. '나는 지금 이 순간, 행복한가?' 행복은 기다려서 얻어지는 것이 아니라 사소한 일상에서 얻을 수 있는 것들이다. 행복리스트는 '지금, 여기에서' 행복하게 살자는 의미를 담고 있다. 행복리스트는 '나를 행복하게 하는 것들'을 적는 것이다. '죽기 전에 해봐야 할 것'을 설정하는 버킷리스트도 괜찮다. 행복리스트를 쓰면 나를 행복하게 하는 게 무엇이고, 필요 없는 것은 무엇인지 알게 된다. 우리 삶은 선택의 연속이다. 행복리스트를 쓰면서 자신이 무엇을 좋아하고 싫어하는지 알 수 있다. 그리고 살면서 '버려야 할 것'이 정리되어 복잡한 삶을 간소화할 수 있다.

---

145) 출처: 헬스조선 2013년 6월호.

❖ 행복리스트

○ here and now, 일상 속 행복리스트
자신이 있는 여기, 순간을 즐기자. 현재 '나에게 있는 것', '나에게 벌어지고 있는 일'에 집중하면 행복하다.

○ 잃어버린 꿈을 찾는 행복리스트
당신이 어린 시절에 소망한 것은 무엇인가? 그리고 그 소망을 이루었는지, 아니면 어떤 사정으로 포기했는지를 반추해 보는 것이다.

○ 인간관계 회복리스트
하버드대학교 조지 베일런트교수는 『행복의 조건』에서 '장수하는 사람에게는 좋은 친구가 많다'는 연구결과를 밝히고 있다. 그동안 살면서 알게된 친지들과의 관계 속에서 행복했던 순간들을 더듬어 보거나 함께 옛 이야기를 나누어 보자. 그리고 그 동안 소원했던 친지들과의 소통을 통해 관계를 회복하는 것도 좋다.

행복은 생각이 아니라 느낌이다. 행복 리스트는 행복한 순간을 추억으로 남기는 것이다. 행복 리스트는 가급적 짧게 쓰자.

- 그날 일어난 사건의 목록을 쓴다.[사건]
- 사건의 내용을 적는다.[내용]
- 느낌을 적는다.[감상]

나의 '행복 리스트 샘플'을 보자.

- 사건: 면도를 안 했다.
- 내용: 연말 연초 내내 면도를 안 하고 수염을 길렀다.
- 감상: 때론 귀찮기도 하던 일을 안 했을 뿐이다. 자유롭다.

148

▌ 인생 후반전을 위한 LIST

은퇴까지 아직 시간이 남아 있다면 인생가방 안에 무엇을 담을 것인지, 이미 은퇴를 했다면 지금부터 어떤 것을 담아야 할지 스스로 적어보고 하나씩 실천해가는 작업이 필요하다. 은퇴에 대비해 꼭 준비해야 할 키워드는 'LIST'다. LIST는 L(Leisure)+I(Insurance)+S(Safe Asset)+T(Travel)이다. 우선 여가(Leisure)다. 은퇴 후에도 계속 즐길 나만의 취미를 2개 이상 만들고 그것을 함께 할 친구도 만들어야 한다. 그다음은 보험(Insurance)이다. 보험으로 은퇴 전후의 안전장치를 확실히 만들어 놓아야 한다. 은퇴 전 40대 이전에 만일에 대비해 종신보험이나 상해 및 실손 보험을 준비하고 은퇴 이후를 위해서 국민연금을 기본으로 연금저축이나 개인연금을 준비한다. 셋째는 안전자산(Safe asset)이다. 은퇴 후 노후자금 관리는 무엇보다도 안전하게 운용하는 것이 최고이다. 고수익을 보장한다는 달콤한 유혹에 빠지지 말고, 퇴직금은 자식이 보는 순간 내 돈이 아니라는 얘기도 항간에 나도니 주의할 일이다. 마지막은 여행(Travel)이다. 현역시절 열심히 일한 당신은 노후를 즐길 자격이 충분히 있다.

03 인생 후반전은 '행복'을 위해 살자

그동안 여러 저자와 여러 종류의 책을 보면서 내 나름대로 생각해 보고 성리한 내용을 여기에 적어 본다.

✔ 그날그날을 즐기자. 특히 현재를 즐기자.
✔ 자신이 원하는 것을 하자.
✔ 남과 비교하지 말자. 당신을 다른 사람과 비교하지 말고, 오직 어제의 당신하고만 비교하라. 남이 가진 것과 나에게 없는 것을 비교하지 말고, 내가 가진 것과 남이 가지지 못한 것을 비교해 보자. 자신이 가진 것에 감사하자.
✔ 건강해야 한다.

- ✔ 활동적이고 부담 없는 취미생활을 하자.
- ✔ 여건이 되면 사회봉사 활동을 하자.
- ✔ 때론 혼자 '나만의 시·공간'을 갖자. 1년에 몇 번은 나를 위한 시간을 갖자. 하루 중 얼마 정도의 시간을 혼자 보내며 힘을 충전하는 일은 전혀 나약해 보이거나 이기적인 태도가 아니다. 어린아이들에게 둘러싸여서는 재충전하기가 어렵다. 자신을 먼저 챙기는 것이 모두에게 도움이 된다.
- ✔ 규칙적으로 걷자.
- ✔ 맛있는 음식을 찾아 먹는다.
- ✔ 가고 싶은 곳으로 여행을 떠나자.
- ✔ 만나고 싶은 사람과 연락하거나 만나자.
- ✔ 사람도 모임도 물건도 틈틈이 정리하라.
- ✔ TV를 많이 보지 말고.[146] 자주 집을 드나들자. 낮 시간에는 집에 있지 말고 최소한 하루에 두 번 집을 드나들라.
- ✔ 놀고먹는다는 소리 듣지 않도록 돈이 되든 안 되든 일이 있어야 한다.
- ✔ 자연을 따르자. 해가 뜨면 일어나고 해가 지면 잔다.
- ✔ 아무것도 아닌 일로 서두르지 말자.

『즐겁지 않으면 인생이 아니다』의 저자 린 마틴(Lynne Martin, 1940~)은 그녀의 나이 70세가 되는 해에 가지고 있는 모든 것을 처분하고 세계 곳곳에서 한 번씩 살아 보기로 결심했다. 이 책은 은퇴 후의 삶에 대한 기대를 잃어버린 노년들에게는 인생의 후반기에 대한 새로운 시선을, 분주한 일상 속에 갇혀버린 중년들에게는 언젠가는 행복한 노년을 보낼 수 있을 거라는 희망의 메시지를 전한다.

📖 함께 읽을 책

---

146) 텔레비전을 1시간 시청할 때마다 기대수명이 22분 줄어든다고 한다. 참고로 담배 한 개비 피울 때마다 줄어드는 기대수명은 11분이다.(『잘 먹고 더 움직이고 잘 자라(Eat Move Sleep)』, 톰 래스, 김태훈 옮김, 한빛라이프, 2014, 134쪽 참조)

◉ 창문 넘어 도망친 100세 노인(Hundraaringen som klev ut genom fonstret och forsvann[147])
- 요나스 요나손, 임호경 옮김, 열린책들, 2016, 672쪽
{주인공 알란의 어머니가 한 말처럼 "어차피 일어날 일은 일어나고, 세상은 살아가게 되어있는 것"이다. 100세 생일날 양로원의 창문을 넘어 탈출한 알란은 말한다. "생각하면 할수록 만사는 그 자체로 놔둬야 하지. 왜냐하면, 만사는 자신이 원하는 대로 흘러가는 것이니까." 모든 것은 낙천적으로 받아들이는 자세다. "소중한 순간이 오면 따지지 말고 누릴 것. 우리에게 내일이 있으리란 보장은 없으니까."}

세계여행을 통해 깨달은 삶의 기쁨,
◉ 즐겁지 않으면 인생이 아니다(Home Sweet Anywhere)
- 린 마틴, 신승미 옮김, 글담출판, 2014, 346쪽

04 잉여인간으로 살 것인가? 퇴적공간(堆積空間)으로 몰릴 것인가?

늙는다는 건 대체 무엇일까? 아무리 그럴싸한 수사(修辭)를 동원해도 노화의 냉혹한 진실을 가릴 수는 없다.

『퇴석공간』은 노화를 두고 "잉여인간이 돼 퇴적공간으로 밀려나는 것"이라고 설파한다. 모래가 강 상류로부터 떠밀려 내려오다 물살이 느려지는 강하구에 닿으면 쌓여 모래섬을 이룬다. 즉 '퇴적(堆積)'이다. 찰기 없는 '모래'는 늙고 쇠락한 '노인(老人)'에 대한 은유다. '퇴적공간'은 가정에서 추방되고 사회의 발전 속도에 적응하지 못한 노인들이 인생의 종점에서 떠도는 도피성 공간이다. 이 퇴적공간에서 노인들은 한때 사람이었을 뿐 이제는 '어르신'이

---

147) 영어제목은 The Hundred-year-old Man Who Climbed Out of the Window and Disappeared.

라는 또 다른 존재일 뿐이다. 자본주의사회에서 노인은 더 이상 주체성을 가진 인간이 아니라 인구통계학적인 대상에 지나지 않기 때문이다. 게다가 세상은 노화를 생물학적 문제로만 여기지 않고 노동 시장에서 멀어지는 사회적인 현상으로 파악하고 있기도 하다.

일정한 나이가 되어 은퇴하면 누구나 카프카의 『변신』에 등장하는 주인공 그레고르 잠자(Gregor Samsa)처럼 '어느 날 문득 나 자신이 노인이 되어 있다'는 사실을 발견하는 순간 자신이 가정이나 사회의 걱정거리가 되었다는 자괴감에 빠진다. 이곳에서 죽음으로 가고 있는 노인들은 서로 만나고 헤어짐을 무표정하게 반복할 뿐이다.

『퇴적공간』은 노년층과 젊은 층으로 분리된 승차 공간, 시간 죽이기를 위해 마련된 고궁의 무료개방은 노인에 대한 '배려'가 아닌 '배제'라고 지적한다. 노인을 요양원, 요양병원 같은 시설로 보내야 더 많은 복지혜택을 주는 정부정책은 노인이 가족에게 버림받고 경제적으로 무능하다는 점을 부각시킬수록 국가 보조금을 더 많이 받아낼 수 있다는 점을 자녀들에게 학습시킨다고 일갈한다. 노동의 기회를 제공하는 대신 당장의 결핍을 채워주는 데 급급한 복지정책은 노인들의 자존감에 상처를 입히는 동시에 가정과 공동체의 해체를 가속화한다는 것이다. 지혜와 훈육의 중심은커녕 공경을 받던 자리에서 관리대상으로 전락한 이 땅의 노인들은 '늙었어도 사람답게 살고 싶다'고 외친다. 적극적이고 능동적인 '노인세대'를 S-세대(Silver Generation)라 일컫는다. 괴테는 여든둘에 『파우스트』 마지막문장을 썼다고 한다. 스스로 잉여인간임을 자처할 이유는 없다. 나이 들수록 자기 주도적 삶을 살도록 노력하자.

김형석(金亨錫, 1920~) 교수는 011-8888-9999 2G 폴더 폰에게 '너도 나만큼 늙었으니 그만 쉬게나.'라고 작별하면서, 90대에 접어들게 되면 두 가지를 버려야 나 자신을 지켜갈 수 있다고 한다. "필요 없는 소유욕과 따라갈 수 없는 문명의 이기다. 하지만 학문과 예술은 소유가 아니기 때문에 더 오래 즐길 수 있다. 아름다운 인간관계, 즉 성실과 사랑은 눈감을 때까지 연장하고 싶어진다."148)

📖 **함께 읽을 책**

● 퇴적 공간
- 오근재, 민음인, 2014, 250쪽

● 남아 있는 시간을 위하여
- 김형석, 김영사, 2018, 216쪽

장수가 악몽이 되는 시대를 대비하라,
● 노후파산(老後破産: 長壽という惡夢)
- NHK 스페셜 제작팀, 김정환 옮김, 다산북스, 2016, 316쪽

나이 듦에 관한 일곱 가지 프리즘,
● 모든 것의 가장자리에서(On the Brink of Everything)
- 파커 J. 파머, 김찬호·정하린 옮김, 글항아리, 2018, 280쪽

---

148) 조선일보 2020. 07. 11. [김형석의 100세 일기] 참조.

제7장 나이 듦 독서일기

01 후회 없는 삶을 위해 어떻게 살 것인가?

> ◉ 하워드의 선물(Howard's Gift): 인생의 전환점에서 만난 필생의 가르침
>   - 에릭 시노웨이·메릴 미도우[149], 김명철·유지연 옮김, 위즈덤하우스,
>   2014, 281쪽

인생은 흘러가는 것이 아니라 채우고 또 비우는 과정의 연속이다. 무엇을 채우느냐에 따라 결과는 달라지며, 무엇을 비우느냐에 따라 가치는 달라진다. 인생이란 그렇게 채우고 또 비우며 자신에게 가장 소중한 것을 찾아가는 길이다. 그 길 위에서 맞닥뜨리는 수많은 선택과 도전 앞에서 후회 없는 선택을 위한 지혜와 그것을 실행할 수 있는 용기를 잃지 않아야 한다. 후회란 인생이 기대에 어긋나거나 열심히 시도해보지 못한 꿈이 남아 있을 때만 하는 것이다.

▌인생의 전환점에서 삶의 물결을 일으켜라

인생이란 누구에게나 처음이기에 세상은 전환점[150]이라는 선물을 숨겨놨는데, 그것을 기회로 만들면 후회 없는 인생을 살 수 있다는 것이다. 이 책이 가르치는 후회 없는 삶을 살기위한 12가지 지혜는 무엇인가?

✔ 지금 걸려 넘어진 그 자리가 당신의 전환점이다

---

149) Eric Sinoway·Merrill Meadow.
150) 전환점은 세 가지 유형이 있는데, 우호적 전환점, 적대적 전환점, 중립적 전환점이 그것이다.

인생이란 누구에게나 처음이기 때문에 한 번도 안 가본 길을 가는 것과 같다. 사람들은 전환점을 못보고 지나치든가, 설령 알아챈다 하더라도 건설적인 고민 없이 단순하게 반응할 뿐이다. 자기인생인데도 마치 구경꾼처럼 행동한다.

✔ 멈추고, 인생의 마지막장면에서 다시 시작하라

사람들은 의식주를 포함한 여러 가지 필요를 충족하기 위해 모든 에너지와 시간을 쓴다. 그리고 필요를 충족하는 것과 동시에 끝없이 욕구를 추구하기도 한다. 하지만 욕구란 결코 충족될 수 없기에 사람은 영원히 만족할 수가 없다.

인간은 두 번 살지 못한다. 죽음을 맞이하는 순간 내 인생이 어떤 모습이었으면 좋을까? 내 장례식에서 평생 알고 지냈던 사람들이 나를 어떻게 묘사해주길 바라는가? 만일 세상을 떠나기 직전에 카메라로 너의 유산을 촬영하여 스냅사진으로 만든다면 어떤 사진이기를 바라는가? 자기 자신에게 질문을 해봐야 한다. 삶의 마지막 장면에서 나는 과연 어떤 모습으로 완성되고 싶은가?

✔ 위대한 도전자들은 용감한 것이 아니라 단지 용기를 선택했을 뿐이다

✔ 인생은 어려울 때가 제대로 가고 있는 것이다
• 우리는 성공보다 실패를 통해 더 많은 것을 배운다. 하지 말아야 할 것을 발견함으로써 해야 할 것을 발견하게 된다.[151]

실패는, 통제할 수 없는 외부요인으로 인한 실패, 통제할 수 있는 내부요인으로 인한 실패, 성공으로 포장된 도덕적 실패가 있다. 실패에는 성공의 씨앗이 담겨 있으며, 성공에도 역시 실패의 씨앗이 담겨 있다. 실패는 더 이상 노력하지 않는 상황이다.

---

151) 새무얼 스마일즈(Samuel Smiles, 1812~1904).

✔ '되고 싶은 나'를 향한 삶의 균형 잡기

무슨 일을 하건, 어떤 목적을 갖고 있건 시간을 효과적으로 관리하지 못한다면 원하는 결과를 얻기란 힘들 것이다. 신의 비웃음을 사려면 계획을 세워라. 삶을 계획대로 사는 것은 인간의 능력 밖의 일인지도 모른다. 19세기 화가인 드가(Edgar De Gas, 1834~1917)가 성공을 '공황상태'로 비유했듯이, 사람들은 누구나 성공적인 삶을 위해 바쁘게 살아가지만, 정작 삶에서 무엇이 빠져나가고 있는지에 대해서는 깊게 생각하지 않는다. 우리는 삶의 다양한 차원에서 다양한 자아[가족적 자아, 사회적 자아, 영적 자아, 육체적 자아, 물질적 자아, 여가적 자아, 직업적 자아]를 추구해 가면서 조금씩 '되고 싶은 나'를 향한 삶의 균형을 잡아야 한다.

✔ 당장의 만족보다는 '남기고픈 유산'을 향해 나아가라
• 사람의 일생은 돈과 시간을 쓰는 방법에 의해 결정된다. 이 두 가지 사용법을 잘못해서는 결코 성공할 수 없다.152)

✔ 당신을 노리고 있는 달콤한 착각들을 직시하라[자기 자신에 솔직해져라]
직업적인 성공과 만족은 운의 문제가 아니다. 목표를 달성하는 사람들은 자신이 정말 잘하는 것, 좋아하는 것, 그리고 그 직업을 위해 갖추어야 할 것 사이에서 강력한 조합을 만들어 냈기에 가능했던 것이다. 잘하는 것, 좋아하는 것, 필요한 것 사이에서 강력한 조합을 만들어 내기 위해서는 스스로를 속이는 오류들[노력의 오류153), 우등생의 오류154), 확대해석의 오류155), 즐거움과 열정의 오류156), 요술램프의 오류157)]을 직시해야 한다. 그 강력한 조합

---

152) 다케우치 히토시(竹内均, 1920~2004).
153) 무조건 열심히 노력하기만 하면 단점을 극복 할 수 있다는 믿음은 엄청난 시간낭비를 불러 올 수 있다.
154) 자신이 전반적으로 꽤 똑똑한 편이라 믿기 때문에 특정기량을 익히는데 별 문제가 없으리라고 확신하는 것이다.
155) 객관적인 근거도 없이 자신의 특정역량이 다른 사람의 역량보다 좀 더 특별하다고 생각한다.
156) 그 일을 하면 마냥 즐겁고 열정이 솟기 때문에 실제로 일을 잘하고 있는 거라 믿는 것이다.
157) 그저 가만히 눈을 감고 이미 성공해 있는 자신의 모습을 간절히 상상하기만 하면 반드시 이

의 과정을 이끄는 힘은 '솔직함'일 것이다.

✔ 당신의 능력은 '세상의 평가'보다 더 높은 곳에 있다
• 세상에 나쁜 아이디어란 없다. 단지 검증되지 않았을 뿐. 아이디어가 사라지는 것은 현실의 벽에 막혔을 때가 아니라 스스로 자기능력을 의심할 때다.

사람들은 약점을 없애고 싶어 하지만 그것 역시 소중한 자산이라는 걸 잊지 말자. 약점이란 강점을 떠받치는 여러 개의 의미 있는 주춧돌과 같다.

✔ 당신에게 맞지 않는 신발은 과감히 버려라
• 성공하는 사람들이란 자기가 바라는 환경을 찾아내는 사람들이다. 발견하지 못하면 자기가 만들면 된다.158)

✔ 그대는 그대의 삶, 그대로를 살아라
• 다른 사람의 생각에 인생을 맞춰가는 것은 노예나 다름없다.159)

나는 누구이고, 어디로 갈 것이며, 어떻게 도달할 것인가?

✔ 당신의 인생에 투자할 진정한 멘토를 찾아라
• 나 자신의 삶은 물론 다른 사람의 삶을 삶답게 만들기 위해 끊임없이 정성을 다하고 마음을 다하는 것처럼 아름다운 일은 없다.160)

참된 지혜일수록 한곳에 머물지 못하는 성질을 지녔다. 그것은 한 개인의 소유물이 아니며 사람과 사람 사이를 끝없이 옮겨 다니는 '번영의 씨앗'과 같

루어진다고 믿는다.
158) 조지 버나드 쇼(George Bernard Shaw, 1856~1950).
159) 라와나 블랙웰(Lawana Blackwell, 1952~).
160) 톨스토이(Leo Tolstoy).

다. 그래서 가치 있는 경험을 통해 깨달음을 얻은 사람은 기꺼이 그 지혜를 다른 이들과 나누고, 또 그들은 자신이 얻은 가치를 더 많은 사람과 나눔으로써 마침내 거대한 멘토링 사이클(Mentoring Cycle)이 형성되는 것이다.

✔ 당신을 위해 구덩이로 뛰어들 사람은 누구인가?

여러분이 깊은 구덩이에 갇혀 있을 때 어떻게 꺼낼지를 놓고 토론하는 사람은 아무리 많아도 소용없다. 정말 필요한 사람은 구덩이 안으로 뛰어들어 '나도 여기 빠져 본 적이 있어요. 우리 함께 나갈 길을 찾아봅시다.'라고 말할 수 있는 사람이다. 당신은 얼마나 많은 사람을 알고 있는가? 당신의 주소록이나 페이스 북의 친구들 가운데 당신을 위해 깊은 구덩이에 뛰어들 수 있는 사람은 누구이며, 몇 명이나 되는가?

02 노인 배역에 충실하라

> ● 스키너의 마지막강의(Enjoy Old Age)
> - B. F. 스키너·마거릿 E. 본[161], 이시형 평역, 더 퀘스트, 2013, 245쪽

노인이 된 느낌이 궁금하다면, 먼지 낀 안경을 쓰고 귀를 솜으로 틀어막은 뒤 커다랗고 무거운 신을 신고 장갑을 낀 채 정상적으로 하루를 보내보라.

✔ 노년은 생각한다(Thinking about Old Age)
· 나는 노인들과 이야기나누기를 좋아한다. 노인들은 우리가 걸어가야 할 인생의 길을 먼저 지나왔다. 그러므로 앞으로 겪어야 할 삶이 어떠할지 그들에게서 배울 수 있다.[162]

---

161) Burrhus Frederic Skinner·Margaret E. Vaughan.
162) 소크라테스(Socrates).

노인들이 오래 살고 옛날보다 가난이나 질병으로 고생하지 않는 것은 좋은 일이지만, 자신의 인생을 즐기지 못한다면 그리 축하할 일만은 아닐 것이다.

스스로를 늙었다고 인정하기란 매우 힘들다. 사람들은 대부분 다른 사람들로부터 처음으로 할머니 또는 할아버지라고 불린 순간을 기억한다. 아마 그때가, 그 말로 인해 얼마나 큰 상처를 받았든지 간에 어쩔 수 없이 자신을 스스로 '늙은이'라고 인정하는 시기일 것이다.

노년을 즐기기 위하여 동원할 수 있는 모든 방법을 시도하라. 누렇게 물들어 바싹 말라버린 낙엽을 불평하는 대신 가을의 황금단풍을 즐길 수 있지 않은가. 노인이 되어 체념하고 되는대로 살 것인가, 아니면 분개하고 저항하며 멋대로 살 것인가? 두 손 놓고 노년의 나라로 들어설 게 아니라, 행동주의 심리학의 창시자 B. F. 스키너(Burrhus Frederic Skinner, 1904~1990)의 충고대로 미리 익히고 준비해 나가면 인간의 존엄성을 지키는 삶을 지속할 수 있다. 이 책을 읽어야 하는 이유가 여기에 있다.

✔ 노년을 미리 준비하라(Doing Something about Old Age)
• 한 개인은 가장 최선의 인생계획을 단지 젊고 정력적인 몇 년 동안만을 위해서가 아니라 '전 생애'를 위해서 세워야 한다.[163]

건강의 객관적 지표에 지나치게 집착하기보다는 내가 하고 싶은 게 있다면 나이가 들었다고 주저하지 말고 하나라도 시작해 보는 게 중요하다. 인생을 즐긴다는 것은 자신이 하고 싶은 일을 하는 것을 의미한다. 노년은 불완전하다. 다만 그 불완전성을 최소화하도록 노년을 미리 준비하라는 것이다.

✔ 끊임없이 세상과 접촉하라(Keep in Touch with the World)
• 삶을 지속하는 유일한 방법은 완수할 과업을 가지는 일이다.[164]

---

163) 로널드 J. 글로섭(Ronald J. Glossop, 1933~).
164) 고든 올포트(G. W. Allport, 1897~1967).

사람들을 만나는 게 당황스럽고 피곤하다고 해서 다른 사람들과 만나기를 피한다면 당신은 스스로를 고립시키는 것이다. 당신은 당신에게 도움이 되는 환경, 즉 지속적으로 교류할 수 있는 세계가 필요하다.

✔ 자신의 지난날과 교류하라(Keeping in Touch with the Past: Remembering)
• 열여섯 살 때의 아름다움은 자신이 만들었다고 주장할 수 없다. 하지만 당신이 예순세 살이 되어서도 아름답다면 그것은 당신의 영혼이 만들어 낸 아름다움일 것이다.[165]

나이가 들면 새로운 학습이나 새로운 환경에 적응하는 유동성 지능은 떨어지지만, 경험이 쌓일수록 결정성 지능은 올라간다.

✔ 명확하게 생각하라(Thinking Clearly)
• 삶이 의미가 있는 건지 질문하는 대신, 매일 매 순간 삶에 의미를 부여하는 것은 바로 우리자신이라는 사실을 생각해야 했다.[166]

벤저민 프랭클린은 "두서없이 횡설수설하는 것에서 나는 내가 늙어가고 있음을 느낀다."고 이야기 했다. 생각을 수집하고, 편안하게 사고하라.

✔ 바쁘게 지내라(Keeping Busy)
인간은 노동을 줄이는 아이디어나 발명품 덕분에 많은 것을 얻었지만 문제는 더욱 악화되었다. 아무런 효과가 없더라도 바쁘게 지내라. 그리고 은퇴로부터 은퇴하라. 당신이 할 수 있는 일을 찾아라. 노인들에게 필요한 것은, 지금 무엇인가 할 일이 있어야 한다는 것이다. 노년을 활기차게 보내기 위해서는 계속 활동적으로 지낼 수 있는 방법을 찾는 수밖에 없다.

---

165) 마리 스톱스(Marie Charlotte Carmichael Stopes, 1880~1958).
166) 빅터 프랭클(Viktor Emil Frankl).

> ○ 자유로운 시간의 견지에서 보자면 노년이란 부유함인 동시에 빈곤함이다.

✔ 하루하루를 즐겁게 보내라(Having a Good Day)
• 영혼이 손뼉치고 노래하지 않으면, 노인은 한낱 막대기에 걸린 누더기처럼 보잘 것 없는 존재에 지나지 않으니…167)

집안 전체를 단순화하여 쾌적한 생활공간을 만든다. 사람이 집을 소유하는 것이 아니라 집이 사람을 소유하여서는 안 된다. 사소하고 성가신 일로부터 탈출하라. 지금 살고 있는 공간의 안정성을 높여라. 인생에서 두 번째 50년을 행복하게 보내는가는 여가를 어떻게 선용하는가에 달려 있다. 노인들은 시간은 많지만, 가끔 할 일이 없다. 그저 시간이 가게 내버려 두는 것은 의미가 없다. 헨리 데이비드 소로는 우리가 영원성을 다치지 않으면서 시간을 죽일 수는 없다고 했다.

✔ 사람들과 잘 어울려라(Getting Along With People)
• 노인은 연민의 대상이나 버림받아야 할 사람이 아니라, 철없는 아이들에게 인생을 살아가는데 필요한 지혜와 조언을 제공해 주는 사람이다.168)

라 로슈푸코(François VI, Duc de La Rochefoucauld, 1613~1680)는 "지금까지 다른 사람들에게 호감을 주었던 노인들의 가장 위험한 약점은 자신들이 더 이상 그렇지 못하다는 것을 잊어버리는 것이다."라고 말했다. 좋은 인간관계를 유지하기 위한 존 로빈슨(John A. T. Robinson, 1919~1983)의 충고를 귀담아 들을 만하다. ① 친절하라. ② 남의 고통에 귀 기울여라. ③ 내게 도움을 준 사람을 생각하라. ④ 내가 좋아하는 책을 선물하라. ⑤ 애정만으

---

167) 윌리엄 버틀러 예이츠(William Butler Yeats, 1865~1939).
168) 탈무드(Talmud).

론 안 된다. 노력하라. ⑥ 칭찬할 일을 찾아라. ⑦ 받기보다 베풀 일을 찾아라.

조지 베일런트는 『행복의 조건(Aging Well)』에서 행복을 위해 가장 중요한 조건이 인간관계라는 사실을 밝히고 있다. 군집본능은 식욕과 성욕에 이은 인간의 3대 본능 중 하나로, 좋은 사람들과 어울려 담소를 나누면 그 자체로서 큰 위안과 즐거움을 얻는다.

✔ 기분 좋게 지내라(Feeling Better)
잘 활용하는 방법만 안다면, 노년은 온통 즐거움으로 가득한 새로운 세계다. 그런데 노인들은 종종 분노, 성애, 공포, 의심, 무력함들 때문에 괴로워한다. 기분이라는 것은 내가 무엇을 어떻게 하는가에 달려 있다.

✔ 피할 수 없는 마지막순간(A Necessary End: The Fear of Death)
• 심장의 고동이 사라져 버릴 때 미소를 짓는 것도 익혀야 한다.[169]

불교에서는 죽음을 해탈의 시기라고 한다. 유대교에서는 살다가 죽으면 끝이고 결국 남는 것은 회상이나 기억뿐이라고 한다. 기독교의 경우 다른 세계에서 심판을 받아 그에 따른 벌을 받거나 보상을 받는 시기라고 한다. 누구든지 자신이 영원히 살 수 없다는 사실을 인정하기 힘들다. 삶에 충실할수록 우리는 죽음에 대한 생각을 덜하게 된다. 지금 우리가 할 수 있는 일은, 당신을 사랑하는 사람에게 당신의 생명을 억지로 연장시키는 생소한 어떤 기계나 방법도 사용하지 말아달라고 당부하는 것뿐이다.

✔ 노인이라는 배역 맡기(Playing Old Person)
당신보다 먼저 노인 역할을 해온 사람들은 변덕스럽고 인색하며, 거만하고 지루하며, 요구가 많고 잘난 척해 왔다. 그들은 자신의 병에 대해, 그리고 그 밖의 다른 많은 일에 대해 불평해 왔다. 특히 나이 든 사람들은 지루할 때가

---

169) 헤르만 헤세(Hermann Hesse).

162

많다. 우선 그들은 지난 시절 이야기를 너무 많이 한다. 노인들은 가끔 했던 이야기를 계속 반복하기 때문에 지루하다. 젊은 사람들은 새로운 관계를 발견했을 때 자신이 좋아하는 이야기를 하는 데 비해, 노인들은 자신이 좋아하는 이야기를 똑같은 관객에게 지나칠 정도로 여러 번 이야기 하는 경향이 있다. 물론, 당신이 지루한 사람이 되어버리기 쉬운 것은 당신의 나이를 존중하는 사람들이 당신에게 그릇된 인식을 심어주기 때문이기도 하다. 그들이 고개를 끄덕이며 미소를 지어 보이기 때문에 당신은 그 지루한 이야기를 계속한다. 그리고 노인들이 자신의 질병에 관해 이야기하기 시작하면 지루해진다. 우리가 어떤 세상에 사느냐는 대체로 우리가 어떻게 처신하느냐에 달려 있다.

✔ 위대한 완성: 노년의 장엄함과 정교함(A Great Performance: The Grandeur and Exquisiteness of Old Age)
• 나는 열다섯에 학문에 뜻을 두었고, 서른에 목표가 섰고, 마흔에 미혹하지 아니하였고, 쉰에 하늘의 섭리를 알았고, 예순에 듣는 대로 훤했고, 일흔이 되어서는 하고 싶은 대로 해도 엇나가는 일이 없었다.(吾十有五而志于學, 三十而立, 四十而不惑, 五十而知天命, 六十而耳順, 七十而從心所欲, 不踰矩.)[170]

지혜롭게 나이 들어간다는 것은 나이와 상관없이 자신을 받아들이는 것이다. 마음의 준비를 하고 긍정적으로 접근한다면, 인생의 후반전도 기쁨이 넘칠 것이다. 멋진 노인의 표식은 평정(Serenity), 현명함[智慧], 자유, 위엄[품위], 그리고 유머감각으로 표현된다. 젊어 보이는 것은 적어도 위험하지는 않지만, 젊게 행동하는 것은 위험천만하다. 당신이 정말 나이가 든 것이 분명하다면, 이제 늙은 모습이 매력 있게 보이도록 노력하라. 자기나이처럼 보이고 행동하고 말을 해야 하는 이유는 충분하다. 그렇게 할 때 당신은 품위를 지킬 수 있기 때문이다. 우리가 우습다고 하는 일들은 우리가 불쾌하고 고통스럽

---

170) 공자(孔子).

다고 부르는 일들의 다른 모습일 뿐이다.

03 죽음은 생명을 끝내지만 관계까지 끝내는 건 아니다

> ◉ 모리와 함께한 화요일(Tuesdays with Morrie: An old man, a young
>   man, and life's greatest lesson)
> - 미치 앨봄, 공경희 옮김, 세종서적, 2002, 247쪽

미치 앨봄(Mitch Albom, 1958~)은 매주 화요일마다 루게릭병을 앓으며 죽음을 앞두고 있는 대학시절의 은사 모리 슈워츠(Morrie Schwartz, 1916~1995) 교수와 세상, 자기연민, 후회, 죽음, 가족, 감정, 나이 드는 두려움, 돈, 사랑의 지속, 결혼, 문화, 용서, 완벽한 하루, 작별의 인사 등을 대화의 주제로 이야기한다. 열네 번의 만남을 통해 모리(Morrie) 교수가 들려주는 삶과 죽음에 관한 이야기는 우리가 잃어버린 정말 중요한 것들을 깨닫게 하는 여정이다. 죽어가는 사람이 살아남은 사람과 대화하면서 살아남을 사람이 알아야 할 사항, 잘 사는 법, 그리고 죽음을 잘 맞이하는 법을 말한다. 이 책은 떠나는 자와 남는 자의 마지막 수업이다.

✔ 첫 번째 화요일 <세상>
사랑을 나눠주는 법을 배우라. 그리고 무엇보다도 사랑을 받아들이는 법을 배우라. 사랑을 나누어 주는 법과 사랑을 받아들이는 법을 배우는 것이 인생에서 가장 중요하다.(The most important thing in life is to learn How to give out love and to let it come in.)

✔ 두 번째 화요일 <자기연민>
자기연민에 빠지는 시간을 줄여라. 그것이 하루를 정말 즐겁게 사는 길이다.

✔ 세 번째 화요일 <후회>

자기를 돌아보되 후회가 아닌 애정의 눈빛으로 하라. 한발 뒤로 물러서서 크고 길게 삶을 바라보고, 삶을 돌아볼 줄도 아는 습관을 가져야 한다.

✔ 네 번째 화요일 <죽음>

죽음을 기억하라. 언제든 죽을 준비를 해두라. 그렇게 되면 사는 동안 자기 삶을 더 적극적으로 살 수 있다. 어떻게 죽어야 할지를 배우면 어떻게 살아야 하는지도 알게 된다. 삶은 죽음이 있기에 가치 있는 것이다.

✔ 다섯 번째 화요일 <가족>

가족을 소중히 대하라. 가족의 뒷받침과 사랑과 애정과 염려가 없으면 많은 걸 가졌다고 할 수 없다. 가족이 지니는 진정한 의미는 그냥 단순한 사랑이 아니라 지켜봐 주는 누군가가 있다는 사실이다. 즉 가족이 나를 지켜봐 주고 있으리라는 것을 아는 것이 바로 정신적 안정감이다. 타인에 대해 완벽한 책임감을 경험하고 싶다면, 그리고 사랑하는 법과 가장 깊이 서로 엮이는 법을 배우고 싶다면 자식을 가져야 한다.

✔ 여섯 번째 화요일 <감정>

마음의 수도꼭지를 틀어놓고 감정으로 세수를 해보라. 감정을 풀어놓고 눈물을 흘리며 충분히 느껴라. 그리고 그 감정으로부터 벗어나라. 불교에서는 "영원한 것은 없으므로, 세상 깃에 내달리지 말라."고 가르친다.

✔ 일곱 번째 화요일 <나이 드는 두려움>

어떤 일을 시작하기에는 너무 늦었다고 생각하지 말라. 나이 드는 것은 단순한 쇠락만은 아니다. 그것은 성장이다. 그것은 죽게 될 거라는 것을 '이해'하고, 그 때문에 더 좋은 삶을 살게 되는 긍정적인 면도 지니고 있다. 살면서 현재 자신의 인생에서 무엇이 좋고 진실하며 아름다운지 발견하라. 뒤돌아보면 경쟁심만 생기는 법. 헌데 나이는 경쟁할 만한 문제가 아니다.

✔ 여덟 번째 화요일 <돈>

가치는 헌신에서 나온다. 사랑하는 사람을 위해 자신을 바쳐라. 자신을 둘러싼 지역사회에 자신을 바쳐라. 그리고 자기에게 목적과 의미를 주는 일을 창조하는데 자신을 바쳐라.

✔ 아홉 번째 화요일 <사랑의 지속>

사랑을 지속하고 싶은 것에 대해 주의를 집중시켜라. 그리고 에너지를 퍼부어라. 마지막 순간 포옹과 키스와 대화와 웃음과 작별인사를 못하고 떠나는 일은 없어야 한다.

✔ 열 번째 화요일 <결혼>

결혼생활을 제대로 하려면, 첫째 상대방을 존중하라. 상대방을 존중하지 않으면 큰 문제가 닥칠지도 모른다. 둘째 타협하는 방법을 터득해라. 타협하는 방법을 모르면 문제가 커진다. 셋째 터놓고 이야기해라. 두 사람 사이에 일어나는 일을 터놓고 이야기하지 못하면 더 큰 문제가 생긴다. 넷째 인생의 가치를 조율해라. 인생의 가치가 서로 다르면 엄청난 문제가 생긴다. 다섯째 서로 사랑하라. 서로 사랑하지 않으면 멸망한다.

✔ 열한 번째 화요일 <문화>

굳이 기존의 것을 따르려고 하지 마라. 그보다 자기 자신만의 문화를 만들라. 다른 사람을 부러워하고 비교한다면 경쟁심만 생긴다. 대부분의 사람들은 자신의 삶에서 이룰 수 있는 행복을 느끼지 못한 채 덜 중요한 것에 시간을 집중하기만 한다.

✔ 열두 번째 화요일 <용서>

죽기 전에 자신을 용서하라. 또 다른 사람도 용서하라 그리고 마침내 우리가 살아가는 것 그 자체와 화해하라.

✔ 열세 번째 화요일 <완벽한 하루>

평범한 하루에 삶 전체의 완벽함이 숨어있다. 그것을 찾도록 해보라. 모리 교수의 말을 굳이 인용하지 않더라도 삶이 자연스러운 것처럼 죽음도 자연스러운 것이다. 죽음은 생명이 끝나는 것이지 결코 모든 관계가 끝나는 것이 아니다. 우리가 서로 사랑하고 우리가 가졌던 사랑의 감정을 기억할 수 있는 한 우리는 진짜 우리를 기억하는 사람들의 마음속에 잊히지 않고 죽을 수 있다. 인간관계는 일정한 공식이 없다. 양쪽 모두 공간을 넉넉히 가지면서 넘치는 사랑으로 협상을 벌여야 하는 것이 인간관계다. 두 사람이 무엇을 원하는지, 무엇이 필요한지, 무엇을 할 수 있으며, 또 각자의 삶이 어떤지, 자기상황뿐만 아니라 다른 사람의 상황에도 마음을 쓸 때 그게 바로 진정한 사랑이다.

✔ 열네 번째 화요일 <작별의 인사>

모리 교수는 다른 죽은 이들처럼 아무런 말도 듣지 못하고, 아무것도 볼 수 없는 상태로 자신의 장례식에 있고 싶지 않았다. 자신을 찾아온 이들이 그에게 들려줄 말을 살아있을 때 듣고 싶었다. 그래서 어느 추운 일요일에 가까운 친구들과 가족을 초대하여 서로에게 미처 말하지 못했던 가슴 벅찬 이야기를 나눈다.

❏ Think About

   ◉ 만약 모리교수처럼 '살아있는 장례식'을 연다면, 어떤 사람들과 무엇을 하고 싶은가? 그 이유는 무엇인가?

제8장 나이듦 영화 리뷰

01 유스(Youth, 2016)

파올로 소렌티노(Paolo Sorrentino, 1970~)[171]감독은 영국여왕으로부터 연주를 부탁 받은 지휘자가 연주목록을 논의하다가 결국 무대에 서는 것을 거절했다는 실제사건에서 《유스》의 모티브를 얻었다고 한다. 그는 '더 이상 젊지 않은 나이에는 미래를 어떻게 바라보게 될까'를 스스로에게 질문하게 됐다고 한다.

줄거리는 이렇다.

> "정말 아름다운 곡이에요"
> "그렇지? 사랑하고 있을 때, 만들었거든"
> 마이클 케인(Michael Caine, 1933~)[172]역의 은퇴를 선언한 세계적 지휘자 '프레드 밸린저'가 스위스의 고급호텔로 휴가를 떠난다. 그의 오랜 친구이자 노장 감독인 하비 케이틀(Harvey Keitel, 1939~)[173]역의 '믹'은 젊은 스탭들과 새 영화의 각본작업에 매진하지만 의욕을 잃은 '프레드'는 산책과 마사지, 건강 체크 등으로 무료한 시간을 보낸다. 이때 영국여왕으로부터 그의 대표곡인 '심플 송(Simple Song)'을 연주해 달라는 특별요청이 전해지지만 '프레드'는 더 이상 무대에 서지 않겠다고 거절하는데…

프레드 밸린저는 어느덧 지나버린 세월 앞에 삶의 의욕을 잃어버린 노인의

---

171) 2014년 43살의 나이에 완성한 《그레이트 뷰티》는 삶과 죽음, 화려함과 타락, 그리고 잃어버린 가치 등을 시적으로 표현했다.
172) 《킹스맨: 시크릿 에이전트》·《인터스텔라》·《다크 나이트》 등 출연.
173) 마틴 스콜세지의 《택시 드라이버》, 쿠엔틴 타란티노의 《저수지의 개들》·《펄프 픽션》 등 출연.

심경을 섬세하게 담아낸다. 모두가 부러워할 만한 명성을 쌓았지만 빛나던 순간들이 어느덧 바래가는 것을 바라보며 그는 말한다. "어떻게 시간이 흘러갔는지도 몰랐네."

영화에 대한 애정과 열정이 넘치는 믹은 생애 마지막 작품을 준비하지만 여러 사정으로 무산되고, 실의에 빠져 이렇게 말한다. "내가 너무 오래 일했나 봐."

레이첼 와이즈((Rachel Weisz, 1970~)[174]는 프레드 밸린저의 딸 '레나'역을 맡았고, 폴 다노(Paul Dano, 1984~)[175]는 새로운 역할을 구상하는 할리우드 스타 '지미'역을 연기한다.
그리고 제인 폰다(Lady Jayne Seymour Fonda, 1937~)는 아카데미상을 두 번이나 수상한 할리우드 은막의 스타로 등장한다.

젊지 않다고 해서 과거만을 바라보는 것은 아니라는 점에서 《유스》는 단순히 죽음을 앞둔 노인들의 추억회고담이 아닌, 여전히 끝나지 않을, 인생의 아름다운 순간들을 포착해내는 미래지향적인 영화이다.

> 세월이 거북이처럼 느리다고
> 20대의 청년이 말했다
> 세월이 유수(流水)처럼 흘리긴다고
> 40대의 중년이 말했다
> 세월이 날아가는 화살이라고
> 50대의 초로(初老)가 말했다
> 세월이 전광석화(電光石火)라고
> 70대의 노년이 말했다
> 한평생이 눈 깜짝할 사이라고

---

174) 《더 랍스터》 출연.
175) 《러브 앤 머시》 출연.

《유스》는 20~40년 뒤 인생의 끝에 대한 대리체험이다. 누구나 알고도 모른 척하는 늙음, 그 돌이킬 수 없는 시간의 진행을 스산하고 담담하게 포착했다.

02 버킷 리스트(Bucket List, 2007)

롭 라이너(Rob Reiner, 1947~)[176]감독의 《버킷 리스트(Bucket List)》[177]는 인생의 기쁨을 찾기 위해서 늦은 때란 없다는 것을 몸소 실천하는 용감한 사람들의 모험을 통해 '우리가 가장 많이 후회하는 건 살면서 한 일이 아니라 하지 않은 일이다'라는 메시지를 전한다.

영화 속 상반된 두 캐릭터는 자신의 삶에 대해 서로 다른 후회를 안고 있다. 에드워드는 원하는 건 언제든 할 수 있는 억만장자로 돈을 벌기 위해 모든 열정을 바치느라 사생활은 없었다. 사업가로 성공했지만 인생의 재미는 느끼지 못했다.[178] 반면 카터는 꿈이 있었지만 의무감에서 삶의 방향을 바꿨다. 일을 하고 가족을 돌보고 자식들을 교육시켰지만 자신의 꿈은 포기해야만 했다.[179] 두 사람의 공통점은 오로지 앞만 보고 달려왔다는 것과 그 인생의 끝이 얼마 남지 않았다는 것이다.

---

176) 《해리가 샐리를 만났을 때》·《미저리》·《스탠 바이 미》등을 연출했다.
177) 버킷 리스트란 죽기 전에 꼭 하고 싶은 일들을 적은 목록을 뜻하는 말로, 현재의 삶을 돌아보고 미래에 대한 준비를 위한 것이다. '죽다'라는 뜻으로 쓰이는 속어인 '킥 더 버킷(kick the bucket)'으로부터 만들어진 말이다.
178) 에드워드는 자수성가하여 전용비행기까지 갖게 되었지만, 3번의 결혼실패와 딸에게조차 잊힌 사람 취급을 당하며 외로움의 빈자리도 큰 사람이다.
179) 카터의 어릴 적 꿈은 역사교수가 되는 것이었지만 가장으로서의 책임감과 흑인이란 이유로 포기하고 TV 퀴즈쇼를 보면서 위안을 삼고 산다.

줄거리는 이렇다.

병실에서 만나 처음엔 에드워드가 까칠하게 굴면서 둘은 그냥 남남으로 있을 줄 알았지만 서로에 대해 이해하고 공통점을 발견하고는 인생의 마지막을 위해 작성한 버킷 리스트를 이루기 위해 떠난다.

에드워드와 카터의 버킷 리스트는 다음과 같다.
• 이 세상 최고의 장관(壯觀)을 구경하기
• 가난한 이웃에게 도움 주기
• 눈물 쏙 빠지게 웃어보기
• 머스탱 셸비(Mustang Shelby)로 카레이싱하기
• 세상에서 제일 아름다운 여인과 키스하기(Kiss the most beautiful girl in the world)
• 문신 새기기
• 스카이다이빙하기
• 타지마할 둘러보기, 피라미드에 올라가보기
• 오토바이로 만리장성 질주하기
• 세렝게티(Serengeti)에서 호랑이 사냥하기
• 잊고 있었던 또는 헤어졌던 사람과 다시 연락하기
• 그리고 화장한 재를 인스턴트커피 깡통에 담아 전망 좋은 곳에 두기

그러던 중 카터는 에드워드의 비서인 토마스에게 부탁해 에드워드가 그의 딸에게 찾아가게 했지만 에드워드는 화를 내며 헤어진다. 에드워드는 사업으로, 키티는 집으로 돌아가 각자의 시간을 보내던 중 카터는 병이 뇌까지 번진 위급한 상황을 맞이했고, 이 소식을 들은 에드워드와 다시 만난다. 그는 에드워드에게 '삶의 기쁨을 찾으라(Find joy in your life)'는 내용의 편지를 남기고 삶을 마감했다.[180] 편지를 받은 에드워드는 용기를 내어 자신의 딸을 만나러 가서 따뜻한 포옹을 하고, 시간이 흘러 에드워드도 세상을 떠난다. 에드워드의 비서인 토마스는 이 둘이 기상으로

---

180) 고대 이집트에선 천국의 입구에서 신이 두 개의 질문을 한다고 한다. "'삶의 기쁨을 찾았나(Have you found joy in your life)?, 남에게 기쁨을 주었나(Has your life brought joy to others)?'하고."

인해 이루지 못한 에베레스트 산 오르는 버킷 리스트 목록을 자신이 달성하여 이 둘의 재를 올려둔다.

《버킷 리스트》는 우정과 사랑, 인생에서 중요한 것들에 관한 이야기이지만, 궁극적으로 인간 조건에 대한 의미심장한 메시지를 전한다. 지나온 시간을 돌아보고 남은 시간 무엇을 하느냐는 고민이야말로 그 어떤 관객도 공감할 수 있는 주제이다. 인간적인 고민과 자연스런 유머, 그리고 삶의 열정을 깨닫기 위해 떠나는 두 사람의 대담한 모험이야말로 《버킷 리스트》의 특별한 매력이다.

무엇이 중요한지 깨닫고 최선을 다해 그 목표를 추구하는 일은 나이가 몇이든, 어떻게 살고 있든, 누구에게나 필요한 일이다. 누구나 '버킷리스트'가 있을 수 있고, 누구나 이루고 싶은 꿈이 있다. 하지만 우린 종종 일상에 갇혀서 원치 않는 방향으로 가게 된다. 살면서 꿈을 쫓기란 쉽지 않다.

중요한 것은 어딜 가고 무엇을 하느냐가 아니라 여행을 통해 내가 누군지, 지금의 삶이 어떤 의미인지를 깨닫는 것이다. 주인공들은 대화와 성찰을 통해 변화하고, 행선지마다 삶의 새로운 단면을 깨닫는다.[181] 많은 사람이 여러 곳을 여행하지만 중요한 건 누구와 함께 시간을 보내느냐에 있다. 우리가 충만한 삶을 살기 위해 반드시 해야 할 일이 무엇인지, 그것이 이 영화의 메시지다. 인생에서 가장 중요한 것은 가족 그리고 친구와의 관계다. 이승과 이별할 때 눈은 다 감아도 마음은 다 열고 떠나야 한다.

---

181) 무굴제국의 황제 샤 자한(Shah Jahan, 1592~1666)이 사랑하는 아내를 기리며 세운 타지마할에서 그들은 각자의 인생에서 경험한 사랑과 그 의미를 돌아보게 된다. 이집트 쿠푸왕의 피라미드에서 카터는 고대이집트의 철학을 떠올리며 우리 삶의 양과 질에 대해 고민하게 된다.

03 어바웃 타임(About Time, 2013)

리처드 커티스(Richard Curtis, 1956~)[182]감독의 《어바웃 타임》은 2013년에 개봉한 영국의 로맨틱코미디 드라마영화이다. 미래에서 자신의 과거를 변경할 수 있는 시간여행이란 특별한 능력을 가진 젊은 남자가 첫눈에 반한 여자와의 완벽한 사랑을 이루기 위해 시간여행을 하는 이야기이다. 주인공 팀은 특별한 능력을 처음엔 사랑을 위해, 나중엔 가족을 위해, 그리고 마지막엔 인생의 행복을 위해 사용한다.

줄거리는 이렇다.

도널 글리슨(Domhnall Gleeson, 1983~)[183]이 연기하는 21살이 된 팀은 성인이 된 날, 빌 나이(Bill Nighy, 1949~)역 아버지로부터 놀라운 가문의 비밀이야기를 듣게 된다. 대대로 이 가문 남자들은 성년이 되면 시간여행을 할 수 있는 능력을 갖게 된다는 것이다. 어두운 곳에 들어가 두 주먹을 꼭 쥐고 돌아가고 싶은 순간을 떠올리면 되는 것이다. 팀의 아버지는 과거로 돌아갈 수는 있지만 역사를 되돌리거나 여신과 만나 사랑을 나누는 일은 불가능하다고 일러준다. 자신이 경험한 과거로 돌아갈 수 있을 뿐이다. 제대로 연애를 해보지 못한 팀은 첫 시간여행지로 불과 얼마 전 참석했던 송년파티를 선택한다.

꿈을 위해 런던으로 간 팀은 우연히 만난 사랑스러운 여인 레이첼 맥아담스(Rachel Anne McAdams, 1978~)[184]역 메리에게 첫눈에 반한다. 그녀의 사랑을 얻기 위해 자신의 특별한 능력을 마음껏 발휘하는 팀은 꿈에 그리던 그녀와 매일매일 최고의 순간을 보낸다. 하지만 그와 그녀의 사랑이 완벽해질수록 팀을 둘러싼 주변상황들은 미묘하게 엇갈리고, 예상치 못한 사건들이 여기저기 나타나기 시작한다. 어떤 순간을 다시 살게 된다면, 과연 완벽한 사랑을 이룰 수 있을까?

---

182) 《네 번의 결혼식과 한 번의 장례식(1994)》, 《노팅힐(1999)》, 《러브 액츄얼리(2003)》 등 로맨틱코미디 장르로 흥행을 거뒀다.
183) '해리포터' 시리즈, 《안나 카레니나(2013)》에 출연했다.
184) 《노트북(2004)》, 《시간여행자의 아내(2009)》 등에 출연했다.

"하루하루를 평범하게 살아라. 그날그날의 갈등과 걱정을 고스란히 경험하면서, 그리고 나서 과거의 그 날로 돌아가서 한 번 더 살아라. 단, 두 번째로 살 때는 인생이 너에게 주는 아름다운 순간과 작은 기쁨을 모두 알아차리려고 노력해라."

마지막 장면의 대사는 더욱 여운을 남긴다.

"인생은 모두가 함께 하는 여행이다. 그저 내가 이날을 위해 시간여행을 한 것처럼 나의 특별하면서도 평범한 마지막 날이라고 생각하며 완전하고 즐겁게 매일 지내려고 노력할 뿐이다. 우리가 할 수 있는 건 최선을 다해 이 멋진 여행을 즐기는 것뿐이다."

결국, 시간여행을 통해 하루를 두 번 살아보면 아무리 힘든 하루라도 전혀 다른 것들을 느끼게 될 것이라고 말한다. 즉 아무리 힘들 때라도 여유롭게 웃을 수 있고 주변을 돌아볼 시간을 갖게 된다는 것이다. 매 순간, 현재를 즐기는 삶을 가르쳐주는 따뜻한 로맨틱 코미디이다.

☢ 함께 볼 영화

- ◉ 영화 《집으로 가는 길, 2013》
- ◉ 영화 《아무루(Amour, 사랑, 2012)》
- ◉ 영화 《콰르텟(Quartet, 4중창, 2013)》
- ◉ 영화 《송포유(Song for You), 2013》[185]
- ◉ 영화 《라스트 미션(The Mule, 2018)》

📖 함께 읽을 책

---

185) 아무루(Amour, 사랑)와 콰르텟(Quartet, 4중창) 그리고 송포유(Song for You) 세 영화의 공통점은 주연이 모두 80대이고 노년의 생활과 죽음을 다루었다는 점이다.

04 황금연못(On Golden Pond, 1981)

《황금연못》은 미국에서 제작된 마크 라이델(Mark Rydell, 1934~)감독의 1981년 드라마영화로, 아버지세대와 젊은 세대의 갈등과 해소를 그려낸다.

줄거리는 이렇다.

해마다 뉴잉글랜드에 황금연못이라 불리는 호숫가별장에서 여름을 보내는 헨리 폰다(Henry Fonda, 1905~1982)역 70대 남편 노먼, 캐서린 헵번(Katharine Hepburn, 1907~2003)역 아내 에텔 세이어 노부부. 아내는 활동적이며 낙천적으로 인생을 즐기지만, 퇴임대학교수인 남편은 신랄하고 내성적이며 젊음의 상실에 분노한다. 노먼이 곧 80세 생일을 맞이하는데 아내에겐 자상하지만 독설가에다 깐깐하여 현역시절, 제자들이나 다른 교수와 허구 헌 날 충돌하였다. 성격을 그대로 닮은 외동딸 첼시도 아버지와 허구 헌 날 다퉈 서로 냉전을 벌여 오랫동안 만나지도 않았다. 외동딸인 제인 폰다(Jayne Fonda)가 자신이 사귀는 빌과 유럽여행을 떠나면서 빌의 아들인 빌리라는 소년을 잠시 맡기러 온 것이었다. 오랫동안 만나지 못했던 이들은 아버지와의 불화로 정말 결별하다시피하면서 살아왔던 세월이었다. 그러면서 그들은 불필요한 오해를 하지만 시간이 지나면서 마음의 문을 열게 된다. 영화 속에서 헨리 폰다는 빌리라는 소년에게 호숫가에서 뒤로 다이빙을 시키는데 아주 무서워하자 용기 있는 사람은 꼭 해야 한다고 말한다. 그리고 빌리라는 소년은 다이빙에 성공하고 같이 낚시도 하면서 정말 할아버지와 손자 사이처럼 친해진다. 그리고 유럽여행에서 돌아온 제인 폰다는 어머니의 충고에 힘입어 아버지와 화해를 하게 된다. 제인 폰다는 아버지 헨리 폰다의 엄격함에 대한 슬픈 추억을 갖고 있다. 그리고 어린 자기에게 호숫가에서 뒤로 다이빙을 하라고 계속 시켰기 때문에 무서워서 실패했던 기억을 갖고 있다. 영화 마지막에서 40이 다 된 딸이 아버지와 화해하면서 아버지를 기쁘게 해주기 위해 그동안 연습했던, 정말로 뒤로 다이빙하는 모습을 보여준다.

"늙어가는 게 재미있는 것 같으냐?"
성난 노인 헨리 폰다는 늙은이라고 조롱하는 10대에게 고함 지른다.

제3부
죽음[死]

우리는 엄청난 투쟁과 고통을 딛고 이 세상에 오지만,
세상을 떠나는 일도 여간 어려운 일이 아니다.
(With what strife and pains we come into the world we know not,
but 'tis commonly no easy matter to get out of it.)

- 토마스 브라운(Thomas Browne)
『의사의 종교(Religio Medici, 1962)』

제1장 죽음이란 무엇인가?

01 죽음(mort, умирать, Tod, Death, 死[186])의 프로필

죽음의 정확한 정의에 대해서는 누구도 단언하지 못한다. 일반적으로는 영혼이 육체를 빠져나가는 것을 죽음이라고도 하지만, 개념상 '죽음'과 '호흡정지'는 구분할 필요가 있다. '호흡정지'는 삶의 영역에 속하는 것으로 죽어가는 사람이 그 상황을 지각하고 경험할 수 있지만, '죽음'은 삶의 바깥에 놓인 미지의 세계다.

그렇다면 사람이 사망했다는 기준은 무엇인가? 민법에서는 심장이 그 기능을 멈추고, 맥박이 정지하여야 사망에 이르렀다고 본다.[187] 20세기에 들어서면서 심장·폐 재생술과 인공호흡법이 발달하면서 뇌기능의 상실, 즉 뇌사를 일반적인 사망기준으로 보아야 한다는 주장도 유력하다. 하지만 뇌사는 윤리적 문제를 함축하고 있어서 죽음에 관한 많은 논쟁을 낳고 있다.

스콧 니어링(Scott Nearing, 1883~1983)은 "죽음은 옮겨감이나 또 다른 깨어남이다."라고 했다.《타임》이 선정한 '20세기 100대 사상가' 중 한 명인 퀴블러 로스가 『죽음과 죽어감(On Death & Dying)』에서 인용한 타고르(Robindronath Ṭhakur, 1861~1941)의 시 "탄생이 삶의 일부이듯 죽음도 삶의 일부 / 드는 발도 걸음이고 딛는 발도 걸음"이라는 《길 잃은 새들》처럼,

---

186) 한자 '死'는 歹(=歺, 부서진 뼈 알)+(변할 화)로, 원래 앙상한 뼈 앞에 꿇어앉아 애도하는 사람(人)을 그렸는데, 이후 匕(비수 비)로 변했다. 사람(人)이 모양을 바꿔 다른 사람(匕)이 된다는 뜻을 함축하고 있다.

187) 심폐기능정지설(心肺機能停止說)을 말한다. 최근 인체의 장기이식과 관련하여 뇌기능의 종국적인 훼멸(毁滅) 즉 뇌사(Hirntod)에 이른 때에 사람이 사망하였다고 하는 뇌사설(腦死說)도 있다.

"인간의 육체는 영혼 불멸의 자아를 둘러싼 껍질에 지나지 않는다. 따라서 죽음은 존재하지 않으며, 다른 차원으로의 이동이 있을 뿐이다."라고 주장했다. 이들에 의하면 죽음은 꽉 막힌 벽(壁)이 아닌 열린 문(門)이라는 의미다.

블라디미르 장켈레비치(Vladimir Jankélévitch, 1903~1985)는 죽음은 다른 것으로의 이행이 아니라 아무것도 아닌 것으로의 이행이라고 한다. 그것은 끝없이 이어지는 것이며 바깥이 없는 창문과도 같다고 한다.[188]

하지만 하나의 죽음은 그에게 속한 모든 것 - 사랑과 기쁨, 고통과 슬픔, 체험과 인식 등 - 아무하고도 닮지 않은, 따라서 아무하고도 뒤바뀔 수 없는 그만의 소중하고도 고유한 세계의 소멸을 뜻한다.[189] 소설가 박완서(朴婉緖, 1931~2011)는 아들을 잃고 "아무리 생각해도 생명에 대한 애착이 손톱만큼도 없는 게 확실하건만 스스로 목숨을 끊는 방법 중 무섭지 않은 건 하나도 없었으니, 죽는 게 무섭다는 것하고 생명에 대한 애착하고는 어떻게 다른지 아직도 잘 모르겠다. 스스로 목숨을 끊을 만큼 모질지 못하다는 걸 깨달은 다음에 내가 절실하게 바란 건 슬픔을 참지 못해 서서히 저절로 죽어가는 거였다."고 술회하고 있다.

사람은 누구나 자기 고유의
비밀에 싸인 개인적인 세계를 지닌다.
이 세계 안에는 가장 좋은 순간이 존재하고
이 세계 안에는 가장 처절한 시간이 존재하기도 한다.
하지만 이 모든 것이 우리에게는 숨겨진 것

한 인간이 죽을 때에는
그와 함께 그의 첫눈[初雪]도 녹아 사라지고
그의 첫 입맞춤, 그의 첫 말다툼도…

---

188) 『죽음에 대하여』, 132쪽.
189) 박완서의 『한 말씀만 하소서』(박완서, 세계사, 2004, 190쪽) 중 <사랑하는 아들을 떠나보내고>에서.

이 모두를 그는 자신과 더불어 가지고 간다.
벗들과 형제들에 대하여 우리는
무엇을 알고 있으며,

우리가 가장 사랑하는 이에 대하여
우리는 과연 무엇을 알고 있는가?
그리고 우리의 참 아버지에 대하여
우리가 알고 있는 그 모든 것을
우리가 아무 것도 모른다는 것

사람들은 끊임없이 사라져가고…
또다시 이 세계로 되돌아오는 법이 없다
그들의 숨은 세계는 다시 나타나지 않는다.
아하 매번 나는 새롭게
그 유일회성(唯一回性)을 외치고 싶다.

- 게하르트 로핑크(Gerhard Lohfink, 1934~)의
『죽음이 마지막 말은 아니다』190)

📖 함께 읽을 책

◉ 길 잃은 새(Stray Birds)
 - 라빈드라나드 타고르, 강현정 그림, 문태준 옮김, 청미래, 2016, 150쪽

◉ 죽음이 마지막 말은 아니다
 - G. 로핑크, 신교선 옮김, 성바오로출판사, 1996, 62쪽

02 근사체험[近死體驗; Near-death experience; 임사체험]

---

190) 『죽음이 마지막 말은 아니다』, G.로핑크, 신교선 옮김, 성바오로출판사, 1996, 62쪽.

근사체험은 임종에 가까웠을 때나 일시적으로 뇌와 심장기능이 정지하여 생물학적으로 사망한 상태에서 사후세계를 경험하는 현상을 일컫는 용어로, 미국 정신과 의사 레이먼드 무디 주니어(Ramind A Moody, JR. 1944~)가 1975년에 발간한 『삶 이후의 삶(Life After Life)』[191]에서 처음 사용하였다. 이는 이 세상을 떠나기 전 어떤 '환영'을 보는 현상인 '종말체험'[192]과 다르다.

근사체험에서 공통적으로 나타나는 현상은, 몸과 영혼이 분리되어 자신의 육체를 바라보는 경험[유체이탈 경험], 어두운 터널 같은 곳을 지나거나 밝은 빛을 마주하는 것과 같은 비현실적인 경험, 먼저 세상을 떠난 가족이나 종교적 성인(聖人)을 만나는 경험[죽은 이들과의 만남], 인생의 중요한 순간들이 주마등처럼 스쳐 지나가는 경험[삶의 회고 경험] 등을 들 수 있다.

그리고 근사체험을 한 사람들은 근사체험을 한 이후 인생이 긍정적으로 바뀌게 되었다고 입을 모은다.

찰스 디킨스(Charles Dickens, 1812~1870)의 『크리스마스 캐럴(A Christmas Carol)』에 나오는 수전노 스크루지(Ebenezer Scrooge) 영감이 유령의 인도로 자신이 죽은 뒤 아무도 슬퍼하지 않는 것을 본 뒤 꿈에서 깨어나 어려운 이웃을 위해 선행을 베푸는 사람으로 거듭나는 식이다.

미국 애리조나대학교 스튜어트 하메로프(Stuart Hameroff, 1947~)교수는 중첩성이나 얽힘성 등이 특징인 양자역학을 통해 양자물리학의 확장개념으로 사후의식을 규명하는 조화객관 환원이론(Orchestrated objective

---

191) 이 책은 『다시 산다는 것』으로도 번역되고 있는데, 8년 간 150명의 근사체험자를 면담한 후 펴낸 책으로, 서문을 쓴 스위스 출신 정신과의사 엘리자베스 퀴블러 로스도 어린이환자의 임종을 지키면서 관찰했던 일들과 그 외에 여러 사람들이 경험한 근사체험을 수십 년간 기록하여 『사후생(死後生, On life after death)』이란 책을 출간했다.
192) 종말체험에서는 대체로 먼저 세상을 떠난 가족이나 친지 또는 친구가 임종자를 마중 나오는데, 임종하는 사람과 가족들 모두에게 편안한 느낌을 주기 때문에 '마지막 선물(finalgift)'이라고도 부른다. 한편 세상을 떠나는 사람이 멀리 떨어진 가족이나 지인 앞에 모습을 나타내는 경우도 있다.

reduction; Orch-OR)을 제시하기도 한다.193) "의식이 양자194)보다 작은 단위인 뇌세포 안에 있는 미세소관에서 발생하는데, 뇌기능이 멈추면 의식을 이루는 양자정보가 복잡하게 얽혀 영혼으로 존재하게 된다."는 것이다.195)

하지만, 영국의 심리학자인 수전 블랙모어(Susan Blackmore, 1951~)는 "영혼의 존재를 증명할 수 없는데 사후세계의 존재를 믿는 것은 어리석다"고 주장하면서, 근사체험은 뇌의 산소결핍으로 인한 착각이나 환상이라는 것이다. 즉, 뇌의 변연계가 무너지면서 겪는 허상이라는 것이다.

📖 **함께 읽을 책**

'임사체험'에 대해 알고 싶으면,
◉ 나는 천국을 보았다(Proof of Heaven) 1
 - 이븐 알렉산더, 고미라 옮김, 김영사, 2013, 252쪽

◉ 나는 천국을 보았다(The MAP of HEAVEN) 2
 - 이븐 알렉산더·프톨레미 톰킨스, 이진 옮김, 김영사, 2016, 228쪽

◉ 다시 산다는 것: 사후 생존이라는 현상에 관한 보고
 - 레이먼드 A. 무디 주니어, 주진국 옮김, 행간, 2007, 191쪽

◉ 임사체험 (상)(하)
 - 다치바나 다카시(立花隆), 윤대석 옮김, 청어람미디어, 2003, 430·446쪽

◉ 크리스마스 캐럴(A Christmas Carol and Other Stories, 1843)
 - 찰스 디킨스, 김세미 옮김, 문예출판사, 2010, 210쪽

---

193) R(Reduction)은 상태의 환원을, O(Objective)는 양자의 객체성을 의미한다.
194) 에너지의 불연속적인 최소 단위.
195) 죽음(EBS), 139~147쪽.

03 죽느냐, 사느냐 그것이 문제로다

지금, 이 순간 살아있는 사람들 가운데 죽음이 무엇인지 아는 사람은 없다. 죽지 않았기 때문이다. 하지만 삶에서 유일하게 확실한 '사실'은 "나는 언젠가 '반드시' 죽는다."는 것이다. 그 누구도 피해갈 수 없는 숙명이다.

'죽음을 피할 수 없다'는 사실을 인식하는 순간 떠오르는 수많은 질문들이 있다.

"죽는다는 것은 무엇을 뜻하는가?"

"죽을 수밖에 없는 나란 존재는 과연 무엇인가?"

"영원한 삶은 가능한가?"

"영혼은 육체가 죽은 뒤에도 계속 존재하는가?"

"죽음은 나쁜 것인가, 좋은 것인가?"

"자살은 합리적인 선택인가?"

"우리는 왜 경험하지도 못한 죽음에 대해 두려워하는가?"

이런 철학적 질문은 죽음을 바라보는 우리의 태도와 연결된다. 그런데 이 모든 질문은 결국 하나의 질문으로 귀결된다.

"그렇다면 나는 '어떻게' 살아야 하는가?"

사람이 태어나서 자라고, 청년기를 지나 조금씩 쇠약해지다가 마침내 죽는 일련의 과정은 살아있는 모든 생명체에서도 찾아볼 수 있는 자연스러운 모습이다. 죽음을 통과의례로 여기면 자연스레 죽음을 대비하게 된다. 만일 우리가 죽음을 삶의 한 과정으로 이해한다면, 그 과정은 사람이 아직 생존하고 있는 시기가 시작점이 될 수도 있고, 사망 순간이 시작점이 될 수도 있을 것이다. 전자를 택하면 죽어가는 과정이지만 실제로는 아직 살아있으므로 '죽음의 과정'을 '죽음에의 과정'과 혼동할 수 있다. 후자를 택하면 죽음을 '붕괴과정'으로 혼동하게 된다.

제2장 죽음을 일컫는 다양한 표현

예전에는 신분에 따라 죽음의 호칭도 달랐다. 예컨대 왕(王)의 경우 붕어 (崩御), 승하(昇遐)라는 용어를 썼다.

특수한 죽음, 예컨대 갑작스러운 죽음은 급사(急死), 요절(夭折), 희생(犧 牲)의 경우 순교(殉敎)[196], 순국(殉國)[197], 순직(殉職)[198], 전사(戰死)[199]라 고 한다.

종교와 관련한 죽음 호칭도 있다. ① 불교에서는 열반(涅槃)[200], 입적(入 寂)[201], 적멸(寂滅), 해탈(解脫), ② 개신교에서는 소천(召天)[202], ③ 가톨릭 에서는 선종(善終)[203], ④ 정교회에서는 안식(安息)[204], ⑤ 통일교에서는 승 화(昇華)[205]라고 한다.

일상에서 '죽음', '죽다'를 일컫는 말을 한번쯤 찾아보는 것도 의미 있는 일 이라고 생각한다.

---

196) 종교를 위해, 혹은 종교활동의 결과로 사망하는 경우이다.
197) 국가를 지키기 위한 활동의 결과로 사망하는 경우, 또는 국가의 멸망과 명을 같이하여 사망 을 택하는 경우이다.
198) 일을 하다가 사망하는 경우이다.
199) 군인 등을 비롯한 전투원이 전투상황에서 공격을 받아 사망한 경우다.
200) 일체의 번뇌에서 벗어나 완벽한 깨달음의 경지에 들어간다는 뜻으로 석가모니를 비롯한 고 승의 죽음을 가리키는 말이다. 산스크리트어 니르바나(nirvāṇa)의 음차어다. '열반에 들 다'고 표현한다.
201) 스님의 죽음을 뜻한다.
202) 하나님의 부름을 받는다는 뜻이다.
203) 가톨릭 신자의 죽음. 착하게 살다가 복되게 마친다는 뜻의 '선생복종(善生福終)'의 준말이다.
204) '편히 쉼'을 의미하는 말로 죽음 후 최후의 심판과 부활을 기다린다는 의미를 강조하기 위 해 안식이라는 용어를 사용한다.
205) 원래는 고체가 곧바로 기체가 되는 현상을 뜻하는데, 통일교에서는 장례식을 승화식이라고 한다. 국내 화장장 중에 승화원이란 이름을 붙인 곳도 있다.

- (돌아)가다: 보통 '죽다'의 높임말 또는 완곡한 표현으로 '돌아가시다'를 쓴다.

- 졸(卒): 생을 마치다.

- 숨지다, 숨넘어가다.

- 궂기다: 완곡하게 윗사람이 죽다는 뜻이다. 다만 활용은 '~를 궂기다'라고 한다. 한겨레신문의 부고란 '궂긴 소식'은 여기서 따온 것이다.

- 명을 다하다: '제 명을 다하다'라고도 쓰인다. 제명대로 다 살지 못하고 죽었을 때 '비명(非命)에 가다'는 표현을 쓴다.

- 불귀의 객이 되다.

- 생을 마치다: '생을 마감하다'라고도 쓴다.

- 세상을 뜨다: 세상을 떠나다, '세상을 '등지다'라고도 한다.

- 하늘나라로 가다: 기독교 계열 종교에서 많이 쓰이지만, 일반인들도 많이 사용한다. 주로 어린아이를 둔 부모들이 어린 자녀에게 죽음의 개념을 설명할 때 '하늘나라로 가다'라는 표현을 자주 사용한다.

- 황천(黃泉)으로 가다: '황천길에 가다'로도 쓴다. 저승[206]도 같은 뜻이다.

- 꼴까닥: 질식 등으로 사망에 이르는 것을 우스꽝스럽게 나타낸 표현이다.

---

206) 사람이 죽은 뒤에 그 혼이 가서 산다고 하는 세상.

• 골로 가다: 죽음의 속된 표현이다.

• 서거(逝去): 세상을 떠났다는 뜻으로 대통령과 같은 고위 공무원의 죽음에 사용된다.

• 타계(他界): 다른 세계[저승]으로 떠나다는 뜻으로 별세와 유사하다.

• 별세(別世): 사전적 의미는 윗사람의 죽음을 가리키나 흔히 '돌아가셨다'라는 의미로 쓴다.

• 사망(死亡): 죽음 그 자체이기에 가치중립적이다. 주로 행정이나 사무에서 죽음을 표시하는 말이다.

• 운명(殞命): 생명이 다했다는 뜻으로 의사가 사망선고 할 때 듣는 말이다.

• 절명(絶命): '운명'과 같은 뜻이지만 좀 더 강렬한 뉘앙스를 풍긴다. 운명이 보통 조용한 분위기에서 서서히 맞게 된 죽음을 의미한다면, 절명은 갑작스런 사고나 급성질환 등으로 죽음을 당했을 때 쓰인다.

• 영면(永眠): 종교를 떠나서 장례에서 주로 듣는 말로 '영면에 들다'라고 표현한다.

• 사별(死別): 죽어서 이별했다는 의미로, 대개는 배우자가 사망한 것을 의미하지만 그 외의 가족에 대해서도 사용한다.

• 상(喪): 본인이 아닌 친족의 장례를 이르는 말이었는데, 죽음을 일컫는 완곡한 표현으로 쓰인다(예: 부친상, 모친상).

- 임종(臨終): 일반적으로 죽음을 맞이함을 뜻하나, 부모님께서 돌아가실 때 자식이 그 곁을 지키는 것을 의미한다.

- 참척(慘慽): 참혹한 슬픔을 뜻하는 말로 자식이 부모보다 먼저 죽는 비통함을 일컫는 말이다. '참척을 보다', '참척을 당하다'라고 표현한다.

- 귀천(歸天)·귀토(歸土): 하늘·흙으로 돌아가다.

- 유명(幽明)을 달리하다: '유명(幽明)'이란 저승과 이승을 아울러 일컫는 말로 '죽다'를 이르는 말이다.

- 작고(作故): 고인(故人, 옛날 사람)이 되었다는 의미다.(예: 작고한 시인)

- 강을 건너다: 보통 신화에서 죽은 사람이 이승에서 저승으로 가기 위해 '강'을 건넌다는 이야기가 자주 나오는데, 죽음의 의미가 담겨 있다. 요단강을 건너다, 삼도천을 건넌다고 표현한다.(예; 한국영화《님아, 저 강을 건너지 마오》)

제3장 삶과 죽음에 대한 태도

❖ **나는 죽음이에요(Jeg er Døden)**[207]

> 삶과 나는 하나예요.
> 삶과 나는
> 모든 생명의 시작과 끝을 함께 해요.
> 삶과 나는
> 가까운 곳에
> 늘 함께 있어요.
> 내가 두려운가요?
> 모두 다 사랑하세요.
> 나는 죽음이에요.

📖 **함께 읽을 책**

◉ 내가 함께 있을게(Ente tod und tulpe)
- 볼프 에를브루흐(Wolf Erlbruch), 김경연 옮김, 웅진주니어, 2007, 20쪽
{얼마 전부터 느낌이 이상했던 오리는 누군가 슬그머니 자기 뒤를 따라다니고 있음을 눈치 채고 묻는다. "대체 누구야?" 그러자 그가 말한다. "와, 드디어 내가 있는 걸 알아차렸구나. 나는 죽음이야." 죽음은 커다란 해골에 기다란 옷을 걸치고[죽음은 커다란 해골 모양의 얼굴에 기다란 옷을 입은 형상], 자줏빛 튤립을 한 송이 들고 있다.
죽음은 말한다. "그동안 죽 나는 네 곁에 있었어." 우리는 정작 모르고 있었지만, 죽음은 어느 날 갑자기 찾아오는 것이 아니라 사는 동안 늘 나와 함께 있었던 것이다.
다음날 아침 일찍 오리가 먼저 잠에서 깼습니다. '나, 아직 죽지 않았구나!'

---

207) 『나는 죽음이에요』, 엘리자베스 헬란 라슨(Elisabeth Helland Larsen), 마린 슈나이더(Marine Schneider) 그림, 장미경 옮김, 마루벌, 2017, 48쪽.

오리는 속으로 생각했습니다. 오리는 죽음의 옆구리를 툭 치며 큰 소리로 기뻐했습니다. "나, 아직 죽지 않았어!"}

01 탄생은 과연 죽음의 시작인가?

서양에서는 전통적으로 인간을 '에페메로이(ephemeroi)' 즉 나날이 죽어 가는 자로 인식했을 뿐, '태어난 자'로 주목하지는 않았다. 삶은 죽음의 진행형이며, 막판을 향해 치닫는 일이었고 '죽음에 이르는 병'이었을 따름이다. 그래서 "메멘토 모리(Memento mori)", 즉 "죽음을 기억하라"를 강조한다. 탄생을 죽음의 시작으로 바라본 죽음철학에서는 역설적이게도 죽을 수밖에 없는 모든 존재는 죽어야만 죽음에서 벗어날 수 있다.

프로이트(Sigmund Freud, 1856~1939)는 "탄생은 '똥과 오줌 사이를 통과'하는 것, '항문과 요도 사이'를 거쳐 세상의 빛을 보는 일"이라고 말했다. 인간은 탄생하자마자 곧장 타나토스(Thanatos), 즉 죽음의 본능이 내미는 손에 이끌려 죽음을 향해간다. 죽음이야말로 본격적인 삶이며, 탄생은 태아로 천국을 누리던 행복을 박차고 아난케(Ananke; 숙명)의 가혹한 현실로 내던져지는 타락에 지나지 않는다. 결국, 죽음은 두 번째 탄생이며, 다시금 일체의 긴장에서 해방된 평안함의 축복을 누릴 수 있는 원래적인 의미의 탄생이다.

헤라클레이토스는 '삶과 죽음, 깨어남과 잠듦, 젊음과 늙음은 같은 것이다.'라고 말하면서 영원한 삶을 어린아이와 비교함으로써 탄생의 의미를 새겼다. 즉 태어나면서 어린아이들을 생겨나게 함으로써 개체적인 차원을 넘어 종족차원의 윤회를 주장한듯하다.

니체 역시 어린아이를 정신의 세 가지 변형 가운데 시작이 아닌 끝으로 파악한다. 인간은 낙타와 사자를 거쳐 어린아이가 된다는 것이다. 니체는 어린아이를 모든 것을 깨끗이 잊어버리고 긍정의 힘을 자랑하는 순결함으로 바라본다.[208] 어린아이는 순진무구(純眞無垢)하고 천진난만(天眞爛漫)하여 자신의 삶을 하나의 유희로 받아들이며 있는 그대로 존재하고 있는 그대로 보여주기 때문에 어린아이는 끊임없는 긍정의 힘을 의미한다.

02 죽음은 끝인가?

소크라테스는 "죽음은 신이 인류에게 내린 최고의 선물"이라고 하는가하면, 지중해 성자 다스칼로스(Daskalos, 1912~1995)[209]는 "인간은 저승사자의 입맞춤보다 더 달콤한 키스를 맛본 적이 없다."라고 했다. 또 이슬람신비주의자 루미(Rūmī)[210]는 "죽음은 감미로운 것이며 영원을 향한 여행"이라고 했다.

종교적·윤회론적 관점에서는, 죽음은 새로운 시작[이어짐]이라는 인식, 죽음은 벽이 아닌 창문이라는 인식, 영혼의 세계가 존재한다는 인식에서 죽음을 축복이라고 한다. 하지만, 현실적 욕구의 포기, 사랑하는 이들과의 이별, 결국 죽음은 끝이라는 인식 때문에 죽음이 두려운 이유다.

셸리 케이건(Shelly Kagan) 교수는 "죽음은 삶의 끝"이라고 말한다. 삶이 소중한 이유는 언젠가 끝나기 때문이다. 셸리 케이건에 의하면, 우리 몸이 생명을 유지하는 B기능을 제대로 수행하거나 수행할 가능성이 있는 한, 육체는 살아있다. 그리고 B기능이 제대로 작동할 때 고차원적인 인지기능인 P기능

---

208) 『삶의 기술사전: 삶을 예술로 만드는 일상의 철학』, 506~510쪽.
209) 키프로스 출신으로 초자연적인 힘으로 병든 사람을 치유하는 신유가(神癒家).
210) '잘랄 아드딘 무하마드 발키'라고도 불린다.

또한 가능하다.211) 하지만 인간의 육체는 살아서 움직이다가 언젠가는 파괴된다. 이에 따라 P기능도 사라진다. 결국 이것이 육체적 죽음의 전부다.212)

셔윈 B. 눌랜드(Sherwin B. Nuland)는 『사람은 어떻게 죽음을 맞이하는가(How We Die)』에서 최후의 승리자는 늘 죽음이라고 하면서, 자연의 섭리를 억지로 외면하는 인간의 총체적 저항을 '불필요한 의지'라 불렀다. 자연의 평형 속에서 이뤄진 한 개인의 죽음은 개인에게 비극일지 모르나 계속 살아 숨 쉬는 모든 개체의 승리라는 것이다.213)

03 죽음에 대한 두려움214)

하이더 와라이치(Haider Warraich)는 『죽는 게 두렵지 않다면 거짓말이겠지만(Modern Death)』에서 "죽음에 대한 두려움은 보통 둘로 나뉜다. 죽음 자체에 대한 두려움과 죽기 전에 견뎌내야 하는 고통에 대한 두려움"이라고 말하고 있다.215)

톨스토이는 『인생의 길』에서 "죽음을 망각한 생활과 죽음이 시시각각으로 다가옴을 의식한 생활은 두 개가 서로 완전히 다른 상태이다. 전자는 동물의 상태에 가깝고, 후자는 신의 상태에 가깝다."고 했는데, 이는 죽음을 통한 삶의 의미를 강조한 말이다.

---

211) 셸리 케이건은 음식을 소화시키고, 몸을 이리저리 움직이고, 심장을 뛰게 하고, 숨을 쉬는 다양한 신체기능을 B기능(Body Function)이라 하고, 사고하고, 의사소통하고, 판단하고, 계획을 세우고, 감정을 느끼고, 창조적인 능력을 발휘하고, 사랑하고, 꿈을 꾸는 등 인간이 할 수 있는 고차원적인 인지기능을 P기능(Person Function)이라 부른다.
212) P기능이 가능하면 죽음이 아니다. 『죽음이란 무엇인가(DEATH)』, 246~266쪽.
213) 『사람은 어떻게 죽음을 맞이하는가(How We Die)』, 389쪽.
214) 데이비드 R. 호킨스(David Ramon Hawkins, 1927~2012)는 감정에는 사랑과 두려움 두 가지만 존재한다고 하면서, 두려움은 거머리처럼 온갖 생각에 들러붙는다는 특성이 있다고 한다.
215) 『죽는 게 두렵지 않다면 거짓말이겠지만(Modern Death)』, 122쪽.

『사후생』과 『인생 수업』216)의 저자 엘리자베스 퀴블러 로스의 말대로, 예나 지금이나 죽음은 무섭고 두려운 사건이다.217)

셸리 케이건 교수는 죽음이 무서울 수밖에 없는 이유를 "죽음의 필연성 - 반드시 죽는다", "죽음의 가변성 - 얼마나 살지 모른다", "죽음의 예측불가능성 - 언제 죽을지 모른다", "죽음의 편재성 - 어디서 어떻게 죽을지 모른다"로 보았다. 이중에서 그는 특히, 언제 죽을지 모른다는 죽음의 예측불가능성 때문에 인간은 더욱 죽음을 두려워한다고 말한다.218)

독일 죽음학 권위자 알폰스 데켄(Alfons Deeken, 1932~)219)은 『죽음을 어떻게 맞이할 것인가』에서 죽음을 눈앞에 둔 사람들은 대략 다음과 같은 7가지 두려움을 겪는다고 말한다. 첫 번째는 고통에 대한 두려움, 두 번째는 고독에 대한 두려움, 세 번째는 가족과 사회에 부담이 될 것에 대한 두려움, 네 번째는 알지 못하는 것을 눈앞에 대하고 있는 불안, 다섯 번째는 인생을 불완전한 상태로 마칠 것에 대한 불안, 여섯 번째는 자기소멸에 대한 불안, 일곱 번째는 사후의 심판과 벌에 대한 불안이다.

이처럼 우리가 죽음을 두려워하는 것은 죽음의 고통보다 더 힘든 것, 바로 영원한 '이별' 때문이다. 그래서 영원한 이별을 위한 연습이 필요하다.

어떻게 죽느냐가 그의 삶을 결정하듯이, 평소에 어떻게 살았느냐가 그의 죽음을 결정한다. 그러므로 우리는 어떻게 죽는 것이 좋으냐고 묻기 전에 먼저 어떻게 사는 것이 좋으냐고 물어야 한다. 열심히 산 사람이 잘 늙고, 잘 늙은 사람이 잘 죽는다. 결국 잘 살아야 잘 죽는다.

---

216) 임종을 앞둔 101명의 '인생에서 꼭 배워야 할 것들'을 모은 강의형식의 책이다.
217) 임종순간 우리 몸에는 엔도르핀이 다량 방출된다고 한다.
218) 『죽음이란 무엇인가(DEATH)』, 375~398쪽.
219) 독일에서 태어난 알폰스 데켄은 제2차 세계대전이 한창이던 어린 시절, 연합군폭격기의 공격으로 친한 친구와 그 가족이 처참하게 죽은 모습을 본 후, 삶과 죽음의 의미를 되묻기 시작했다고 한다.

사실 죽음보다 더 무서운 것은 늙음이다. 요양원이나 요양병원은 극히 일부를 제외하고는 '격리' 이상의 의미를 발견하기 어렵다. 죽음 앞에서는 누구나 혼자이며, 그것을 넘어가는 것도 혼자다. 거기에는 정답도 왕도도 없다.

▌ 생의 일부로서의 예기 불안[220]

그리스 철학자 에피쿠로스(Epikuros BC 342~BC 270)는 『교설(敎說)과 편지』에서 말한다. "죽음은 모든 나쁜 것 중에서 가장 무서운 것으로 알려져 있지만 사실은 우리에게 그 무엇도 아니다. 왜냐하면 우리가 존재하는 한 죽음은 실제로 존재하지 않고, 죽음이 실제로 존재할 때는 우리가 존재하지 않기 때문이다."

죽음의 공포는 이른바 '생의 일부로서의 예기불안(豫期不安; expectation anxiety)[221]'이다. 죽음 자체를 체험할 수는 없지만 타인의 죽음을 볼 때 자신도 머지않아 죽음을 경험할지 모른다고 생각하기 마련인 것이다.

무라카미 하루키(村上春樹)는 소설 『상실의 시대』[222]의 등장인물을 통해 말한다. "죽음은 생의 대극(對極)[223]으로서가 아니라 생의 일부로서 존재하고 있다."

언젠가는 죽음이 닥치더라도 '지금 여기서' 맘껏 살다보면 인생은 완결되는 과정 그 자체이므로, '지금 여기서마저 늘' 생의 불가피한 일부로서 예기 불안에 떨며 살 필요가 전혀 없다는 이야기다. 죽음을 두려워하지 마라.

▌ 죽음의 부정

문화인류학자 어니스트 베커(Ernest Becker, 1924~1974)는 『죽음의 부

---

220) 『늙어갈 용기(よく生きるということ「死」から「生」を考える)』, 247~255쪽 참조.
221) 자신에게 어떤 상황이 다가온다고 생각되는 경우에 생기는 불안.
222) 원제목은 『노르웨이의 숲』이다.
223) 반대편 극단.

정(The Denial of Death, 1973)』에서 대부분의 인간행위가 피할 수 없는 죽음을 무시하거나 회피하려는 의도로 행해진다고 주장한다. 죽음이라는 극한의 두려움과 마주하면, 죽음의 공포로부터 벗어나기 위해 자신의 성적 충동이 낮아진다고 한다. 어니스트 베커에 의하면 성은 몸이고 몸은 죽음을 의미하는데, 동물성이 죽음을 상기시키는 이유다.

미국의 철학자 샘 킨(Sam Kean)은 어니스트 베커의 『죽음의 부정』서문에서 베커의 철학을 네 가닥의 끈으로 엮은 매듭에 빗대어 설명했는데, 이 중 죽음과 관련하여 정리한 부분을 보면 다음과 같다. "인간행동의 기본적 동기는 자신의 불안을 다스리고 죽음의 공포를 부정하려는 생물학적 욕구다. 인간이 불안할 수밖에 없는 이유는 결국 죽을 운명인 세상에서 무력하고 버려진 신세이기 때문이다. '이것이 공포의 근원이다. 무에서 생겨나 이름, 자의식, 깊은 내적 감정, 삶과 자기표현에 대한 고통스러운 내적 열망. 이 모든 것을 가지고도 죽어야 한다는 것.' (중략) 베커는 죽음에 대한 성찰이 두려움과 공포와 존재론적 불안을 동반할 수밖에 없음을 일깨운다. 죽음의 공포가 어찌나 압도적인지 우리는 이 공포를 무의식에 묻어두려 한다. '성격의 필수적 거짓'은 무력함의 고통스러운 자각으로부터 우리를 보호하는 첫 번째 방어선이다. (중략) 두 번째 방어선은 영웅체계를 만들어냄으로써 우리로 하여금 영속적 가치가 있는 일에 동참해 죽음을 초월한다고 믿도록 하는 것이다. 우리는 제국을 정복하고 신전을 건설하고 책을 쓰고 가족을 이루고 부를 쌓고 발전과 번영에 이바지하고 정보사회와 전 세계적 자유 시장을 창조하는 일에 자신을 희생함으로써 가짜 불멸을 얻는다. 인간의 삶에서 주된 임무는 영웅이 되어 죽음을 초월하는 것이기에 모든 문화는 은밀한 종교성이 깃든 교묘한 상징체계를 구성원에게 제공해야 한다. 이는 문화 간의 이데올로기적 갈등이 본질적으로 불멸 기획 사이의 전투, 즉 성전(聖戰)임을 뜻한다."224)

---

224) 『죽음의 부정(The Denial of Death)』, 13~14쪽.

'생이 끝날 때까지 잘 사는 법'은 무엇일까?

◉ 죽는 게 두렵지 않다면 거짓말이겠지만(Modern Death)
- 하이더 와라이치, 홍지수 옮김, 부키, 2018, 476쪽
{오늘날 현대의학은 인간이 생존할 능력을 강화해주는 동시에 인간답게 세상을 떠날 권리를 침해하기 시작했다. 그 결과 사람들은 병원과 요양원에서 죽음을 맞고, 만성질환을 안고 살아가고, 독립성과 존엄성을 상실한 채 연명치료에 의존하고, 막대한 의료비와 길고 힘겨운 병간호에 허덕이게 되었다. 하이더 와라이치는 많은 사람들이 현대의술의 도움으로 약이나 새로운 장비로 무장한 채 죽음에 맞서지만 단지 죽음을 지연시키고 죽는 과정을 연장시킬 뿐이라고 한다. 눈에 들어오는 대목은 '당신이 죽는 곳이 당신을 말한다'는 장이다.
환자는 똑같은 말만 계속한다.
"의사 선생님. 나 언제 퇴원해서 집에 갈 수 있어요?"
어려운 질문은 수없이 많다.
"앞으로 얼마나 더 살까요?"
"수술하고 살아날 확률은 얼마나 되나요?"
"다시 걸을 수 있을까요?"
그러나 가장 답하기 어려운 질문은 이것이다.
"선생님, 우리 어머니가 선생님 어머니라면 어떻게 하시겠어요?"}

◉ 죽음은 두렵지 않다
- 다치바나 다카시(立花隆), 전화윤 옮김, 청어람미디어, 2016, 176쪽

◉ 인생의 길: 참된 삶으로의 초대
- 톨스토이, 동 완 옮김, 신원문화사, 2007, 501쪽

◉ 죽음을 어떻게 맞이할 것인가(死とどう 向き合うか)
- 알폰스 데켄, 오진탁 옮김, 궁리, 2002, 250쪽

◉ 죽음의 부정(The Denial of Death, 1973)
- 어니스트 베커, 노승영 옮김, 한빛비즈, 2019, 468쪽

04 죽음을 대하는 자세

영국의 문화사상가인 로먼 크르즈나릭(Roman Krznaric)은 『원더박스』에서 "곱게 나이 들어가고, 언젠가는 죽을 유한한 생명이라는 사실에 현명하게 대처하여 잘 죽는 방법"을 '죽음방식(death style)'이라고 한다.225)

노베르트 엘리아스(Norbert Elias, 1897~1990)의 『죽어가는 자의 고독』은 죽음에 대한 태도의 역사적 유형을 세 가지로 언급한다. 첫째는 지옥이나 천국 같은 내세의 관념을 통해 죽음 이후에도 삶이 계속된다는 연속성의 신화를 만드는 것이다. 둘째는 죽음을 가능한 한 멀리하면서 죽음에 대한 생각을 억압하거나 회피함으로써 타인의 죽음과 나를 분리시키고 자신의 불멸성에 대한 환상을 갖는 것이다. 셋째는 죽음을 생물학적 사실로 인정하면서 타인과 나의 죽음을 편안하게 받아들이는 방법을 모색하는 것이다.

죽음을 대하는 한국인의 전형적인 태도는 외면과 부정 그리고 혐오로 나타난다.226) '외면'은 죽음에 대해 이야기하는 것을 원천적으로 차단하는 것이다. 그리고 '죽으면 다 끝'이라며 죽음 자체를 부정한다. 심지어 '다른 사람은 죽어도 나는 죽지 않는다'는 환상을 갖기도 한다. '혐오'는 죽음을 금기시하고 나쁜 것이라고 여기는 태도이다.

미국 애플(Apple)사의 설립자 겸 CEO 스티브 잡스(Steve Jobs, 1955~2011)는 2005년 스탠포드(Stanford) 대학 졸업축사에서 '죽음'에 대해 "어느 누구도 죽기를 원하지 않는다. 천국에 가고 싶다는 사람들조차도 그곳에 가기 위해 죽기를 원하지는 않는다. 하지만 죽음은 우리 모두의 숙명이다. 아무도 피해 갈 수 없고, 그래야만 한다. 왜냐하면 죽음은 삶이 만든 최고의 발명이기 때문이다. 죽음이란 삶의 또 다른 모습이다.(No one wants to

---

225) 『원더박스』(로먼 크르즈나릭, 강혜정 옮김, 원더박스, 2013), 448쪽.
226) 『너무 늦기 전에 들어야 할 임종학 강의』, 20~24쪽

die. Even people who want to go to heaven don't want to die to get there. And yet death is the destination we all share. No one has ever escaped it. And that is as it should be, because Death is very likely the single best invention of Life. It is Life's change agent.)"라고 말한다.

▌ 죽음을 회피한다고 회피할 수 있는 게 아니다

최준식(1956~)교수는 『너무 늦기 전에 들어야 할 임종학 강의』에서 "죽음을 목도하면 인생경륜도 소용없이 조금이라도 더 살고 싶은 본능만이 작동한다. 이런 상황에 처하면 더 살 생각만 하느라 죽음을 제대로 준비하지 못한다. 우왕좌왕하다 속절없이 세상을 떠나고 만다. 이렇게 삶을 끝내면 당사자나 가족에게 큰 손실이다. 자기의 삶을 제대로 정리하지 못했기 때문이다. 유종의 미를 거두지 못한 것이다. 그래서 죽음은 닥쳐서 생각하면 안 된다. 정신과 몸이 성할 때부터 준비해야 한다."227)고 쓰고 있다.

▌ 죽음은 두려워하는 자들에게만 두려울 뿐이다

몽테뉴는 '죽음을 어떻게 준비해야 하는가?'라는 물음에 대해 대략 세 가지 태도를 제시한다. 첫째, 죽음을 외면하고 보고도 못 본 체하는 것. 망각과 맹목의 상태.[죽음 무시하기] 둘째는 자나 깨나 죽음을 생각하며 대비하는 것이다.[죽음 모시기] '메멘토 모리(Memento mori 죽음을 기억하라)'에 담겨 있는 지혜이기도 한다. 몽테뉴는 "오직 '단 한 번만' 일어나는 일에 대해 그리 슬퍼할 필요가 있는지, 짧은 순간에 끝날 일을 그토록 오랫동안 두려워하는 게 과연 옳은 일인지." 되묻는다. 셋째는, 죽음은 대비할 수 없으니 홀로 찾아오도록 내버려두라는 것이다.[죽음에 익숙해지기]

몽테뉴는 "죽음이란 두려워하는 자들에게만 두려울 뿐228)"이라면서, "죽음은 인생의 끝일 뿐 목표는 아닌 것 같다."229)고 말한다.

---

227) 『너무 늦기 전에 들어야 할 임종학 강의』, 22~23쪽.
228) 『나이 듦과 죽음에 대하여』, 283~292쪽.
229) 『나이 듦과 죽음에 대하여』, 148쪽.

▌삶은 유한하다

하이데거의 제자이며, 플라톤 철학 전문가인 라이너 마르텐(Rainer Marten, 1928~)는 『죽음과 삶의 드라마로서 인간의 유한성(Endlichkeit)』 마지막 장에서 이렇게 말한다. "죽음과 삶이 서로 대립적이며, 죽음은 삶의 원수라는 생각 대신, 삶이 궁극적으로 중단된다는 생각은 삶을 자극하는 동기로 드러난다. 죽음은 무엇보다도 삶에 대하여 이야기하도록 만들며, 삶을 하나의 성장드라마나 실행드라마가 되도록 한다. 바로 죽음이 삶의 생명력을 자극하며, 이와 더불어 삶을 더 잘 살도록 한다. 이것은 죽음으로부터 얻은 삶의 경험의 확실성이며, 이 확실성은 삶의 가능성이 단 한번이고 되풀이되지 않는다는 것을 통찰하게 한다. (중략) 죽음은 《마침내!》 온다. '마침내'라는 단어는 '예상보다 빨리 성취된다.'는 의미를 지니고 있다. (중략) 죽음과 삶의 드라마는 삶 안에서 수행되는 것이다. 인간적인 드라마에서 죽음존재보다 더 멀리 있는 것은 없다."230)

라이너 마르텐이 책의 끝에서 외치듯이 말한다. "삶으로부터, 타자로부터, 그리고 자기 자신으로부터의 이별은 어려운 일이다. 그러나 결국엔 이전부터 들려온 환영한다는 소리 《마침내!》가 승리하게 되는 것이다."231)

마르텐 교수가 말하는 태도는 마르쿠스 아우렐리우스(Marcus Aurelius Antoninus, 121~180)가 『명상록』에서 한 말과 유사하다. "그 연극[삶]이 완결되는 지점은 전에 당신의 출생을 관장했고, 오늘 당신의 분해를 관장하는 자가 결정하는 것이다. 태어나고 죽는 결정은 어느 것도 당신의 소관이 아니다. 그러니 웃는 낯으로 떠나라."

《죽음의 무도(당스 마카브르; danse macabre)》232)가 보여주는 비유적 의미는 보는 이에게 죽음이 항상 그들 가까이에 있으며, 어느 순간이든 마주

---

230) 『죽음과 삶의 드라마로서 인간의 유한성(Endlichkeit)』. 206~207쪽.
231) 『죽음과 삶의 드라마로서 인간의 유한성(Endlichkeit)』. 208쪽.
232) 죽음의 무도란 중세말기에 유행한, 죽음의 보편성에 대한 알레고리를 묘사하는 미술 장르이다. 죽음의 무도는 시체들 또는 의인화된 죽음이 살아 있는 모든 자들을 대표하는 산 자들, 즉 교황·황제·국왕·어린이·노동자 등과 만나거나, 또는 무덤 주위에서 덩실덩실 춤을 추는 것으로 이루어져 있다.

칠 수 있다고 일깨우려는 목적도 있지만, 죽음 앞에서는 모두가 평등하다는 사실을 상기시키려는 목적도 있다. 중세에 죽음은, 사람들의 일상에 널리 그리고 깊숙이 퍼져서 오히려 삶의 소중함과 취약함을 부각시키는 역할을 했다. 삶이 언제든 자기 손에서 빠져나갈 수 있다는 사실을 알고 있었기에 그들은 열심과 열정을 가지고 삶을 살아야 한다고 느꼈다.

아툴 가완디(Atul Gawande, 1965~)는 『어떻게 죽을 것인가』에서 "자신의 삶이 유한하다는 것을 깨달으면서부터 더 이상의 돈과 권력보다 이 세상에 사는 동안 자신의 이야기는 자신이 쓸 수 있기를 원할 뿐이다."233)라고 쓰고 있다.

사람이 자기 삶을 계획하며 열정을 바치는 것은 자신의 삶이 유한하다는 것을 자각하기 때문이다. 따라서 죽음을 망각한 자는 삶도 잃어버린다. 인생은 유한하며 반복되지 않는다는 바로 그 사실 때문에라도 우리는 첫 번째 삶을 제대로 살아야 한다.

▌ 죽음을 염두에 둔 삶이 행복하다

필립 아리에스(Philippe Ariès, 1914~1984)가 쓴 『죽음의 역사』에 따르면 죽음을 금기시하게 된 건 20세기 초 급격한 산업사회에 돌입한 미국에서 시작했다. 풍요에 대한 열망이 커질수록 삶은 칭송받고, 죽음은 저주받는다. 사회에서 죽음을 기피하니 사람들은 집이 아닌 병원에서 홀로 죽는다. 우리나라의 경우 병원에서의 임종비율도 70% 이상으로 세계 최고 수준이다.

죽음에 대한 태도가 변화한 것은 고령화와도 연관이 있다. 일본에서는 죽음을 준비하는 문화 '종활(終活·슈카쓰)'234)이 이미 10조 원대 산업으로 성장

---

233) 『어떻게 죽을 것인가』, 227쪽.
234) 인생의 마지막을 맞이하기 위한 다양한 준비활동을 뜻하는 일본사회의 신조어다. 보통 일본 대학졸업예정자들이 공공기관이나 기업의 공채시기에 맞춰 취직활동(就職活動)에 노력하는 것을 슈카쓰(就活)라고 줄여 부르는 것에 빗댄 것으로 발음까지 같다. 취업을 원하는

했다고 한다. 배우자나 자식 없이 노후를 보내는 노인이 많아진 것도 이유다. 미리 장례절차나 재산, 주변 정리를 준비해 줄 사람이 없기 때문이다.

『내가 내일 죽는다면(The Gentle Art of Swedish Death Cleaning)』에 따르면 죽음을 염두에 두고 살아가는 것은 삶에 활기를 준다. '데스 클리닝 (Death Cleaning)'이란 죽음을 대비해 살면서 미리미리 물건을 버리거나 기부하는 것을 말한다.

하이더 와라이치는 죽음을 생각하면 오히려 스트레스가 줄어들고, 스트레스가 적을수록 더 건강하게 오래 산다고 한다.[235]

📖 함께 읽을 책

- 원더박스(The wonderbox: curious histories of how to live)
  - 로먼 크르즈나릭, 강혜정 옮김, 원더박스, 2013, 528쪽 중 '죽음방식'

  신화·종교·문학·철학적 논의,
- 죽음과 삶의 드라마로서 인간의 유한성(Endlichkeit)
  - 라이너 마르텐, 최상욱 옮김, 서광사, 2017, 208쪽

- 명상록
  - 마르쿠스 아우렐리우스, 박문재 옮김, 현대지성, 2018, 272쪽

- 명상록
  - 마르쿠스 아우렐리우스, 천병희 옮김, 숲, 2005, 237쪽

젊은이들이 검은색 정장차림으로 기업면접을 위해 뛰어다니는 것처럼 죽음이 머지않은 시니어도 그만큼 열심히 준비해야 한다는 뜻을 내포하고 있다. 초고령화사회인 일본에서 고독사증가 등이 문제가 되면서 노인들 사이에 '스스로 할 수 있을 때 정리'하자는 인식이 퍼지면서 보편화된 개념이다. 자신의 장례절차, 연명치료 여부, 재산상속 문제 등의 정리와 가족·친구들에게 사후에 남길 메시지제작 등이 대표적인 '슈카쓰'다.
235) 『죽는 게 두렵지 않다면 거짓말이겠지만(Modern Death)』, 429쪽.

◉ 내가 내일 죽는다면: 삶을 정돈하는 가장 따뜻한 방법, 데스 클리닝
(The Gentle Art of Swedish Death Cleaning)
- 마르가레타 망누손(Margareta Magnusson), 황소연 옮김, 시공사,
2017, 192쪽

05 죽음의 상호주관성

죽음에 관해 '나는 결코 죽지 않는다'는 주장과 '인간은 모두 홀로 죽는다'는 주장이 있다.

▌"나는 결코 죽지 않는다"

이는 내가 죽어 있는 '상태'를 떠올릴 수 없다는 것이다. 삶 속에서 죽음은 언제나 내가 아닌 타인의 죽음뿐이다. 다들 죽어도 난 죽지 않는다. 언젠가 내가 죽겠지만 나는 그 죽음을 믿기 어렵다. 왜냐하면 내가 정확히 언제 죽을지 알 수 없기 때문이다. 죽을 시간을 알지 못한다는 것이 우리로 하여금 죽음을 계속해서, 무한히 뒤로 미룰 수 있을 것 같은 착각에 빠지게 한다. 결국 이런 속임수 때문에 인간은 '1초라도 더 살 수 있을지도 모른다'는 희망을 품게 된다는 것이다.

셸리 케이건(Shelly Kagan) 교수는 톨스토이의 『이반 일리치의 죽음(The Death of Ivan Ilyich)』을 예로 죽음에 임박하는 순간에도 죽음을 부인하고자 하는 인간심리의 이중성을 살펴본다. 이반 일리치(Ivan Ilyich)가 넘어지면서 심각한 부상을 당한다. 그리고 상처는 계속해서 악화되다가 결국 죽음으로 끝나고 만다. 여기서 놀라운 장면은 스스로 죽을 운명이라는 사실을 깨닫고 충격에 빠지는 순간이다.

우리 모두 언젠가 죽을 거라고 쉽게 말하지만, 사실 우리는 그 말을 믿으려고 하지 않는다. 이반 일리치가 충격에 빠진 이유는 자신이 '육체적' 죽음을 맞이하게 될 것이라는 깨달음 때문이었다. 하지만 이반 일리치는 영혼만큼은 죽지 않고 천국으로 올라갈 것이라 믿었다. 대부분의 사람들은 이반 일리치와 크게 다르지 않게 생각한다는 사실이다.[236)]

▌ "인간은 모두 홀로 죽는다"

찰스 디킨스(Charles Dickens)의 『두 도시 이야기』에서 남자주인공은 한 여자를 사랑하는데 안타깝게도 그녀는 그를 사랑하지 않는다. 그녀는 다른 남자를 사랑하는데 그 남자는 프랑스혁명 혼란 속에서 사형선고를 받게 된다. 그런데 우연히도 남자주인공이 사형당할 남자와 닮았다. 주인공은 '지금까지 내가 했던 일 중 가장 자랑스러운 일이야'라는 말을 하고 대신 죽는다. 주인공은 자기 목숨을 희생해 사랑하는 여인의 행복을 이룰 수 있도록 도와준다. 주인공이 다른 이의 죽음을 '대신'했다.

하지만, 아무도 나를 위해 대신 죽을 수는 없다. 다른 사람의 죽음을 대신했다고 해도, 결국 자신의 죽음이지 나의 죽음이 아니다. 죽음은 대신할 수 없다. 바로 이런 의미로 인간은 모두 홀로 죽는다고 말하는 것이다.[237)]

📖 **함께 읽을 책**

- ◉ 이반 일리치의 죽음(Полное собрание сочинений: в 90 т. Юбилейное издание, 1828)
  - 레프 톨스토이, 이강은 옮김, 창비, 2012, 160쪽

- ◉ 두 도시 이야기
  - 찰스 디킨스, 권민정 옮김, 시공사, 2020, 676쪽

---

236) 『죽음이란 무엇인가(DEATH)』, 267~281쪽.
237) 『죽음이란 무엇인가(DEATH)』, 282~293쪽.

06 '나', '당신' 그리고 '그'의 죽음

누구나 자기 자신의 죽음에 아무 생각이 없다. 누군가의 죽음만이 있을 뿐이다.

블라디미르 장켈레비치(Vladimir Jankélévitch)는 『죽음에 대하여 (Penser la mort?)』에서 '나', '당신' 그리고 '그'의 죽음에 대해 다음과 같이 서술하고 있다.

'1인칭 죽음'은 '나'의 죽음으로, 경험할 수 없는 것이며 알 수 없는 것이다. '2인칭 죽음'은 나와 가까운 사람의 죽음으로, 2인칭의 죽음으로 말미암아 비로소 죽음을 진지하게 생각하고, 나에게도 언젠가 다가올 사건으로 인식하기 시작한다. '3인칭 죽음'은 나와 무관한 죽음, 사회적이고 인구통계학적인 죽음으로, 죽음을 '나'의 것이 아닌 '타인'의 것으로 취급한다. "이렇게 죽음을 끝없이 미루고 지연시키면서, 죽음을 타인에게 전가하는 것은 우리의 본질적인 기만"이다.238) 그러나 죽음을 자신과 무관한 것으로 여기는 자기기만은 고통스러운 삶의 질곡(桎梏)에서도 모종의 형이상학적 희망을 기대하게 한다. "죽는다는 사실의 확실함과 죽는 날짜의 불확실함 사이에 불명확한 희망이 흘러듭니다."239)

'나'의 죽음은 죽음을 사유하는 데 있어 객관적 위치로서의 외부가 아니라, 궁극의 무(無)로서의 '어둠'의 내부가 있음을 전제한다. 궁극의 무, 영원한 어둠은 합리적 이성으로써 해명할 수 없기에 신비의 영역으로 남는다. 장켈레비치가 죽음이 삶의 '문제'이면서, '신비'라고 말한 이유가 여기에 있다.

▌ 누군가의 죽음
누군가의 죽음에 우리들은 슬퍼하고 안쓰러워한다. 프랑스의 모럴리스트라 로슈푸코(La Rochefoucauld)는 『잠언과 성찰』에서 이렇게 말했다. "우

---

238) 『죽음에 대하여(Penser la mort?)』, 31~32쪽.
239) 『죽음에 대하여(Penser la mort?)』, 101쪽.

리는 귀중한 사람의 죽음에 눈물을 흘린다고 말하면서 실제로는 우리 자신을 위해서 눈물을 흘리고 있다." 이렇게 보면 슬픈 사람은 죽은 사람이 아니라 남은 사람일지 모른다.

톨스토이의 『이반 일리치의 죽음』에 이런 장면이 나온다. "'여러분, 이반 일리치가 사망했다는군요.' (중략) 이반 일리치의 사망소식을 듣고 동료들이 가장 먼저 머릿속에 떠올린 생각은 그의 죽음이 미칠 자신과 동료들의 자리 이동이나 승진에 대한 것이었다. (중략) 아주 가까운 사람의 사망소식을 들은 사람들이 누구나 그러듯이 그들도 죽은 게 자신이 아니라 바로 그라는 사실에 안도감을 느꼈다."[240] 직장동료의 죽음으로 인한 슬픔보다 그의 공백이 자신들에게 어떤 득실이 있을지를 먼저 계산하는 사람들. 장례식장에서 '그래도 산 사람은 살아야지.'라고 위로하는 말. 내가 아닌 남의 죽음 앞에서 너무 이해타산이라고 탓할 수도 있겠지만 어찌 보면 이런 모습들이 현실에 더 가까울지도 모른다.

▌나의 죽음

심리분석학파인 프로이트는 말한다. "근본적으로 아무도 자기 자신의 죽음이나 죽음과 같은 것이 있다고 믿지 않는다. 무의식중에 우리는 모두 자신의 불멸성에 대해 확신하고 있다."

사람은 누구나 태어난 순간부터 철학자 키르케고르의 『죽음에 이르는 병』을 앓기 시작한다. 그래서 사람은 대부분 죽음을 두려워한다. 그렇다면 언젠가는 맞을 나의 죽음에 대해 어떻게 대해야 할까?

프랑스의 소설가이자 평론가였던 앙드레 모루아(Andre Maurois, 1885~1967)는 이렇게 말했다. "병은 정신적 행복의 한 형식이다. 병은 우리들의 욕망, 우리들의 불안에 확실한 한계를 설정해주기 때문이다."

---

240) 『이반 일리치의 죽음』(톨스토이, 이강은 옮김, 창비, 2017), 7~10쪽.

무라카미 하루키(村上春樹)는 『상실의 시대』에서 "죽음은 삶의 대극이 아니라 그 일부로 존재한다. 말로 해 버리면 평범하지만 그때 나는 그것을 말로서가 아니라 하나의 공기덩어리로 몸속에서 느꼈다. (중략) 죽음은 늘 존재했다. 우리는 죽음을 마치 아주 작은 먼지 입자처럼 폐 속으로 빨아들이며 살아가고 있는 것이다. (중략) 죽음은 '나'라는 존재 속에 본질적으로 내재되어 있는 것이며, 사실은 아무리 노력한다 해도 망각할 수 없는 것이다."241)라고 쓰고 있다.

사실 우리가 두려워하는 대상은 죽음이 아니라 죽음에 대한 공포와 절망이다. 하지만 죽음은 삶의 일부다. 그러니 죽음을 두려움의 대상으로 볼 게 아니라 죽음이 존재함으로써 우리의 삶은 유한하다. 그렇기 때문에 하루하루를 잘 살기 위해 노력해야 한다.

최인호(崔仁浩, 1945~2013) 작가와의 산방대담에서 법정(法頂, 1932~2010) 스님은 "죽음을 받아들이면 사람의 삶의 폭이 훨씬 커집니다. 죽음 앞에서 두려워한다면 지금까지의 삶이 소홀했던 것입니다."242)라고 우리에게 가르침을 준다.

📖 함께 읽을 책

◉ 죽음에 이르는 병
 - 쇠렌 키르케고르, 박병덕 옮김, 비전북(Visionbook), 2012, 272쪽

◉ 앙드레 모루아의 나이 드는 기술
 - 앙드레 모루아, 정소성 옮김, 나무생각, 2002, 110쪽

---

241) 『상실의 시대(원제: 노르웨이의 숲)』(무라카미 하루키, 유유정 옮김, 문학사상사, 2000), 49쪽.
242) 『꽃잎이 떨어져도 꽃은 지지 않네』(법정·최인호, 여백, 2015), 27쪽.

07 톨스토이와 죽음

▌ 이반 일리치의 죽음

톨스토이의 『이반 일리치의 죽음』은 죽음 앞에 선 인간의 절대고독을 보여준다. 성공한 판사로서 출세가도를 달리며 평탄한 인생을 살아가던 주인공 이반 일리치가 어느 날 찾아온 원인 모를 병으로 서서히 죽어 가는 과정의 이야기를 담고 있다. 육체를 잠식하는 고통과 싸우며 지난 인생을 되돌아본 그는, 그동안 누구보다 올바르게 살아왔다고 여겼던 자신의 삶을 전혀 다른 각도에서 바라보기 시작한다. 당연하면서도 낯설기만 한 사건인 죽음 앞에 한 인간이 맞닥뜨리게 되는 '어떻게 죽음을 맞이할 것인가'의 문제는, 곧 톨스토이의 평생 화두인 '어떻게 살 것인가'라는 문제로 귀결된다.

"이반 일리치는 논리학에서 배운 삼단논법, 즉 "카이사르(Caesar)는 인간이다, 인간은 죽는다, 그러므로 카이사르도 죽는다."는 카이사르에게나 해당되는 것이지 자신에게는 절대로 해당될 리 없다고 생각하며 평생을 살아왔다. 그는 카이사르, 즉 일반적인 인간이 아니었고, 항상 자신을 남과 전혀 다른 특별한 존재라고 생각했다. (중략) 그렇지만 나, 바냐, ㅣ만의 감정과 생각을 가진 이반 일리치, 나에게는 전혀 다른 문제다. 내가 죽을 수 있다는 건 도저히 있을 수 없는 일이다. 그건 너무도 끔찍한 일이다. (중략) 그는 도저히 자신의 죽음을 받아들일 수 없었다. (중략) 무엇보다 끔찍한 것은, 죽음이 다른 어떤 일도 하지 못하도록 이반 일리치를 자꾸만 자기 쪽으로 끌어당기고 있다는 점이었다. 그저 죽음만을 바라보도록, 피하지 않고 오로지 죽음만을 똑바로 응시하도록, 그로 하여금 형언할 수 없는 고통을 느끼게만 했다."[243]

---

243) 『이반 일리치의 죽음』, 71~74쪽.

이반 일리치는 죽음 앞에서 모든 것이 부질없다는 사실을 잊은 듯 살아가는 사람들의 어리석음에 분노한다.

"이반 일리치를 가장 힘들게 했던 것 중 하나는 거짓이었다. 그가 죽어가는 것이 아니라 병이 들었을 뿐이고 안정을 취하고 치료만 잘한다면 곧 아주 좋아질 것이라고 모두들 빤한 거짓말을 해댔다. 아무리 무슨 짓을 하더라도 갈수록 심해지는 고통과 죽음밖에 남은 것이 없다는 사실을 그 자신도 이미 잘 알고 있었다. 사람들은 모두가 알고 있고 이반 일리치 자신도 알고 있는 사실을 인정하지 않고 끔찍한 그의 상태를 감추려고만 했다. (중략) 그는 '제발 이제 최소한 거짓말을 하지 말란 말이야'라는 절규가 목구멍까지 차올랐지만 이상하게도 그걸 내뱉지는 않았다. (중략) 그것이 바로 그가 평생 지키려고 애써온 '품위'라는 것이었다. 그 누구도 진심으로 그를 안타까워하지 않는다고 그는 생각했다. 그의 상태를 진정으로 이해하려고 애쓰는 사람은 아무도 없었던 것이다."244)

이반 일리치는 건강이 악화되면서 자신에게 주어진 시간이 얼마 남지 않았다는 걸 깨닫게 되자 이전까지의 야망과 허영이 모두 사라져 버렸다. 그는 그저 안식을 원했고 누군가 옆에 있어 주기를 바랐다. 그러나 그걸 이해해 주는 사람은 아무도 없었다. "아무도 그를 그가 원하는 만큼 동정하지 않았다." 하지만 종국에는 그들도 가련한 존재임을 인식하고 용서하며 결국 사랑하는 마음으로 임종을 맞는다.

여기서 『이반 일리치의 죽음』 내용을 좀 길게 인용해 본다.

'그는 사람의 목소리가 아닌 영혼의 목소리, 내면에서 솟아오르는 생각의 흐름에 열심히 귀를 기울였다.
'네게 필요한 것이 무엇이냐?
'네게 필요한 것이 무엇이냐? 네게 필요한 것이 무엇이냐고?' 그는 그

---

244) 『이반 일리치의 죽음』, 82~83쪽.

말을 반복해서 되뇌었다.

'무엇이 필요하냐고? 더 이상 고통받지 않는 것, 그리고 사는 것,' 그는 이렇게 대답했다.

'사는 거라고? 어떻게 사는 거 말이냐?' 영혼이 목소리가 물었다.

'전에 살던 것처럼 그렇게 사는 것이지, 기쁘고 즐겁게.'

'전에 어떻게 살았었는데? 그렇게 기쁘고 즐거웠나?' 영혼의 목소리가 다시 물었다. (중략)

기억이 어린 시절을 지나 현재의 그, 이반 일리치가 존재하는 순간에 이르자 그 당시 기쁨으로 생각했던 모든 것들이 눈앞에서 녹아내리며 아무 것도 아닌 것으로, 심지어 구역질나게 역겨운 것으로 변해버렸다. (중략) 결혼…… 애욕, 위선! 이 생명력 없는 업무, 그리고 돈 걱정, 그렇게 보낸 1년, 2년, 그리고 10년, 20년. 언제나 똑같은 삶. 하루를 살면 하루 더 죽어가는 그런 삶이었다. 한걸음씩 산을 오른다고 생각했지만 사실은 한 걸음씩 산을 내려가고 있었던 거야. 세상 사람들은 내가 산을 오른다고 보았지만 내 발밑에서는 서서히 생명이 빠져나가고 있었던 거야…. 그래, 결국 이렇게 됐지. 죽는 일만 남은 것이다!

삶이 이렇게 무의미하고 역겨운 것일 수는 없는 것이다. 삶이 그렇게 무의미하고 역겨운 것이라면 왜 이렇게 죽어야 하고 죽으면서 왜 이렇게까지 고통스러워해야 한단 말이냐?

'어쩌면 내가 잘못 살아온 건 아닐까?'

불현듯 이런 생각이 머릿속에 떠올랐다.

'난 뭐든지 제대로 다 했는데 어떻게 잘못 살았을 수가 있어?'[245] (중략) "전에는 그가 인생을 잘못 살았을 리 없다고 여겼었다. 하지만, 이제 이 것이 어쩌면 진실일지도 모른다는 생각이 들었다. (중략) 그는 똑바로 누워 지나간 자신의 삶을 완전히 새로운 각도에서 되짚어 보기 시작했다. 그리고 다음 날 아침, 하인에 이어 아내와 딸, 그리고 의사가 차례로 보여 준 행동과 말은 모두 간밤에 그가 깨달은 무서운 진실이 사실임을 확인시켜 주었다. 그는 그들에게서 자기 자신을 보았고, 자기 자신의 삶의 방식을 보았다. 그는 모든 게 삶과 죽음의 문제를 가려버리는 무시무시한 기만이었다는 사실을 분명히 깨달았다. 바로 이런 이유로 그는 그들 모두를 증오했던 것이다."[246]

---

245) 『이반 일리치의 죽음』, 101~103쪽.

> '끝난 건 죽음이야. 이제 더 이상 죽음은 존재하지 않아.'247)

이반 일리치의 삶은 세 국면에서, 즉 다른 사람의 눈에 비친 삶, 이반 일리치의 실제 삶, 그리고 이반 일리치가 되돌아본 삶이 우리 앞에 제시된다.

이반 일리치가 실제 산 삶의 모습은, 나름대로 당대 상류층사회가 인정하는 '사교적이며 우아하고 고상한 품위'를 유지하는 정도를 걷고자 노력하며 살았다. 다른 사람들의 눈에 비친 이반 일리치의 삶은 그저 이해관계 속의 한 존재에 불과하다. 아내와 딸 역시 자신들의 사치와 사회적 신분을 지켜주고 유지하게 해주는 존재로서 이반 일리치를 받아들이고 있다. 결국 죽음을 인정하고 받아들이는 이반 일리치는 그 모든 것이, 자신의 인생이 다름 아닌 자기 자신의 잘못으로부터 유래한 것이라는 점을 인정함으로써 모든 고통으로부터 벗어나 죽음의 문을 통과하게 된다. 죽음의 순간에 자신의 삶이 잘못되었다는 점을 인정하고 아들을 불쌍히 여기며 아내를 용서하는 마음이 들자 이내 그를 괴롭히던 죽음의 그림자는 사라지고 고통도 동시에 사라져버린다.

이처럼 톨스토이는 생명의 덧없음과 씨름해야 하는 사람과 그렇지 않은 사람의 관점 사이에 얼마나 깊은 틈이 있는지를 본 것이다.

▌세 죽음

톨스토이는 『전쟁과 평화』에서 죽음에 임박한 의식을 묘사한다. 안드레이는 스스로에게 "내가 이렇게 높은 하늘을 이전에는 한 번도 본 일이 없지 않은가?"라고 묻는다. "그렇다, 모든 것이 헛되다. 모든 것이 오류고 거짓이다." 사람은 일상적인 삶에서 자신을 하나의 세계, 즉 우주로 보는 경향이 있지만, 이것은 오류다. 우리가 나이를 먹고 죽는다는 것은 이러한 오류를 통찰하고, 삶이라는 연극무대의 중심에서 한 편으로 물러나 비켜서서 자신을 돌아볼 기회를 제공한다.

---

246) 『이반 일리치의 죽음』, 111~112쪽.
247) 『이반 일리치의 죽음』, 119쪽.

톨스토이의 단편『세 죽음』에는 늙고 병들었으며 가난하기까지 한 마부 표도르 영감의 죽음, 부유하고 젊은 쉬르키노 귀부인의 죽음, 이른 아침 도끼에 희생된 물푸레나무의 죽음이 나온다. 마부 표도르의 죽음은 해방감을, 귀부인 쉬르키노의 죽음은 상실을, 물푸레나무의 죽음은 예측불허의 사건으로 전혀 준비되지 않은 죽음이다. 이는 망자를 어떻게 예우할 것인가에 대한 산 자의 태도가 죽음의 가치를 결정한다는 점을 시사하고 있다.

톨스토이가 말하는 죽음은 그것을 받아들이는 관점에 따라 부정적인 죽음과 긍정적인 죽음, 이상적인 죽음으로 나눌 수 있다. 『세 죽음』에서 죽음에 대한 수용자세를 세 가지 유형으로 구체화시키고 있는데, 귀부인 쉬르키노의 죽음에 대한 두려움과 거부는 부정적인 죽음을, 마부 표도르가 무덤덤하고 자연스럽게 맞이하는 죽음은 긍정적인 죽음을, 도끼로 쓰러진 물푸레나무의 죽음은 자연적이며 이상적인 죽음으로 그려진다.

끝은 이렇게 마무리가 된다. "첫 햇살이 얇은 구름 사이를 뚫고 나와 하늘 위에서 빛을 내며 땅과 하늘 사이를 빠르게 지나갔다. 안개가 물결치듯 밀려와 계곡을 가득 메우기 시작했고, 반짝반짝 빛나는 이슬은 푸른 잎들마다 장난하듯 대롱대롱 매달려 있었다. 투명하고 하얀 조각구름들은 새파란 창공을 따라 서둘러 흩어졌고, 새들은 어찌해야 할 바를 모르는 것처럼 덤불 안을 헤집고 다니며 행복하게 재잘거렸다. 물기를 한껏 머금은 나뭇잎들이 우듬지에서 서로에게 기쁨과 평안을 속삭였고, 살이 있는 나무의 가지들은 고개를 떨군 나무를 굽어보며 천천히, 그리고 장엄하게 꿈틀거리고 있었다."248) 어찌 보면 '환생'을 말하고 있는지도 모르겠다. 나무가 죽는 것으로 끝나는 것이 아니라, 그 죽은 나무 위로 올라오는 새 생명에 대해 이야기하고 있기 때문이다.

죽음의 공포는 죽음 자체에 대한 공포가 아니라 지금까지 살아온 그릇된 삶에 대한 공포이다. 죽어가는 이반 일리치의 절규와 고통은 죽음에 이르지

---

248)『톨스토이 단편선』2, 251쪽.

못하고 살아 있는 시간에 대한 무료함과 통증으로 나타난다. 살아있다는 감정을 겸손하고 겸허하게 받아들여 '선'한 마음을 되찾는 것이 톨스토이가 보는 죽음의 의미라고 하겠다.

호라티우스는 "창백한 죽음이 가난한 자들의 오두막에도, 부자들의 궁궐에도 똑같은 발걸음으로 들어간다."고 표현한다. 여기에는 함축적인 가정[모두가 죽음], 하나의 표상[동일한 발걸음으로 들어감], 마침내 하나의 함축적 평가[모든 사람을 평등하게 대하는 죽음의 정의로움]가 나타난다.

단 한 번도 나의 죽음이었던 적이 없을 뿐 우리 모두는 죽는다.

📖 함께 읽을 책

◉ 이반 일리치의 죽음(Полное собрание сочинений: в 90 т. Юбилейное издание, 1828)
- 레프 톨스토이, 이강은 옮김, 창비, 2012, 160쪽

◉ 이반 일리치의 죽음·광인의 수기
- 레프 톨스토이, 석영중·정지원 옮김, 열린책들, 2018, 232쪽

◉ 전쟁과 평화(Война и мир)
- 레프 톨스토이, 박형규 옮김, 문학동네, 2017, 2412쪽

◉ 톨스토이 단편선 2
- 레프 톨스토이, 박형규 옮김, 푸른숲, 2007, 367쪽 중 《세 죽음》

08 삶과 죽음에 대한 태도

삶과 죽음에 대한 태도는 '죽음으로부터의 도피'와 '적극적인 삶의 의지'라는 두 가지 태도로 나타난다. '죽음으로부터의 도피'는 죽음에 대한 두려움을 잊기 위하여 죽음과 관련된 문제에 대해 사고하거나 토론하기를 회피하는 태도다. 따라서 '죽음으로부터의 도피'는 잠재의식에서나마 자신을 죽음으로부터 멀리 떨어뜨리려는 경향을 지닌 일종의 방어기제라 할 수 있다. '적극적인 삶의 의지'는 '자연스러운 죽음의 수용'으로 삶의 마지막과정이 죽음이라 생각하고 삶을 충실하게 사는 것이다.

프랑스 아날학파(Annales School)[249]의 역사학자 필립 아리에스(Philippe Ariès)는 『죽음의 역사』에서 인간이 죽음을 피하는 이유를 네 가지 매개변수에서 찾았다.

> 변수 1 누구의 죽음인가?
> 변수 2 죽음에 대해 어떤 태도를 취하는가?
> 변수 3 내세에 대한 관념이 어떠한가?
> 변수 4 죽음과 악의 관계는 어떤가?

이 네 가지 변수는 시대별로 서로 다른 '죽음의 역사'를 탄생시킨다는 것이다.

> 중세 초기: 우리의 죽음
> 중세 후기: 나의 죽음
> 바로크 시대: 멀고도 가까운 죽음
> 낭만주의 시대: 너의 죽음
> 현대: 삶에서 완전히 멀어지게 된 죽음

---

249) 아날학파는. 역사는 일차적으로 과거사실의 수집이라는 지배적인 견해와 대조적으로 인간 사회에 관한 과학으로서의 역사라는 관점을 발전시켰다.

누구도 죽음을 피해갈 수 없다. 다만 시한이 확정되어 있지 않고 연기되어 있을 뿐이다. 조건부·불확정 시한부의 삶은 죽음이 있기에 삶으로서 가치가 있다. 우리가 삶을 견딜 수 있는 까닭은 죽는다는 사실을 알면서도 그 날짜를 알지 못한다는 데 있다. 죽음이 없다면 삶도 없다.

노환으로 병석이지만 가까운 사람의 얼굴을 다 보고 가는 죽음과 갑작스러운 죽음이 다 같은 것일까. 떠나는 사람과 남겨진 사람을 죽음이라는 칼은 단번에 나눈다. 갑작스러운 죽음은 남겨진 사람에게는 고통이지만 떠난 사람에게는 떠나보내는 사람의 슬픈 모습을 기억하지 않아도 되었기에 기쁜 일이라고 위로할 수 있을까.

현실 속 노화 방지 시술이나 체력단련, 노후대책 등도 실상은 죽음을 미루고 싶은 몸부림이요, 현실도피에 불과하다. 우리는 삶을 미분으로 나누고 적분으로 또 나누면서도 왜 죽음은 생각하지도 않을까? 인간은 자신이 죽는다는 것을 의식하고, 존재하는데 그치지 않고 존재한다는 것의 놀라움을 알고 있다는 점에서 동물과 다르다.

장켈레비치는 『죽음에 대하여』에서 말한다. "우리는 죽음이라는 문제를 깊이 파고들지 않습니다. 거기에는 문제를 막연하게 만들어보려는 일종의 방어기제가 작동하는데, 죽음을 다른 사람의 문제로 국한하려는 경향이 그것입니다."250)

미국 사우스 플로리다 주립대학 심리학과 제이미 골든버그(Jamie Lynn Goldenberg) 교수는 죽음을 거부하는 태도는 돈과 소유와 관련이 있다고 언급한다. 소비를 미덕으로 여기는 사회에서는 우리로 하여금 죽음을 잊게 함으로써 쾌락과 소비를 조장한다는 것이다. 돈이 죽음에 대한 저항기제로 작용한다는 것이다.251)

---

250) 『죽음에 대하여』, 31쪽.

철학자 하이데거는 『존재와 시간』에서 개별자인 인간을 "죽음으로 향하는 존재"라고 규정한다. 그는 지금, 여기에 있는 현실적인 인간존재를 '현존재'라고 부르고, 현존재는 자신이 죽음에 이르는 존재임을 알고 늘 불안과 염려 속에서 살아간다고 한다. 그리고 죽음에 대한 자각과 불안을 통해서 우리는 삶의 유한성과 일회성을 깨닫고 일상적인 삶에서 벗어나 자신의 진정한 실존에 대하여 성찰하게 된다는 것이다.[252]

천상병(千祥炳, 1930~1993) 시인의 《귀천(歸天)》에는 삶과 죽음에 대한 달관적 태도가 담겨 있다.

나 하늘로 돌아가리라.
새벽빛 와 닿으면 스러지는
이슬 더불어 손에 손을 잡고,

나 하늘로 돌아가리라.
노을빛 함께 단 둘이서
기슭에서 놀다가 구름 손짓하면은,

나 하늘로 돌아가리라.
아름다운 이 세상 소풍 끝내는 날.
가서, 아름다웠노라고 말하리라…

❏ Think About

○ 베르그송(Henri Bergson, 1859~1941)은 『창조적 진화』에서 "눈이 없이는 볼 수 없으므로 눈은 분명히 시각기관이지만, 다른 관점에서 보면 눈이 시각에 장애가 된다. 눈이 없으면 훨씬 더 잘 볼 수 있으리라는 것이 아니라 다만 눈이라는 것 자체가 시각을 제한한다는 말이다

---

251) 죽음(EBS), 209~216쪽.
252) 죽음은 현존재의 '있음'과 상대적으로 존재 근원의 '무' 또는 '드러나 보이지 않음'이다.

두 눈을 가졌다는 것은 본다는 것을 뜻하지만 동시에 단지 제한적으로만 본다는 뜻이기도 하다. 시각은 그것이 미치는 일정한 거리, 한정적인 시야를 갖는데 그 시계 너머로 볼 수 없는 것들이 존재한다. 따라서 눈은 보는 수단일 뿐만 아니라 장애물이기도 한다.”고 말한다.

📖 함께 읽을 책

'삶이 삶이듯, 죽음은 그냥 죽음이에요.'라고 말하는 감성 그림책,
◉ 나는 죽음이에요
 - 글 엘리자베스 헬란 라슨, 그림 마린 슈나이더, 장미경 옮김, 마루벌, 2017, 48쪽

◉ 죽음의 역사
 - 필리프 아리에스, 이종민 옮김, 동문선, 2016, 307쪽

◉ 죽음 앞의 인간(L'Homme devant la mort)
 - 필립 아리에스, 고선일 옮김, 새물결, 2004, 1144쪽
 {이 책은 중세이후 현대까지 죽음에 대한 인간의 태도가 어떻게 변해왔는가를 5세기로 나누어 생생하게 보여준다. 중세초기의 사람들은 모두 죽는다는 명제를 숙명처럼 받아들였고 16세기는 죽음이 두려움의 대상으로 변하고 시체에 대한 호기심은 극도로 높아져 해부학열풍이 일고 17세기 이후는 그림에서 시체가 종종 묘한 관능성을 지닌 것으로 묘사됐으며, 18세기 문학에선 죽은 자들과의 연애담이 수없이 등장한다. 19세기 낭만주의시대, 죽음은 아름다운 유혹이었다. 그러나 20세기에 들면 그토록 아름답게 채색되던 죽음이 갑작스레 공포스러운 것으로 역전된다.}

'죽음'을 부정하는 인간의 속성으로부터 우리 존재의 근원을 묻는다,
◉ 죽음의 부정(The Denial of Death)
 - 어니스트 베커(Ernest Becker), 노승영 옮김, 한빛비즈, 2019, 468쪽

◉ 창조적 진화(L'évolution Créatrice, 1907)

- 앙리 베르그송, 황수영 옮김, 아카넷, 2005, 598쪽

제4장   죽은 다음에도 삶은 계속되는가?

죽음에 대한 두려움은 '죽음 이후의 삶'이라는 기대와 믿음을 낳았다. 여기서 '사후의 삶'은 '영혼'의 존재를 상정한 개념이다.

01 죽음 패러독스(Mortality Paradox)

인간의 지성은 다른 모든 생명체들처럼 우리도 언젠가는 죽을 것이라는 냉정한 결론에 도달하지만 다른 한편에는 두뇌의 인식능력이 도달하지 못하는 곳이 있다. 이런 측면에서 죽음은 필연적인 사건이면서 동시에 이해 불가능한 현상으로 우리에게 모습을 드러내고 있다. 이러한 모순을 『IMMORTAL 불멸에 관하여(Immortality)』를 쓴 영국의 철학자 스티븐 케이브(Stephen Cave, 1973~)는 '죽음 패러독스(Mortality Paradox)'라 한다.

프로이트는 "어느 누구도 진심으로 자기 자신의 죽음을 믿는 것은 아니다… (왜냐하면) 무의식의 차원에서 우리 모두는 자신의 불멸을 믿기 때문이다."라고 썼고, 영국 낭만주의시인 에드워드 영(Edward Young, 1683~1776)도 "우리 모두는 모든 이들이 죽을 것이라고 생각한다. 다만 자신은 빼고."라고 표현했다.

우리는, 우리가 영원할 것이며 동시에 영원할 수 없다, 그리고 죽음은 엄연한 사실이며 동시에 영생은 불가능할 것이라는 상반된 인식을 하고 있다.
그래서 지그문트 바우만(Zygmunt Bauman, 1925~2017)은 말했다. "죽음에 대한 생각은 '모순논리'이며, 또한 그러할 수밖에 없다."고.

죽음 패러독스는 '모든 사람이 죽는다고 생각하지만, 자신은 그렇지 않을 것이다'라고 생각하는 것이다.

'공포관리이론(Terror Management Theory)은 언젠가 반드시 죽을 것이라는 인식에 대한 대응에서 비롯된 생각이다. 이것은 죽음 패러독스의 전반부, 즉 '모든 사람이 죽는다고 생각하지만'에 해당하는 주장이다. 그리고 죽음 패러독스의 후반부, 즉 '자신은 죽지 않을 것이다'라는 인식이 넓은 의미의 문명을 이루었다고 한다.

영국 작가 브라이언 애플야드(Bryan Appleyard, 1951~)는 이렇게 정리했다. "모든 사람들은 죽는다. 고로 나도 분명히 죽을 것이다. 하지만 죽음을 상상조차 할 수 없기에 불멸을 발명했고, 우리는 이러한 발명품을 문명이라 부른다."

진보는 영생을 향한 욕망의 산물이다. 진보란 영생을 향한 우리의 욕망이 만들어낸 또 다른 문명이다.253) 19세기 독일철학자 헤겔(Georg Wilhelm Friedrich Hegel, 170~1831)은 이렇게 지적했다. "역사는 인간이 죽음과 함께 이룩한 것이다."

한나 아렌트(Hannah Arendt, 1906~1975)도 『인간의 조건(1958)』에서 현대사회를 두고 "목적이 없기 때문에 끊임없는 생산과정을 절대화하게 됐다."고 진단했다. 그는 인간의 실존적 소선을 오히려 시작과 끝, 즉 '탄생성(natality)'과 '필멸성(mortality)'에서 찾았다. 인간 개인은 반드시 죽을 수밖에 없는 존재지만 불멸의 업적이나 흔적을 남김으로써 불멸성을 얻고 자신의 '신(神)적 본성'을 증명해 보이려 한다는 것이다.

02 죽음을 이기는 네 가지 길

---

253) 『IMMORTAL 불멸에 관하여(Immortality)』, 44쪽.

스티븐 케이브는 『IMMORTAL 불멸에 관하여』에서 영원히 살고 싶은 욕망의 4가지 키워드(Keyword)를 '불멸-부활-영혼-유산'으로 정리하면서 죽음을 이기는[불멸을 위한] 네 가지 길을 제시하고 있다. 첫째 육체적 생존254), 둘째 부활255), 셋째 영혼, 넷째 문화적 또는 생물학적 유산256)이 그것이다.

스티븐 케이브는 죽고 싶지 않은 인간의 오래된 욕망, '불멸'을 '4가지 이야기'로 설명하면서, 불멸의 욕망이 어떻게 인류의 문명을 이끌어왔는지 설명한다. 죽음 패러독스 때문에 만들어진 불멸이야기는 인류문화와 문명의 발전에 기여하였고 인간의 죽음에 대한 두려움을 완화시키는 순기능이 있지만 그 역기능도 매우 크다고 한다. 중세시대 교회의 부패와 다른 집단에 대한 배척과 학살이 그것이다. 또한 우리의 삶이 유한하다고 생각하면 가치 있는 삶을 살려고 노력하겠지만, 어떤 사람이 영생한다고 가정하였을 때, 그 불멸로 말미암아 무한히 반복되는 삶의 지겨움은 끔찍할 것이라고 한다.

'철학'이라는 용어는 '지혜에 대한 사랑'을 의미하며, 그리스철학은 "어떻게 살 것인가?", 특히 "죽음의 운명과 더불어 어떻게 살아갈 것인가"에 대한 질문에 많은 관심을 기울임으로써, '지혜의 이야기'를 우리에게 들려준다.

스티븐 케이브는 불멸에 대한 헛된 욕망을 버리고 '지혜 이야기'에 귀를 기울이며 자신이 제시하는 3가지 덕목, 즉 첫째 다른 사람들과 공감하고, 둘째 현재의 삶에 집중하며, 셋째 모든 일에 감사함으로써 죽음에 대한 두려움을 벗어날 수 있다고 한다. 결국 '지혜의 이야기'는 우리의 삶이 유한함을 알고 그 가치를 소중히 여겨야 한다는 말이다.

---

254) 의식주문제의 개선, 의학과 위생, 불로장생의 명약, 비밀종교집단. 과학의 발달로 육체적 생존이 가능하다고 믿는다.
255) 육체적 부활에 대한 믿음은 유대교전통으로부터 비롯됐으며 오늘날 유대인의 정통 신앙이라는 랍비유대교(Rabbinic Judaism)는 성 바울이 속해 있었던 바리새인들의 가르침으로부터 유래한 것이다. 인체냉동보존술 등 첨단기술도 부활의 일면이다.
256) 우리의 자아를 미래의 시간으로 확장하고. 유전자. 초개체[super-individual, 超個體: 한 개체마다의 생활능력은 상실되고 하나의 집단이 마치 한 개체에 해당하는 능력을 가지는 경우] 등 전체종의 일부로 불멸을 말한다.

스티븐 케이브의 말을 자세히 인용하면 다음과 같다. "자아에 대한 인식은 중요한 능력이지만, 자아에 대한 과도한 걱정은 죽음이나 자아의 상실에 대한 두려움을 증폭시키고 그래서 우리의 삶을 자아 속에 완전히 가둬버리고 마는 결과를 초래한다. 이러한 과정에 저항하기 위해, 우리는 '무아(selflessness)' 또는 '다른 사람들과 공감하기'라는 덕목을 개발해야 한다. 마찬가지로 미래를 상상하는 능력 덕분에 우리는 성공적인 삶을 계획할 수 있지만, 동시에 미래에 대한 지나친 걱정은 앞으로 벌어질지 모르는 어려움에만 집중하고 살아있는 지금 이 순간을 외면하도록 만든다. 이에 저항하기 위해, 우리는 더욱 생생하게 살아갈 수 있게 지금 '현재에 집중하기'를 배워야 한다. 마지막으로, 자신을 위협하는 모든 가능성들을 떠올리는 능력 덕분에 우리는 위험을 용이하게 피해 나갈 수 있지만, 동시에 위험에 대한 지나친 걱정은 지금 우리가 가지고 있는 것에 대한 고마움을 잊고 앞으로 잃어버릴지도 모르는 것에만 집착하게끔 만든다. 이에 대해 우리는 '감사하기'의 덕목을 개발해야 한다."257)

몽테뉴는 "세상의 모든 지혜와 논의는 결국 한 가지 결론에 이른다. 그것은 죽음을 두려워말라는 가르침이다."라고 말한다.

03 인간을 바라보는 두 가지 관점

▌사람은 무엇인가?

"내가 죽고 나서도 '나'는 살아남을 수 있을까?", "'사후의 삶'이 있을까?" 이 질문에 답하기 위해서는 "나는 무엇인가?", "인간이란 어떤 존재인가?"라는 질문을 먼저 살펴봐야 한다. 즉 '나'를 알아야 한다. 나를 이해하기 위해서는 자신의 '정체성'의 핵심을 알아야 한다. 셸리 케이건(Shelly Kagan)은 정

---

257) 『IMMORTAL 불멸에 관하여(Immortality)』, 373쪽.

체성의 후보로 영혼, 육체, 인격 관점을 든다.258)

　인간을 바라보는 두 가지 관점이 있다. 첫 번째 관점은 인간이 '육체259)와 영혼260)'으로 이뤄져 있다는 '이원론(二元論, dualism)'이고, 두 번째 관점은 일원론으로 인간이 '육체'로만 이뤄져 있다는 '물리주의(物理主義, physicalism)'와 육체는 없고 영혼만 존재한다는 유심론(唯心論, idealism)으로 나뉜다.

▌ 영혼의 존재를 믿느냐 안 믿느냐에 따라 죽음의 정의도 다르다
　이원론에서 죽음은 육체와 영혼을 끊어 놓는 것이다. 이원론의 관점에서 죽음이란 육체적 사망으로 인해 비물질적인 정신과 육체가 영원히 분리되는 현상이다. 이원론을 믿는 사람은 육체가 죽었다고 하더라도 영혼이 살아있으면 살아있다고 생각할 수 있다.
　물리주의에서는 인간은 특정한 형태의 '물질적 존재'에 불과하여 육체적 죽음 이후에 계속해서 남아 있는 영혼이라는 또 다른 존재를 인정하지 않는다.261) 물리주의를 믿는 사람은 육체가 죽으면 죽은 것이다.
　유심론에서는 마음, 비물질적인 정신 또는 영혼만이 존재하고, 육체라는 물질적 존재는 인식론적 환상에 불과하다고 한다.262)

　『죽음이란 무엇인가』를 쓴 미국 예일대 철학과 셸리 케이건교수는 한 사람

---

258) 『죽음이란 무엇인가(DEATH)』, 167~190쪽.
259) 육체는 뼈와 살, 근육덩어리 등 다양한 분자와 원자로 이루어져 있다.
260) 영혼은 생각, 의식, 인격이 자리를 잡고 있는 공간 또는 기반이며, '비물질적' 존재이다. 그리스인들은 세 가지 영혼(âme)을 구별했다. 능력으로서의 영혼, 감각의 영혼인 '프시케', 모든 기관에 생명을 불어넣고 움직이게 하는 '프네마', 지적능력인 '누우스'. 감각능력으로서의 영혼인 프시케는 가슴속에 있고, 생명을 불어넣는 영혼인 프네마는 온몸에 있고, 지적능력으로서의 영혼인 누우스는 머릿속에 있다고 한다.(『불온한 철학사전』, 볼테르, 사이에 옮김, 민음사, 2015, 28쪽)
261) 물리주의는 육체적 기능에 대해 이야기를 이끌어가기 위한 하나의 개념에 불과한 정신의 존재를 부정하지는 않는다.
262) 셸리 케이건은 영혼의 존재를 믿지 않는다. 기계가 작동하는 것처럼 인간도 영혼 없이도 생각하고 존재할 수 있다는 것이다.(『죽음이란 무엇인가(DEATH)』, 17~41쪽)

이 세상을 떠났을 때 두 가지로 반응할 수 있다고 말한다. 사후세계가 있고 그 사후세계가 현세보다 낫다고 믿는 경우와 사후세계를 믿지 않는 경우다. 전자의 경우에는 고인의 떠남을 애도하면서도 죽음을 경축할 수 있을 것이고, 후자의 경우에는 죽은 이의 삶을 경축하는 것이다. 셸리 케이건은 "사후세계를 믿지는 않지만 죽음이 삶의 자세를 바꾼다. 오늘이 마지막인 것처럼 살아야 한다."고 강조한다.

04 영혼의 불멸성

▌영혼은 존재하는가?

데카르트(René Descartes, 1596~1650)는 "육체와 정신이 이론적인 차원에서 서로 다른 존재"라고 말한다. 육체 없이도 정신이 존재할 수 있다고 '생각'할 수 있기 때문에, 내 마음과 몸은 서로 다른 존재라고 결론을 내릴 수 있다는 것이다. 정신은 육체와 다른, 육체를 초월한 존재다. 이것이 데카르트가 말하고자 했던 핵심이다.

소크라테스는 영혼의 불멸성을 믿었다. 플라톤의 대화편 중 하나인 《파이돈》에 의하면 소크라테스는 자신의 믿음을 옹호하면서, 그렇지 않을 수도 있다고 걱정하는 제자들을 설득한다. 《파이돈》의 배경은 사형 집행일이다. 소크라테스는 죽음을 두려워하지 않고 행복하고 유쾌한 모습으로 받아들였다. 그 이유는 영혼의 존재를 믿고 육체적 죽음 뒤에 영혼은 살아남을 거라 확신했기 때문이다. 그리고 현세에서 바람직한 삶을 살았다면, 천국에 갈 것이라 믿었다. 소크라테스는 독약을 마시고 태연하게 죽음을 맞이한다.

플라톤은 인생의 목표가 '죽음을 연습'하는 일, 즉 최대한 스스로를 육체와 격리시키는 것이라고 했다. 플라톤은 육체로부터 멀어질수록 우리의 영혼은 형상(形相)263)에 더욱 집중하게 된다고 믿었다. 살아있는 동안 이런 진실을 깨닫고 훈련을 계속해 육체라는 욕망덩어리로부터 벗어나는 순간, 즉 육체적 죽음을 맞이하는 순간 천국으로 올라간다고 했다. 대신 욕망과 두려움으로부터 벗어나지 못한 채 살다가 죽음을 맞이하면 육체로 환생하는데 운 좋으면 인간으로 아니면 동물로 태어난다는 것이다.

▌영혼은 영원히 죽지 않는가?

"삶이 끝난 후에도 삶은 계속되는가?"라는 질문은 영혼의 존재를 인정할 때, "육체적 죽음 뒤에도 영혼은 살아남는가?"를 의미한다.

영혼불멸에 관한 가장 대표적인 논증은 플라톤의 《파이돈》에서 찾아 볼 수 있다. 플라톤은 물질적이고 감각적이며 개별적인 세계와 대비되는 비물질적이고 초월적이며 보편적인 실재(實在), 즉 '이데아(idea)'264)를 제시했다. 이데아는 영원하며 비물질적 존재다. 이성은 이데아를 인식할 수 있다. 비물질적이고 영원한 존재만이 비물질적이고 영원한 존재를 인식할 수 있다. 그러므로 이성은 비물질적이고 영원한 존재, 곧 영혼이라는 의미다. 따라서 영혼은 영원히 존재한다는 것이 플라톤의 영혼불멸 논증 중 '형상(形相)의 본질'에 관한 주장이다. 이 논증은 "영혼은 파괴되지 않는 순수하고 단순한 존재이기 때문에 소멸하지 않는다."는 '영혼의 단순성(單純性)' 주장으로 이어진다. 즉, 조합물만이 소멸 가능하다. 변하는 것만이 조합물이다. 눈에 보이지 않는 존재는 변하지 않는다. 보이지 않는 것은 소멸하지 않는다. 영혼은 보이지 않는다. 그러므로 영혼은 소멸하지 않는다는 것이다.

셸리 케이건 교수는 '보이지 않는' 이라는 말을 '볼 수 없다, 인식할 수 없다, 발견할 수 없다'는 뜻으로 보고, 플라톤의 이 같은 논증은 결국 논리적 모순으로 영혼이 존재한다고 해서 영원히 존재한다고 장담할 수 없다는 것

---

263) 플라톤이 말하는 형상은 시공을 초월한 다른 세계에 존재한다. '완벽함'이 가능하다. 시간을 초월하며 변하지 않는다.
264) 셸리 케이건은 '형상(形相)'이라고 한다. 여기서 형상이란 측정가능한 일상적인 사물들과는 다른 이상적인 '원형' 또는 '기준'을 의미한다.(『죽음이란 무엇인가(DEATH)』, 109쪽)

이다.265)

니체는 『차라투스트라는 이렇게 말했다』에서 "나는 전적으로 신체일 뿐 그 밖의 아무것도 아니며, 영혼이란 신체 속에 있는 그 어떤 것에 불과하다. 영혼이란 것도 신체와 마찬가지로 죽을 수밖에 없는 존재"이기 때문에 몸이 죽으면 영혼도 죽는다고 한다.

📖 함께 읽을 책

인류의 문명을 관통하는 불멸 이야기,
◉ IMMORTAL 불멸에 관하여(Immortality): 죽음을 이기는 4가지 길
 - 스티븐 케이브(Stephen Cave), 박세연 옮김, 엘도라도, 2015, 415쪽

◉ 슬픈 불멸주의자
 - 셸던 솔로몬·제프 그린버그·톰 피진스키, 이은경 옮김, 흐름출판, 2016, 376쪽

◉ 인간의 조건
 - 한나 아렌트, 이진우 옮김, 한길사, 2019, 484쪽

◉ 소크라테스의 변명(Apologia Sokratous)·크리톤(Kriton)·파이돈(Phaidon)· 향연(Symposion)
 - 플라톤, 박문재 옮김, 현대지성, 2019, 336쪽 중 《파이돈》

---

265) 『죽음이란 무엇인가(DEATH)』, 105~143쪽.

제5장 생사관(生死觀)

죽음을 앞두면 자신의 죽음을 수용하기 전까지 공통적으로 극심한 육체적 통증, 두려움과 공포, 불안과 초조, 우울과 의기소침 그리고 극도의 허무감으로 주체하기 힘들다.

죽음을 앞두고 있는 이들은 누구나 다, 죽음은 무엇인가? 죽은 뒤 나는 어떻게 되는 것일까? 죽은 뒤 이생에서의 삶을 심판받는다고들 하는데 그것은 사실인가? 영혼불멸이라고 하는데 영혼이란 무엇이며, 영혼이 영원하다는 말은 무엇을 의미하는 것인가? 특히 불교 신자들은, "윤회란 사실인가? 윤회한다면 다음 생에서 나는 무엇으로 태어나는가?" 이러한 생각들을 골똘히 하며 공포와 불안 속에 있게 된다.

이러한 물음에 대한 해답을 얻기 위하여, 인류가 존재한 이래 인간은 과연 삶과 죽음에 대해 어떻게 사고해왔는가?

01 신화 속 생사관

죽음의 불가역성(不可逆性)은 고대그리스 신화인 '오르페우스(Orpheus)와 에우리디케(Eurydike)의 사랑 이야기'[266]에서도 엿볼 수 있다. 오르페우스가 죽은 아내를 데려오기 위해 갖은 노력[267]을 기울였으나, 결국 실패로 끝났듯 인간은 결국 죽을 수밖에 없는 존재임을 말해 준다.

'길가메시(Gilgamesh)이야기'[268]에서도 주인공 길가메시는 깊은 바다[269]

---

266) 『이윤기의 그리스로마신화』(이윤기, 웅진지식하우스, 2014), 222~242쪽.
267) 인간이 자신의 생명을 연장시키기 위한 노력.
268) 고대수메르에 전래되는 고대서사시로 영생에 대한 깨달음을 얻을 수 있다.

를 지나 비로소 영원한 생명을 보장받은 우트나피쉬팀(Utnapishtim)을 만나 불사약을 얻어 돌아오던 중 뱀에게 도둑맞아 모든 노력이 수포로 돌아간다. 길가메시는 돌판에 이런 글을 남긴다. "인생의 처음과 끝은 정해져 있으니 의미 있는 일을 하고, 놀고, 사랑을 나누는 것이 인생의 정답이다."

> 영생불사의 꿈을 이루지 못하고
> 지친 몸으로 고향 우루크에 돌아왔지만,
> 길가메시처럼 훌륭한 왕 결코 없었다.
> 먼 길을 떠나 심연을 들여다보고
> 대홍수 이전의 비밀을 밝혔던 사람이다.
> 이 세상 모든 걸 알았던 현자다.
> 세상의 모든 일들을 경험했던 사람이다.
> 온갖 역경을 겪으며 죽을 고생을 했지만
> 역경이란 역경을 다 이겨 냈던 사람이다.
> 길가메시, 고향에 돌아와 새 힘을 얻고
> 청금석에 고난의 여정을 새겼다.
> 위대한 왕이요 영웅이었으나
> 영생은 얻을 수 없었으니, 그것이
> 필멸의 인간 길가메시의 운명이었다.
> 죽음의 어둠이 닥쳐 생명의 빛 잃었으나
> 슬퍼하거나 절망하지 말라!
> 육신은 사라졌으나 그 이름 영원하리라!
> 영원한 생명 얻지 못했으니
> 명계에서 죽은 자들의 왕이 되리라!
> 신들 사이에 속해 신들과 벗하리라.

디오니소스(Dionysus)신화에서 생명회귀의 신으로서 디오니소스는 동시에 죽은 자들의 신이기 때문에 죽음에서 생명이 되고, 생명에서 죽음이 되는 순환의 모습으로 나타난다. 디오니소스는 멸망시킬 수 없는 생명의 원형이다.

---

269) 신화 속에 등장하는 물은 삶과 죽음 사이를 상징한다.

고대 그리스 신화에 따르면 티토누스(Tithónus)는 잘생긴 청년으로 새벽의 여신인 에오스(Eos, Auróra)[270]가 그를 자신의 애인으로 삼기위해 납치한다. 그러나 그녀는 티토누스가 언젠가 죽고 말 것이라는 두려움에 제우스(Zeus)를 찾아가 그를 자신과 같은 불멸의 존재로 만들어 달라고 간청한다. 제우스가 그녀의 부탁을 들어주어 그는 죽지 않지만 세월이 흐르면서 기력을 잃어버렸고 몸은 쇠약해지고 정신은 혼미해졌다. 결국 그가 할 수 있는 일이라고는 중얼거리는 것밖에 남지 않았다. 절망에 빠진 에오스는 그를 매미로 바꿔버렸고 그 이후로 티토누스는 죽음을 갈망하며 영원히 살아가야 하는 처지가 되고 말았다. 티토누스이야기는 비록 죽음을 미루는 데 성공했다고 해도 우리의 육신을 쇠약하게 만드는 질병으로부터는 벗어날 수 없다는 메시지를 던져주고 있다.

실제로 오늘날 평균수명이 길어지면서 치매와 같이 예전에는 찾아보기 힘들었던 질병들이 폭발적으로 증가하고 있다. 그 결과 생명이 연장되고 건강하게 사는 유토피아세계가 아닌 죽음을 계속해서 연기함으로써 우울하고 질병에 걸려 고통을 겪으며 살아가는 디스토피아 세계에 살고 있는 셈이다.

02 고대 이집트 생사관

고대이집트의 경우 인간이 물질과 정신으로 이루어졌다고 믿고, 죽음을 육체와 영혼의 분리현상으로 보았다. 인간이 죽음 이후에 영생을 얻기 위해서는 모두 온전한 형태로 보전되어야만 가능하다고 여겼다.[271] 부활에 대비해 시신의 훼손을 막고자 시신을 땅에 묻었는데, 그 목적은 사람들을 안심시키

---

270) 가이아(Gaia)와 우라노스(Uranus)의 자식인 티탄(Titan)신족인 히페리온(Hyperion)과 테이아(Theia)의 사이에서 태어난 딸로 군신 아레스(Ares)와 애정행각을 벌이다 연적인 미의 여신 아프로디테(Aphrodite)의 분노를 사서 끊임없이 사랑을 갈구하게 되는, 그것도 죽을 운명의 젊은 인간만을 사랑하는 저주를 받았다.
271) 그리스의 철학자 플라톤에게 영향을 미쳤다고 한다. 그리고 이것이 미라제작의 이유였다.

려는 의지가 반영되었기 때문이다.

03 고대 인도 힌두교의 생사관

고대 인도인은 사람들이 죽어서 가는 세상을 야마(Yama)라고 불렀다고 한다.[272] 인도인은, 죽음이란 낡은 옷을 벗고 새 옷을 갈아입듯이 새로운 생명을 얻어 껍질을 벗는 새롭고도 영원한 재생으로서 파악하였다. 이는 죽음을 생명과정의 하나로 보는 것이다.

힌두교에서는 죽은 것은 육신이지 본질적 자아[아트만; ātman][273]는 아니기 때문에 아트만이 윤회된다고 한다. 아트만은 영원불멸하여 죽어서도 변하지 않고 다음 생애에 그대로 이어진다는 것이다.[274]

04 로마인들의 생사관

로마인들에게 죽음은 '무로 돌아가는 것'이다. 인생은 한순간에 불과하며 죽으면 무로 돌아갈 뿐이라는 것이다. 젊고 건강한 사람이 전투에서 다친 것처럼 불운을 당하지 않아도 수명이 다했으면 살려고 버둥대시 않고 순순히 죽겠다는 것이 어차피 죽음을 면할 수 없는 인간이 취해야 할 태도라고 한다.

그리고 로마인들에게 죽음은 하나의 오락이자 구경거리에 불과했다. 힘센 자는 살아남고 힘없는 자는 죽는다. 원형경기장 콜로세움(Colosseum)에서는 인간과 인간의 싸움뿐만 아니라 사자와 같은 야생동물과의 살육전도 설

---

272) 이것이 불교에 들어오면서 염라(閻羅)라고 음역되었다.
273) 고대인도의 《우파니샤드》 철학에서 '브라만(Brahman. 梵)'과 함께 중요한 원리 가운데 하나로, 끊임없이 변화하는 '물질적 자아'[육체, 생각, 마음]와 대비해 절대 변치 않는 가장 내밀하고 '초월적인 자아'[영혼]를 말한다.
274) 힌두교에서 카스트제도가 유지되는 것도 이 같은 이치다.

새 없이 벌어졌다.[275]

05 유교의 생사관

기본적으로 유가에서는 사후세계를 논하지 않는다. 유가는 삶의 연장 속에서 죽음조차 초연하게 받아들인다.[현세주의적인 생사관]

자로(子路, BC 542~BC 480)가 공자(孔子, BC 551~BC 479)에게 "죽음이 무엇입니까"라고 물으니 공자(孔子)가 대답하기를 "不知生 焉知死(삶이 무엇인지도 모르는데 어찌 죽음을 알겠는가)"라고 한다.[276] 공자(孔子)의 대답은 죽음문제를 회피한 것이 아니라 일단 주어진 삶에 충실하라고 충고하는 것이다. 삶도 제대로 사유하지 못하면서 죽음을 생각한들 무슨 소용이 있겠느냐는 것이다.

신감(申鑒)[277]에서는 "태어나 살아 있음을 일러 '성(性)'이라 하니 육신과 정신이 바로 이것이다. 생명을 마치는 것을 일러 '명(命)'(生之謂性也, 形神是也. 終生者之謂命也.)"[278]이라고 한다. 집착할 것도 원망할 것도 없다는 것이다.

---

275) 티투스(Titus: 재위 79~81) 황제는 콜로세움 완공을 기념하여 100일 동안 피의 축전을 열었는데 당시 '개장기념'으로 희생된 동물의 수만 어림잡아 9000마리를 넘었다고 한다. 하루에 거의 100마리 꼴이다. 서기 240년 기념회 때 죽은 사람과 동물의 숫자는 기록으로 남아있는데, 그 기록에 따르면 검투사가 2000명, 사자 70마리, 야생마 40마리, 코끼리 30마리, 표범 30마리, 기린 19마리, 하이에나 10마리, 호랑이 10마리, 코뿔소와 물소 각 한 마리가 희생되었다고 한다.
276) 『논어(論語)』 선진편(先進編) §12.
277) 순열(荀悅, 148~209)은 헌제에게 왕권의 확립과 인의로써 통치의 기반을 마련할 것을 건의하는 한편, 말로 다할 수 없는 내용은 책으로 지어 바쳤다. 이것이 바로 《신감(申鑒, 申鑑)》이다.
278) 『신감(申鑒)』(순열(荀悅), 임동석 옮김, 동서문화사, 2012), 325~327쪽.

06 도교의 생사관

　장자(莊子)는 죽음에 대하여 다음과 같은 말을 남겼다. "삶은 죽음을 뒤따르며, 죽음은 삶의 시작이니[삶과 죽음은 끝없이 되풀이되므로], 누가 관장하는지 어찌 알겠소? 삶이란 기운(氣運)의 모임이며, 기가 모이면 태어나고 기가 흩어지면 죽는 것이오. 이같이 죽음과 삶이 뒤따르는 것이니 내가 어찌 괴로워하랴.(生也死之徒, 死也生之始. 孰知其紀. 人之生, 氣之聚也. 聚則爲生, 散則爲死. 若死　生爲徒, 吾又何患.)"279) 도가에서는 기(氣)가 모이면[聚] 태어나고 기가 흩어지면[散] 죽는 것이므로, 삶[生]과 죽음[死]는 자연스럽게 오가는 것, 자연현상에 지나지 않는다고 한다.[무신론적 자연주의]280) 그래서 생사는 없고 현상만 변화할 뿐이라고 한다.

　삶과 죽음[生死]을 일종의 자연현상으로 보아 죽음은 생의 일부분[삶의 한 과정]이기에[死生同狀,281) 死生爲一條282)] 죽음을 신비롭게 여기거나 두려워하지 않는다. 삶이 좋은지 모르고 죽음이 나쁜지 모른다. 인간의 생명은 자연에서 나와 결국 자연으로 되돌아갈 따름이다. 즉 죽음은 기(氣)가 변하여 자연으로 회귀하는 것이다.[循環的 世界觀] 이처럼 자연의 변화에 순응하여 생사에 대한 해탈로 달관적인 태도를 갖고 있다.

　장자(莊子)는 아내의 죽음을 보고 다음과 같이 말한다.
　"곰곰이 생각해보니 그녀는 처음부터 생명이 없었던 것이고, 생명이 없었

---

279) 『莊子』(안동림 역) 知北遊 §2. 535쪽.
280) 『莊子』의 거의 끝부분에 기록된 장자의 죽음을 읽어보자.
　　　"장자가 바야흐로 죽으려 할 때. 제자들이 후하게 장사지내고 싶다고 했다. (그러자) 장자가 말했다. '나는 천지를 널로 삼고 해와 달을 한 쌍의 옥으로 알며 별을 구슬로 삼고 만물을 내게 주는 선물이라 생각하고 있다. 내 장례식을 위한 도구는 갖추어지지 않은 게 없는데 무엇을 덧붙인단 말이냐?' 제자가 '(아무렇게나 매장하면) 까마귀나 소리개가 선생님을 파먹을 일이 염려됩니다.'라고 하자 장자는 대답했다. '땅 위에 있으면 까마귀나 소리개의 밥이 되고 땅 밑에 있으면 땅강아지나 개미의 밥이 된다. 그것을 한쪽에서 빼앗아 다른 쪽에 주다니 어찌 편견이 아니겠느냐!"(『莊子』(안동림 역), 列御寇 §11. 773쪽.)
281) 『莊子』天地 §2.
282) 『莊子』德充符 §11.

231

을 뿐만 아니라 형체조차 없었으며, 형체만이 아니라 기(氣)조차 없었던 것이다. 알 수 없는 혼돈 속에 섞여 있다가 변화하여 기가 생기고, 기가 변화하여 형체가 생겼으며, 형체가 변화하여 생명이 있게 되었던 것이다. 이제 그런 아내가 다시 변화하여 죽어간 것이다. 이것은 봄·가을과 여름·겨울의 사철이 되풀이하여 운행하는 것과 같다. 그 사람은 하늘과 땅이라는 커다란 방에 편안히 잠들고 있는 것이다. 그런데도 내가 소리내어 그의 죽음을 따라 울고불고 한다면 하늘의 운명에 통달하지 못한 짓이라는 생각이 들어 곡을 그친 것이다.[察其始而本無生(찰기시이본무생) 非徒無生也而本無形(비도무생야이본무형) 非徒無形也而本無氣(비도무형야이본무기) 雜乎芒笏之間(잡호망홀지간) 變而有氣(변이유기) 氣變而有形(기변이유형) 形變而有生(형변이유생) 今又變而之死(금우변이지사) 是相與爲春秋冬夏四時行也(시상여위춘추동하사시행야) 人且偃然寢於巨室(인차언연침어거실) 而我嗷嗷然隨而哭之(이아교교연수이곡지) 自以爲不通乎命(자이위불통호명) 故止也(고지야)]"283)

장자(莊子) 역시 처음에는 슬퍼하지 않을 수 없었으니 그것이 정념[情]284)이다. 그 후 문제의 시원을 고찰하는 것은 이성으로써 정념을 순화했다는 말이다. 이성으로 정념을 순화하면[以理化情] 애락(哀樂)은 개입하지 못한다285)는 것이다. 즉 태어난 때에 편안히 머물다가 자연의 질서에 순응하여 돌아가면[安生安死] 슬픔이나 즐거움[감정(感情)]이 생길 수 없다는 것이다. 이처럼 장자(莊子)는 죽음을 썩어 없어지는 것이 아니라 새로운 삶의 시작을 위한 준비로 보았다. 그러니 죽음을 두려워하지 말지어다.

07 불교의 생사관

불교에서는 목숨을 들숨과 날숨 사이라고 한다. 결국, 들이마신 숨을 내쉬

---

283) 『莊子』至樂 §4. 장자의 아내가 죽어서 惠子가 문상을 갔다.
284) 스피노자는 정념을 '인간의 속박'으로 본다.
285) 『莊子』大宗師 §24에서 이를 현해(懸解; 거꾸로 매달린 상태에서 풀림, 속박으로부터의 해방)라고 한다.

지 못하거나 내쉰 숨을 들이마실 수 없으면 죽음이다.

《영가법문》을 보자. 「今日所薦(금일소천) 某靈靈駕(모령영가) 至心諦聽 (지심제청) 至心諦受(지심제수) 生是何物(생시하물) 死是何物(사시하물) 生亦不得(생역부득) 死亦不得(사역부득) 生死本空處(생사본공처) 天地猶分明 (천지유분명) 今日所薦(금일소천) 某靈靈駕(모령영가) 放下又放下(방하우방 하) 自在又自在(자재우자재)(오늘의 모령 영가께서는 지극한 마음으로 자세 히 듣고 자세히 들으시오. 태어남이란 무엇이며 죽음이란 무엇일까. 태어남 도 없고 죽음도 없는 것입니다. 태어나고 죽는 일이 본래 없는 곳에 하늘과 땅이 뚜렷합니다. 오늘의 모령 영가께서는 태연히 하고 태연히 하여 자유롭 게 하고 자유롭게 하시오.)」

이처럼 불교에서는 몸과 마음 모두가 인연을 따라 생겨난 환상일 뿐 실체 가 없으므로 태어남과 죽음은 원래 없는 것이라고 한다. 즉, 오는 것이 없으 니 가는 것도 없다고 한다. 생사가 본래 없는 것[本無生死]을 깨닫는 것이 해 탈이라고 한다. 생사윤회(生死輪廻)가 원래 없다는 도리를 알게 되면, 불생불 멸(不生不滅)의 무생법인(無生法忍; 실상은 태어남이 없다는 진리)을 체득한 다고 한다.

08 기독교의 생사관

성경에서 인간은 영과 혼과 몸 세 가지로 이루어졌다고 한다.[286] 몸(Bios) 은 인간의 외적·생리적 측면을 말하는 것으로 차갑고 뜨거움, 배고픔과 배부 름 등을 감각할 수 있고, 혼(Psuche)은 생각, 정서 등 정신적인 면과 지식, 태 도, 행위, 사상, 추리와 결정을 내릴 수 있는 심리적인 면을 포함한다. 영 (Eoe)은 신과 접촉하고 교류할 수 있는 매개로 공간, 양심, 직관, 만족 등을

---

286) 『데살로니가전서』5장 23절에서 "너희의 온 영과 혼과 몸이 우리 주 예수 그리스도께서 강 림하실 때에 흠 없게 보전되기를 원하노라."고 하였다.

포함한다.

예언자 이사야(Isaiah, BC 740~BC 701)는 사람들에게 말한다. "악한 자는 그 길을 버리고, 불의한 자는 그 생각을 버리고 주님께 돌아오너라." (『이사야』 55:7) 참삶이란 '악한 길', '불의한 생각'을 버리고 주님께 돌아가는 과정이다. 『요한복음』에서 예수가 말하는 '영광의 때'는 세상에서의 일을 마치고 보내신 분에게로 돌아가는 때[죽음]를 의미하지만, 죽음은 삶의 종언이 아니라 완성이다.

성경은 죽음을 육체와 영혼의 분리로 설명한다.(『전도서』 12:7[287]), 『요한복음』19:30[288]) 기독교에서 죽음은 끝이 아닌 부활과 영생을 뜻한다. 부활이란 죽은 자가 다시 살아나서 영원히 그 삶을 유지하는 것을 말한다. 『요한복음』11장 25절에서 "예수께서 말씀하시길, 나는 부활이요 생명이니 나를 믿는 자는 죽어도 살겠고, 무릇 살아서 나를 믿는 자는 영원히 죽지 아니하리니"라고 한다.

기독교에서는 사람의 죽음을 죄 값 때문이라고 본다. 하지만 하느님의 아들인 예수가 자신의 죽음을 통해 죄를 대신 속죄 받고 부활하여, 구원의 길이 열렸다고 본다. 기독교는 전통적으로 예수의 죽음을 통해 구원이 세상에 유입되었다고 말한다.

장례식장에서 기독교인들이 부르는 《요단강 건너가 만나리》란 노랫말처럼 기독교인들은 그리스도를 믿음으로써 천국으로 인도된다고 생각한다.『누가복음』에서 사람이 죽으면 음부(陰符)에 가는데 기독교인들만이 구원을 받아 낙원으로 가고, 가독교인이 아닌 사람들은 불바다라 불리는 곳에서 고통을

---

287) 티끌로 된 몸은 땅에서 왔으니 땅으로 돌아가고 숨은 하느님께 받은 것이니 하느님께로 돌아가리라.
288) 예수께서 신 포도주를 마신 후에 이르시되 다 이루었다 하시고 머리를 숙이니 영혼이 떠나가시니라.

받을 것이라고 한다.[289) 하지만 『도마복음』에서는 '누구든지 말씀을 이해한 자는 죽지 않으리라'라고 말하고 있다.[290)

사람들이 예수의 죽음을 신비화하는 것은 그가 앞서 걸었던 길을 걸을 용기가 없기 때문이다. 예수를 통해 주어진 구원의 은혜를 소리 높여 찬미함으로써 실존적 변화의 요구를 무지르려는 것이다.[291)

키르케고르가 들려주는 우화가 있다. 그는 교인들을 집거위에 비유한다. 거위들은 매주 뒤뚱거리며 교회에 들어와 설교를 듣는다. 설교자는 날아오름의 경이로움에 대해 말한다. "우리는 더 이상 뒤뚱거리며 걸어 다니지 않아도 됩니다. 이 장소에만 머물 필요도 없습니다. 우리는 저 창공으로 날아갈 수 있습니다. 더 먼 지역, 더 축복받은 땅으로 비행할 수 있습니다. 우리는 정말 날 수 있습니다." 거위들은 '아멘'으로 화답했다. 그러나 그들 가운데 어느 누구도 날아볼 생각은 하지 않았다.[292)

📖 **함께 읽을 책**

> 성경을 낳은 신화, 신화를 낳은 신화,
> ◉ 길가메시 서사시(The Epic of Gilgamesh)
> - N. K. 샌다즈, 이현주 옮김, 범우사, 2020, 179쪽
>
> ◉ 최초의 신화 길가메쉬 서사시
> - 김산해, 휴머니스트, 2020, 457쪽

---

289) 사도신경(使徒信經)은 기독교가 로마에 들어와서 만들어진 일종의 강령화된 교리로, 여기에는 부활뿐만 아니라 유일신관, 처녀잉태설, 종말론, 심판론 등 기독교의 기본교리가 압축적으로 담겨 있다.
290) 『도마복음강의』(오쇼, 류시화 옮김, 청아출판사, 2008), 777~858쪽.
291) '무지르다'는 한 부분을 잘라 버린다는 뜻이다.
292) 『인생교과서 예수』, 차정식·김기석, 21세기북스, 2015, 92~93쪽 참조.

◉ 지금 시작하는 인문학 1·2
 - 주현성, 더좋은책, 2012·2013, 569·576쪽

제6장 죽음의 철학적 성찰

▌철학이란 어떻게 죽어야 하는가를 배우는 것이다

죽음에 대한 철학적 해석을 보면, 플라톤이 영혼불멸을 주장한 이래 19세기까지도 이에 관한 논의가 이루어졌다. 고대에는 죽음은 경험될 수 없고 따라서 그 안에 어떤 나쁜 것도 있을 수 없으니 죽음에 관한 두려움을 떨치라고 가르쳤다. 플라톤, 키케로, 몽테뉴에게서 나타나는 "철학하기는 죽음학습하기"라는 명제는 죽음에 대한 준비가 가능함을 논증하는 말이다. 중세에는 기독교신앙에 따라 죽음 후 개인이 받게 될 형벌, 최후의 심판 후 육체적 부활의 가능성 등에 몰두했고, 근대철학에서는 영혼이 파괴될 수 없다는 학설이 관심을 끌었다. 20세기에 죽음은 돌이킬 수 없는 종말이자 개인적 삶의 소멸로 여겨졌고, 원자폭탄의 투하로 인해 종족의 죽음으로 파악되는 죽음이 새로운 논쟁주제가 되었다.[293]

01 자연학자들

존재하는 모든 것에는 공통의 원초(아르케, archē)[294]가 있고, 이것이 다양한 사물이 생겨나는 공통의 원물질이 됨과 동시에 우리가 경험하는 모든 변화의 원인으로 작용한다고 한다. 신화와 철학의 공존 속에 삶과 죽음의 단일성을 강조한다.

---

293) 이하 『죽음 Tod』(카타리나 라키나·콘라트 파울 리스만, 김혜숙 옮김, 이론과실천, 2014) : 『죽음에 관한 철학적 고찰』(구인회, 한길사, 2015) 참조.
294) 아르케는 모든 것의 출발점이라는 의미에서 근원을 말한다.

○ 아낙시만드로스(Anaximandros, BC 610~BC 546)

사물을 만드는 근본원리를 아페이론(apeiron)이라고 명명했다. 아페이론은 시간적·공간적으로 끝이 없는 것, 영원한 것, 어디에나 항상 있는 것, 규정할 수 없는 것 등을 뜻한다. 사물은 아페이론으로부터 나왔다가 소멸하여 필연적으로 자신이 만들어진 근원으로 다시 돌아간다.

○ 헤라클레이토스(Heraclitus, BC 550~BC 480)

헤라클레이토스는 "우리는 같은 강물에 두 번 들어갈 수 없다. 왜냐하면, 만물은 흐르고, 어떤 것도 머물지 않는다."고 말했다. 이처럼 만물은 공평한 운명 속에서 흐르고 있기에 죽음은 정지된 상태가 아니고 계속 변화하고 움직이는 지속적인 상황이라고 할 수 있다. 즉 끊임없는 생성과 소멸로 세계를 이해한다.

헤라클레이토스는 모든 생성과 모든 것이 흘러가는 속에서 합일을 찾고 있다. "모든 것으로부터 한 가지[一者]가 나오고, 그로부터 모든 것이 나온다."

헤라클레이토스는 모든 것은 대립하는 성질의 끊임없는 상호작용[투쟁]으로 이루어져 있다고 한다. 어떤 것도 그에 대립하는 것 없이는 생각할 수 없다. 헤라클레이토스에게 존재는 형성과 변형의 운동으로서 대립의 통일을 끝까지 고수하는 동시에 모든 생성을 포함한다. 모든 사물이 영원히 회귀(回歸)한다는 것이다.[生成의 存在論]

○ 파르메니데스(Parmenides, BC 515~BC 445)

파르메니데스는 변화를 부정한다. 따라서 생성과 소멸도 부정한다. 존재[고대 그리스어 'to on']는 있고, 비존재는 없다는 것이다.[存在의 統一性 理論] 비존재는 말할 수 없고 사유할 수 없으며 지시할 수 없는 것으로 배울 수 없다는 것임을 분명히 한다. "존재하는 것의 속성은 무엇으로부터 생겨나지 않았고, 소멸하지도 않으며, 전체이며, 무엇에 의해서도 움직이지 않으며, 시간을 초월하며, 하나이며, 지속적이다." '존재가 있다'에서 '존재'는 '자신을 밝히면서-지속하는 현전성'을 의미하므로 '현전으로서의 존재는 스스로 생기한다'를 의미한다.

모든 변화는 하나의 허상이며 죽음도 가상적인 것에 지나지 않는다. 완전한 사멸은 불가능하다고 본다. 결론적으로 생성이나 운동은 실제로는 가능하지 않고, 오로지 불변의 항구적 존재만이 있을 수 있다는 것이다.[存在의 不滅性]

02 그리스철학

피타고라스, 소크라테스, 플라톤은 인간의 구성에 대해 이원론을 주장하고 있고, 아리스토텔레스는 영혼과 육신의 통합을 주장하고 있다.

○ 피타고라스(Pythagoras, BC 582~BC 497)
피타고라스의 근본사상은 인간이 영혼과 육체로 분리된다는 것으로[최초의 이원론], 오르페우스(Orpheus)교의 이원론과 영혼윤회설을 받아들였다. 그리고 피타고라스는 영혼윤회설과 연결된 영혼불멸성에 대한 신념을 가지고 있었다. "영혼은 인간이 가진 원래의 본질을 보여주는 것으로, 이 영혼은 육체적인 것으로 인한 오염으로부터 해방되어야 한다."

○ 소크라테스(Socrates, BC 470년 경~BC 399)
아테네의 철학자 소크라테스가 사형선고를 받고 독배를 들게 되었다. 친구들과 제자들이 그의 마지막을 함께 하기 위해 감옥에 찾아왔고, 소크라테스는 그들과 함께 철학적인 주제로 열띤 대화를 나눴다. 보다 못한 간수가 친구를 시켜 말을 전했다. "소크라테스, 간수가 얘기하길 말을 좀 적게 해달라는 구먼. 말을 많이 하면 열이 오르고, 열이 오르면 독약의 약효가 떨어져서 더 많이 마시지 않으면 안 된다고 하네." 그러자 소크라테스, 화를 벌컥 내며 말했다고 한다. "아, 조금 참아달라고 하게나. 안 되면 두 번 세 번 마셔주면 될 것 아닌가." 이 이야기는 소크라테스의 제자였던 플라톤이 『대화편』에서 묘

사한 소크라테스의 최후 중 한 장면이다.[295]

소크라테스에 의하면 인간은 영혼과 육체로 이루어져 있고, 죽음이란 영혼과 육체가 분리되는 것을 말한다. 요컨대 육체는 영혼의 감옥이라는 것이다. 이 감옥으로부터 영혼을 해방시켜주는 것이 바로 죽음이다. 영혼은 불멸, 즉 죽지 않는다고 한다.[영혼불멸설] 하지만 자살에 의한 죽음만은 단호히 반대한다. 인간에게는 그런 선택권이 없다는 것이다.

○ 플라톤(Platon, BC 427~BC 347)

육체와 영혼은 구분되어 있으며, 영혼이 육체를 지배한다. 플라톤도 영혼은 불멸하고, 죽음은 종말이 아니라 육체와 영혼이 분리되는 것이라고 한다. 즉, 죽음은 영혼과 육체가 각각 자기 자신을 위해 해체되는 것을 의미한다.

플라톤은 《파이돈(phaidon)》에서 "신적이고 불멸하는 것, 이성적인 것, 단일한 형태인 것, 해소될 수 없는 것, 이런 것들에 가장 닮은 것이 영혼"이라고 한다. 플라톤은 영혼의 불멸성과 영원성에 대한 증명으로 ① 모든 것은 그 반대의 것에서 생겨나므로 죽음은 생명으로, 생명은 죽음으로 된다는 것이다. ② 인간의 영혼이 육체에 생명의 몫을 준다면 인간의 영혼은 죽음의 몫을 가질 수 없거나 죽음을 그 안에 수용할 수 없다. 그리하여 영혼은 죽을 수 없다고 제안한다.

영혼은 아남네시스(anamnesis; 상기, 기억해냄)라는 테제에 상응하여 누스(nous), 곧 신적이고 이상적인 것의 영역에서 나오며, 감각적인 욕망으로 인해 육화(肉化)된다. 그리하여 영혼은 '질병을 앓는 듯' 육체 안에 갇힌다. "소마(soma)는 세마(sema)다." 즉 육체는 영혼의 무덤이라는 것이다. 플라톤은 죽을 것으로서의 육체는 분해되고, 영혼은 영원한 것으로, 즉 죽음을 수용할 수 없는 어떤 것으로 증명한다.[靈魂輪迴說]

---

295) 플라톤의 『대화편』 중 《파이돈》에 나오는 내용이다. 기원전 399년 청소년선동죄로 사약을 받은 소크라테스가 독약을 마시고 죽음을 기다린다. 하반신이 마비되기 시작했을 때 갑자기 얼굴을 가린 수건을 들치고 말한다. "참. 클리톤. 나는 아스클레피오스에게 닭 한 마리를 빚졌네. 기억해두고 있다가 내 대신 꼭 갚아주게나."
플라톤의 대화편에서 소크라테스가 말하는 내용은 플라톤의 견해일 뿐이다.(『세계철학사』, 223쪽)

○ 아리스토텔레스(Aristoteles, BC 384~BC 324)

아리스토텔레스는 사물의 실체(Ousia)는 그 사물 안에 있을 수밖에 없다고 한다. 그것은 질료[質料, hyle, materia]와 형상[形相, morphe, eidos, forma]의 이원론이다. 아리스토텔레스는 모든 구체적이고 실존하는 존재자를 형상과 질료라는 두 가지 원리로 된 구조로 본다. 존재자는 형상과 질료로 이루어지며 그 안에 실재성[현실성]과 가능성이 있다. 질료는 그것에서 모든 것이 될 수 있는 순수한 가능성이다. 반면 형상은 실재성을 수여하고 형성하는 힘이다. 이데아와 실재하는 물을 구분하는 플라톤의 이원론이 아니라[구체적 사물에서 분리된 원형이 아니라] 그 속에서 스스로 현존하는 법칙으로 존재한다. 그것을 생명체의 영역에서는 영혼이라고 한다.

아리스토텔레스는 영혼을 "유기적이고 물질적인 육체의 첫 번째 엔텔레케이아[entelecheia, 질료 속에서 실현되는 본질적 형상]"로 정의한다. 즉 영혼은 실체의 형상이다.[質料形相說] 아리스토텔레스는 『영혼에 관하여』에서 생명의 본질은 영혼이고, 영혼은 육체의 형식인(形式因)이면서 동시에 목적인이라고 한다.[296] 인간은 영혼과 육신이라는 두 개의 실체로 된 것이 아니라, 인간과 다른 모든 유기체가 육체와 영혼이 결합된 하나의 실체, 하나의 존재라고 주장한다.[靈魂의 單一性] 그는 영혼을 성장과 영양분섭취와 번식을 조절하는 식물혼, 감각적 지각과 장소이동의 가능성을 제공하는 감각혼[동물혼], 사유하는 인간의 영혼인 정신혼으로 구분한다. 정신은 감각으로 받아들이는 (수용적)정신과 활동하는 (창조적)정신으로 구분할 수 있다. 이때 전자는 질료[가능성]를, 후자는 형상[현실성]을 보여준다. 영혼의 창조적 정신은 육체에 구속되어 있지 않으므로 죽지 않는다. 영혼은 영원하며 불멸이라고 보았다. 그러나 사고는 감각과 결합해야만 생기므로 죽은 뒤의 정신은 플라톤과 달리 개별적 정신이 아니다.

○ 에피쿠로스(Epikuros, BC 342~BC 271)

에피쿠로스는 우리가 죽음에 대항해 효과적으로 자신을 보호할 수 없으므

---

296) 영혼은 한 생명체의 이데아이며 전체를 의미한다. 따라서 육신이 영혼을 위해 존재한다.

로 죽음을 두려워할 필요가 없다고 한다. 에피쿠로스는 죽음의 공포가 근거 없다며, 그 논증으로 "죽음이 우리의 의식을 앗아가기 때문에 죽음은 우리에게 아무것도 아니며 우리와 전혀 상관없는 것이다. 우리가 의식을 가지고 있는 한 죽음은 없다. 죽음이 오면 우리에게 아무런 의식이 없다. 그리하여 우리는 죽음을 두려워할 필요가 없다."고 제시한다.

에피쿠로스에 의하면, 죽음은 감각의 파괴다. 그는 죽음의 불가역성과 완결성에 대해, "우리는 단 한번 태어나며, 영원 속에 더 이상 존재하지 않는 것은 필연적이다."라고 말한다. 에피쿠로스는 죽음을 최종적인 것, 불가역적인 것으로 생각했다. 제2의 탄생은 없다. 죽어야 할 삶은 성공적인 삶인 것이다. 이처럼 죽음은 모든 것의 소멸을 의미하므로 더 이상 쾌락도 고통도 두려워할 것도 없기 때문에 죽음은 우리에게 아무것도 아니라고 한다.

03 중세철학

O 아우구스티누스(Aurelius Augustinus, 354~430)

아우구스티누스는 인간을 "육체와 영혼으로 이루어지며 지성을 부여받은 실체"로 보며, 그 가운데 영혼의 우위를 인정한다. "덧없는 육신, 구원받는 영혼"으로.297)

아우구스티누스는 두 가지 죽음뿐만 아니라 두 가지 부활에 관해 이야기한다. 첫 번째 부활은 죽음 후의 영혼의 부활이며, 두 번째 것은 최후의 심판 후에 오는 육신의 부활이다. 육신의 죽음 후 인간에게는 단지 천국 또는 지옥만이 있다. 최후의 심판 후에 비로소 인간에게 영원하고 행복한 육신의 삶이 허락되거나 영원한 죽음이 온다.

O 아퀴나스(Thomas Aquinas, 1225~1274)

---

297) 인간의 내면은 의식[memoria, 기억]과 지성[intelligentia]과 의지[voluntus]의 합일체이며, 따라서 신적인 삼위일체의 모사다.

아퀴나스에 따르면, 영혼은 육신의 유일한 형상이다. 사유행위의 원리인 이성적 영혼은 인간육체의 본질적 형상이다. 인간의 영혼은 질료가 배제된 순수형상으로서 비육체적인 것이며 질료와 무관한 정신적 실체이다. 여기서 영혼의 불멸성과 영원성을 도출한다. 영혼은 육체와 무관한 실체이므로 육체와 함께 파괴될 수 없고 순수한 형상이기에 멸할 수도 없기 때문이다. 그는 영혼과 육신의 단순한 합성(合成)이 아니라 통합[통일]을 주장한다. 단지 하나의 유일한 영혼이 있을 뿐이며, 이 영혼은 다양한 능력, 감각적이고 정신적인 것, 이성과 의지를 모두 소유하고 있다.

신이 영혼의 존재를 결정한다. 육신의 모든 존재실제가 영혼의 자아실제다. 육신과 영혼이 분리되면서 인간은 죽는다. 왜냐하면 정신적 영혼과 육신의 갈라짐은 이제 인간이 인간으로 존재하는 것의 파괴이며, 육신으로 연결된 정신의 '세계-내-존재'가 종결되기 때문이다.

아퀴나스는 『대이교도 대전』 제3권에서 죽음에 대한 인간의 두려움과 회피를 다루고, 제4권에서 죽음이후에 일어나는 일을 묘사한다. 그는 죽음을 육신과 영혼의 분리로 묘사한다. 영혼이 육신으로부터 분리된 이후에도 계속 살긴 하지만, 육신 없이는 불완전하기 때문에 육신도 부활해야만 한다. 최후 심판 이후에 최종적인 부활은 육신의 부활인 동시에 영생을 의미한다.

04 합리론(合理論)

O 데카르트(René Descartes, 1596~1650)

데카르트는 존재하는데 다른 어떤 것들을 필요로 하지 않는 것을 실체로 이해한다. 그는 서로 다른 두 개의 존재영역을 구성하는 두 가지의 실체를 인정한다. 그것은 사유(思惟, res cogitans)하는 실체와 연장(延長, res extensa)하는 실체다.

데카르트는 방법적 회의에서 모든 것을 의심한 후, 그는 의심할 수 없는 근거가 아직 남아 있음을 설명한다. 모든 의심가운데에 존재하는 것으로, 아무런 의심도 할 수 없는 사실, 다시 말해 내가 지금 이 순간 의심하고 있다는 사실 즉 사유가 있다는 것이다. 그리고 사유에 맞서 연장을 통해 정의되는 육체성이 있다. 육체적 실체에 귀속될 수 있는 모든 것은 연장을 전제한다. 연장은 수학적으로 파악할 수 있는 것이다.

영혼은 육신으로 살고 육신을 형성하는 것[298]이 아니라 사고를 하는 가운데 항시 비육체적, 비공간적으로 움직이는 것이다. 데카르트는 인간을 사유와 연장, 영혼[299]과 육체가 결합하여 합성적인 통일을 이룬 심신이원론(心身二元論)으로 보았다. 영혼과 육체는 서로 직접 영향을 미치지 않는다고 한다. 즉 인간의 육체를 기하학적 기계론의 입장에서 해석하고 있다. 영혼은 선천적인 개념으로 육체의 직접적인 영향을 받지 않으며, 인간의 죽음은 단지 육체의 죽음에 불과한 것이고, 영혼은 영원불멸한 것이기 때문에 육신의 죽음을 두려워할 필요가 없다고 한다. 따라서 죽음은 영혼에 아무런 해를 끼칠 수 없다. 데카르트에게 죽음은 단지 우리 육체라고 부르는 기계의 종말일 뿐이다. 죽음은 순수한 육체적 사건이다.

○ 스피노자(Baruch de Spinoza, 1632~1677)

스피노자는 실체(substantia)를 "스스로 존재하고 스스로를 통해 파악되는 것, 즉 그 개념을 형성하기 위해 다른 개념을 동원할 필요가 없는 것"이라고 한다. 스피노자가 말하는 '실체'는 모든 사물의 근저나 배후에 자리 잡고 있으면서 모든 존재를 자체 내로 통합하고 포괄하는 일자 내지 무한자이다. 실체는 영원하고 무한하며 자기 자신에게서 비롯되어 존재한다.

실체와 대립하는 개념은 양태[양상, modus]다. 실체가 자기를 원인으로 하여 자유로운 동시에 필연적으로 존재하는 것을 뜻한다면, 양태란 이런 것이 아닌 모든 것, 즉 다른 것에 의해 제약되어 있는 모든 것을 뜻한다.

스피노자에게 있어 인간의 정신과 신체는 두 가지 속성으로 표현된 양태를 의미한다. 인간의 정신과 신체는 동등하며 평행하다.[平行論] 여기서 '평행'

---

298) 아퀴나스의 경우다.
299) 인간의 사유작용을 영혼 혹은 심령이라고 한다.

은 모든 속성의 동등성을 의미한다.300) 스피노자에 따르면 인간의 정신과 육체는 동일한 인간행동의 두 측면일 뿐, 서로 인과관계를 맺는 것은 아니다.

인간의 영혼은 신체의 해체와 함께 해체될 뿐이다. 따라서 영혼은 결코 불멸하는 존재가 아니다.301) 스피노자에 의하면 개별인간은 죽음으로 몰락하지만 인간이 하나의 사고, 무한한 사유의 관념인 한 인간은 존속한다.

05 관념론(觀念論)

O 칸트(Immanuel Kant, 1724~1804)

우리인간이 도덕적으로 완전하려면[자신의 지식과 타인의 지식이 같으려면] 자연적 수명을 넘어서 지속되어야 한다. 그러한 지속 중에 우리는 완전성으로 끊임없이 근접할 것이다. 끊임없는 근접은 하나의 끊임없는 시간을 전제로 한다. 그러한 도덕적 의무가 있는 한, 그러한 의무는 우리 모두가 영원히 지속적으로 존재한다는 가정과 연결된다.[개인적 불멸성]

플라톤이 불멸성을 죽음과 관련하여 논의하는데 반해, 칸트는 죽음에 관계되는 것을 완전히 제거한다. 칸트는 죽음과 죽음의 공포에 대해 전혀 관여하지 않는다. 칸트에게 죽음은 도덕적 완성에서 진술되지 않는 장애물에 지나지 않는다.

플라톤에게 영혼의 사후운명은 희망의 상관개념이다. 결국 그 누구도 자기의 도덕적 상태를 알지 못하기 때문에, 그에게는 스스로 성장하며 이승의 삶을 넘어 계속 존재하라는 희망만이 있을 뿐이다. 칸트는 죽음과 죽는다는 것, 죽음과 관계되는 것에 대해 단 한마디도 말하지 않는다.[죽음의 제거]

O 피히테(Johann Gottlieb Fiche, 1762~1814)

피히테는 『학문론』에서 영혼의 불멸성을 확립할 수 없다고 밝힌다. "영혼

---

300) 『고요한 폭풍』(스피노자, 손기태 옮김, 글항아리, 2016), 103~108쪽,
301) 『고요한 폭풍』, 115~118쪽.

245

도 없고, 죽음도 덧없음도 불멸성도 없으며, 단지 삶만 있을 뿐이다."[죽음이라는 이름의 허상]

○ 헤겔(Georg Wilhelm Friedrich Hegel, 1770~1831)

헤겔의 변증법은 죽음과 밀접한 관계를 가진다. 헤겔은 부정에 '거대한 힘'이 있다고 간주한다. 이 힘은 '사유의 활력, 순수한 자아의 활력'이다. '부정의 힘, 사유의 이러한 활력, 변증법적 운동의 참된 동력'을 죽음이라 명명한다. 헤겔은 『정신현상학』에서 죽음에 임해 귀결되는 지성적인 자극[힘]이란 사고를 선동하는 부정의 거대한 권력[거대한 힘]이라고 묘사한다. 죽음이란 가장 공포스러운 것이며, 죽음을 확인하는 것은 가장 큰 힘을 요구한다고 한다.

06 실존철학(實存哲學)

○ 쇼펜하우어(Arthur Schopenhauer, 1788~1860)

쇼펜하우어에게 삶이란 죽음을 향해 내려가는 내리막길이며, 삶의 궁극적 목표는 미몽에서 깨어나는 것이다. 삶과 죽음은 다른 것이 아니며, 삶이란 죽음과의 투쟁 속에 있으며, 죽음이란 미몽에서 벗어나 삶을 완성시키는 진정한 길이다. 그러므로 죽음은 삶의 진정한 목적이다.

쇼펜하우어는 "우리의 삶도 투쟁의 연속이다. 곤궁이나 무료함과의 투쟁일 뿐만 아니라 실제 다른 사람과의 투쟁이기도 하다. 인간은 가는 곳마다 자기의 적대자를 발견하고 끊임없이 싸우면서 살다가 손에 무기를 든 채 죽음을 맞이한다."고 말했다.

쇼펜하우어는 『의지와 표상으로서의 세계』에서 우리의 삶이란 특별한 목적을 가지고 있는 것이 아니라 그저 나를 지배하는 어떤 강한 힘, 즉 맹목적인 삶의 의지가 나를 끌고 갈 뿐이라고 주장한다.

쇼펜하우어의 사상은 삶의 의지의 부정이나 삶의 고통으로부터의 해방을 주장한다. 그것은 염세적이고 퇴폐적으로 삶을 포기하고 찬양하는 것이 아니라, 고통의 치유라는 관점에서 해석해야 한다. 그리고 죽음을 이해함으로써 삶의 완성이 이루어진다. 삶을 이해하지 못하는 사람들은 죽음을 두려워하며, 죽음을 이해하지 못하는 사람들은 삶을 두려워한다.

○ 쇠렌 키르케고르(Søren Kierkegaard, 1813~1855)

키르케고르에 따르면 '죽음에 이르는 병'은 절망이다. 그러나 동시에 절망을 느낀다는 것은 자신과 신의 관계를 이해하려는 노력의 고통이기 때문에 그 자체가 축복['신의 행복']이라 한다.

○ 니체(Friedrich Nietzsche, 1844~1900)

니체는 인간을 신체(Leib)적 존재로 이해한다. 다시 말해 인간은 이성과 육체, 그리고 힘의 의지(Der Wille zur Macht)가 공존하는 총체적 존재라는 것이다. 이에 니체는 존재자의 특징이 무엇이냐는 물음에 '권력의지[힘을 향한 의지]'라는 명제로 답한다. 모든 사상과 행동의 동기는 의지이며, 이 의지는 '자기보존, 삶의 기쁨과 생존능력의 향상, 강건함과 힘의 획득'을 목표로 한다.

니체는 자라투스트라(Zarathustra)라는 인물을 내세워 초인[超人, Der Übermensch]을 예찬한다. 니체에게 삶의 목적은 초인인데, 초인은 현 상태의 유지가 아니라 지속적인 상승을 추구하는 인간이다. 이는 힘의 의지 때문에 가능한 것이다. 초인은 자신을 넘어서고 극복하는, 자기 자신을 새롭게 창조하는 삶을 영위하는 인간이다. 반면 범인(凡人)은 (만들어진) 신의 명령에 따른다.

니체는『즐거운 지식』에서 동일한 것의 영원한 회귀(回歸)를 '가장 무거운 짐'이라고 부른다. 영원한 회귀의 의미는 궁극적으로 초인을 정당화하는 것이다. 니체는『차라투스트라는 이렇게 말했다(Also sprach Zarathustra)』에서 차라투스트라가 영원히 반복되는 삶의 무서움을 알고 난 후에 그것을 견디면서 현재를 후회 없이 살아야 한다는 사실을 깨닫는 과정을 보여준다. 용기는 죽음을 죽인다. 그때 용기는 이렇게 말한다. "이것이 삶이던가, 그렇다면 다시 한 번 더!" 이는 지금의 삶을 다시 한 번 완전히 똑같이 살아도 좋다는 마음으로 살라는 의미다.

니체는 '생명'과 '영원회귀[영원윤회]' 개념을 체계화한다. 그는 『권력에의 의지』에서, '생존'의 의미를 자신으로부터 죽음을 벗어나려는 끊임없는 활동이라고 말하는데, 니체가 말하는 생존·생명은 일종의 창조력이다. 그런데 생명 혹은 생존세계의 역량은 줄어드는 것도 느는 것도 아니며, 멈춤 없이 영원히 윤회하며 회귀한다는 것이다. 세상은 끊임없는 힘[권력]에의 의지들의 투쟁 상태가 지속되는 생성과 소멸, 창조와 파괴의 세계이고 그러한 생성과 소멸의 세계가 반복·순환된다는 것이다.

니체에게 ''영원회귀는 니힐리즘(nihilism)302)의 극단이라는 부정적 의미와 니힐리즘의 극복이라는 긍정적 의미를 갖는다. 극단적인 니힐리즘의 상황에서 모든 것이 동일하게 영원히 회귀한다는 것은 모든 것이 무의미하다는 의미를 갖는다. 반면 니힐리즘의 극복으로서의 영원회귀는 모든 것은 의미에 충만되어 있으며 모든 순간이 절대적인 가치를 갖는다는 것을 의미한다. 영원회귀사상을 두려워 할 것이 아니라 흔쾌히 받아들일 때 우리는 삶의 어떠한 고통도 긍정하는 초인이 된다고 한다.

하이데거는 니체의 힘에의 의지 사상과 영원회귀 사상이 서로 불가분의 관계에 있다고 본다. 인간을 비롯한 모든 존재자의 본질을 자신의 고양과 강화를 목표로 하는 힘에의 의지로 보는 사상은 필연적으로 영원회귀사상을 요청한다는 것이다. 영원회귀사상을 현존재가 적극적으로 수용할 때 현존재는 지상의 삶 매 순간을 있는 그대로 긍정할 수 있는 최고의 힘을 얻게 된다.303) 생은 고통과 고난을 포함하지만 이런 고통과 고난에도 불구하고 생을 긍정하고 그 안에서 유희하듯이 기쁘게 사는 자가 바로 초인이다. 초인이란 존재자 전체를 철저히 관통하면서 동일한 것의 영원한 회귀로 존재하는 힘에의 의지의 본질에 부응하는 자다.

---

302) 라틴어로 '무(無)'를 의미하는 니힐(nīhil)에서 파생한 니힐리즘(nihilism)은 '허무주의'로 번역되는 경우가 많지만, 단순히 모든 가치에 대해 허무함을 느끼는 것을 니힐리즘이라 말하지는 않는다.
303) 『니체와 하이데거』(박찬국, 그린비, 2016), 70~75쪽.

니체와 하이데거의 죽음관의 차이는 다음과 같다.

니체에게 죽음은 인간이 자신의 생명력과 정신력을 가늠해 볼 수 있는 가장 좋은 시험대다. 니체가 죽음과 관련하여 강조하는 것은 우리가 죽음 앞에서 비굴하냐, 아니면 고귀하고 기품이 있는 자세를 유지할 수 있느냐 하는 것이다.

이에 반해 하이데거는 죽음과 관련하여 죽음이 인간을 돈이나 명예, 혹은 권력과 같은 것에 대한 집착에서 벗어나 존재의 '열린 장'에 나아가게 하는 결정적인 계기가 될 수 있다는 점을 강조한다.

대부분의 경우 위에서 언급한 가치들에 따라서 존재자들을 파악하고 평가해 왔지만 죽음 앞에서 그러한 가치들이 허망하고 덧없는 것으로 드러나게 되는 것이다. 이런 의미에서 하이데거의 죽음은 세간적인 가치들을 무화시키는 무의 관이라고 부르고 있으며, 이러한 무는 결국 존재자체라는 점에서 죽음을 존재의 은닉처라고 부르고 있다.304)

○ 야스퍼스(Karl Jaspers, 1883~1969)

실존은 모든 존재자에게 허용되는 현존이 아니라 자유로운 가운데 모든 세계를 초월함으로써 자신을 실현하는 개별인간에 관련된다. 인간이 원래 될 수 있는 그 무엇은 단순히 그의 경험적인 '현재 존재함'[거기 있음]으로는 실현되지 않으며, 자신의 자유 안에서 해결해야 하는 과제다. 따라서 야스퍼스에게 실존[자기존재]은 본질적으로 나 자신을 구성하는 모든 것이다.

야스퍼스에 따르면 모든 세속적인 것을 넘어서는 도약은 죽음, 다툼[투쟁], 고통, 죄 같은 '극한 상황'[한계상황]을 통과하는 단계에서 일어난다. 인간이 존재하는 것은 최종적인 것이 아니며, 실존의 역사성 속으로 수용된다. 실존은 초월에서 자신의 방향을 확인하며, 초월은 실존의 자유를 위한 근원이자 가능성이다. 우리는 생명적 현존재로서는 죽어야 하지만, 자유를 의식하고 있는 실존으로서는 불멸한다.[죽음을 초월하는 현존]

---

304) 『니체와 하이데거』, 346~347쪽.

○ 하이데거(Martin Heidegger, 1889~1976)

하이데거는 인간과 비인간을 구별하여 인간은 실존하지만, 그 밖의 것들은 단순히 있는 것이라고 한다. 인간은 세계와 관련되어 존재하는 '세계-내-존재(In-der Welt-Sein)'이며, 이는 '무엇과 친밀함, 무엇에 익숙함, 무엇과 교류함'을 뜻한다.

비본래적305) 삶에서는 모든 존재자는 도구로 파악된다. 도구는 자신의 '도구의 존재성'[도구로서의 사용 가능성]으로 규정된다. 즉 도구는 사용할 수 있도록 준비되어 있는 것이다.

현존재의 기본구조는 '염려[조르게; Sorge]'으로, 이것은 '실존성'[實存性; 존재 가능성]과 '피투적인 사실성'[피투성; 被投性; Thrownness], '퇴락성'[頹落性; 평균적 일상성]의 통일이다.

인간은 태어나기 이전에 자유의지를 가지고 자기의 운명을 선택할 수 있는 필연적 존재가 아니라 다만 시대상황 속으로 어느 날 누군가의 손길에 의해 우연히 내던져진 존재일 뿐이라는 것이다. 이같이 우리는 '던져진 존재'이므로 '본질에 선행하는 존재'일 수밖에 없다.

현존재는 '세상사람'이라는 평균성으로 퇴락하는 양태를 부수고 나와 자신의 고유성을 향해 가야한다.

하이데거는 죽음은 현존재의 '불가능성의 가능성'이라고 한다. 불안(Angst) 속에서 현존재의 유한성과 무력함은 알게 된다. 이때 현존재는 자신의 '죽을 운명인 존재[죽음을 향한 존재; 죽음을 향해 가는 존재; Zein-zum-Tode]'임을 알게 된다. 인간은 각자 출생에서 죽음에 이르는 시간을 가질 뿐이다. '죽음으로 앞서 달려감'은 대체될 수 없는 각자의 고유성을 자각하는 사건이다. 하이데거가 말하는 '죽음을 향한 선구[가능성 속으로 미리 뛰어봄]'란 먼저 나서서[선취적으로] 적극적으로 죽음의 목적이나 의미를 물음으로써 자신을 규정하는 행위다.

하이데거는 죽음의 일상적 이해를 끌어들인다. "사람은 결국 언젠가 죽는다. 하지만 이것은 우선 자기 자신에게는 해당되지 않는다." 우리가 살아있는

---

305) '비본래적'이란 나 자신의 고유한 삶을 살지 않고 세상이 원하는 대로 살고 있다는 의미다.

한, 자신의 죽음은 "당장 자기 눈앞에 있지 않기에 위협적이지 않은 어떤 것으로 이해되고 있다"

하이데거에 따르면, 죽음은 삶의 끝이 아니라 '종말을 향한 존재'이다. 죽음은 마지막 짧은 순간으로 우리 앞에 있을 뿐 아니라 이미 우리 삶 안에 '들어와' 있다. 죽음은 우리가 지속적으로 직면하는 '가능성'이며, 그 자체로서는 '고유한 실존의 불가능성의 가능성'이다. 그리고 죽음은 개별적이다. 죽음은 시간 '안'에서의 어떤 사건이 아니라 시간의 종말이다. 시간 '안'의 사건으로서의 죽음은 내가 타자의 죽음을 경험할 때 나타난다.[306]

O 사르트르(Jean-Paul Sartre, 1905~1980)

사르트르는 『존재와 무』에서 존재를 의식에 의존하지 않는 물적 존재인 즉자적 존재[being-in-itself; 있는 그대로의 무의미한 존재]와 의식에 의해 규정되는 인간인 대자적 존재[being-for-itself; 의미가 부여되고 인식된 존재]로 구분한다. 이는 자기 자신의 목적을 선택할 수 있는 능력에 따라 구분된다.

사르트르는 인간을 의식적 존재로 보고 다른 존재들은 무의식적인 존재라고 한다. 인간은 본질적으로 자유로운 존재다. 인간은 자신의 실존 안에서 스스로를 규정한다. 실존이 본질에 앞선다. 이는 인간이 먼저 실존하여 자신과 만나고 세계 안에 나타난 뒤 자신을 정의한다는 뜻이다.

사르트르는 죽음을 현존재의 바깥에 두었다.[죽음에 앞선 실존] 죽음은 '나의 가능성 밖에 놓여 있는 무화'라는 것이다. 갑작스런 죽음은 언제 있을지 기대할 수 없는 것이기 때문이다. 그는 죽음이 '존재하는 나에 대한 관점에 대해 타자의 관점이 승리하는 것'이라고 했다.

O 카뮈(Albert Camus, 1913~1960)

카뮈는 인간을 낯설고 불가해하며 인식되지 않는 부조리한 세계에 처해있는 존재로 보았다. 카뮈에게 인간의 삶은 좌절과 절망의 연속이다. 우리는 부조리한 상황 속에 살고 있다. 카뮈에 따르면 우리의 실존을 결정하는 부조리

---

306) 『하이데거』(뤼디거 자프란스키, 박민수 옮김, 북 캠퍼스, 2017), 281~282쪽.

의 경험에서 중심이 되는 것은 죽음의 확실성이다. 『시시포스신화』는 인간이 죽음에 속해 있음을 의미한다.

카뮈는 유한성과 죽음에 대한 동의가 자신의 유한함을 체험하고 구상할 수 있는 가능성으로 인간을 해방시킨다는 입장을 고수했다.

카뮈는 『페스트(The Plague)』에서 "세계의 질서는 죽음에 의해 만들어진 다."고 표현했다. 결국 언젠가는 우리의 인생에 마지막이 올 것이라는 바로 그 사실이 우리로 하여금 행동하게 만드는 동력이다.

07 유물론

O 포이어바흐(Ludwig Feuerbach, 1804~1872)

포이어바흐에게 죽음과 불멸성에 대한 물음은 신에 대한 물음과 직접적인 연관이 있다. 『기독교의 본질』 제19장에서 개인적인 불멸성에 대한 믿음이 인격신에 대한 믿음과 동일하다고 설명한다. 신은 단지 인간자신의 완전함을 위한 하나의 다른 이름일 뿐이다. 신은 인간자신이 스스로 설계한 존재에 지나지 않는다. 인간은 신에 의존하는 것이 아니라, 신이 인간에 의존한다.

인간이 인간과 더불어 있을 때만 인간이라는 점에서, 신이 명령하는 기획의 취소와 불멸성에 대한 믿음의 포기는 인간을 진정한 본질로 회귀시킨다.

포이어바흐는 죽음을 개인이 받아들여 하는 취소할 수 없는 자연적 사건이자 사실로 정의한다.

O 마르크스(Karl Marx, 1818~1883)

마르크스는 포이어바흐가 세계를 다양하게 해석한 철학자 중 한명이라는 이유로 그는 비판한다. 그에 따르면 모든 것은 세계를 변화시키는 데 달려 있기 때문이다. "철학자들은 세계를 서로 달리 해석했을 뿐이다. 중요한 것은 세계를 바꾸는 것이다."

마르크스에 따르면 죽음은 특정한 개인에 대한 종의 승리다. 개인은 단지 하나의 특정한 종의 존재이며 그리하여 사멸성을 가진다.

　마르크스는 개체의식의 자기초월, 즉 자신을 초월해 밖으로 나아가 비로소 자기 자신이 되는 것이다.[자신이 되기 위한 자기초월]

08 프랑스철학

○ 장켈레비치(Vladimir Jankélévitch, 1903~1985)

　블라디미르 장켈레비치가 죽음이 삶의 '문제'이면서, '신비'라고 말한다. "결국 죽음의 신비란 한 생애의 신비에 다름 아니며, 또 이 생애란 운명에 다름 아니다."

　'지속·시간'의 생의 철학자 앙리 베르그송(Henri Bergson, 1859~1941)과 철학자이자 소설가 안톤 체호프(Anton Pavlovich Chekhov, 1860~1904)의 영향을 받은 장켈레비치의 죽음에 대한 사유는 '신비'다.

　장켈레비치에게 '죽는다'는 것은 존재의 조건이다. 죽음은 삶에 의미를 부여하는 동시에 의미를 제거한다. 죽음은 '삶에 의미를 부여하지만 그 의미를 부정하는 비의미(non-sens)'이다. '아무것도 아닌 것으로의 이행'으로서의 죽음은 결국 삶을 위한 것이다.

　장켈레비치의 『죽음에 대하여』는 '죽음에 대한 불안'보다 '삶에 대한 불안'이 더 심한 현 시대에 읽어야 할 책이다.

○ 에마뉘엘 레비나스(Emmanuel Levinas, 1906~1995)

　레비나스는 죽음을 인식론에서 다룰 수 있는 것이 아니라 윤리학적 차원에서 다루어야 한다고 주장한다. 왜냐하면 존재론은 존재자의 존재를 전제로 하여 존재근거와 존재방식을 탐구하는 것인데, 죽음은 존재에 속하는 것이 아니고 존재영역을 넘어서 있는 것이기 때문이다.

　타자(他者)가 철학의 제1원리라고 하는, 레비나스의 타자철학은 고독과 죽음의 문제를 철저히 파헤치고 여기 이 세상에서의 삶의 존엄한 가치를 밝혀

낸다.307) 죽음은 어떤 경우에도 내가 주인이 될 수 없는 사건을 보여줌으로써 '나'라는 존재가 어떤 방식으로도 닿을 수 없는 '타자'의 존재를 알려준다. 언제나 타자의 죽음은 나의 죽음을 앞선다. 하이데거가 주장하는 것처럼 죽음은 현재에 속한 것이 아니라 미래에 속하기에, 선취를 통해 앞질러가서 사로잡을 수 있는 그런 '현재의 미래'가 아니다. 미래의 죽음을 현존재 안에 들어온 죽음으로 염려하지 않는다.

그리고 타자의 존재는 동일한 의식을 가지고 있는 '나'라는 존재가 근원적으로 가진 고독을 깨는 역할을 한다. 고통을 견디고 죽음 앞에 바로 설 수 있는 존재만이 내가 아닌 타자와의 관계가 가능한 영역에 도달할 수 있다는 것이다.

따라서 타자의 타자성에 접근할 수 있는 방식은 윤리적 접근이며 이는 타자와의 만남, 타자의 얼굴과의 만남이다. 기아 빈곤, 전쟁, 테러, 어린이 여성, 노약자들은 타자의 얼굴이며, 이들의 얼굴은 "제발 저를 죽게 내버려두지 마세요!" "제발 저를 죽이지 마세요!" 라는 것을 의미한다는 것이다.

📖 함께 읽을 책

죽음에 대한 철학적 논의,
◉ 죽음에 관한 철학적 고찰: 철학자들 죽음으로 삶을 성찰하다
 - 구인회, 한길사, 2015, 321쪽

◉ 죽음(Tod)
 - 카타리나 라키나, 김혜숙 옮김, 이론과 실천, 2014, 171쪽

◉ 죽음에 대하여(Penser la mort?)
 - 블라디미르 장켈레비치(Vladimir Jankélévitch), 변진경 옮김, 돌베개, 2016, 208쪽

---

307) 타자와 죽음의 철학은 유대인대학살에 대한 문제의식이며 하이데거의 존재론적 사유의 한계에 대한 비판이다.

◉ 영혼에 관하여
 - 아리스토텔레스, 오지은 옮김, 아카넷, 2018, 412쪽

   신화·종교·문학·철학적 논의,
◉ 죽음과 삶의 드라마로서 인간의 유한성(Endlichkeit)
 - 라이너 마르텐, 최상욱 옮김, 서광사, 2017, 208쪽

◉ 탄생철학
 - 루트거 뤼트케하우스, 공병혜·이선 옮김, 이학사, 2017, 219쪽

◉ 비극의 탄생/즐거운 지식
 - 프리드리히 니체, 곽복록 옮김, 동서문화사, 2017, 584쪽

◉ 권력에의 의지(Der Wille zur Macht)
 - 프리드리히 니체, 강수남 옮김, 청하, 1988, 634쪽

◉ 페스트
 - 알베르 카뮈, 변광배 옮김, 더스토리, 2020, 432쪽

◉ 마르크스를 읽자
 - 미카엘 뢰비·에마뉘엘 르노·제라르 뒤메닐, 김덕민 옮김, 나름북스, 2020,
   456쪽

◉ 마르크스의 자연 개념(Der Begriff der Natur in der Lehre von Marx)
 - 알프레트 슈미트, 김경수 옮김, 두 번째테제, 2020, 348쪽

◉ 레비나스의 타자물음과 현대철학
 - 윤대선, 문예출판사, 2018, 460쪽

제7장 문학 속 죽음

최문규(1958~) 연세대 독어독문학과 교수는 『죽음의 얼굴』에서 '문학 속에서 인간은 어떻게 죽어 가는가?'를 주제로 한국과 독일 현대소설 110편을 비교분석하여 죽음을 범주화[형상화]하였다. 그는 "한국 소설은 독일에 비해 죽음자체에 대한 형이상학적인 논의보다 병들어 죽어가는 이 또는 죽은 이를 감각적이고 구체적으로 묘사하는 데 탁월한 능력이 있다."고 밝혔다.

01 육신의 부재로서의 죽음

죽은 이의 몸을 완전히 배제하거나 죽음자체를 추상적으로 무덤덤하게 그려내는 방식이다. 추상화된 죽음은 육체적 고통을 배제함으로써 현존에 대한 의식, 현존에 죽음이 내포되어 있다는 한계상황에 대한 의식을 은폐할 수도 있다.

○ 황순원(黃順元, 1915~2000)의 『소나기』

"글쎄 말이지. 이번 앤 꽤 여러 날 앓는 걸 약두 변변히 못 써봤다더군. 지금 같아서는 윤초시네두 대가 끊긴 셈이지.……그런데 참 이번 기집애는 어린 것이 여간 잔망스럽지가 않어. 글쎄 죽기 전에 이런 말을 했다지 않어? 자기가 죽거든 자기 입던 옷을 꼭 그대루 입혀서 묻어 달라구……"

○ 카프카(Franz Kafka)의 『판결』

"너 자신 외에 뭐가 남아 있는지 이제야 알겠지. 지금까지 너는 단지 너만 아는 이기적인 인간이었잖아! 넌 원래 순수한 아이였지. 하지만 넌 본래 악마와 같은 인간이었어! 그리고 알고 있거라. 지금 내가 너에게 익사할 것을 판결하노라!"

02 내던져진 사물로서의 죽음[고독한 죽음]

개인을 중시하는 경향이 최고조에 도달하면 개인의 삶이나 죽음은 비개성적·탈개성적 양상을 띠게 된다. 비개성적·탈개성적 죽음을 보여주는 대표적인 현상은 개인이 마치 하나의 사물처럼 내던져진 채 고독하게 죽어가는 모습이다.

지그문트 프로이트는 애도와 멜랑콜리(melancholy)의 차이점을 각각 주변세계의 공허함과 자아의 공허함으로 구분했는데, 냉혹한 사회적 타살에 의한 죽음과 그 주검을 관찰하는 서술자는 사회현실이나 개개인의 자아에 대해 그 어떤 공허한 감정을 드러내지 않는다.

〇 전영택(田榮澤, 1894~1968)의 『화수분』

"이튿날 아침에 나무장사가 지나가다 그 고개에 젊은 남녀의 껴안은 시체와 그 가운데 아직 막 자다 깬 어린애가 등에 따뜻한 햇볕을 받고 앉아서 시체를 툭툭 치고 있는 것을 발견하여 어린것만 소에 싣고 갔다."

〇 파트리크 쥐스킨트(Patrick Suskind, 1949~)의 『향수』

『향수: 어느 살인자의 이야기』에서, 프랑스 최고의 향수제조업자 그루누이는 처녀를 24명 살해한 뒤 그 여인들의 향취를 채취하여 지상 최고의 향기를 만들어내고는 자기 몸에 그 황홀한 향수를 뿌리고 재판대로 나아간다.

03 피의 전율로서의 죽음

붉은색으로 강렬하게 죽음을 묘사하는, '피 흘리는 모습의 형상화'로 나타난다.

김동리(金東里, 1913~1995)의 『황토기』에선 "온 방이 벌건 피요 비린 냄새가 코에 훅 치받는다.", "거창한 신장을 피에서 그냥 건져낸 것처럼"같이 과장된 표현으로 죽음을 묘사한다.

콸콸 흐르는 붉은 피와 하얀 살갗, 침구, 눈(雪)을 대비하는 방식도 자주 쓰인다.

정이현(鄭梨賢, 1972~)은 『순수』에서 "벌거벗은 가슴 한복판에서 샘처럼 콸콸 솟구친 피는, 새하얀 목면시트를 온통 붉게 적셨더군요."라고 썼다.

이청준(李淸俊, 1939~2008)의 『병신과 머저리』에선 "가슴께에서 쏟아진 피가 빠른 속도로 눈을 물들이고 있었다."고 묘사했다.

04 통보된 메시지로서의 죽음

타자에게 찾아오는 죽음의 경우 대부분 지체된 시간 속에서 일종의 통보된 죽음과 마주하게 된다. 통보된 메시지로서의 죽음은 표피적이고 건조하게 서술되어 있다.

괴테의 『파우스트』제1부에서 파우스트(Faust)는 순결한 처녀 그레트헨(Gretchen)을 유혹해 아이를 낳게 하고, 그레트헨의 어머니와 오빠를 죽음에 이르게 한다. 결혼도 하지 않은 채로 아이를 낳은 그레트헨은 세상의 비난 속에 정신착란에 빠져 아이를 물에 빠뜨려 죽이고 형장의 이슬로 사라진다. 그런데도 쾌락에 젖은 파우스트는 죄의식 따위는 아랑곳하지 않고 더 큰 행동을 갈망한다.

병원은 병을 치료하는 곳이 아니라 죽음을 통보하고 생산하는 삭막한 공간으로 그려진다. 박경리(朴景利, 1926~2008)는 『불신시대』에서 "의사의 무관심이 아이를 거의 생죽음을 시킨 것이다. 의사는 중대한 뇌수술을 엑스레이도 찍어보지 않고, 심지어는 약 준비조차 없이 시작했던 것이다"고 썼다.

새로운 매체의 등장은 문학 속 죽음의 묘사를 다양화했다. 이홍(1978~)의 『성탄 피크닉』에선 의인화된 아파트 폐쇄회로(CC) TV의 눈이 "결국엔 나를 판독해야 했다. 내게 저장된 진부한 기억의 그림들을"이라며 사건의 결정적인 증인으로 등장한다. 죽음의 통보도 인터넷이나 TV뉴스로 전달된다.

05 아름다운 이별로서의 죽음

죽음이 아름다운 승화로 막을 내리기도 한다.

영화 《세상에서 가장 아름다운 이별(2011)》은 며느리, 엄마, 아내, 누나 그리고 어머니의 이름으로 가족을 위해 삶을 희생한 한 여자의 일생을 그린 작품이다. 치매에 걸려 걸핏하면 머리채를 휘어잡는 시어머니, 집안일에 무관심하고 무뚝뚝한 남편, 바쁜 일상에 지쳐 있는 딸, 여자 친구밖에 모르는 삼수생 아들, 툭 하면 사고치는 백수 외삼촌 부부, 그리고 그들을 위해 모든 것을 바쳐 사는 어머니, 영원히 반복될 것만 같았던 일상에 찾아온 이별의 순간, 그날 이후 그들은 진짜 '가족'이 되었다.

06 무감각한 마지막 대면으로서의 죽음

죽음이란 살아있는 이와 죽어가는 이를 마지막으로 대면하게 만드는 것이며, 삶과 죽음의 경계가 그어지는 그 마지막 대면의 순간은 애절하면서 동시에 무감각하다. 보통 죽어가는 이와 살아있는 이의 무감각한 이별장면으로 표현된다.

○ 카프카(Franz Kafka)의 『변신』

"그는 제법 쾌적하게 느꼈다. 온몸이 아프기는 했으나, 고통이 점점 약해져 가다가 마침내 아주 없어져 버리는 것 같았다. 그의 등에 박힌 썩은 사과와, 온통 부드러운 먼지로 덮인 곪은 언저리도 그는 어느덧 거의 느끼지 못했다. 감동과 사랑으로 가족들을 회상했다. 자신이 없어져 버려야 한다는 데 대한 그의 생각은 아마도 누이동생의 그것보다 한결 더 단호했다. 시계탑시계가 새벽 3시를 알릴 때까지 그는 내내 이런 텅 비고 평화로운 사색의 상태였다. 사위가 밝아지기 시작하는 것도 그는 보았다. 그러고는 그의 머리가 자신도 모르게 아주 힘없이 떨어졌고 그의 콧구멍에서 마지막 숨이 약하게 흘러나왔다."

○ 염상섭(廉想涉, 1897~1963)의 『임종』

이 작품은 죽음을 앞둔 한 인간이 겪는 심리변화와 병자를 둘러싼 가족들의 이기적인 심리를 형상화한 소설이다. 삶에 집착하는 인간의 본능과 이를 바라보는 가족들의 속물적이고 이기적인 모습을 통해 관계와 단절이라는 측면에서 죽음을 바라보고 있다. 또한 죽음에 직면한 병자의 심리변화와 병자를 둘러싼 가족들의 심리를 세밀하게 포착하여 직접적으로 묘사하고 있다. 병자와 가족들의 복잡한 속마음을 직접적으로 서술함으로써 인물 간의 갈등을 사실적으로 드러내고 있으며, 이를 통해 죽음과 삶에 대한 윤리적인 문제의식을 제기하고 있다.

07 매체적 퍼포먼스로서의 죽음

매체적 퍼포먼스로서의 죽음은 두 가지 유형으로 나뉜다. 하나는 '죽음의 사회적 매개'라는 측면에서 현존재의 끝인 죽음과 관련해서 그 매개적 역할을 수행하는 장례식 같은 집단적 예식 및 정서 등과 관련된 죽음의 유형이다.

다른 하나는 기술적 매체에 의한 죽음을 뜻한다. 다양한 기술적 매체[신문, 텔레비전, 자동차]는 삶의 방식뿐만 아니라 죽음의 인식 등을 변화시키며 매체자체가 죽음을 야기하는 원인으로도 작용한다.

08 병든 육신의 종착역으로서의 죽음[병으로 인한 죽음]

병과 죽음의 관계를 형상화한 장면으로 나타난다. 병든 육신의 죽음은 의료기구와 근접관계를 형성한다. 의료기구는 과학적으로 질병을 분석해주는 수단인 동시에 마지막순간의 고통과 함께 죽음의 '최종선고'를 내리는 역할을 한다.

토마스 만(Thomas Mann, 1875~1955)의 『부덴브로크 가의 사람들』은 한 가문의 몰락을 주제로 하지만, 병으로 죽어가는 가족구성원들의 마지막육신상태가 다양하게 그려져 있다.

09 자연으로 회귀로서의 죽음

자연과 죽음의 친화적 관계로 묘사한다. 삶과 생명과 소멸을 동시에 매개해주는 대표석인 은유는 '물'이다. 물은 생명의 근원이자 죽음이라는 상반된 의미를 지니고 있다. 살아있는 이가 스스로 목숨을 끊을 경우 주로 물속에 몸을 던지거나 나무에 목을 매달고 죽어간다.

우리나라 소설로는 김동인(金東仁, 1900-1951)의 『배따라기』, 계용묵(桂鎔默, 1904-1961)의 『백치 아다다』 등이 있고, 독일소설로는 네 남녀의 기이한 사랑을 그린 괴테의 『친화력』을 들 수 있다.

10 관계의 소멸

특히 가까운 이의 죽음에서 나타난다. 부모, 부부, 자식 등 가족 구성원의 죽음은 남아 있는 이들에게 가장 처연한 감정을 불러일으킨다.

11 환생(윤회)

윤회를 뜻하는 산스크리트 '삼사라(Samsāra)'는 '함께 흘러간다.', '삶고 죽음을 되풀이 한다', '괴로운 생존을 되풀이 한다' 등의 뜻으로 쓰인다.

O 리처드 바크(Richard Bach, 1936~)의 『갈매기의 꿈』
"먹고, 다투고, 권력을 차지하는 일보다 더 가치 있는 삶이 있다는 것에 생각이 미치기까지 우리가 얼마나 많은 삶을 통과해야 하는지 아는가? 우리가 살아가는 목적은 완성을 발견하기 위함이라는 것을 깨닫고 그것을 추구하기까지 또다시 백 번의 생을 거쳐야 할 거야. 우리가 이 세계에서 배운 것을 통해서 우리의 다음 세계를 선택한다는 말일세."

O 김훈(金薰, 1948~)의 소설 『화장』
"요강처럼 가운데가 뚫린 의자 위에 아내를 앉혔습니다. 의자 위에서 아내는 사지를 늘어뜨렸습니다. 아내의 두 다리는 해부학교실에 걸린 뼈처럼, 그야말로 뼈뿐이었습니다. 늘어진 피부에 검버섯이 피어있었습니다. 죽음은 가까이 있었지만, 얼마나 가까워야 가까운 것인지는 알 수 없었습니다."

O 테오도어 폰타네(Theodor Fontane, 1819~1898)의 소설 『에피 브리스트』
"그녀가 오래 귀를 기울일수록 플라타너스 위로 내리는 가느다란 빗소리 같은 게 점점 더 분명하게 들려왔다. 일종의 해탈감이 그녀를 엄습해 왔다. - 쉬어라, 쉬어라! … 원형화단에 작은 변화가 일어났다. 해시계가 없어지고 그 자리에 하얀 대리석 비석이 서 있었다."

O 베르나르 베르베르(Bernard Werber)의 『기억』

베르베르는 주인공 르네 톨레다노의 입을 통해 지금의 생이 전부가 아니라고 단언한다. 주인공 르네 톨레다노는 고등학교에서 역사를 가르치는 교사이다. 그는 센강 유람선공연장 〈판도라의 상자〉에 갔다가 퇴행최면의 대상자로 선택된다. 공연을 진행하는 최면사 오팔은 관객들에게 도발적인 질문을 던진다. "당신이 진정 누구인지 기억할 수 있나요?" 인간의 정체성에서 기억이 어느 만큼을 차지하는지, 그리고 인간이 어떻게 기억을 만들고 지켜 나가는지가 이 작품의 화두다.

베르베르는 "인간의 삶이 현생에 국한되지 않고 전생, 내생과 이어져 있다고 하면 우리의 존재를 상대화해 바라볼 수 있고, 다음 생(生)이 있다고 여기면 지난 생의 교훈을 바탕으로 우리는 더 나은 삶을 살 수 있어 환생은 삶을 바라보는 시각을 풍성하게 확대해준다."고 말한다.

📖 **함께 읽을 책**

◉ 죽음의 얼굴 : 문학 속에서 인간은 어떻게 죽어가는가
 - 최문규, 21세기북스, 2014, 575쪽

◉ 죽음: 주제별로 엮은 세계 문호들의 중.단편 앤솔러지
 - 이반 세르게예비치 투르게네프·기 드 모파상·프란츠 카프카·어니스트 헤밍웨이·캐서린 맨스필드·하라 다미키·루쉰, 이항재.정숙현.국세라 옮김, 에디터(editor), 2013, 344쪽

◉ 프란츠 카프카: 변신외 77편
 - 프란츠 카프카, 박병덕 옮김, 현대문학, 2020, 840쪽

◉ 향수
 - 파트리크 쥐스킨트, 강명순 옮김, 열린책들, 2020, 400쪽

◉ 파우스트(Faust) 1·2
　- 요한 볼프강 폰 괴테, 전영애 옮김, 길, 2019, 620·892쪽

◉ 변신·소송
　- 프란츠 카프카, 박제헌 옮김, 별글, 2019, 496쪽

◉ 심판308)
　- 프란츠 카프카, 박환덕 옮김, 범우 ,2020, 336쪽

◉ 부덴브로크 가의 사람들(Buddenbrooks, Verfall einer Familie) 1·2
　- 토마스 만, 홍성광 옮김, 민음사, 2001, 522·516

◉ 친화력(Die Wahlverwandeschaften. 6: Romane und Novellen)
　- 요한 볼프강 폰 괴테, 오순희 옮김, 서울대학교출판문화원, 2013, 404쪽

◉ 갈매기의 꿈(Jonathan Livingston Seagull)
　- 리처드 바크, 공경희 옮김, 나무옆의자, 2018, 160쪽

◉ 기억 1·2
　- 베르나르 베르베르, 전미연 옮김, 열린책들, 2020, 400·400쪽

---

308) 『판결』로도 번역되고 있다.

제8장 죽음 공부

우리는 언론을 통해 뭇사람의 죽음소식을 접한다. 하지만 거의 대부분 나와 무관한 일로 치부하고 만다. 내게 당장 죽음이 닥쳐오리라고 생각하지 않기 때문이다. 그래서 대부분의 경우 평소에 자신의 죽음을 생각하지도 않고 미리미리 준비하지도 않는다. 그러다보니 죽음을 자신의 입장에서 적극적으로 맞이하지 못하고 죽음에 끌려가는 경우가 대부분이다. 죽는 자는 물론 산자 모두의 입장에서 죽음공부는 필요하다.[309]

고령화 사회에 '호스피스·완화의료 및 임종과정에 있는 환자의 연명의료결정에 관한 법률' 시행 등으로 그 어느 때보다 죽음과 그 준비에 대한 관심이 높아지고 있지만, 죽음공부는 꺼리는 것 같다. 자신의 묘비명, 부고기사나 추도사를 쓰거나 유언장을 써 보는 것이 좋은 죽음공부가 될 수 있다.

몽테뉴는 "우리는 죽음에 대한 걱정으로 제대로 살지 못하고, 삶에 대한 걱정으로 제대로 죽지 못한다. (중략) 우리가 죽음을 준비하는 것은 죽음자체에 대비하기 위함이 아니다. 왜냐하면 그것은 너무나 순간적이기 때문이다. 십오 분 동안의 고통을 위해 특별한 가르침을 받을 필요는 없다."[310]고 말히면서 우리는 죽음을 맞이할 연습을 하고 있다는 것이다.

01 왜 죽음을 배워야 하는가?

---

309) 장켈레비치는 "죽음은 배울 수 없는 것이고, 배워야 할 것도 없다."고 한다. 그래서 죽음을 가장 열심히 준비한 사람이 죽음에 가장 취약한 사람이라고 한다.(『죽음에 대하여』, 38쪽)
310) 『나이듦과 죽음에 대하여』, 147쪽.

죽음학을 의미하는 'thanatology'[311]라는 용어는 고대그리스어로 죽음의 구현을 뜻하는 '타나토스(Thanatos)'로부터 나온 것으로, 죽음의 원인·조건· 이론 등에 관한 연구를 말한다.[312]

미국의 경우, 1963년 미네소타 대학교에서 최초로 죽음학 강의가 커리큘럼(curriculum)으로 개설되었다고 한다. 독일에서는 죽음학 관련 고등학교 교과서가 20여 종에 이르고 있다고 한다.

영국[313]은 2009년부터 매년 5월 '죽음알림주간(Dying Matters Awareness Week)'행사를 열어 노후계획은 물론 사랑하는 이에게 편지를 보내거나 유언장, 장기기증서약서 작성, 장례계획세우기를 통해 품위 있는 죽음을 맞도록 지원한다. 2011년 '데스 카페(Death Café)'를 창립한 존 언더우드(John Underwood)는 '죽음을 회피하지 않고 즐겁게 얘기하며 삶의 의미를 찾고 힘을 내자'는 취지에서 활동을 시작했다고 한다.[314] 더 나아가 요즘에는 '데스 카페' 모임은 물론 '데스 디너(Death Dinner)' 모임을 준비하기도 한다.

죽음학자 알폰스 데켄(Alfons Deeken, 1932~2020)교수는 죽음교육의 의미에 대해 '시간의 가치'를 첫 번째로 꼽는다. 그는 시간의 가치를 일깨우는 것, 죽음을 바라봄으로써 하루하루를 어떻게 살아야 할지 생각하는 것이 죽

---

311) '죽음학', '임종학(臨終學)', '생사학', '사망학' 등으로 번역되고 있다. 죽음학은 '죽는자'의 입장에서. 임종학은 '산자'의 입장에서 죽음을 바라보는 듯하다.
312) 한나 아렌트(Hannah Arendt)이 의하면 현재 '출생성', 즉 '탄생성'은 '죽음을 향한 존재보다 우선적이다. 이에 루트거 뤼트케하우스(Ludger Lutkehaus, 1943~)는 '탄생철학', 즉 출생학을 주창한다.(『탄생 철학(Natalität)』, 루트거 뤼트케하우스, 공병혜·이선 옮김, 이학사, 2017, 219쪽 참조)
313) 영국 이코노미스트는 2010년 영국, 호주, 뉴질랜드, 한국 등 40개국을 대상으로 △안락사 허용 등 죽음에 대한 사회의 인식수준 △임종환자처치관련 의료진숙련도 △임종 전 진통제투여 편의성 △환자와 의료진과의 관계 등을 기준으로 '죽음의 질(생애말기 치료)'을 조사했는데, 영국은 1위, 한국은 32위에 그쳤다.
314) 『죽음(EBS)』, 167~180쪽.

음교육의 중요한 목표 중 하나라고 말한다.315)

알폰스 데켄교수가 제시하는 죽음 준비교육의 목표는 아래와 같다.

① 죽어가는 환자들에게 도움을 주기 위해 죽어가는 과정에 대한 이해를 돕는다.
② 사람들로 하여금 죽음을 더 깊이 생각하게 하고, 자신의 죽음을 준비할 수 있도록 돕는다.
③ 상실의 경험으로 인해서 남아 있는 사람들이 겪게 되는 비탄의 과정을 이해하고, 상실로 인해 어려움을 겪는 사람들을 돕는다.
④ 지나친 죽음에 대한 공포를 완화시키고 심리적 부담으로부터 해방시켜 준다.
⑤ 죽음에 대한 금기를 제거하고, 자유롭게 죽음에 대해 이야기하도록 한다.
⑥ 자살을 생각하고 있는 사람의 심리를 이해하고, 자살을 예방하는 방법을 가르친다.
⑦ 병명의 고지와 말기 암환자의 알 권리에 대한 인식을 고양한다.
⑧ 인위적 생명 연장, 안락사 등 죽음과 관련된 윤리적 문제를 가르친다.
⑨ 죽음에 대한 정의, 뇌사 결정, 장기이식, 시신 기증, 유서 작성 등 법률과 관련한 의학적인 문제를 해결해 준다.
⑩ 장례의 역할에 대한 이해를 도모하고, 자신의 장례를 스스로 선택하여 준비하도록 돕는다.
⑪ 생명의 소중함과 삶의 가치를 일깨워 주며, 주어진 시간과 생명을 어떻게 살아갈 것인지에 대해 새로운 시각을 열어준다.
⑫ 삶의 질을 높이는 것이 죽음과 죽어감의 질을 높인다는 것을 알게 한다.
⑬ 자기 자신의 죽음에 대한 철학을 확립하고, 죽음이나 죽어가는 과정을 스스로 선택하도록 격려한다.
⑭ 죽음에 대한 종교의 다양한 해석을 탐구한다.
⑮ 사후의 생명에 대한 가능성을 생각하도록 격려한다.

---

315) 『죽음(EBS)』, 241~242쪽.

알폰스 데켄은 "세 살부터 다섯 살까지의 어린아이는 죽음을 더 이상 돌아올 수 없는 현상으로 받아들이지 못한다. 다섯 살부터 아홉 살까지는 한번 죽으면 다시는 살아 돌아올 수 없다는 인식은 생기지만 아직은 자신이나 부모 등 가까운 사람들에게 죽음이 닥치리라곤 인식하지 못한다. 열 살이 지나면 차츰 죽음의 보편성과 절대성을 받아들이게 된다."고 한다. 어린아이에게 죽음을 설명할 때 "개가 죽으면 짖을 수도 없고 더 이상 달릴 수도 없잖아. 사람도 죽으면 숨을 쉴 수도, 먹을 수도, 어떠한 것도 할 수 없단다."처럼 구체적으로 설명하는 게 효과적이다. 아이가 죽음에 대해 물으면 진지하게 대답하는 편이 바람직하다. 전문가들은 아이들에게 죽음을 이야기할 때 '수면' '휴식' '외출'과 같은 말로 설명하지 말라고 한다. 부모가 병을 앓고 있다면 그 병을 쉽게 설명해 주고 아이로 하여금 이별을 인식하게 하라고 전문가들은 조언한다.

잘 사는 것도 중요하지만 잘 죽는 것도 그에 못지않게 중요하다. 잘 살아야 잘 죽을 수 있다. 그러기 위해서는 죽음을 배워야 한다. 죽음에 대해 공부하는 것은 결국 잘 살기 위한 공부이다.

죽음이 임박했을 때 어떻게 준비하고 마지막순간에는 어떻게 대처해야 할까? 우리는 죽음 이후에 어떻게 될까?

알폰스 데켄은 우리에게 '남은 시간을 사용하는 법'에 대해 다섯 가지 제안을 한다.316)

① 당신의 인생에서 가장 중요한 것을 열 가지 나열해 보세요.
② 그중에서 가장 잃어버리기 싫은 중요한 것부터 차례로 번호를 붙여보세요.
③ 실제로 지금 당신이 시간을 어떻게, 무슨 목적으로 사용하는지 적어보고 2번 항목과 비교해보세요.
④ 동일한 항목에서 양쪽이 똑같은 순서라면 당신은 지금 충분히 조화로

---

316) 『죽음(EBS)』, 252~253쪽.

운 생활을 하고 있는 셈입니다.

⑤ 그러나 만일 중요한 것으로 첫 번째로 거론한 것을 실행하고 있지 않다면, 이제부터 생활을 어떻게 바꾸어야 할지 잘 생각해보시길 바랍니다.

📖 함께 읽을 책

◉ 인문학으로서의 죽음교육
 - 알폰스 디켄, 전성곤 옮김, 인간사랑, 2008, 220쪽

◉ 잘 살고 잘 웃고 좋은 죽음과 만나다(よく生きよく笑いよき死と出會う)
 - 알폰스 데켄, 길태영 옮김, 예감출판사, 2017, 234쪽

02 노마 보위의 죽음학 수업

『죽음학 수업(The Death Class)』은 미국 유니온 주 킨 대학교 노마 보위(Norma Bowe) 교수의 '긴 안목으로 바라보는 죽음' 강의를 기자 출신인 에리카 하야사키(Erika Hayasaki)가 3년 가까이 노마 교수를 따라다니면서 쓴 글이다. 그리고 '우리가 다시 삶을 사랑할 수 있을까(Be the change you want to see in the world)'린 부세를 달았다. 이 책은 극적인 삶을 살았던 학생들의 이야기, 그리고 학생들이 노마 교수가 내준 과제를 하면서 자신들의 변해가는 모습을 보여주고 있다. 노마 교수는 감옥, 호스피스센터, 정신병원, 장례식장의 방부처리실, 시체안치소, 공동묘지 등 현장학습을 통해 학생들이 긴 안목으로 죽음을 바라보도록 하고 있다.

노마 교수는 책의 각 장 말미에 과제 또는 토론 주제를 하나씩 제시하고 있는데, 우리들도 생각해봄직한 주제들이다.

● 작별편지
세상을 떠난 누군가에게 작별편지를 써라.

● 불 이야기
불길 속을 지나갔던 때, 살면서 가장 힘들었던 순간에 관해, 그리고 어떻게 살아남았는지에 관해 써라. 누가 당신 곁에 있어 주었는가? 당신은 그 불을 어떻게 통과했는가? 그 일이 당신을 어떻게 변화시켰는가?

● 되감기 버튼
당신의 삶에 되감기 버튼이 있다면 어느 때로 돌아가 무엇을 바꾸겠는가?

● 어린 시절의 자신에게 편지쓰기
만일 어린 시절의 나에게 말을 걸 수 있다면 무슨 말을 하겠는가? 어떤 조언을 들려주겠는가? 그 편지는 '친애하는 xx살 xx야'로 시작할 것. 반드시 서명하고 날짜를 적을 것.

● 만일 지구상에서 질병 하나를 없앨 수 있다면 당신은 무슨 질병을 없애겠는가? 그 이유는 무엇인가?

● 호스피스
호스피스 시설을 방문하고 환자들과 직원들을 만난 경험에 관해 보고서를 작성할 것.

● 추도사
본인의 추도사를 써라.

● 사형
현재 사형선고를 받고 집행을 기다리는 사례를 조사하라. 사형제도에 찬성하든 반대하는 한쪽 입장을 취하고 조사한 바에 근거해 논지를 전개하라.

● 장례식장
장의사 및 방부처리담당자와 이야기를 나눈 후, 방문에 대한 소감문을 써라.

● 유령되기

두 달 동안 유령처럼 지내라. 말하지 말 것. 전화도 받지 말고 대화도 나누지 말 것. 듣기만 하고, 주의만 기울이면서 지낼 것. 그 경험에 대해 써라.

● 우리가 죽은 후엔 어떻게 될까? 믿는 종교나 실천하는 정신수행법이 있는가? 만약 있다면, 그것이 죽음 이후 상황에 대한 당신의 믿음에 어떤 영향을 미치는가?

● 다양한 종교와 영적 관점

당신과 다른 종교적 또는 영적 관점을 가진 사람을 인터뷰하라. 그 인터뷰로 알게 된 내용에 관해 에세이를 써라.

● 장의사에게 지시하는 사항
• 나는 매장되기를/화장되기를 원한다.
• 나는 장례식이 장례식장에서/교회에서 열리는 것을 혹은 묘지에서의 예배만을 원한다.
• 나는 장례식이 공개되기를/공개되지 않기를 원한다.
• 나는 꽃으로 장식되기를/장식되지 않기를 원한다.
• 나를 추모하는 의미로 ＊＊＊에 기부하길 원한다.
• 나는 수의를/외출복, 특히 ＊＊＊를 입고 묻히기를 원한다.

● 생전유서 작성

● 토론
사람에게 죽을 권리가 있다고 믿는가?

● 버킷리스트
살날이 1년밖에 남지 않았다면 죽기 전에 무엇을 하고 싶은가?

● 기말고사 에세이

03 최준식의 죽음학 강의

최준식 교수는 『너무 늦기 전에 들어야 할 죽음학 강의』에서 "'죽음이란 무엇인가?', '어떻게 죽을 것인가?'는 삶에서 가장 중요하고 가치 있는 질문이다. 이에 대한 답은 결국 '어떻게 살 것인가?', '삶의 목적이 무엇인가?'에 대한 답이 될 것이다. 삶은 죽음을 통해 나온다."라고 쓰고 있다.[317] '삶은 죽음을 통해 나온다.'는 말은 죽음을 공부해야 삶이 깊어지고 완성된다는 뜻이다.

최준식교수는 말한다. 죽음공부는 젊을 때부터 해야 한다고. 젊었을 때 아무 생각 없이 살다가 늙어서 죽음공부를 시작하려고 하면 삶의 성찰은 불구하고 죽음이 두렵고 무섭기만 할 뿐이라는 것이다.

이 책에서는 우리가 피해야 할 죽음 가운데 하나로 중환자실에서 맞이하는 죽음을 들고 있다. 죽음을 자신의 입장에서 적극적으로 맞이하지 못하고 끌려가는 경우가 우리의 현실이다. 그 결과 어떻게든 살아보려고 무익한 연명치료에 매달리게 된다. 많은 사람들이 현대의술의 도움을 받아 새로운 장비로 무장한 채 죽음에 맞서지만 이는 단지 죽음을 지연시키고 죽는 과정을 연장시킬 뿐이다. 가장 피해야 할 죽음은 중환자실에서 최첨단 의료기기에 의존해 생명을 연장하다가 임종을 맞는 것이다. 임종직전까지 의식을 갖고 가족과 대화하는 것이 최고의 임종이다.

최준식 교수는 죽어가는 자가 임종순간에 취해야 할 자세에 대해 귀띔해준다. "임종의 순간이 다가오는 것을 절대 피하지 마십시오. 쓸데없는 치료는 다 거부하고 죽음과 친구가 되려고 노력해보십시오. 죽음은 우리에게 큰 선물입니다. 자신에게 그렇게 되뇌면서 죽음을 즐겁게 맞이해보십시오. 가능한 한 의식을 놓지 않도록 노력해주십시오. 임종순간에 가장 좋은 것은 몸을 벗

---

317) 『너무 늦기 전에 들어야 할 죽음학 강의』, 11쪽.

기 직전까지 의식을 갖고 가족들과 대화하는 것입니다."[318] 임종순간을 멋있게 맞이하자.

❏ Think About

○ 좋은 죽음을 맞이하는 자세는 물건과 인관관계의 정리에 있다. 임종을 앞두면 세속적인 일에 관심을 끊어라. 사후에 대한 관심이 없는 것은 아직 물질에 빠져 있기 때문이다. 의식이 있을 때 충분히 이별을 나누고, 마음을 정리하라. 자신의 삶을 회상하고 잘못한 것이나 맺힌 게 있으면 스스로 용서하거나 용서를 구하라. 이 세상에서 가장 사랑하는 사람들이 지켜보는 가운데 삶에 집착하지 말고 떠나라. 육신에 미련을 두거나 집착하지 말고, 마음을 내려놓아라.

○ 병은 자연이나 우주법도에 맞지 않게 살았다는 뜻이다. 몸에 병이 났다는 것은 너무 많이 먹었던지, 너무 몸의 일부만 많이 썼던지 균형을 깨트린 것이다. 병이 생기지 않으면 잘못된 줄 모르고 그냥 살다가 죽음을 맞이할 수 있다. 오히려 병은 좋은 것이다. 병은 고통만 주는 게 아니라 치유를 동반하기 때문이다.

○ 동물들은 본능에 충실할 뿐이다. 동물들은 배가 고프지 않으면 먹이를 잡지 않는다. 동물들은, 인간처럼 먹이를 잡아다가 저장해 놓고 혼자만 먹는 그런 짓은 하지 않는다. 동물들에게는 인간이 태생적으로 갖고 있는 자기중심적 사고[자기의식]가 없기 때문이다. 그래서 인간에게만 윤리와 도덕[카르마]이 필요한 것이다.

○ 사는 건 어찌 살던 대단히 힘들다. 그래서 배불러 죽겠다. 힘들어 죽겠다고 노상 말하는 것이다.

📖 함께 읽을 책

318) 『너무 늦기 전에 들어야 할 죽음학 강의』, 26쪽.

'죽음학'에 관한 이론과 실무서,
◉ 죽음학: 죽음에서 삶을 만나다
 - 임기운(林綺雲)·증환당(曾煥棠)·임혜진(林慧珍)·진석기(陳錫琦)·이패이(李佩怡)·방혜령(方蕙玲), 전병술 옮김, 모시는사람들, 2013, 389쪽

◉ 죽음학 수업(The Death Class)
 - 에리카 하야사키, 이은주 옮김, 청림출판, 2014, 371쪽

◉ 너무 늦기 전에 들어야 할 죽음학 강의
 - 최준식, 김영사, 2014, 248쪽

◉ 너무 늦기 전에 들어야 할 임종학 강의
 - 최준식, 김영사, 2018, 235쪽

◉ 죽음에 관한 유쾌한 명상
 - 김영현, 시간여행, 2015, 246쪽

  나의 죽음은 내가 결정한다,
◉ 우리의 죽음이 삶이 되려면
 - 허대석, 글항아리, 2018, 256쪽

  어떻게 죽을 것인가, 어떻게 살 것인가,
◉ 인간의 모든 죽음
 - 최현석, 서해문집, 2020, 496쪽

◉ 죽음을 어떻게 맞이할 것인가(死とどう 向き合うか)
 - 알폰스 데켄, 오진탁 옮김, 궁리, 2002, 250쪽

제9장 죽어감

죽음(death)과 죽어감(dying)은 다르다. 죽음은 살아있는 영역이 아니지만, 죽어감은 죽어가는 과정으로 즉 살아있는 영역이다. 죽어감은 살아있음에서 죽을 때까지로 '죽음궤도'라고도 한다.

한 인간이 집에서 품위 있게 죽음을 맞이하는 시대는 끝나고 말았다. 과학이 진보할수록, 인간은 죽음의 진실을 점점 더 두려워하고 부정하게 되는 것 같다. 어쩌다 이렇게 되었을까?

죽음을 앞둔 환자들은 종종 익숙한 환경을 떠나 응급실로 내몰리기 때문에 죽음은 더욱 외롭고 비인간적인 것이 되었다. 시한부 환자는 종종 아무 권리도 의견도 없는 사람 취급을 당한다. 언제, 어떤 병원에 입원할 것인지도 환자가 아닌 다른 사람이 결정한다. 그러나 환자에게도 자신만의 감정과 소망과 의견이 있고, 무엇보다도 자신의 생각을 표현할 권리가 있다는 사실을 상기하는 것은 그리 어려운 일이 아니다.

여기서 우리는 이런 질문을 던져보지 않을 수 없다. 우리는 점점 더 인간적인 방향으로 가는 걸까, 아니면 비인간적인 방향으로 가는 걸까? 그 대답이 무엇이긴, 환자들은 분명히 전보다 더 고통 받고 있다. 비록 육체적으로는 아닐지라도 정서적으로는 그렇다.

출산을 앞두고 있는 사람에게 스스럼없이 아기얘기를 할 수 있는 것처럼 좀 더 많은 사람들이 죽음과 죽어감을 우리 삶의 고유한 일부로 여기고 얘기할 수 있어야 한다.

01 죽어가는 사람의 욕구

캘리쉬(Rafi Kalish)는 매슬로우(Abraham H. Maslow, 1908~1970)의 욕구 5단계론에 따라 죽어가는 사람의 욕구를 설명하였다.

정신분석학에 대항한 '실존주의심리학의 창시자' 매슬로우는 욕구 5단계론 - 생리·안전·소속감·자기 존중·자기실현 욕구 - 을 정립했다.

아들러의 제자였던 매슬로우는 '자기실현' 개념에 '도덕적 숭고함'을 포함시켰다.[319] 이것이 아들러가 말하는 '공동체 감성', 즉 '사회적 공감능력을 키울 용기'다.

매슬로우(Maslow)의 욕구단계 다이어그램[320]

제1단계 생리적 욕구
제2단계 안전감의 욕구
제3단계 사랑과 소속감의 욕구
제4단계 자기존중의 욕구
제5단계 자아실현[321]의 욕구

---

319) 칼 구스타프 융(Carl Gustav Jung, 1875~1961)도 내면적인 신성이 충족되는 지점을 자기실현으로 보았다. 이는 내면에서 자발적으로 우러나는 숭고하고 풍성한 삶에 대한 욕구와 사회구성원이 추구해야 할 '공동선'이 실현되어야 가능하다.
320) 아래로 갈수록 원초적인 욕구를 나타낸다.
321) 빅터 프랭클(Viktor Frankl)은 진정한 삶의 의미는 인간의 내면이나 그의 정신(psyche)에

02 죽음에 대한 심리적 반응

엘리자베스 퀴블러 로스(Elizabeth Kübler-Ross)는 1969년에 출간한 『죽음과 죽어감(On Death & Dying)』322)에서 죽음을 맞이하는 사람의 '죽음에 대한 심리적 반응'을 5단계의 감정변화과정으로 정립했다. 즉, 첫째 단계 부인(否認), 둘째 단계 분노(憤怒), 셋째 단계 협상(協商), 넷째 단계 우울(憂鬱), 다섯째 단계 수용(受容)이 그것이다. 먼저 죽음을 부정하고 분노하며 타협하다가 절망 끝에 결국 죽음을 수용하게 된다는 것이다.

제1단계 부인[부정과 고립]

죽음을 앞둔 대부분의 환자들은 자신이 불치병에 걸렸다는 사실을 처음 알았을 때 "아니야. 내가 그럴 리 없어. 사실이 아닐 거야."라는 반응을 보였다. 요약하면, 환자의 첫 반응은 충격으로 인한 일시적인 상태로 환자는 서서히 그 상태에서 회복된다. 무의식세계에서 우리는 모두 불멸의 존재이고, 우리 자신도 죽음을 맞이해야 한다는 사실을 인정하는 것은 거의 상상하기 어려운 일이다.

신경외과 의사 헨리 마시(Henry Marsh, 1950~)도 같은 취지의 말을 한다. "건강한 사람들은 나 자신을 포함해서 일단 본인이 죽을병에 걸렸다는 진단을 받으면 모든 것이 어떻게 변하는지 이해하지 못한다. 실제로 많은 사람들은 심리학자가 밀하는 '분열' 증상을 보인다. 의사 역시 어느 날 문득 서로 다른 두 사람에게 말하는 것처럼 느껴질 때가 있다. 자신들이 죽어가고 있다

서 찾을 것이 아니라 이 세상에서 찾아야 한다면서. 이런 구조적 특성을 '인간 존재의 자기 초월'이라고 한다. 그리고 자아실현을 갈구하면 할수록 더욱 더 그 목표에 이르지 못한다고 한다. 즉 자아실현은 자아초월의 부수적인 결과로서만 얻어진다고 한다.(『죽음의 수용소에서』, 183~184쪽)

322) 엘리자베스 퀴블러 로스(Elisabeth Kübler-Ross)는 『죽음과 죽어감』이 출간된 1969년 이후 5년 동안 죽어가는 환자를 돌보는 일에 관한 약 700회의 워크숍, 강연, 세미나를 진행하면서 청중들이 가장 많이 던진 질문들과 이에 대한 자신의 대답을 모아 1974년에 『죽음과 죽어감에 답하다』를 출간했다.

는 걸 너무도 잘 알면서도 동시에 여전히 살기를 간절하게 바라는 모순된 두 사람."323)

제2단계 분노

끔찍한 소식을 접했을 때 첫 번째 반응이 "아니, 사실이 아니야. 아니, 나한테 이런 일이 일어날리 없어."라면, 이 반응은 머지않아 새로운 반응, 즉 "왜 하필이면 나야?"로 바뀌게 된다.

제3단계 협상

환자는 첫 단계에서 슬픈 사실을 받아들일 수 없었고 두 번째 단계에서 신에게 분노했다면, 그 다음엔 피할 수 없는 일을 조금 미룰 수도 있는 일종의 협상단계에 진입하게 된다. "그렇군, 나한테 일어난 일이 맞네. 착오가 아니었어." "그래 죽는다 치자, 그렇지만…" 협상이란 사실 다가올 일을 미루기 위한 노력에 다름 아니다. 협상에는 선한 행동에 대한 보상의 요구와 스스로 정한 '시한'이 포함되어 있다.

제4단계 우울

이 단계는 '반응적 우울[반응성 우울]' 단계와 '준비적 우울[준비성 우울]' 단계로 나뉠 수 있는데, 반응적 우울이란 주로 과거의 상실에서 기인하는 것이고, 준비적 우울은 주로 다가올 상실 때문에 나타나는 것이다.

준비적 우울의 단계야말로 시한부환자들이 이 세상과 작별을 고하기 위해 스스로를 준비시키는 시간이다. 우리는 사랑하는 사람 하나를 잃지만 그는 사랑했던 모든 것을 잃어야 한다. 퀴블러 로스에 의하면 이 단계에서 슬퍼하지 말라고 말해주는 사람보다 슬픔을 표현할 수 있게 해주는 사람을 오히려 더 편안해한다고 한다. 마지막에는 그저 조용히 안아주거나 손을 잡아주거나 함께 있어주는 것만으로도 도움이 된다고 한다.

---

323) 『참 괜찮은 죽음(Do No Harm)』, 336쪽.

제5단계 수용

만약 환자에게 충분한 시간이 주어졌고 (즉 갑작스럽고 예기치 못한 죽음이 아니고) 앞서 설명한 단계를 이겨내는데 어느 정도 도움을 받았다면, 환자는 마침내 자신의 운명에 대해 우울해하지도 분노하지도 않는 상태에 도달할 것이다. "어쩔 수 없는 일이지." "아! 참으로 인생이란…" 이 단계는 거의 감정의 공백기라고 할 수 있다. 고통이 사라지고 투쟁이 끝나고 나면, 어느 환자가 표현했던 것처럼, '먼 길을 떠나기 전에 마지막휴식을 취하는' 시간이 온다. 이 시기에 죽어가는 환자는 자신의 상태를 받아들이고 관심사의 범위가 줄어든다. 환자는 혼자 있고 싶어 하거나 외부세계의 소식들이나 문제들로 인한 혼란을 원치 않는다.

알폰스 데켄은 세상을 떠나게 되는 사람들은 일반적으로 다음과 같은 심리상태를 보인다고 설명한다. 첫째, 신뢰할 수 있는 가족이나 친구와 같이 있기를 원한다. 둘째, 견딜 수 없는 고통으로부터 벗어나기를 원한다. 셋째, 자신의 상태에 대해 진실을 알고 싶어 한다. 넷째, 자신의 문제를 자신이 결정할 수 있기를 원한다. 다섯째, 일생을 돌이켜 보며 남은 삶을 정리하려고 한다. 여섯째. 마지막 자기성장의 욕구를 가지고 있다. 일곱째. 사후의 세계에 대해 알고 싶어 한다.

❏ Think About

- 당신은 암에 걸렸고, 수명이 6개월밖에 남지 않았다. 당신은 남은 시간을 어떻게 보내겠는가?

- 당신이 생각할 때 의지가 되지 않는다고 생각하는 사람부터 하나씩 지워나가 보자. 마지막으로 남는 사람과 앞으로의 인간관계를 어떻게 할지 곰곰이 생각해 보자.
  ①배우자 ②자녀 ③손자 ④친척 ⑤친구 000 ⑥지인 000 ⑦ 이웃사람들 ⑧공무원 ⑨보험회사 ⑩아는 의사나 간호원 ⑪ 후견인 ⑫기타

○ 죽기까지의 과정에서 신체적 고통, 정신적 고통, 사회적 고통, 영적 고통 등 의학적 경험

📖 함께 읽을 책

죽어가는 사람이 의사, 간호사, 성직자 그리고 가족에게 가르쳐 주는 것들.
◉ 죽음과 죽어감(On Death & Dying)
 - 엘리자베스 퀴블러 로스, 이 진 옮김, 청미, 2018, 467쪽

◉ 죽음과 죽어감에 답하다
 - 엘리자베스 퀴블러 로스, 안진희 옮김, 청미, 2018, 275쪽

제10장 인간다운 죽음이란 무엇인가?

호주의 104세 과학자 데이비드 구달(David Goodall)은 불치병에 걸리지 않았음에도 인간다운 모습으로 생을 마감하기 위해 자발적으로 죽음을 택했다.324)

우리나라에서도 2018년 2월부터 호스피스·완화의료 및 임종과정에 있는 환자의 연명의료결정에 관한 법률(약칭 연명의료결정법)이 시행되어 하루라도 더 살기 위한 연명의료 대신 스스로 존엄한 마무리를 선택할 수 있게 되었다. 연명의료결정법은 죽어가고 있다는 의학적 판단을 받은 환자에게 심폐소생술, 혈액 투석, 항암제, 인공호흡기 사용 등의 연명의료를 시행하지 않거나 중단하는 결정을 환자 본인이나 환자의 가족이 내릴 수 있도록 하는 법이다.

잘 사는 법은 많아도 잘 죽는 법은 없는 현실에서 '좋은 죽음'이란 무엇일까? 삶의 마지막을 어떻게 하면 품위 있게 맞이할 수 있을까? 사랑하는 사람과의 이별을 어떻게 준비해야 할까?

이에 대해 조금이라도 도움을 받고 싶다면 최준식교수가 쓴 『너무 늦기 전에 들어야 할 임종학 강의』를 일독하기 바란다. 『너무 늦기 전에 들어야 할 임종학 강의』의 내용은, 우리가 인생의 막바지에 이르렀을 때, 어떻게 하면 삶을 품위 있게 마칠 수 있는가에 관한 것이다.

01 유한함을 받아들이는 존엄성

---

324) 자세한 내용은 이 책 329~330쪽 참조.

라이너 마르텐(Rainer Marten)는 『죽음과 삶의 드라마로서 인간의 유한성(Endlichkeit)』에서 인간이라는 존재 자체의 유한함을 받아들이는 존엄성에 대해 이야기한다. 아무리 그 존재만으로 존엄성을 가진 인간이라고 해도 인간의 삶은 그 자체가 소멸의 과정이다. 자연적인 노화 외에 질병과 장애 등으로 인간은 언젠가 삶을 마감해야만 한다. 사회적·경제적 능력뿐 아니라 지력과 정신력도 약해진다. 만일 젊은 시절 나를 이루었던 정체성이 해체되어 더 이상 나라고 불릴 만한 것이 거의 남아 있지 않을 경우, 그 사람은 어떻게 자신의 존엄성을 지킬 것인가, 또 타인은 그를 어떻게 대해야 하는가는 삶의 과정에서 누구나 부딪힐 수 있는 심각한 문제이다.

02 "당하는 죽음에서 맞이하는 죽음으로"

생명이 있는 한, 그 끝엔 분명히 죽음이 있다. 그리고 죽은 자는 말이 없다. 그래서 죽음을 겪은 소감이나 상황을 들을 수도 볼 수도 없다.

죽음을 바로 목전에 두면[비가역적(非可逆的) 상태] 그저 조금이라도 더 살고 싶은 본능만이 작동하여, 또는 가족들이 조금이라도 삶을 연장시켜보겠다는 희망 속에 많은 경우 무작정 연명의료에 돌입한다고 한다. 최준식 교수는 "'죽음'에 대한 올바른 철학이 부족하기 때문에 무조건 '삶'을 택한다. 그러나 당사자는 결국 약에 지치고 기력이 쇠약해져 쓸쓸히 죽음을 맞이하게 된다. 그렇게 삶을 끝내면 당사자에게 큰 손실이다. 자신의 삶을 제대로 마무리하지 못했기 때문이다."[325]라고 한다.

『너무 늦기 전에 들어야 할 임종학 강의』는 당하는 죽음이 아니라 맞이하는 죽음을 위해서 무의미한 연명의료를 피해야 한다고 말한다. 말기 암 질환을 진단받아 회생 불가능한 환자에게 강한 항암제를 투여하거나 필요 없는

---

325) 『너무 늦기 전에 들어야 할 임종학 강의』, 30쪽.

검사를 강행하면 엄청난 고통을 겪기 때문이다. 연명치료로 무의미한 비용을 지출하고 시간을 낭비하기보다는 진통제로 통증을 완화시키고 편안한 마음으로 웰 엔딩, 품위 있고 행복하게 죽음을 준비하는 법에 대해 깊이 통찰해볼 것을 주문한다. 최준식 교수는 죽음의 문 앞으로 발버둥 치며 끌려가기보다는 담담하게 직접 문을 열며 대면할 실질적 방법과 마음의 자세를 전한다.

최철주(1942~) 기자는 『존엄한 죽음』에서 존엄한 죽음이 무엇이지 다음과 같이 말한다. "말기 환자가 숨이 끊어져 가는 순간, 가족이 앰뷸런스를 불러야 할까 말까 고민한다고 칩시다. 집에서 숨을 거두고 싶다는 환자의 유언이 있었음에도 그대로 떠나보내는 게 안타까워 119를 부르게 되면 어떤 사태가 벌어질까요? 이런 상황에 대비해 가족이 마음의 훈련을 해둘 필요가 있습니다. 임종이 가까워지면 환자를 가볍게 껴안아 주고 얼굴과 손을 쓰다듬으며 안녕히 가시라고 인사하세요. 마음속으로만 이야기하지 마시고 귀에 대고 속삭여주세요. 죽어가는 자의 귀는 마지막까지 열려 있다는 것을 잊어서는 안 됩니다. 환자는 가족의 사랑을 귀로 듣고 편안하게 눈을 감습니다. 환자와 이별하는 마지막 순간입니다. 환자가 숨졌다고 울며불며 통곡하는 것은 귀가 아직 닫히지 않은 환자를 아프게 하거나 그의 영혼을 불안에 떨게 합니다. 환자가 마음의 창문까지 닫았다고 느껴질 때 영면시간을 기록하고 장례절차를 밟으시길 바랍니다. (중략) 여러분은 진정으로 환자를 사랑하는 가족의 한 사람입니다. 여러분의 체면을 위해, 또는 가족, 친지와 주변 사람들로부터 오해를 받지 않기 위해 환자의 희망과 딜리 무삭정 연명의료로 들어간다면 이것이야말로 맹목적 효도가 되지 않을까요. 환자의 유언을 배반하지 마세요. 확신을 가지고 환자의 뜻을 존중해주세요."326)

오직 인간만이 언젠가는 삶이 끝난다는 사실을 알고 있지만, 많은 사람들이 여전히 비인간적인 죽음으로 인생의 연극무대를 마친다. 익숙하고 애정이 깃든 환경에서 자신의 삶을 마치고 싶어 하지만 많은 이들이 병원에서 생을 마

---

326) 『존엄한 죽음』(최철주, 메디치미디어, 2017), 177쪽.

감하고 있다. 현대사회의 죽음은 더 외롭고, 더 기계적이고, 더 비인간적인 것이 되었다. 때로는 환자가 실질적으로 사망한 시점을 판단하기조차 어렵다.

03 인간다운 죽음준비

티베트(Tibet) 속담에 "비둘기는 밤새도록 잠자리를 만들다가 결국 잠들기 전에 아침을 맞는다."는 말이 있다. 즉, 비둘기는 잠자리를 만들기 위해 밤새도록 부산을 떨다가, 잠을 자기도 전에 새벽이 밝고 말았다는 것이다.

닥파켄첼은 이렇게 말했다. "인간은 준비하고, 준비하고 준비하는데 자신의 삶을 다 소모한다. … 단지 준비하지 못한 다음 생을 맞이하기 위해."[327]

존엄하고 인간다운 마무리를 위해 무엇이 필요할까? 먼저 유언장을 써본다. 그 다음으로 사전연명의료의향서를 작성해 본다. 더 나아가 자신의 장례식을 기획하거나 남기고 싶은 말, 생전 사진정리와 함께 간단한 자서전을 써보는 것도 생각해 볼 수 있다. 작별편지나 나의 부고장[사망기]을 써볼 수도 있다. 작별편지를 쓰다보면 자신의 삶에 대한 가치관을 객관적인 눈으로 바라보게 된다. 또 삶을 살면서 이루지 못했던 일, 과거의 실패에 대한 후회 또는 아쉬움, 누군가에게 잘못한 일 등을 반성하게 된다. 결국 죽음을 맞아 묻게 되는 것은 삶에 대한 것이다.

삶에서 벌어지는 상황을 제어할 수는 없지만, 자신의 인생이야기를 스스로 써 내려간다는 건 그 상황에서 무슨 일을 할 수 있는지 제어할 힘을 갖고 있다는 걸 의미한다.

　☑ 유언장 작성
　✔ 유언장은 왜 쓰는가?

---

327) 『티베트의 지혜』(소걀 린포체, 오진탁 옮김, 민음사, 1999), 50쪽.

사유재산제도가 인정되면서부터 누구든지 자기 재산에 대한 자유로운 처분이 허용되고 있다. 유언이란 사람이 사후에 재산이나 신분관계 즉, 가족문제나 재산상속관계에 관하여 어떤 법률관계를 정하는 생전의 최종적 의사표시를 말하는데 우리 민법도 유언제도를 인정하고 있다. 유언은 유언자의 사망과 동시에 일정한 법률효과를 발생시킬 목적으로 하는 일정한 방식에 따라서 하는 상대방 없는 의사표시인 단독행위이다. 유언의 회수는 관계가 없으나 마지막 것만 유효하다.

✔ 유언장이 법적인 효력을 가지려면

유언자는 만 17세 이상으로 의사능력이 있어야 한다. 유언은 조건·기한부가 가능하지만 다음과 같은 법정사항에 한한다. ① 재단법인의 설립, ② 인지·친생부인, ③ 후견인 지정, ④ 상속재산분할방법의 지정 또는 제3자에의 위탁, ⑤ 상속재산분할금지, ⑥ 유언집행자의 지정 또는 위탁, ⑦ 유증[328], ⑧ 신탁

유언이 일정한 방식에 따라 작성된 때에 의사표시로서 성립하나 그 효력은 유언자가 사망한 때 생긴다. 유언은 유언자가 사망한 후에 효력이 발생되므로 본인이 살아있는 한 언제라도 유언의 전부 또는 일부를 철회할 수 있고, 내용이 다른 유언을 새로이 하면 먼저 한 유언은 효력이 없고, 새로이 한 유언이 유효하다.

✔ 유언장은 어떻게 쓰는가?

우리 민법은 유언의 방식으로 자필증서·녹음·공정증서·비밀증서·구수증서의 5종을 규정하고 있는데 유언은 이들 5종의 방식 중 반드시 어느 하나를 택해서 하여야만 유효하다.

---

328) 유언자가 유언에 의하여 그 재산상 이익을 수유자에게 무상으로 증여하는 단독행위를 말한다.

❖ 유언방식

● 자필증서에 의한 유언

유언자가 그 전문, 연월일, 주소, 성명을 자필하고 날인하여야 한다. 유언자 사후 가정법원의 검인절차를 밟아야 한다.

● 녹음에 의한 유언

유언자가 유언의 취지, 그 성명, 연월일을 구술하고 증인이 유언의 정확함과 그 성명을 구술하여야 한다.

● 공정증서에 의한 유언

유언자가 증인 2명이 참여한 공증인 앞에서 유언의 취지를 구수하고 공증인이 이를 필기·낭독하여 유언자와 증인이 그 정확함을 승인한 후 각자가 서명 또는 기명날인하여야 한다.

● 비밀증서에 의한 유언

유언자가 성명을 기입한 증서를 봉인하고 이를 2인 이상의 증인에게 제출하여 자기의 유언서임을 표시한 후 그 봉서 표면에 제출연월일을 기재하고 유언자와 증인이 각자 서명 또는 기명날인하여야 한다.

● 구수(口授)증서에 의한 유언

질병 기타 급박한 사유로 위 4가지 방식에 의해 유언할 수 없는 경우, 유언자가 2인 이상의 증인의 참여로 그 1인에게 유언의 취지를 구수하고 이를 필기·낭독하여 유언자와 증인이 정확함을 승인한 후 각자 서명 또는 기명날인하여야 한다. 증인 또는 이해관계인이 급박한 사유가 종료한 날로부터 7일 이내 가정법원에 검인을 신청하여야 한다.

✔ 유언장에 들어갈 내용

• 노후요양

• 임종방식

집이나 병원 등 본인이 마지막 순간을 어디에서 맞을지 임종 장소를 밝힌다. 죽어가는 사람이 가장 원하는 사망장소는 자택, 요양시설[329], 병원 순이나 실제 사망장소는 대부분 병원이다.

한 나라의 경제가 성장하면 의학도 세 단계를 거쳐 발전한다고 한다. 첫 번째 단계에서는 나라 전체가 극도로 빈곤한 상태라 대부분의 사람들이 집에서 죽음을 맞는다. 두 번째 단계에서는 나라가 경제적으로 발전하고 국민소득이 늘어남에 따라 재원이 풍부해져서 의료서비스가 확대됨에 따라 집보다 병원에서 임종하는 경우가 더 많아 진다. 세 번째 단계, 한 나라의 소득이 가장 높은 수준으로 진입할 즈음 사람들은 삶의 질을 생각할 여유가 생긴다. 이로 인해 집에서 임종하는 경우가 다시 늘어난다.[330]

• 시신처리방식과 장지

매장, 화장, 수목장 등 사후 시신처리방식을 밝히면서 장기기증이나 시신기증 여부에 대한 본인의 뜻을 언급할 수도 있다. 그리고 선산, 공동묘지, 봉안당 등 장지를 정할 수 있다.

• 장례

요즘 장례문화를 보면 대부분 조문객의 문상(問喪)을 받는데 그치고 실질적인 장례식을 하는 둥 마는 둥 시늉만 내고 있다. 즉, 고인에 대한 추모와 유족에 대한 위로가 없다.

오늘날 파편화된 도시생활과 세속화로 공동체가 함께 하는 장례식이 사라짐에 따라 죽음이 모습을 드러내는 일이 점점 줄어들고 있다. 일상생활에서 죽음을 몰아내는 행위는 죽음에 대한 근본적인 공포를 더욱 심화시킬 뿐이며, 더불어 타인의 죽음을 슬퍼하고 애도하는 것조차 힘들게 만든다. 하지만 죽음을 극복하는 데는 장기간의 애도가 필수다.

---

329) 아툴 가완디(Atul Gawande)는 요양원의 노인은 무료함, 외로움, 무력감이라는 세 가지 역병으로 고통받고 있다고 한다.
330) 『어떻게 죽을 것인가』, 295~296쪽.

탈무드는 다음과 같이 규정한다. "문상객들은 상주가 말을 하기 전에는 어떤 말도 해선 안 된다." 우리는 유가족의 기분을 제대로 헤아릴 수 없다. 어떤 상투적인 위로의 말로도 유가족의 슬픔을 달래진 못한다. 조문을 가서 굳이 이런저런 말을 할 필요는 없다는 의미다. 그저 함께 슬퍼하고 염려하는 것만으로 충분하기 때문이다.

최준식 교수는 자신의 장례식을 기획하라는 조언까지 한다.[331] 나의 장례를 위해 모인 조문객들에게 나를 추모할 영상이나 전시할 유품, 영정사진[332] 등을 직접 준비하는 것이다. 살아생전 장례식을 치르는 경우도 있다.[333] 그래야 살아 있어 얼마나 다행인지 감사하는 마음을 가질 수 있고, 추도식이 아니면 만나지 못할 친지들과 시간을 보낼 수도 있기 때문이다.

그렇지 않더라도 유족에게 불필요한 경제적 부담을 주지 않기 위하여 '사전장례의향서'를 써놓는 것도 좋다. 상을 당하면 해야 할 여러 가지 절차를 미리 써 놓는 것이다. 부고를 알릴 전화번호라든지 수의와 관의 등급, 장례식장의 선택 등을 미리 정해 놓는다. 따르고 안 따르고는 자녀들의 몫이다.

□ "나, 엔니오 모리코네는 세상을 떠났다(Io Ennio Morricone sono morto)."[334]

---

331) 『너무 늦기 전에 들어야 할 임종학 강의』, 55~59쪽.
332) 이 세상에 남길 마지막 사진이니 좀 더 밝은 표정을 남기자.
333) 일본에서는 생전장(生前葬)이라고 부른다.
334) 2020. 7. 6. 별세한 이탈리아의 영화음악 거장 엔니오 모리코네(Ennio Morricone, 1928~2020)가 세상을 떠나기 전에 자신의 부고를 스스로 작성한 뒤 사망소식과 함께 공개하도록 했다고 한다. 모리코네는 "언제나 가까웠던 친구들과 오랫동안 보지 못했던 모든 분께 제 사망소식을 전합니다. 모든 분의 이름을 거론할 수는 없지만 커다란 사랑을 담아서 작별인사를 보냅니다."라고 적었다. 그는 부고를 직접 작성한 이유에 대해 "여러분을 번거롭게 하고 싶지 않았고 장례식을 가족장으로 치르기로 했기 때문"이라고 밝혔다. 모리코네는 가족·친구들의 이름을 거론한 뒤 마지막에는 아내 마리아를 향해서 이렇게 적었다. "지금까지 우리를 묶어준 각별한 사랑을 되새기고 이제 떠나게 되어서 슬프다. 가장 가슴 아픈 작별인사를 그녀에게 보낸다."(조선일보 2020. 7. 8.; 중앙일보 2020. 7. 7. 각 참조).

I, Ennio Morricone, am dead.(나, 엔니오 모리코네는 숨졌다.) I am announcing it this way to all my close friends and even to those who have been a bit distant, I say goodbye with much love. It is impossible to name you all.(가까운 친구들과 다소 소원했던 이들 모두에게, 이런 식으로 (부고를) 전한다. 사랑을 담아 작별을 고한다. 모두의 이름을 거론하는 건 불가능하다.) But I want to particularly remember Peppuccio and Roberta, you have been like siblings to me and very present in the last years of our life.(하지만 형제와 다름없었고 내 인생 마지막까지 곁을 지켜준 페푸치오와 로베르타는 꼭 언급하고 싶다.) There is only one reason that pushes me to say goodbye in this way and have a private funeral: I don't want to disturb.(이 같은 작별인사를 하는 이유는 장례식을 가족장으로 치르기로 했기 때문이다. 사람들을 번거롭게 하고 싶지 않다.) I would like to say goodbye with much affection to Ines, Laura, Sara, Enzo and Norbert, for sharing most of my life with me and the family.(나와 내 가족과 대부분 생을 함께 해준 Ines, Laura, Sara, Enzo 그리고 Norbert에게 지극한 애정의 작별을 고한다.) I want to remember my sisters with love Adriana, Maria and Franca and their loved ones and I want to let them know how much I loved them.(내 누이 Adriana, Maria, Franca와 그들의 사랑하는 사람들도 기억하고 싶다. 내가 얼마나 사랑했는지 알아주길 바란다.) A profound farewell to my children, Marco, Alessandra, Andrea and Giovanni, my daughter in law Monica, and my grandchildren Francesca, Valentina, Francesco and Luca. (니의 아이들 Marco, Alessandra, Andrea, Giovanni와 며느리 Monica, 그리고 내 손주들 Francesca, Valentina, Francesco, Luca에게도 절절한 작별을 전한다.) And the final goodbye to my wife Maria, my life partner, I would like to renew the extraordinary love that held us together and I am sorry to abandon our love. The most painful farewell is to you.(마지막 인사는 아내이자 일생의 파트너였던 마리아에게. 지금까지 우리 부부를 하나로 묶어주었던 각별했던 사랑을 되새기고 싶다. 이제 이를 포기해야 해서 미안하다. 당신에 대한 작별인사가 가장 가슴 아프다.)

• 제례[사후제사]

전통 유교식 또는 불교식으로 제사를 지내라든가, 기독교식으로 추모예배를 하라든가 의견을 표명할 수 있다. 하지만 요즘 세태를 보면 자식들이 결혼도 하지 않을뿐더러 결혼하더라도 출산을 하지 않기 때문에 제례 문제에 대한 생각의 대전환이 필요한 때다. 제사를 지내더라도 1대 봉사,[335] 음식을 간소하게 차리는 등 간소한 제례문화를 정착하여야 할 것이다. 본인의 경우는 기일(忌日)에 후손들이 모여 식사하면서 고인에 대한 기억을 반추하는 것을 부탁하고 싶다.

• 유산상속과 재산 기부

사후에 재산이 많으면 많은 대로 없으면 없는 대로 자식들 사이에 분쟁이 생길 수 있는 영역으로 자신이 원하는 대로 재산분배나 사회기부에 대한 의사를 표시하면 된다. 만일 고인이 이에 대해 아무런 뜻을 남기지 않으면 민법에 규정된 법정상속분에 따르게 된다.

몽테뉴는 경고한다. "적절한 순간에 자리를 지키고 있다가 숨이 넘어갈 무렵 비위를 맞춰주는 자가 행운을 얻는다!" 곁을 떠나지 않고 가장 헌신적으로 해온 봉사가 아니라, 가장 최근에 그리고 알맞은 시기에 한 봉사가 효과를 본다는 의미이다.[336] 우리가 유념할 사항이다.

• 부동산·금융 정보나 채권채무 내역

본인이 소유하고 있는 부동산, 현금·예금·주식·보험 등 금융자산, 받을 돈이나 갚을 돈과 같은 채권채무 내역을 정확하게 적시한다.

• 남기고 싶은 말

유언장 끝부분에 자식들에게 남기고 싶은 말을 적어 마무리한다. 죽음준비는 당장 죽을 준비를 하자는 것이 아니라 어떻게 죽을지 그 방법을 미리 생각

---

335) 부모에 대해서만 제사지낸다.
336) 『나이 듦과 죽음에 대하여』, 56쪽.

하고 실천하자는 것이다. 언제, 어디서 다가올지 모르는 죽음에 대해 성찰하면서 지금 내가 살아가는 방식을 보다 진지하게 들여다보자는 것이다.

☑ 사전연명의료의향서337) 작성

✔ 사전연명의료의향서는 왜 필요하고 어떻게 쓰는가?

사전의료의향서(事前醫療意向書)는 죽음이 가까워져 올 때 남겨진 가족이 감당할 부담을 최소화하기 위해 작성하는 것이다. 마지막 임종과정에 접어들었을 때 자연의 섭리에 따를 것인지, 아니면 연명치료에 들어갈 것인지를 미리 결정해야 한다. 그것이 사전연명의료의향서를 작성하는 것이다. 사전연명의료의향서를 작성해 보건소나 국민건강보험공단에 등록하라.

대한민국헌법 제10조에 "모든 국민은 인간으로서의 존엄과 가치를 가지며, 행복을 추구할 권리를 가진다."고 규정하고 있다. 행복은 스스로의 결정에 따라 찾는 것이다. 자기결정권을 행사하지 않으면 자신이 아닌 타인[가족이나 의사]이 내 죽음에 개입하게 된다.

환자나 가족의 뜻이 분명치 않다면 의사는 지체 없이 인공호흡기를 달고 심폐소생술을 하고 혈액투석에도 매달린다. 말기 환자가 임종에 가까워졌을 때 짧게는 1년에서, 길게는 10년 동안 연명의료에 매달려 고통을 겪다가 결국은 떠난다.

생사의 갈림길에서 간병하는 가족의 입장에서 환자의 연명의료를 받아들일 것인가, 아니면 연명의료를 거부할 것인가? 가족 입장에서 부모의 연명의료를 반대하기는 쉽지 않다. 자칫 '빨리 돌아가시라'는 말로 들릴 수도 있기

---

337) 환자 본인을 포함한 당사자가 작성하는 것으로 담당의사를 통해 작성하는 '연명의료계획서'와 다르다.

때문이다. 부모의 죽음 앞에 주변의 말과 시선들 때문에 자녀들의 효도는 체면치레로 변질되고 불효자로 낙인찍힐까 두려워 환자가 임종과정에 이르렀을 때 연명의료를 선택하는 경우가 적지 않다고 한다. 즉 효도를 증명하기 위해 연명의료에 집착한다.

연명의료에 있어서 의사가 최선을 다하면 다할수록 환자의 존엄이나 인권은 산산이 부서지고 만다. 지금까지는 의사가 말기환자를 치료하는 주체였으나 존엄사가 인정되는 현행 법체계에서는 의사가 환자의 자기결정권을 존중하여 치료 방법이나 부작용 등을 자세히 설명해주고 환자가 이를 제대로 이해한 후 받아들일지 여부를 스스로 선택하도록 해야 한다.

가족의 심적·경제적 부담을 덜어주고, 인간답게 삶을 마무리하기 위해서는 내 죽음은 내가 결정해야 한다. 의사들은 병을 치료할 순 있지만 죽음까지는 해결 못한다.

✔ 중단해야 할 연명의료에는 어떤 것이 있을까?

심폐소생술, 혈액투석, 항암제투여, 인공호흡기착용 등 치료(?)는 환자에게 고통일 뿐더러 경제적인 부담도 크다. 통계에 의하면, 한 사람이 평생 쓰는 의료비 중 절반을 죽기 전 한 달 동안 쓰고, 특히 죽기 전 3일 동안 그 의료비 중 25퍼센트를 쓴다고 한다.

삶의 현재 시점에서 어떤 선택을 하고 싶은지 묻는 질문들이다.[338]

- 심장이 멈추면 심폐소생술을 받기를 원하십니까?
- 삽관이나 기계적 인공호흡기 같은 공격적 치료를 받기를 원하십니까?
- 항생제투약을 원하십니까?
- 스스로 음식을 먹지 못할 경우 관이나 정맥주사로 영양공급을 받기를 원하십니까?

---

338) 위스콘신(Wisconsin)주 라크로스(La Crosse)의 사례다.

호주의 코리 테일러(Cory Taylor, 1955~2016)는 『죽을 때 추억하는 것(Dying: A Memoir)』에서 "죽는 게 무섭지만 더 두려운 건 불필요한 연명치료에 말려들어 추하게 죽는 거다."라고 쓰고 있다. 새겨들을 말이다.

☑ 완화의료(緩和醫療; Palliative Care)와 호스피스

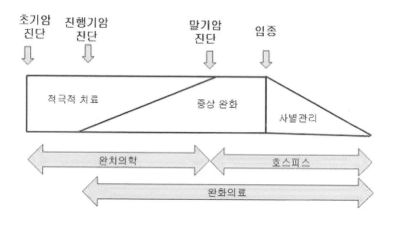

(출처: 서울대학교 병원)

호스피스가 말기 환자나 임종기에 들어선 환자를 돌보는 일을 주로 한다면, 완화의료는 그 이전 단계에 있는 환자들에게 신체적 통증 치료와 정신석 안정 등을 지원한다. 호스피스는 수개월 내 사망 예상 환자와 그 가족을 대상으로 질병의 마지막 과정을 관리하고, 사별을 맞이하는 신체, 정신, 사회, 영적 문제를 해소하기 위한 의료행위이다.339) 호스피스 치료는 결국 말기 환자의 고통을 줄이고 편안하게 마지막시간을 보낼 수 있도록 도와주는 것이다. 환자가 사랑하는 가족들이 지켜보는 가운데 떠날 수 있도록 기회를 줄 뿐만 아니라 환자로 하여금 스스로 주변을 정리할 시간을 마련해 주는 것이다.

---

339) 입원형, 자문형, 가정형의 호스피스제도가 있다.

환자가 바라는 편안한 임종을 위해서는 의사와 보호자 그리고 환자가 서로 믿는 것이 무엇보다 중요하다. 양적인 삶이 아닌 질적인 삶을 살아야 한다.

❏ Think About

- ○ '죽음의 수용'과 '살고자 하는 의지'는 공존할 수 있을까?

- ○ 갑작스런 죽음, 어떻게 받아들여야 하나?

- ○ '죽음과 죽어감'은 '삶과 살아감'의 문제일까?

📖 함께 읽을 책

- ◉ 존엄한 죽음
  - 최철주, 메디치미디어, 2017, 248쪽

- ◉ 충만한 삶, 존엄한 죽음: 죽음을 앞둔 사람들에게서 삶의 의미를 배우다
  - 엘리자베스 퀴블러 로스, 장혜경 옮김, 갈매나무, 2020, 260쪽

  삶의 마지막 순간과 인간다운 죽음,
- ◉ 어떻게 죽을 것인가(Being Mortal: Medicine and What Matters in the End)
  - 아툴 가완디, 김희정 옮김, 부키, 2015, 400쪽

  소설가가 쓴 삶을 되돌아보는 마지막 기록,
- ◉ 죽을 때 추억하는 것(Dying)
  - 코리 테일러, 김희주 옮김, 스토리유, 2018, 192쪽

- ◉ 그리고 당신이 죽는다면
  - 코디 캐시디·폴 도허티, 조은영 옮김, 시공사, 2018, 284쪽

◉ 나의 죽음은 나의 것(Modern Death: How Medicine Changed the End of Life)
 - 알렉산드로스 벨리오스, 최보문 옮김, 바다출판사, 2018, 132쪽

 죽음에 맞서려면…늘 웃으며 죽음을 노래하라,
◉ 웃으면서 죽음을 이야기하는 방법(Nothing to be frightened of)
 - 줄리언 반스, 최세희 옮김, 다산책방, 2016, 408쪽

 우리가 언젠가 마주할 삶의 마지막 순간,
◉ 바이올렛 아워(The Violet Hour)
 - 케이티 로이프, 강주헌 옮김, 갤리온, 2016, 352쪽

제11장 임종

죽음의 과정에서 '육체의 죽음'에 앞서 '자아의 죽음'이 시작되는데, 자아의 죽음에 이르기까지 환자가 넘나드는 의식과 무의식의 경계경험을 '내적 임종'과정이라고 한다. 이 과정에서 환자는 소멸의 불안을 보이며, 외경심을 불러일으키는 전율적인 공포[누미노제; numinose][340)에 압도당하기도 한다. 이와 함께 식은땀을 흘리며 몸이 떨어져나갈 것 같은 통증과 오한을 느낄 수도 있다. 이때에도 환자는 여전히 들을 수 있고, 외부의 자극이나 소리에 민감하고, 쉽게 이해할 수 없는 말로 혹은 비언어적 방식으로 자신을 표현하기도 한다.

환자자신뿐만 아니라 가족에게도 임종과정은 힘들고, 낯설고, 이질적이다. 죽음에 대한 준비나 배움이 없다면 환자 못지않게 가족의 불안과 두려움도 커질 수밖에 없다.

01 말기질환자를 대하는 자세

✔ 의사는 환자가 말기질환 상태에 있을 때 환자와 그 가족에게 말기질환 이라는 사실을 어떻게 알려야 할까?

보통 환자의 죽음에 대한 논의는 환자의 가족과 하며 환자와 하지 않는다. 여러 경우를 생각할 수 있는데, 첫째는 환자에게 말기질환상태임을 알리지 않는 경우[폐쇄형], 둘째는 의사나 가족이 환자에게 진실을 말해 주지는 않았지만 환자가 자신의 상태에 대해 의심하는 경우[의심형], 셋째는 환자본인도

---

340) numinose는 전율 같은 영적체험으로 독일 신학자 루돌프 오토(Rudolf Otto, 1869~1937)가 『성스러운 것(Das Heilige (1917)』에서 한 말이다.

어떤 경위에 의해 말기질환 상태임을 알고 있으면서도 자신이 말기질환 상태가 아닌 것처럼 행동하는 경우[상호기만형], 넷째는 의사가 말기질환이라는 진단이 나오면 바로 환자와 그 가족에게 진실을 모두 알리는 경우(개방형)이다. 가장 이상적인 경우는 마지막 경우다. 이는 환자의 알 권리도 충족해 주면서 본인 스스로 남은 시간 동안 삶을 정리한 뒤 존엄하게 마지막 순간을 맞을 수 있기 때문이다.

헨리 마시는 의사는 환자에게 설명할 책임을 언제나 잊지 말아야 한다고 경고하면서, 경력이 많은 의사일수록 자신이 쥐고 있는 권력 때문에 책임의식이 흐려지기 마련이라고 지적한다. 나쁜 소식을 전할 때는 가능한 한 적게 말하는 게 최선이란다.[341] 여기서 중요한 것은 의사는 물론 환자 그리고 그 가족이 끝까지 같이 가겠다는 믿음을 가지는 것이다.

환자가 죽기 전에 필요한 일을 마무리할 수 있도록 해줘야 하지만, 죽음에 임박한 환자에게 그 사실을 알리는 것이 해가 될 경우, 유대율법에서는 환자에게 진실을 말하지 말라고 한다.[342] 죽음에 대한 대화에서 가장 중요한 것은 공감이다. 막무가내 희망만큼 병자가 감내하기 힘든 것도 드물다. 환자가 직면한 위험을 경시한 채 회복가능성을 과장해서 환자를 '기운 나게'하려는 노력을 하지 말라. 병과 싸우는 방법에 대해 충고하는 것도 마찬가지로 도움이 되지 않는다. 종교적인 가르침도 그렇고, "긍정적으로 생각하라"는 식의 인사말도 마찬가지다.

📖 함께 읽을 책

❖ 의사와 환자의 관계

---

341) 『참 괜찮은 죽음(Do No Harm)』, 250쪽.
342) 인생이 흔들릴 때 유대인에게 물어라, 『죽기 전에 한번은 유대인을 만나라(The book of Jewish values)』(랍비 조셉 텔루슈킨, 김무겸 옮김, 북스넛, 2012, 706쪽) 참조.

의사의 감정이 흔들릴 때, 환자의 고통은 시작된다.

◉ 의사의 감정(What Doctors Feel)
- 다니엘 오프리, 강명신 옮김, 페가수스, 2018, 326쪽
{'현대의학의 아버지'로 불리는 윌리엄 오슬러 경(Sir William Osler)은 1889년 5월 1일 미국 펜실베이니아 의과대학 졸업생들에게 '평정심' 즉, "일정수준의 무감각은 장점일 뿐만 아니라 냉정한 판단을 위한 필수요건"이라고 강조했다. 환자와 감정적 거리를 유지하지 못하면 자칫 객관성을 잃고 그릇된 판단을 내릴 수도 있고, 최악일 때는 환자의 생명까지 위협할 수 있기 때문이다. 그러나 다니엘 오프리(Danielle Ofri)는 환자와 감정적 거리를 두기보다 환자와 공감하는 의사가 더 적절한 치료를 한다는 연구결과가 쏟아져 나오지만 정작 현장의사들은 감정의 스위치를 꺼놓고 있다고 지적한다. 이 책의 메시지는, 의사가 환자의 슬픔에 공감하고 그 감정을 위한 시간과 공간을 부여받을 때, 그것이 환자에게 흘러드는 연료가 된다는 것이다.}

◉ 닥터스 씽킹(How Doctors Think)
- 제롬 그루프먼, 이문희, 해냄, 2007, 395쪽
{하버드 의대교수 제롬 그루프먼(Jerome Groopman)도 에서 "대다수 의료실수는 생각을 잘못하는 바람에 발생하는데, 그중 일부는 감정이 그 원인이다. 그러나 의사대부분은 자신에게 그런 감정이 있었는지조차 모른다."며 다니엘 오프리의 주장을 뒷받침한다.}

아픔을 기억하기 위해 펜을 든 의사들.

◉ 그는 가고 나는 남아서
- 김원석·남궁인·오흥권, 청년의사, 2018, 308쪽
{교과서엔 없지만 의사들이 수련과정에서 어깨너머로 체득하는 일종의 지침 가운데 '절대 환자나 보호자에게 사과하지 마라'는 내용이 있다. 인간적 미안함을 표현했을 뿐인데 환자 측에선 의료진이 잘못을 인정하지 않았느냐는 취지의 주장을 한다는 것이다. 환자의 아픔에 전이되는 걸 두려워하면서도 결국은 교감이 답이라고 외치는 의사들의 이야기다.}

◉ 어떻게 일할 것인가?(BETTER: a surgeon's notes on performance)

- 아툴 가완디, 곽미경, 웅진지식하우스, 2018, 324쪽
{1부 '성실함에 관하여'에서는 의사들의 손 씻기와 병원감염의 문제 등 과학기술이 대신할 수 없는 성실함의 가치를 돌아본다. 2부 '올바름에 관하여'는 잘해야 할 뿐 아니라 올바로 해야만 하는 의사들의 도덕적 책무에 관한 논쟁적 이슈를 다룬다. 3부 '새로움에 관하여'에서 혁신에 필요한 창의력이란 지능이 아닌 태도의 문제임을 역설한다. 의사들은 자기 잘난 맛에 살지만, 사실상 그들의 성과는 제대로 측정된 적도 다른 분야처럼 점수가 매겨진 적도 없다. 그러나 의사들의 차이는 분명 존재한다.}

✔ 가족들은 임종 간호를 어떻게 해야 할까?

- 환자의 불안을 최소화하여야 한다.[예; 음악 틀어주기]
- 환자에게 스트레스를 주지 않아야 한다.
- 환자의 몸을 청결하게 해주고 주변을 깨끗이 유지한다.
- 마지막 순간에 심폐소생술은 가급적 피한다. 심폐소생술은 의료진의 판단으로 시행한다.
- 존엄한 죽음을 맞이하기 위해서는 임종실이 필요하다.

임종실이란 환자의 죽음이 임박했을 때 환자와 그 가족들이 임종을 준비하는 방이다. 우리 사회에서는 대부분의 사람이 병원에서 마지막 순간을 마치는데, 그것도 일반병실에서 죽음을 맞는다. 그 이유는 병원에 임종실이 없기 때문인데,[343] 이는 죽는 자에 대한 최소한의 예의도 갖추지 못하는 것이다.

내 경험을 좀 소개하면, 아버지의 경우 ○○○대학병원 간호사실 옆에 마련되어 있는 집중치료실에서 마지막 순간을 맞으셨다. 당시 임종실이 없어 어찌해야 하나 하고 늘 걱정이었었는데, 돌아가시는 날 아침 식사를 병원 측

---

343) 의료보험이 적용되지 않기 때문에 종합병원에 임종실을 갖추고 있지 않다고 한다.

에서 제공하는 과정에서 음식물이 기도로 넘어가자 그들 나름 집중치료실로 아버지를 옮겨 처치하다 결국 영면하게 되었던 것이다. 그러다 보니 의사가 사망 선고한 후 임종 순간 함께 하지 못했던 가족들을 기다리느라고 5~6시간을 그곳에서 아버지의 시신을 지켜볼 수 있었다. 죽음 관련 여러 책을 읽다 보니 심장과 호흡이 멎고 나서 사람에 따라 차이가 있지만 귀는 열려 있어 수 시간 동안 들을 수 있고 체온도 금방 식지 않는 데도 흰 가운을 덮은 후 시신 보관소 냉동실로 바로 가는 것에 대한 불안을 떨쳐버리지 못하고 있던 차에 난 그곳에서 아버지의 체온이 서서히 식어가는 것을 온전히 느낄 수 있었고 수 시간이 지나 어린 손녀의 울음에 눈물로 화답하는 광경을 직접 봤기에 그나마 천만다행이었다.

✔ 죽음을 앞둔 사람을 돌보는 방법[344]

사실 죽음은 슬퍼할 일이 아니다. 석가모니는 인생은 고(苦)라고 하지 않았던가. 죽음은 괴로움에서 벗어나는 것이다. 그러니 고인을 보낼 때 몸을 흔들거나 목 놓아 울부짖지 말자. 환자의 떨리는 손을 꼭 잡아드리는 것뿐이다. 사람에 따라 다르지만, 온몸이 식을 때까지 조용히 기도하라.

원불교 교주 소태산(少太山, 1891~1943)은 마지막 순간에는 절대로 혼란을 피우지 말고 임종 후 몇 시간 지난 다음 슬퍼하고 실컷 울라고 말한다.

영국의 에딘버러(Edinburgh)대학교 교수였던 조지 윌슨(George Wilson, 1818~1859)의 죽음에 그의 여동생이 쓴 글이다.[345]

> 눈물로 죽은 자를 욕되게 하지 말라!
> 슬프고 괴롭던 피곤한 삶이 끝나고
> 영광스럽고 밝은 내일이 오는 것이니.

---

344) 『죽음(EBS)』, 262~266쪽.
345) 『새무얼 스마일즈의 인격론』, 217쪽.

미국의 죽음 연구가인 랍 몰(Rob Moll, 1978~2019)은 『죽음을 배우다(The Art of Dying)』에서 환자로 하여금 '좋은 죽음'을 맞이하도록 돕는 방법을 제시한다. 먼저, 죽음을 앞둔 사람에게 남은 기간 동안 하고 싶은 말, 하고 싶은 것이 있다면 그것을 실현할 수 있도록 도와준다. 그리고 가족과 친구들에게 충분한 시간을 두고 작별인사를 건네게 함으로써 이 세상에서의 이별을 잘 할 수 있도록 돕는다. 좋은 죽음은 사랑하는 사람들과 가족들에 둘러싸여 죽는 것이다. 한마디로 "곁에 있어 주라."는 것이다. 함께 있어 주는 것은 환자에게 '우리 삶이 아름답고 목적이 있으며 당신은 축복받은 것'이라는 희망을 전해주는 것이다. 누군가가 옆에 있다는 것은, 삶에서나 죽음에서 가장 중요한 일이다.

인도의 영적 지도자 크리슈나무르티(Jiddu Krishnamurti, 1895~1986)가 누군가로부터 죽음을 눈앞에 둔 친구에게 해줄 좋은 말을 알려달라는 질문을 받았다. 그가 대답했다. "당신의 친구에게 그가 죽을 때 당신의 일부도 같이 죽어 그와 함께 간다고 말해주세요. 그가 가는 곳이라면 어디든 당신도 같이 가게 된다고요. 그는 혼자가 아닐 것입니다."346)

40년 넘게 호스피스[완화의료] 활동에 헌신한 아이라 바이오크(Ira Byock, 1951~)교수는 『오늘이 가기 전에 해야 하는 말』에서 "사랑해, 고마워, 용서해줘(그리고 용서할게)"를 '오늘이 가기 전에 해야 하는 말'이라고 쓰고 있다.
죽음을 앞둔 사람은 "당신은 소중한 존재이고, 우리는 당신을 사랑합니다. 그리고 당신은 사랑받은 삶, 의미 있고 가치 있는 삶을 살았습니다. 당신의 삶은 우리에게 축복이었습니다."라는 말을 듣고 싶을 것이다.

영국의 정신과 의사 피터 펜윅(Peter Fenwick, 1935~)도 『죽음의 기술』에서 "훌륭한 죽음에 방해가 되는 가장 큰 장애물은 채 마무리 짓지 못한 일이며, 그 일을 해결하는 가장 중요한 방법은 화해"라고 말한다. 또한 "우리는

---

346) 『마지막 강의』, 343쪽.

다른 사람을 용서하고 그들의 용서를 구하고 자신의 잘못이나 오해에 대해 스스로를 용서할 필요가 있다. 만약 당신이 죽어 가는 사람을 돌보고 있다면, 그를 위해 해 줄 수 있는 가장 값진 일은, 인간관계를 바로잡을 기회를 만들어 주는 것이다. 이런 화해가 중요한 것은 죽어 가는 사람이 평화롭게 세상을 떠나도록 만들기 위해서만은 아니다. 그것은 뒤에 남는 사람들도 죄의식을 느끼지 않은 채 아름다운 이별을 하도록 만들기 때문이다."라고 권면한다.

📖 함께 읽을 책

- 죽음을 배우다: 아르스 모리엔디(The art of dying: living fully into the life to come)
  - 랍 몰, 이지혜 옮김, IVP, 2014, 272쪽

- 오늘이 가기 전에 해야 하는 말(The Four Things That Matter Most)
  - 아이라 바이오크, 김고명 옮김, 위즈덤하우스, 2018, 288쪽

- 죽음의 기술(The art of dying)
  - 피터 펜윅·엘리자베스 펜윅, 정명진, 부글북스, 2008, 346쪽

  인간에 대한 모든 착각과 진실,
- 왜 인간인가(The Science Behind What Makes Us Unique)
  - 마이클 가자니가, 박인규 옮김, 추수밭, 2010, 568쪽
  {인생의 마지막 순간은, 함께하는 모든 사람에게 가장 어려운 일이다. 어떠한 말과 표현으로도 담아지지 않는다..
  "저는 이제 죽나요?"
  "더 이상 치료를 위해 할 수 있는 것들은 남아 있지 않습니다. 마음의 준비를 하시고 가족에게도 말씀해주세요."
  마이클 가자니가(Michael S. Gazzaniga, 1939~)는 "인간만이 추상적으로 생각하고 상상하고, 눈에 보이지 않는 힘과 인과관계를 추론하고 설명할 수 있다"고 말한다. 모든 동물 중 머릿속에서 시간 여행을 하고 서로 다른 순간에 대한 기억을 떠올릴 수 있는 것은 인간이 유일하

다고 한다. 그리고 인간의 뇌를 특별하게 만드는 것은 서로의 생각과 감정을 교감할 수 있는 사회적 능력이라고 말한다.}

02 임종 상태 증상들

인공호흡기로 연명한 사람은 인공호흡기가 꺼지면 죽음은 너무나도 간단하다. 숨을 거두는 마지막순간이 없다. 인공호흡기의 스위치를 돌리면 ECG(Electrocardiogram; 심전도)모니터 상에 산소에 굶주린 심장이 살려고 몸부림치며 죽어가는 모습을 볼 수 있고, 심장이 뛸 때마다 오르락내리락 래프를 그리는 빨간 LED(Light-Emitting Diode; 발광다이오드)선이 점차 일자로 멈춘다.

노마교수는 『죽음학 수업(The Death Class)』에서 임종상태의 증상들을 설명하면서 우리 몸의 모든 장기들은 미리 죽음을 대비해서 활동을 멈추기 때문에 죽어가는 사람을 살아 있는 사람의 기준으로 대하는 것은 전혀 도움이 되지 않는다고 말한다.

- 순환계가 주요 장기들에 공급하는 혈액의 패턴을 바꾸기 시작한다. 온 몸으로 보내는 피를 주요장기들로 내보내고자 피를 모으고, 오한을 호소한다.
- 혈액의 산소부족으로 혈관이 파랗게 보이는 청색증 현상이 나타난다.
- 우리 신체 부위 중에서 시력이 가장 먼저 떨어지고, 청력이 가장 나중에 떨어진다. 그러므로 죽어가는 사람이 모든 걸 들을 수 있다는 걸 알고 행동해야 한다.
- 임종 1주일 전 혈액의 움직임은 소화계에서 멀어지고 신장, 심장, 폐와 간으로 혈액의 움직임이 바뀐다. 배고픔을 느끼지 못하고 허기나 갈증을 느끼지 못하며, 억지로 음식을 먹이면 우리는 기분이 나아지지만 환자의 기분은 좋지 않다.

- 임종 며칠 전 간의 활동을 멈추며, 눈의 흰자위가 노랗게 변한다. 간이 유독성 노폐물을 걸러내지 못함으로 체내에 그대로 축적되기 때문이다.
- 호흡은 분당 50회[347])까지 빨라지고 벌어진 입으로 침이 흘러나오며 호흡속도가 느려진다. 심장이 스타카토[짧게 끊어짐]로 뛴다.
- 무호흡상태가 점점 길어진다.
- 숨을 헐떡이거나 기침을 심하게 하는 증상을 동반한다.[빈사단계]
- 삼키지 못하는 침이 안쪽에 쌓여서 그르렁그르렁 가래 끓는 소리[348])가 난다. 공기가 입으로 들어가 기도에만 닿고, 호흡이 더 빨라진다. 생명 여한이 3~4시간 또는 24시간 이내에는, 평화로운 호흡을 한다.
- 신경전달물질인 호르몬[349])이 계속 증가함으로 인하여 행복감을 느끼며, 죽는 순간에 최고점을 찍는다.
- 피부가 칙칙한 잿빛으로 변하며, 콧속 모세혈관이 두꺼워지는 순간에 고통을 느낀다.
- 맥박수와 혈압이 조금씩 오르다가 한 시간 내 급격히 떨어진다.
- 심장이 정지할 때까지 심장박동 수는 계속 떨어진다. 호흡이 가장 먼저 멈추고 심장박동은 가장 나중에 멈춘다. 이때 사망시간을 기록한다.
- 심장박동이 멈추면 1분 안에 얼굴이 회백색으로 변한다.
- 체온도 시간당 1도씩 내려가고 피부에 반점[시반]이 나타난다.
- 근육수축이 딱딱해지는 사후경직이 24시간 이내에 일어난다. 사후경직은 얼굴에서 아래쪽으로, 그다음은 흐물흐물해진다.

❏ Think About

○ 임종직전에도 듣는다… '사랑해요' 말하세요

의식불명인 상태로 생의 마지막을 맞는 순간에도 사랑하는 사람의 목소리를 알아들을 수 있다는 게 과학적으로 증명됐다. 캐나다 브리티시컬럼비아대의 로런스 워드 교수 연구진은 국제학술지 2020년 '사이언티픽 리포트'에 "사망 직전 의식불명상태에 있는 환자도 일반인과 똑같이 뇌가 소리에 반응했다."고 밝혔다. 이는 죽음에 이르는 환자에게 가족이나 친구

---

347) 호흡은 분당 14~20회가 정상이다.
348) 물리학자 이름을 따서 체인-스톡스 호흡(Cheyne-Stokes Breathing)이라고 한다.
349) 세라토닌(serotonin), 도파민(dopamine), 노르에피네프린(norepinephrine).

들이 말로 위안을 줄 수 있다는 의미다.

연구진은 사망 직전인 사람이 청각 반응을 보이는지 알아보는 실험을 처음으로 했다. 이 연구는 더는 호전이 불가능해 통증 완화 처치만 하는 말기치료환자의 가족에게 동의를 받아 진행했다. 먼저 정상인을 대상으로 소리자극에 뇌가 어떻게 반응하는지 뇌파를 측정했다. 전극 64개가 달린 두건을 쓰고 뇌에 흐르는 전기신호를 포착하는 방식이었다. 다음에는 말기환자가 아직 의식이 있을 때와 의식불명에 빠졌을 때 뇌파를 각각 측정했다. 연구진은 "각각의 뇌파를 비교한 결과 정상인과 의식불명 환자가 소리자극에 거의 같은 반응을 보였다."고 밝혔다. 그러나 뇌파를 통해 소리자극에 뇌가 반응한다고 해서 환자가 소리를 인지했다고 확증할 수는 없다고 한다. 가족의 목소리는 치료효과도 있다고 한다. 2015년 미국 노스웨스턴대학교의 테리사 페이프 교수는 뇌손상으로 식물인간 상태가 된 환자들에게 6주에 걸쳐 하루 네 번씩 가족이 그들만 아는 얘기를 하거나 이름을 불러주는 것을 녹음해 들려주면 회복속도가 빨라진다고 국제학술지에 발표했다.[350]

03 임종 후

✔ 장례

환자가 영면하면 유족들은 장례를 준비해야 한다. 우리 사회의 장례식은 문상객들이 형식적으로 인사만 전하는 것이 현실이다. 값비싼 수의[351], 관보다 생전모습의 사진이나 영상, 유품을 전시하는 등 고인을 추모하고 유족을 위로할 수 있는 장례식이 바람직하다. 더 나아가 죽음을 새로운 여행으로 받아들인다면, 장례는 애통의 장이 아니라 새로운 길을 떠나는 이를 위해 벌이는 환송 잔치가 될 수도 있다.

---

350) 조선일보 2020.07.08. 참조.
351) 최준식교수는 수의를 꼭 새 옷으로 장만하지 말고 고인이 생전에 즐겨 입던 옷을 쓰면 좋지 않겠는가 하는 발상의 전환을 제안하고 있다.(『너무 늦기 전에 들어야 할 임종학 강의』,174~175쪽)

✔ 사별(死別)의 단계

사랑하는 사람을 어떻게 떠나보낼까? 남겨진 가족들은 어떻게 슬픔을 극복해야 할까? 눈물은 슬픔을 해소하는 여러 방법 중 하나이며, 몸 안에 내장되어있는 놀라운 치유장치이다.

엘리자베스 퀴블러 로스(Elisabeth Kübler-Ross)와 데이비드 케슬러(David Kessler)는 『상실수업』에서 이렇게 말한다. "정작 피해야만 하는 일은, 쏟아내어야 할 눈물이 빠져나오기 전에 울음을 억지로 멈춰버리는 것이다. 흘리지 못한 눈물은 슬픔의 샘을 훨씬 깊게 채운다. 30분 동안 울어야 할 울음을 20분 만에 그치지 말라. 눈물이 전부 빠져나가게 두라. 그러면 스스로 멈출 것이다."352)

최준식 교수는 『너무 늦기 전에 들어야 할 임종학 강의』에서 사별을 세 단계로 나누었다. 사랑하는 사람을 잃는 순간의 상실감과 그에 따른 육체적·심리적 고통, 그리고 아픔을 치유해 일상으로 돌아가는 과정이다. 이때 충분히 슬퍼하며 고통을 표현해야 한다. 마지막으로 개인적 차원의 죽음을 넘어 삶과 죽음의 진리에 눈떠가는 시간을 갖는 단계다. 우리 삶에서 가장 중요한 문제들, 즉 삶과 죽음의 의미, 사후세계에 대한 진지한 관심, 인간관계의 본질 등에 관해 깊이 성찰할 수 있는 기회이기도 하다. 이를 구체적으로 살펴보면 충격과 부정, 슬픔과 무기력 상태의 지속, 체념과 수용, 그리고 현실로 돌아가는 단계를 걸친다.353)

사랑하는 사람을 잃은 슬픔을 치유하는 것은, 그 치유를 통해 모두 '살기 위해', '잘 살아남아 잘 죽기 위해'서다.

▌ 비탄을 스스로 다스린다

---

352) 『상실수업』, 71쪽.
353) 자세한 내용은 『너무 늦기 전에 들어야 할 임종학 강의』, 203~224쪽 참조.

- 고통을 느끼라. 비탄이 다른 감정이나 행동들보다 우선되어야 한다. 몇 주, 몇 달, 심지어는 몇 년 아니 평생 동안 감정이 교차될 수 있음을 생각해야 한다.
- 슬픔에 대해 이야기하라. 친지들로부터 위안을 얻을 시간을 갖고, 그들에게 당신이 상실에 대해 이야기하고 슬픔을 표현할 필요가 있음을 알려라.
- 자신을 용서하라. 사별 과정 동안 느꼈던 분노, 죄의식, 당혹스러움에 대해 자신을 용서하라.
- 잘 먹고 운동하라. 비탄은 사람을 지치게 한다. 당신에게 적합한 일상생활을 찾으라.
- 자신을 기쁘게 하라. 기분을 전환시켜 당신에게 맞고 마음을 편안하게 해주는 어떤 일을 하라.
- 휴일과 기념일을 준비하라. 기일은 특별히 고통스러운 감정을 되살릴 수 있다. 편안한 친구들, 가족과 함께 특별한 활동을 준비하라.
- 도움을 구하라. 슬픔의 정도가 크거나 장기간 우울증에 빠져 있다면 정신과 전문의나 전문상담자를 찾아가 치료받는 것이 현명하다.
- 새 삶을 창조할 능동적인 활동을 시작하라. 필요한 만큼의 충분한 사별 기간을 가진 후 단계를 두고 새로운 사람을 만나거나 새로운 일을 찾아보라.

▌비탄에 잠겨 있는 사람들을 어떻게 대할까

- 슬퍼하는 사람과 가슴으로 만나라. '신의 뜻'이라거나 '더 이상 고통받지 않을 거'라고 말하는 것은 피하라. 당사자가 어떻게 느끼는지 안다고 말하지도 말라. 다만 유감이며, 들어줄 수 있다고 말하라.
- 경청하라. 비난에 대한 두려움 없이 자유롭게 이야기하도록 해준다.
- 어떻게 도울 수 있는지 물어보라. 당신이 관심을 갖고 있다는 걸 확인시켜 준다.
- 휴일과 기일을 기억하라. 이때가 비탄에 빠져 있는 사람들에겐 매우 어려운 시기이므로 평안함을 주도록 휴일과 기일을 함께 보낸다.
- 함께 할 수 있는 활동을 제안하라.

- 위험 신호에 주의를 기울이라. 고통 속에 있는 사람이 체중 감소, 약물 남용, 우울, 계속되는 수면장애, 신체적 문제, 자살에 대한 언급, 개인 위생의 결여 등의 증상을 보인다면 전문적인 도움이 필요하다는 것을 의미한다.

❏ Think About

○ 천의 바람이 되어

원곡은 미국의 인디언이 부르던 것이라고 하는데 일본에서 유행한 《천의 바람이 되어》라는 제목의 노래가 있다. 이 노래는 이렇게 시작한다. "내 무덤 앞에서 울지 마세요. 나는 그곳에 없어요."

이 노래는 망자는 천 개의 바람이 되어 하늘을 자유롭게 날고 있기 때문에 더 이상 자신을 위해 울 필요 없다고 말한다. 그 다음은, "가을에는 빛이 되고 겨울에는 눈이 되며 어두울 때는 별이 되어 당신을 지켜주겠다."는 가사로 이어진다.

📖 함께 읽을 책

아름다운 마무리를 위한 임종학 강의,
◉ 어떻게 죽음을 마주할 것인가: (Hinubergehen, Was beim Sterben geschieht)
- 모니카 렌츠, 전진만 옮김, 책세상, 2017, 269쪽

존엄사를 실천하기 위한 지침서,
◉ 마지막 여행(Final journeys)
- 매기 캘러넌, 이기동 옮김, 프리뷰, 2009, 352쪽

죽음의 과정과 사후세계의 모습을 기록한 죽음 안내서,
◉ 티베트 사자의 서(西藏生死書)
- 파드마삼바바, 장순용 옮김, 김영사, 2015, 326쪽

□ **티베트 불교에서 말하는 죽음과 환생 사이 여섯 단계의 '바르도(중음; 中陰)'**[354]

- 生處中陰(타고난 현생의 바르도): 탄생순간부터 죽음을 야기하는 조건을 맞닥뜨리는 순간 사이의 간격
- 夢裡中陰(꿈의 바르도): 잠에 떨어지는 순간부터 깨어나는 순간 사이의 간격
- 禪定中陰(명상의 바르도): 선정 혹은 명상적 집중상태에서 마음이 쉬고 있는 동안의 간격
- 臨終中陰(고통스러운 죽음의 바르도): 죽음을 야기하는 조건과 실질적인 죽음 순간 사이의 간격
- 實相中陰(광명한 법성의 바르도): 죽음 순간 직후부터 화현의 바르도에 들어설 때까지의 간격
- 投生中陰(화현의 바르도): 광명한 법성의 바르도 다음부터 미래의 부모 자궁에 진입할 때까지의 간격

죽어가는 사람들을 돌보는 의사, 간호사, 사회복지사, 성직자 그리고 가족이 읽어야 할 책,
◉ 상실수업(On grief and grieving)
- 엘리자베스 퀴블러 로스·데이비드 케슬러, 김소향 옮김, 이레, 2009, 321쪽

유쾌하고 신랄한 여자장의사의 좋은 죽음 안내서,
◉ 잘해봐야 시체가 되겠지만(Smoke Gets in Your Eyes: And Other Lessons from the Crematory, 2014)
- 케이틀린 도티, 임희근 옮김, 반비, 2020, 360쪽

법의학과 죽음,
◉ 나는 매주 시체를 보러 간다
- 유성호, 21세기북스, 2019, 280쪽

---

354) 티베트 불교에서 말하는 '바르도(Bardo)'는, 외적인 호흡이 멎은 후 저승에 이르기 전의 틈새, 또는 과도적인 상태를 뜻한다.

제12장 아름다운 죽음

죽음은 '선택'의 문제에 앞서 '수용'의 문제"이다. 스스로 주인공이 되는 죽음, 삶이 자신의 것이었듯 삶의 마지막인 죽음 또한 온전히 자신의 것으로 '받아들여야' 한다. 삶의 아름다운 마무리를 위해 우리는 얼마만큼 준비가 되어 있는가.

노인의 죽음, 젊은이의 죽음, 모든 죽음이 갑작스러울 따름이다. 죽음이 갑작스러운 것인 만큼 그 누구도 죽음을 미리 준비해서 편안한 죽음을 맞을 수는 없다. 반복적인 죽음연습, 죽음준비는 죽음이 일회성인 이상 불가능하며 죽음의 순간은 항상 즉흥적으로 맞을 수밖에 없다는 것이 블라디미르 장켈레비치의 생각이다. 후기 스토아(Stoa) 철학자들이 죽음을 배우고 준비할 수 있다고 한 까닭은 매순간 죽음에 직면하고 죽음을 가까이해 익숙해짐으로써, 이 순간이, 오늘이 인생의 마지막인 것처럼 살아감으로써 현재 삶에 집중하고 충실해질 수 있다고 생각한 데 있다.

아툴 가완디(Atul Gawande)는 "아름다운 죽음은 없다. 그러나 인간다운 죽음은 있다!"고 했다. 그 각론은 사람마다 다르겠지만, 총론은 바로 집착에서 벗어나는 것이다.

01 좋은 죽음이란?

웰다잉 강사 정순태(1958~)가 쓴 『웰다잉의 3가지 문턱』을 보면, 좋은 죽음에 대해 이렇게 설명하고 있다.

- 죽어가는 사람은 임박한 죽음을 알고 있어야 한다.
- 죽음을 담담하게 받아들일 수 있어야 한다.
- 사랑하는 사람과 함께 있어야 한다.
- 충분히 살았다고 만족해야 한다.
- 죽음과정이 다른 사람들에게 부담이 되지 않아야 한다.
- 비교적 덜 고통스럽고, 비탄이 없어야 한다.
- 임종치료에 대한 결정을 본인과 가족이 통제할 수 있어야 한다.

영국의학저널(British Medical Journal, BMJ)의 편집자 리처드 스미스 (Richard Smith, 1971~)가 제시한 '좋은 죽음(A Good Death)'의 조건은 다음과 같다.

- 죽음이 다가오고 있다는 것과 무엇을 기대할 수 있는가에 대해 알고 있어야 한다.
- 일어나는 일들을 합리적으로 통제할 수 있어야 한다.
- 존엄성과 개인의 사생활이 보장받아야 한다.
- 고통 완화와 다른 여러 증상들에 대해 적절한 통제를 할 수 있어야 한다.
- 어디서 죽음을 맞이할 것인가에 대해 선택할 수 있어야 한다.
- 자신에 대한 정보나 전문가의 의견을 가감 없이 접할 수 있어야 한다.
- 영적인 후원이나 정서적인 후원이 필요할 때, 그것에 접근할 수 있어야 한다.
- 어디에 있든, 호스피스 완화의료적인 돌봄을 받을 수 있어야 한다.
- 내 옆에 누가 있어야 하고, 마지막을 누구와 함께하고 싶은지에 대해 발언권이 있어야 한다.
- 자신이 원하는 '사전의료의향서'를 작성할 수 있어야 한다.
- 마지막 작별인사를 할 수 있는 시간을 가져야 한다.
- 이 세상을 떠날 시간이 되었을 때 삶을 공연히 연장시키지 않고 갈 수 있어야 한다.

그리스어 '에우타나토스(Euthanatos)'에서 유래한 '좋은 죽음'이란 말은 심한 고통 없이 죽음을 맞고자 하는 사람들의 소망을 반영한다. 토마스 모어 (Thomas More, 1478~1535)나 프랜시스 베이컨(Francis Bacon, 1561~1626)은 죽어가는 자가 최대한 평온하게 세상을 떠날 수 있도록 도와야 한다고 주장했다.

오늘날 죽음을 둘러싼 첨예한 논쟁은 대부분 안락사[요즘에는 '존엄사'라는 용어가 널리 쓰인다.]와 자살보조의 허용여부와 관련되어 있다.[355] 이것은 윤리적·법적 문제와 연관되는데 몇몇 유럽국가에서는 능동적 안락사를 법적으로 허용하는 단계에 이르렀다. '안락사'와 '의사조력자살'은 차이가 있다. 안락사는 환자의 조기사망을 초래하는 행동을 의사가 직접 하는 경우인 반면에 의사조력자살은 환자 스스로 생명을 끊는 행위를 할 수 있게 의사가 치사량의 진정제를 처방하는 등 환자에게 생명을 마무리할 수단을 마련해준다는 의미에서 환자의 자율권을 강조한다.

그런가 하면 알베르 카뮈는 『시지프 신화(1955)』에서 진지한 철학적 문제로 자살을 언급했는데,[356] 자살에 관한 철학적 태도는 역사적으로 매우 다양하다.

2016년 10월 자궁암으로 시한부 삶을 선고받은 91세의 할머니가 미국횡단여행을 마무리하고 세상을 떠났다. 노마 진 바우어 슈미트(Norma Jean

---

355) '안락사(euthanasia)'라는 용어는 그리스어 '에우타나토스(Euthanatos)'에서 유래한 말로, '좋다'는 의미의 '에우(eu)'와 '죽음'을 뜻하는 '타나토스(thanatos)'가 결합해 만들어진 용어이다. 해석하면 '아름답고 존엄한 죽음' 또는 '행복하고 품위 있는 죽음'을 의미하며 그리스어로는 '쉬운 죽음'을 가리킨다. 즉, 안락사는 '좋은 죽음(good death)'이란 뜻인데, 환자가 고통 없이 편안하게 죽음을 맞는 것을 의미한다. 일반적으로 안락사는 '회복의 가능성이 없는 말기환자가 죽음 이외에는 고통을 이겨낼 방법이 없을 경우'를 전제로 하고 있다. 안락사는 어떤 사람 A가 다른 사람 B를 위하여 B의 생명을 종식시키는 '자비로운 살인(mercy killing)'으로 이해된다. 안락사는 오로지 그 생명의 소유자를 위하여 그의 생명을 의도적으로 제거하는 행위라는 점에서 살인과 구별된다.
356) 알베르 카뮈는 "정말로 진지한 철학적 문제는 오직 하나뿐이다. 그것은 바로 자살이다."라고 말했다.

Bauer Schmidt)는 병원에서의 치료 대신에 가족과 함께하는 여행을 선택했다. 페이스북 '드라이빙 미스 노마!(Driving Miss Norma)'를 통해 알려진 이 이야기는 삶의 마무리를 어떻게 해야 하는지 많은 이들에게 화두를 던졌다. 이처럼 죽음에 자기결정권을 행사하는 것은 스스로의 존엄과 가족의 평화를 지켜줄 수 있다. 또 마지막순간에 대한 추억, 죽음이 단순한 삶의 끝이 아니라 삶의 완성이라는 깨달음을 준다.

▌내 삶의 마지막 성공은 좋은 죽음이다

"그래, 난 정말 후회 없는 삶을 살았어."라고 아무런 미련 없이 죽음을 받아들이는 사람에겐 죽음은 고통스럽지도, 슬프지도 않다. 우리는 누구나 죽지만 어떤 죽음은 딱하고 추한 반면, 어떤 죽음은 의연하고 품위 있다. 그 차이는 바로 '자신의 죽음을 어떻게 준비했는지'에 달려 있다.

대부분의 사람들이 질병이나 자동차사고에 대비하여 보험에 가입하고, 노년을 위해 연금을 준비한다. 하물며 내가 죽는데도 아무런 준비 없이 죽어도 되는가? 죽음에 대한 준비는 죽을 준비가 아니라 바로 삶을 위한 준비다.

📖 함께 읽을 책

- ◉ 웰다잉의 3가지 문턱
  - 정순태, 소소담담, 2019, 320쪽

  삶의 마무리에 대해 화두를 제시하다.
- ◉ 드라이빙 미스 노마(Driving Miss Norma): 숨이 붙어 있는 한 재밌게 살고 싶어!
  - 팀 바우어슈미트·라미 리들팀, 고상숙 옮김, 흐름출판, 2018, 352쪽

- ◉ 11월 28일, 조력자살: 나는 안락사를 선택합니다
  - 미야시타 요이치, 박제이 옮김, 아토포스, 2020, 354쪽

◉ 시지프 신화(1955)
 - 알베르 카뮈, 이정림 옮김, 범우, 2020, 242쪽

◉ 시지프 신화(1955)
 - A. 카뮈, 민희식 옮김, 육문사, 2019, 288쪽

02 아름다운 죽음의 조건들

좋은 죽음, 아름다운 죽음, 존엄한 죽음을 위해서는 먼저 죽음에 대한 생각부터 바꿔야 한다. 죽음은 누구라도 피할 수 없다, 수명은 연장할 수 없다, 사는 동안 자기를 위해 보내는 시간은 그리 많지 않다, 나는 언제 죽을지 모른다, 우리의 육체는 매우 약하다, 우리가 살면서 소유했던 모든 것들은 죽음 앞에선 아무짝에도 쓸모가 없다, 죽음의 길은 오로지 홀로 간다, 등등.

미국 시인 존 그린리프 휘티어(John Greenleaf Whittier, 1807~1892)는 죽음 앞에 당도해서야 배울 수 있는 것에 대해 이렇게 말했다. "혀나 펜으로 한 온갖 슬픈 말 중에 가장 슬픈 것은 이 말이다. '그랬더라면 좋았을 텐데!'라고.

당신이 만약 오늘 죽는다면 선뜻 '짧았지만 참으로 아름다운 날들이었다.'고 말할 수 있을까?

헨리 마시(Henry Marsh, 1950~)에 따르면, 괜찮은 죽음은 떠나는 사람과 떠나보내는 사람 모두 최선을 다 할 때 맞이할 수 있다. 헨리 마시는 『참 괜찮은 죽음(Do No Harm)』에서 "순간적으로 소멸하는 죽음을 끝내 이루지 못한다면 내 삶을 돌아보며 한마디는 남기고 싶다."고 한다. 그러려면 지금의 삶을 후회 없이 열심히 살아야 한다. 헨리 마시의 어머니는 마지막 순간 의식을

차렸다 잃었다 하는 동안 모국어인 독일어로 이렇게 되뇌었다고 한다. "멋진 삶이었어. 우리는 할 일을 다 했어."357)이 말 한마디가 모두에게 '참 괜찮은 죽음'을 선사한 것이다. 생애 마지막순간, '멋진 삶이었어.'라고 말할 수 있다면, 천상병 시인의 시《귀천》처럼 '아름다운 이 세상 소풍 끝내는 날'이 될 수 있는 것이다. 우리는 모두 '참 괜찮은 죽음'을 맞이할 권리가 있다.

임종을 앞둔 사람들이 가르쳐 주는 교훈은 주어진 '모든 날들을 최대한으로 즐기며 살라.'는 것이다.

마지막으로 바다를 본 적이 언제더라? 맨발로 풀밭을 걸어본 때는? 파란 하늘을 쳐다본 때는? 삶의 마지막순간에 바다와 하늘과 별과 사랑하는 사람을 마지막으로 한번만 더 볼 수 있게 해 달라고 기도하지 말자. 지금 당장 보러 가라.

"이번 생, 잘 살았다."
홀가분하게 몸을 벗게 될 나를 그려보자.

☐ Think About

> 마지막으로 바다를 본 것이 언제였습니까?
> 아침의 냄새를 맡아 본 것은 언제였습니까?
> 아기의 머리를 만져 본 것은?
> 정말로 음식을 맛보고 즐긴 것은?
> 맨발로 풀밭을 걸어 본 것은?
> 파란 하늘을 본 것은 또 언제였습니까?
> 이것은 다시 얻지 못할지도 모르는 경험들입니다.
> 우리 모두 그것을 알고 있습니다.
> 죽음을 앞 둔 사람들이 한 번만 더 별을 보고 싶다고, 바다를 보고 싶다고 말하는 것을 들으면 언제나 정신이 번쩍 듭니다.

---

357) 참 괜찮은 죽음(Do No Harm), 275쪽.

많은 사람들이 바다에 가까이 살지만 바다를 볼 시간이 없습니다.

우리 모두 별 아래에 살지만, 가끔이라도 하늘을 올려다보나요?

삶을 진정으로 만지고 맛보고 있나요?

평범한 것 속에서 특별한 것을 보고 느끼나요?

아이가 태어날 때마다 신은 세상을 존속시키기로 결정한다는 말이 있습니다. 마찬가지로 눈을 뜨는 매일아침, 당신은 살아갈 수 있는 또 다른 하루를 선물 받은 것입니다.

당신은 언제 마지막으로 그 하루를 열정적으로 살았나요?

이번 생과 같은 생을 또 얻지는 못합니다.

당신은 이 생애에서처럼, 이런 방식으로 이런 환경에서, 이런 부모, 아이들, 가족과 또 다시 세상을 경험하지는 못합니다.

당신은 결코 다시 이런 친구들을 만나지 못할 것입니다.

다시는 이번 생처럼 경이로움을 지닌 대지를 경험하지 못할 것입니다.

삶의 마지막순간에 바다와 하늘과 별 또는 사랑하는 사람들을 마지막으로 한 번 만 더 볼 수 있게 해달라고 기도하지 마십시오.

지금 그들을 보러 가십시오.

- 엘리자베스 퀴블러 로스·데이비드 케슬러,
『인생수업(LifeLessons)』 중에서

2000년 미국 내과학회지(Annals of internal medine)의 논문《훌륭한 죽음을 찾아서: 환자, 가족 그리고 의료진 간의 합의도출》에서 '훌륭한 죽음'의 주요 요소로 통증완화·조절, 명확한 의사결정, 죽음준비, 훌륭한 마무리[갈등해소, 인사], 다른 사람들에 대한 기여, 온전한 인간으로서의 존재감을 거론하고 있다.

소위 웰 다잉(Well Dying)이란 준비된 죽음, 존엄한 죽음을 뜻한다. 웰 다잉을 위해선 죽음을 준비하는 과정이 필요하다. 죽음이 삶의 일부임을 받아들이고 죽음을 스스로 준비하는 것이다. 예컨대 무슨 병에 걸렸는지, 진행 정도는 어떤지, 치료목표는 무엇인지 정확하게 알아야 한다. 자신이 준비한 마지막 말을 마지막에 하지 말고, 오늘 그리고 지금 해야 한다. 자신의 개인적인 감정을 담은 유언이 아니라 남아있을 사람을 위해서 유언을 하자. 통증조절을 잘하는 주치의를 알아두고, 마지막을 같이 할 조력자를 만든다. 등등.

이처럼 아름다운 죽음을 맞이하기 위해서는 다음과 같은 자세가 필요하다.

- 자신의 삶을 돌아보고 진정한 삶이 무엇인가를 떠올려 본다.
- 자신이 죽은 뒤 가족에게 누가 되지 않게 주변을 잘 정리한다.
- 종교가 있다면 신앙생활에 더 충실히 임한다.
- 유언장 작성 후에는 유산상속과 같은 세속적인 것에 대한 관심을 털어낸다.
- 아직 남은 능력으로 이웃에게 베풀 수 있는 일이 있는지 알아보고 실천에 옮긴다.
- 무의미한 연명치료에 집착하지 않는다.
- 가족이나 의료진, 주위사람에게 무리한 요구를 하지 않는다.

요즘 걱정스러운 것은 1인 가족이나 독거노인이 많다보니 '고독한 죽음'이다. 고독한 죽음을 맞는 사람이 없도록 국가나 사회가 그들의 삶에 적극적으로 관심을 가져야 할 필요성이 있다.[358] 게다가 심각한 고령화로 인해 노인이 노인을 간병하는 '노(老)-노(老)' 케어가 보편화되면서 간병인도 환자수발을 들다 체력적·정신적으로 병을 얻기 쉽다는 점이 문제로 대두되고 있다.[359]

현대인은 그 어느 때보다도 풍요로운 시대를 살고 있고 평균 수명도 크게 늘었지만, 오히려 외로운 죽음은 점점 늘고 있다. 노베르트 엘리아스

---

358) 우리나라의 경우 2016년에 65세 이상 고독사가 735명이었는데 2019년에는 1145명으로 55.6%나 늘었다. 1인 가구 증가, 가족구조 해체에 따른 고독사를 예방하기 위해 2021. 4. 1.부터 '고독사 예방 및 관리에 관한 법률'이 시행된다.

359) 일본경찰청 통계를 보면 2014년부터 2018년까지 '개호(介護·간병)피로' 때문에 한순간에 살인자가 되는 이른바 '개호살인'사건이 193건으로 연평균 40건에 육박한다고 한다. 일본 정부는 이런 사회적 흐름에 맞춰 2000년 개호보험을 도입한 뒤 40세 이상 국민들에게 의무적으로 가입하도록 하고 있다.

(Norbert Elias, 1897~1990)는 『죽어가는 자의 고독(Über die Einsamkeit der Sterbenden)』에서 이를 '문명화'의 부작용으로 진단한다. 즉, '고독한 죽음'은 문명화된 인간사회가 죽음을 회피하고 멀리하며, 죽음에 대한 생각을 억압해온 결과라고 본다. 사람들이 죽음을 더 이상 배제하지 않고 삶의 총체적 구성인자로서 인간의 표상 속에 끌어들일 때 스스로를 외로운 존재로 느끼는 '갇혀있는 인간'이라는 에토스(ēthos)[360]는 급속히 약화될 것이다.

❐ Think About

외로움(loneliness)과 혼자됨(solitary)의 차이

📖 함께 읽을 책

1.4㎏ 뇌를 수술하는 신경외과의사에게 환자의 삶과 죽음은 어떤 의미일까?
◉ 참 괜찮은 죽음(Do No Harm)
 - 헨리 마시, 김미선 옮김, 더 퀘스트, 2017, 376쪽

◉ 이만하면 괜찮은 죽음: 33가지 죽음 수업
 - 데이비드 재럿, 김율희 옮김, 윌북(willbook), 2020, 319쪽

오늘날 의학이 놓치고 있는 웰 다잉 준비법,
◉ 아무도 가르쳐주지 않은, 괜찮은 죽음에 대하여
 - 케이티 버틀러, 고주미 옮김, 메가스터디북스, 2021, 368쪽

◉ 우리 앞에 생이 끝나갈 때 꼭 해야 하는 이야기들
 - 안젤로 E. 볼란데스(Angelo E. Volandes), 박재영·고주미 옮김, 청년의사, 2016, 240쪽

---

360) 아리스토텔레스는 인간의 혼을 지성적 부분과 비지성적 부분으로 나누고, 비지성적 부분 중에서 습관에 의해 지성적 부분으로 되는 감정적 능력을 에토스라 불렀다.

- 생이 끝나갈 때 준비해야 할 것들: 존엄한 죽음을 위한 안내서
- 데이비드 케슬러(David Kessler), 유은실 옮김, 21세기북스, 2017, 356쪽

  문명화 과정과 현대인의 고독한 죽음,
- 죽어가는 자의 고독(Uber die Einsamkeit der Sterbenden)
- 노베르트 엘리아스, 김수정 옮김, 문학동네, 2012, 128쪽

- 타인의 고통(REGARDING THE PAIN OF OTHERS), 수전 손택, 이재원 옮김, 이후, 2004, 253쪽

03 존엄성 없는 헤어짐은 어떤 모습일까?

헤어질 때 자기가 잘 한 것, 억울한 것만 생각하고 상대방을 절대 봐주지 않는, 증오와 비난으로 가득 차 줄다리기를 하는 두 사람의 모습은 존엄성이 없는 헤어짐의 방식이다. 한 발짝 떨어져서 자신을 객관적으로 볼 줄 모른다. 재고 따지고 손익만을 계산한다. 자기만 옳고 온갖 치사한 데까지 생각이 미친다.

헤어짐이라는 것은 모든 관계가 곧 자기가 놓쳐버린 삶이요, 어쩌면 그리 살았을지도 모르는, 그러나 살아보지 못한 삶을 의미한다는 사실을 직시하는 것을 포함한다. 그러므로 이별을 할 때는 '열린 미래'[361]가 특히 더 중요한 의미를 갖는다. 상대방에게 앞으로 펼쳐질 미래에 대한 모든 가능성을 인정해 주는 것이다. 할 수 있는 한 우리 모두 서로 최선을 다했음을 인정하고, 상대의 미래를 축복하는 이별, 이것이 존엄성이 있는 이별이다.[362]

---

361) '열린 미래'의 경험이란 과거의 지나간 사건, 행위, 경험이 단 하나의 미래로 고착되지 않는다는 뜻이다. 즉 과거의 삶과 거리를 두고 새로운 무언가를 시도해볼 수 있다는 뜻이다. (『삶의 격』, 176쪽)

죽음의 공포가 엄습할 때 우리는 자신에게 가장 귀중한 재산이 '사람'이라는 것을 깨닫는다. 죽을 때, 인생의 살아가는 데 깊은 영향을 주고 같이 힘쓴 사람들이 옆에 있었으면 하고 바랄 수도, 또는 마지막순간에 홀로 있고 싶을 수도 있다. 어떻든 간에, 그들이 없었다면 있을 수 없었을 인생을 함께한 사람들에게 작별인사를 할 기회를 가질 수 없다면 존엄성 있는 죽음이라고 할 수 없다.[363]

04 우리가 죽기 전에 생각해야 할 것들

당신에게 가장 소중한 것은 무엇인가요? 라는 질문을 받게 된다. 그럴 때마다 우리는 주저하지 않고 "가족입니다"라고 대답하곤 한다. '가족의 힘'은 위대하다.

"행복한 가정은 모두 엇비슷하고 불행한 가정은 불행한 이유가 제각기 다르다." 톨스토이가 쓴 『안나 카레니나』의 첫 문장처럼 행복한 가정과 불행한 가정의 모습은 500년 전이나 지금이나 비슷하다. 『가족, 부활이냐 몰락이냐』의 저자 프랑크 쉬르마허(Frank Schirrmacher, 1959~2014)가 지적한 것처럼 가족은 위기 시 생존의 절대 조건이 된다. 생사 갈림길에 처할 때 생존할 수 있는 결정적 조건은 바로 가족과 '함께 있었느냐, 혼자 있었느냐'였다.

▌'비움' 그리고 '내려놓음'

소걀 린포체(Sogyal Rinpoche, 1947~2019)는 『티베트의 지혜』에서 '삶'은 '죽음'에 도달하는 과정이며 '죽음이란 궁극적으로 종말이라기보다 다 낡아서 헤졌을 때 갈아입는 옷과 같은 것'이라고 말하면서, 죽어가는 사람이 들어야 할 두 가지 언질을 언급하고 있다. "하나는 죽어도 된다는 허락의 언질이고, 다른 하나는 그가 죽은 후 남아 있는 사람들이 잘 지낼 수 있으며 아무

---

362) 『삶의 격』, 179쪽.
363) 『삶의 격』, 420쪽.

것도 걱정할 필요가 없다는 안도의 언질이다." 소갈 린포체에 따르면 죽음을 이해하고 받아들임으로써 자아에 대한 집착을 버리고 자비를 베풀 수 있으며, 일상생활을 더 충실하게 살아갈 힘을 얻게 된다.

죽음 앞에 집착이 무슨 소용이 있겠는가? 마음을 내려놓아야 한다. 그래야 가는 길이 무겁지 않다. 박경리(朴景利)작가의 시 《옛날의 그 집》 끝부분을 인용해 본다. '모진 세월은 가고/ 아~아 편안하다/ 늙어서 이리 편안한 것을 / 버리고 갈 것만 남아서/ 참 홀가분하다.' 죽으면서 뭘 가지고 가는 이는 없다. 키리아코스 C. 마르키데스(Kyriacos C. Markides, 1942~)가 쓴 『지중해의 성자 다스칼로스(Daskalos)』에서 다스칼로스는 "손을 꼭 쥐고 태어났지만 갈 때는 손을 펴고 간다."고 했다.

'비움', '내려놓음'은 인생을 마무리하는데 우리가 갖추어야 할 필수조건이다. 철학자 스피노자는 우리에게 위안을 건넨다. "그냥…… 내려놓으세요. 당신 어깨의 짐을. 그것으로 이제 되었습니다. 당신은 이미 충분히 힘들어 했습니다. 그리고 더는 후회하지 마세요. 그 때 당신이 할 수 있는 최선의 선택을 한 것일 뿐이니까요."

▌ "사랑해요, 고마워요, 용서하고 용서해 주세요, 그리고 잘 가요."

죽음 앞에 우리에게 필요한 말은 단 네 마디뿐이다. "사랑해요, 고마워요, 용서하고 용서해 주세요, 잘 가요." 한낱 몇 글자로 이루어진 이 짤막한 네 가지 말이 인생에서 결코 놓치지 말아야 할 가장 소중한 사실들을 함축하고 있다. 때늦은 후회를 하지 않으려면 기회가 있을 때마다 용서, 감사, 사랑, 인사의 말을 전하여야 한다. 이 모든 것은 상대를 위한 것이 아니라 자기 자신을 위한 것이다.

아름다운 죽음의 조건은 바로 '관계'에 있다. 관계를 완성하는 것, 그것은 아름다운 죽음의 조건인 동시에 참다운 삶의 조건이다. 아이라 바이오크(Ira

Byock, 1951~)는 20년 가까이 중환자를 돌보고 30년 넘게 호스피스와 고통완화의료분야에서 일한 세계 최고의 호스피스전문의로, 아름다운 죽음을 맞이하기 위해 노력한 스물두 명의 실화를 통해 세상에서 가장 단순하지만 실천하기 어려운 용서, 감사, 사랑, 작별인사 이 네 가지 진리를 담은 『아름다운 죽음의 조건』을 펴냈다.

아이라 바이오크가 『아름다운 죽음의 조건』에서 언급한 '우리가 죽기 전에 생각해야 할 것들'을 곱씹어 보자.

✔ **때를 놓치기 전에 반드시 해야 할 마지막 말**
축복: "나는 너희들이 자랑스럽다."
단 한마디의 말이 인생을 바꾼다.

키스: "당신은 정말 멋진 남자예요."
당신이 사랑했던 '그때'를 떠올려라.

화해: "자랄 때 함께 있어주지 못해 미안하다."
때가 너무 늦었다고 포기해선 안 된다.

가족애: "가족들에게 내 마음을 전하고 싶습니다."
죽음을 앞두고 큰 변화가 온다.

작별인사: "제 아버지가 되어주셔서 고마워요."
아름다운 관계는 깊이로 재는 것이다.

✔ **관계의 문제를 푸는 열쇠, 용서(Forgiving)**
기억: "내내 무기력했던 아버지를 용서해다오."
사랑은 우리 안에 영원히 살아 있다.

반성: "너는 내 삶을 조각한 예술가야."
용서는 최고의 유산이다.

포용: "내가 당신을 사랑한 줄은 알아요?"
무엇보다 나 자신을 위해 용서하라.

참회: "사람은 누구나 상처를 회복할 수 있어요."
용서 받지 못할 사람은 없다.

자기애: "왜 하필이면 나일까요?"
자신을 있는 그대로 사랑하라.

의지: "다 죽어가는 꼴을 보이고 싶지 않다."
좋은 죽음은 완전히 의지하는 것이다.

✔ 관계를 단단히 이어주는 고리, 감사(Thank You)
기쁨: "나는 운 좋은 사내입니다."
기쁨은 최고의 영양분이다.

기적: "널 힘들게 해서 미안하구나."
감사하는 마음은 인간성을 완성한다.

변화: "그래 알아."
사람은 매순간 성장할 수 있다.

✔ 가장 강렬하고 소중한 말, 사랑(I Love You)
스킨십: "이토록 강렬한 기쁨!"
사랑은 적극적인 행동이다.

정성: "할 수 있는 것은 뭐든지 다하고 싶어."
사랑에는 최종 과제가 있는 법이다.

용기: "넌 최선을 다했다."
그가 원하는 대로 하라.

연결: "무엇보다도 늘 내 곁에 있어줘서 고마워."

사랑을 치료할 방법은 더 많이 사랑하는 것뿐이다.

✔ 관계 완성을 위한 마지막 절차, 작별인사(Good-Bye)
오늘: "정말 다 컸구나!"
죽음은 항시 닥칠 수 있다.

마법: "이제야 알 것 같습니다."
신비롭고 불가사의한 이별을 준비하라.

서약: "너를 영원히 사랑해."
좋은 작별인사는 평생의 선물이다.

축하: "모두 모이니 정말 좋구나."
살아있다는 선물에 감사하라.

죽음을 눈앞에 둔 순간 자신의 삶과 극적으로 화해하고 아픔을 치유한 사람들의 실제 경험을 담고 있는 『아름다운 죽음의 조건』은 어떻게 살 것인가(Well-Being)와 어떻게 죽을 것인가(Well-Dying)는 결코 다른 것이 아니며 죽음은 더 이상 공포가 아닌 참된 삶을 살기위한 마지막준비와도 같다는 것을 이야기하고 있다.

📖 함께 읽을 책

◉ 안나 카레니나(Anna Karenina) 전3권
 - 레프 톨스토이, 박형규 옮김, 문학동네, 2010, 1644쪽

◉ 가족, 부활이냐 몰락이냐(Minimum)
 - 프랑크 쉬르마허, 장혜경 옮김, 나무생각, 2006, 206쪽.

 아름다운 삶, 아름다운 죽음을 위한 책,
◉ 아름다운 죽음의 조건(The four things that matter most)

- 아이라 바이오크, 곽명단 옮김, 물푸레, 2010, 281쪽

◉ 삶과 죽음을 바라보는 티베트의 지혜(The tibetan book of living and dying)
- 소걀 린포체, 오진탁 옮김, 민음사, 2013, 634쪽

◉ 지중해의 성자 다스칼로스(Fire in the heart) 1·2·3
- 키리아코스 C. 마르키데스, 김효선 옮김, 정신세계사, 2008, 431쪽

05 아름다운 죽음들

누구나 가보지 않은 길을 간다는 것은 걱정스럽고 한편 두렵기도 하다. 그 길을 갔던 사람들 중 아름답게 마무리한 사람들을 찾아 나선다.

❖ 100살에 곡기를 끊고 죽을 시간을 선택한 스콧 니어링(Scott Nearing)

▎스콧 니어링(Scott Nearing, 1883~1983)은 어떤 사람인가

미국의 자연주의자 스콧(Scott)은 1883년 미국 펜실베이니아 주의 부유한 가정에서 태어났다. 그리고 꼭 100년 후 1983년 메인(Maine)주의 하버사이드(Harbourside)에서 눈을 감았다.

그는 평화주의자이자 사회주의자였다. 그러나 매카시즘(McCarthyism)이 미국 사회를 휩쓸 때 공산주의자로 몰려 펜실베이니아 대학의 교수직에서 쫓겨났다. 경제적으로 어려워지자 아내도 그와 살기를 원하지 않았다. 사회로부터 배척받고 가족으로부터도 외면을 받는 등 절망적인 상황에 빠졌을 때 그의 앞에 한 사람이 나타났는데 바로 스무 살 아래의 헬렌 니어링(Helen Nearing, 1904~1995)이다.

스콧은 자서전에서 헬렌(Helen)을 만난 건 행운이라고 서술했다. 두 사람

은 서로 가치관이 같다는 걸 알고 함께 버먼트(Beaumont) 주로 이주했다. 하루의 반나절은 일하고 나머지 반나절은 명상과 독서를 하는 전원생활을 시작했다.[364]

스콧은 평소 의사를 멀리했다. 의사가 병에 대해서만 알지 건강은 잘 모른다는 것이다. 의사를 멀리했기 때문에 건강한 건지, 건강했기 때문에 의사를 멀리한 건지 알 수 없지만, 그는 장수했고 100세가 되던 해 스스로 곡기를 끊고 3주 만에 세상을 떠났다. 스콧의 아내는 "그는 하루일과를 마치고 휴식을 취하듯 편안하게 갔다."고 썼다.

▌ 스콧한테 본받을 점

스콧은 여든에 자신의 '죽을 계획'을 글로 써놓았다. "나는 죽을 때 병원이 아니고 집에 있기를 바란다." "어떤 진통제, 마취제도 필요 없다." "가장 가까운 사람들에게서 존중받으며 가고 싶다." ….

스콧은 죽을 때까지 일하는 걸 멈추지 않았다. 일은 마지못해 하는 일이 아니고 하고 싶은 일이어야 한다. 심리학자들은 사람이 원하는 걸 할 수 있을 때 비로소 행복을 느낀다고 한다. 하루의 반나절은 일하고, 나머지 반은 명상과 독서를 하거나 헬렌과 곡을 연주하는 등 취미활동에 할애했다.

스콧의 검소한 생활을 배워야 한다. 보통사람은 나이 들어서도 계속 많은 것을 소유하려 하는데, 스콧은 이웃에게 나누어 주었다. 자기가 필요로 하는 것보다 더 많은 걸 원하는 건 동물세계에서 우리인간밖에 없다고 한다.

▌ 스콧은 100세에 자기생명결정권을 행사했다

예전에는 집에서 죽음을 맞이했다. 그러나 지금은 거의 대부분 병원에서 죽는다. 임종을 맞이할 것 같으면 본인의 뜻과는 상관없이 가족이 병원에 입원시키기 때문이다. 일단 병원에 가면 의사의 지시에 따르지 않을 수 없다. 결국, 힘겨운 시간을 보내다가 중환자실에서 홀로 죽어가기에 십상이다.

---

364) 스콧&헬렌 니어링 부부는 버몬트 숲속에서 살았던 스무 해의 기록을 담은 자서전 『조화로운 삶』을 썼다.

그런데 스콧은 100세가 되던 해 자신의 기운이 소진됐다는 것을 깨닫고, 남의 손에 의해 생명이 연장되는 것을 원치 않았다. 그는 이제는 세상을 하직해야겠다는 뜻을 아내에게 전했다. 아내 헬렌 역시 그의 의견에 동의했다. 그는 헬렌의 도움으로 단식하다가 스스로 세상을 떠났다.

▌스콧이 우리에게 한 말
다음은 스콧 니어링이 죽기 전에 남긴 유언이다.

인생의 마지막순간이 오면
나는 자연스럽게 죽게 되기를 바란다.
나는 병원이 아니고 집에 있기를 바라며
어떤 의사도 곁에 없기를 바란다.
의학은 삶에 대해 아는 것이 거의 없는 것처럼 보이며
죽음에 대해서도 무지하니까.

그럴 수 있다면 나는 죽음이 가까이 왔을 무렵에
지붕이 없는 툭 트인 곳에 있고 싶다.
그리고 나는 단식을 하다 죽고 싶다.
죽음이 다가오면 음식을 끊고
할 수 있으면 마찬가지로 마시는 것도 끊기를 바란다.
나는 죽음의 과정을 예민하게 느끼고 싶다.
그러므로 어떤 진통제나 마취제도 필요 없다.
나는 되도록 빠르고 조용히 가고 싶다.

회한에 젖거나 슬픔에 잠길 필요는 없으니
오히려 자리를 함께 한 사람들은 마음과 행동에
조용함과 위엄, 이해와 평화로움을 갖춰
죽음의 경험을 함께 나눠 주기 바란다.
죽음은 무한한 경험의 세계
나는 힘이 닿는 한 열심히, 충만하게 살아왔으므로
기쁘고 희망에 차서 간다.

죽음은 옮겨감이거나 깨어남이다.
삶의 다른 일들처럼 어느 경우든 환영해야 한다.
법이 요구하지 않는 한,
어떤 장의업자나 그밖에 직업으로 시체를 다루는 사람이
이 일에 끼어들어선 안 된다.
내가 죽은 뒤 되도록 빨리 친구들이
내 몸에 작업복을 입혀 침낭 속에 넣은 다음
평범한 나무상자에 뉘기를 바란다.
상자 안이나 위에 어떤 장식도 치장도 해서는 안 된다.
그렇게 옷을 입힌 몸은
화장터로 보내어 조용히 화장되기를 바란다.

어떤 장례식도 열려서는 안 된다.
어떤 상황에서든
언제 어떤 식으로든
설교사나 목사, 그 밖의 직업종교인이 주관해서는 안 된다.
화장이 끝난 뒤 되도록 빨리 나의 아내가,
만일 아내가 나보다 먼저 가거나 그렇게 할 수 없을 때는
누군가 다른 친구가 재를 거두어
바다가 바라다 보이는 나무 아래 뿌려 주기 바란다.
나는 맑은 의식으로 이 모든 요청을 하는 바이며,
이런 요청이 내 뒤에 계속 살아가는
가장 가까운 사람들에게 존중되기를 바란다.

📖 함께 읽을 책

◉ 조화로운 삶(Living the good life)
  - 헬렌 니어링·스콧 니어링, 류시화 옮김, 보리, 2000, 220쪽

◉ 아름다운 삶, 사랑 그리고 마무리(Loving and Leaving the Good Life)
  - 헬렌 니어링, 이석태 옮김, 보리, 1997, 248쪽

❖ 안락사를 택한 104세 데이비드 구달(David Goodall)

▌데이비드 구달(David Goodall, 1914~2018)은 누구인가

데이비드 구달박사는 생태학과 환경 분야를 연구한 호주의 생태학자다. 그는 대학에서 66세에 은퇴하고도, 왕성한 활동으로 100세에 논문을 발표했으며, 호주 법에 따라 84세에 운전면허증을 취소당했다. 104세에 넘어져서 이틀 동안 스스로 일어나지 못 하였을 뿐이고, 시력이나 청력이 약해졌으나 다른 병은 없이 살았다고 한다.

▌병(病) 없이 안락사를 택하다

104세의 데이비드 구달은 특별히 앓는 병도 없었으나 건강이 나빠지면 지금보다 더 불행해질 것이라고 생각했다. 구달은 "죽는 것보다 죽고 싶어도 죽지 못하는 게 진짜 슬픈 일"이라고 했다. 구달은 치사(致死) 약이 들어간 정맥주사기에 연결된 밸브를 자기 손으로 열었다. 죽기 전 마지막 듣고 싶은 음악으로 베토벤교향곡 제9번 《합창》의 '환희의 송가'를 꼽고, 읊조렸다.

> **☐ 베토벤교향곡 제9번 《합창》 중 '환희의 송가'**
>
> 오, 친구들이여! 이런 곡조들이 아닌, 좀 더 즐겁고, 기쁨에 찬 노래를 부르자.
>
> 환희여, 아름다운 신의 광채여, 천상낙원의 딸들이여, 우리는 정열에 취하고 빛이 가득한 신의 성전으로 들어간다. 가혹한 현실이 갈리놓은 자들을 신비로운 그내의 힘으로 다시 결합시키는 도다. 그리고 모든 인간은 형제가 되노라, 온화한 그대의 날개가 머무르는 곳에서.
>
> 위대한 하늘의 선물을 받은 자여, 진실한 우정을 얻은 자여, 여성의 따뜻한 사랑을 얻은 자여, 다 함께 모여 환희의 노래를 부르자! 그래, 이 땅에 단 한 명뿐일지라도 마음을 공유할 혼을 가진 자라면 환호하라! 그러나 그조차 할 수 없다면 눈물 흘리면서 조용히 떠나라!
>
> 모든 존재는 자연의 품속에서 환희를 마신다. 모든 선인도 모든 악인도 자연이 선물한 장미의 오솔길을 걷는다. 자연은 입맞춤과 포도나무를 주고, 죽음조차 빼앗아 갈 수 없는 친구를 주었다. 하물며 벌레 같은 사람

조차 쾌락을 누리며 지혜의 천사 케루빔은 신 앞에 서있다.

태양이 수많은 별 위를 움직이듯 이 광활한 하늘의 궤도를 즐겁게 날듯이 형제여 길을 달려라, 영웅이 승리의 길을 달리듯이.

모든 사람은 서로 포옹하라! 이것은 온 세상을 위한 입맞춤! 형제여 별의 저편에는 사랑하는 아버지가 있으니. 억만 인들이여, 엎드리지 않겠는가? 창조주를 믿겠는가, 온 세상이여? 별들 뒤의 그를 찾아라! 별들이 지는 곳에 그는 있다.

모든 사람은 서로 포옹하라! 이것은 온 세상을 위한 입맞춤! 형제여 별의 저편에는 사랑하는 아버지가 있으니. 모든 사람은 서로 포옹하라! 이것은 온 세상을 위한 입맞춤! 환희여, 아름다운 신의 광채여, 천상낙원의 딸들이여, 환희여, 아름다운 신의 광채여, 신의 광채여.

구달은 단지 '너무 오래 살았다'고 생각해 죽음을 택했다. 그의 죽음은 삶의 존엄성을 위한 선택이란 면에서 볼 때 의사의 연명치료를 거부하는 것보다 한 걸음 더 나아간 것이다. 그의 '자살'을 미화할 것까지는 없지만, 구달의 죽음은 고령화시대에 사람은 '언제까지' '어떻게' 살아야 하느냐는 화두를 우리에게 던진다.

❖ 올리버 색스(Oliver Sacks)

▌올리버 색스(Oliver Sacks, 1933~2015)는 누군가

올리버 색스는 영국 런던에서 태어나 옥스퍼드대학교 퀸스칼리지(The Queen's College)에서 의학학위를 받았고, 그 후 알베르트 아인슈타인(Alvert Einstein) 의과대학과 뉴욕 대학교를 거쳐 2007년부터 2012년 까지 컬럼비아 대학교에서 신경정신과 임상교수로 일했다. 2012년 록펠러 대학교가 탁월한 과학 저술가에게 수여하는 루이스 토머스 상(Lewis Thomas Prize)을 수상했다. 2015년 안암이 간으로 전이되면서 향년 82세로 타계하였다.

▌올리버 색스가 남긴 말

의사이자 작가인 올리버 색스는 시한부판정을 받고 존엄을 잃지 않겠다는 다짐으로 집착과 욕심을 내려놓은 과정을 《뉴욕타임스(The New York Times)》에 고백하고 한 달 뒤 세상을 떠났다.[365]

"지난 십여 년에 걸쳐 동시대인들의 죽음을 점차 강하게 의식하게 됩니다. 나의 세대가 저물어가고 있습니다. 매 죽음 앞에 나의 일부가 떨어져나가는 듯한 단절감을 느낍니다. 우리가 떠나면 우리 같은 이들은 다시 존재하지 않겠죠. 그 누구와도 꼭 같은 이들은 존재하지 않을 테니까요. 결코 사람이 죽으면 그 누구로도 대신할 수 없습니다. 채워질 수 없는 구멍을 남기고 그들은 떠나고, 그것은 유전적이고 신경적인 운명이기에. 하나의 독특한 개인으로 살아남아 각자의 길을 걷고, 각자의 생을 살며, 각자의 죽음을 맞이하는 모든 이들의 운명이기에.

나는 두렵지 않은 척할 수는 없습니다. 그럼에도 나를 지배하는 심정은 고마움에 가깝습니다. 나는 사랑했고 사랑받았습니다. 많이 받았고 얼마간은 되돌려 주었습니다. 읽었고 여행했고 생각했으며 글을 썼습니다. 세상과 관계를 맺어나갔고, 작가와 독자와의 특별한 관계를 맺어왔습니다.

무엇보다 이 아름다운 행성에서 나는, 느끼는 존재[지각(知覺)있는 존재]이자 생각하는 동물로서 살아 왔으며 이는, 그 자체로 크나큰 특권이자 모험이었습니다."

— 『고맙습니다(Gratitude)』[366] '나의 생애' 중에서

"죽음이 점점 더 가까이 다가올수록 사람들은 생명이 계속될 거라고 느끼며 위안을 삼는다. (중략) 세상을 하직할 날이 얼마 남지 않은 지금, 나는 다음과 같은 세 가지 점을 신뢰한다. 인류와 지구는 생존할 것이고, 삶은 지속

---

365) 오리버 색스(Oliver Sacks)에 대해 알고 싶으면, 영화 《올리버 색스: 히즈 오운 라이프 (Oliver Sacks: His Own Life, 2019)》를 보라.

366) 『고맙습니다(Gratitude)』는 죽음을 앞두고 《뉴욕타임스》에 기고해 팬들로부터 전폭적인 사랑을 받았던 에세이 4편을 모은 책이다.

될 것이며, 지금이 인류의 마지막시간이 되지는 않을 것이다. 우리의 힘으로 현재의 위기를 극복하고 좀 더 행복한 미래를 향해 나아가는 것은 가능하다."

─『모든 것은 그 자리에(Everything in Its Place)』

'삶은 계속된다' 중에서

📖 함께 읽을 책

올리버 색스 평전,
⊙ 그리고 잘 지내시나요, 올리버 색스 박사님?
- 로런스 웨슐러, 양병찬 옮김, 알마, 2020, 656쪽

올리버 색스 자서전,
⊙ 온 더 무브(On The Move)
- 올리버 색스, 이민아 옮김, 알마, 2018, 496쪽

⊙ 아내를 모자로 착각한 남자(The Man Who Mistook His Wife for a Hat)
- 올리버 색스, 조석현 옮김, 알마, 2016, 444쪽

⊙ 고맙습니다(Gratitude)
- 올리버 색스, 김명남 옮김, 알마, 2016, 128쪽

⊙ 모든 것은 그 자리에(Everything in Its Place)
- 올리버 색스, 양병찬 옮김, 알마, 2020, 369쪽

내 삶의 마지막순간에는 무엇을 추억하고 기억하게 될까?,
⊙ 죽을 때 추억하는 것(Dying)
- 코리 테일러, 김희주 옮김, 스토리유, 2018, 192쪽

떠나는 이와 보내는 이의 남아 있는 날들,
⊙ 남아 있는 날들의 글쓰기(The Art of Death)

- 에드위지 당티카, 신지현 옮김, 엑스북스, 2018, 224쪽

제13장 자살(自殺, suicide)

01 우리나라의 자살 현주소

우리나라 통계청자료에 따르면 2018년 자살률이 인구 10만 명당 26.6명[367])으로 2017년 24.3명보다 더 늘어났다. 우리나라는 OECD 회원국 가운데 자살률 1위 국가이다. 자살의 주요 원인인 우울증에 대한 치료대책이 미흡하고 경제적인 이유로 인한 자살도 줄어들지 않고 있기 때문이다.[368]) 자살은 개인문제가 아니라 심각한 사회·국가적 문제로 대두되고 있다.

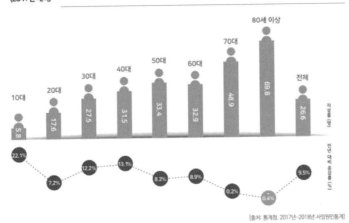

우리나라는 2011년 3월 30일 '자살예방 및 생명존중문화조성을 위한 법

---

367) OECD 국가 중에서 자살률이 인구 10만 명당 20명대인 나라는 리투아니아와 우리나라 밖에 없다고 한다.
368) 보건복지부 산하 '중앙심리부검센터'에 따르면, 한국의 자살률이 높은 이유는 경제적 상황이나 사회생활의 급격한 변화에 한국인들이 적응하지 못하는 데다 주요 자살원인으로 꼽히는 우울증에 대한 예방과 치료가 부족하기 때문이다. 특히 가족의 생계를 책임지고 경제활동을 적극적으로 하는 40대 남성의 극단적 선택이 많다.

률'을 제정·공포하여 시행함에 따라, 자살에 대한 '전문조사연구기관'이 지정되고, 본격적으로 기관과 단체에서 정신건강 선별검사 및 상담·치료를 실시하고 있다. 보건복지부 산하 중앙자살예방센터에서는 자살현황 및 실태, 자살예방에 대한 연구, 정책·사업 등 관련정보를 종합적으로 제공하기 위해 2014년부터 자살예방백서를 발간하고 있다. 하지만 우리나라의 경우 그 인적구성이나 업무에 있어서 선진국에 비해 자살을 예방하고 남아 있는 가족들에 대한 사후관리에는 아직도 미흡하다.[369]

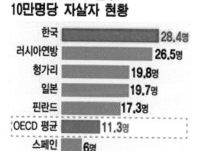

02 철학자들의 자살단상(自殺斷想)

자살 어원은 라틴어 sui(자기 자신을)와 cædo(죽이다)의 합성어이다. 자살은 자발적 또는 의도적으로 스스로 목숨을 끊는 행위로 자살행위는 치명적

---

369) 일본은 국립신경정신센터 내 자살예방종합대책본부를 두고 있는데, 직원들은 예방의학·정신건강의학과 전문의, 병리학자, 통계학자, 사회복지 및 심리학 박사 등으로 구성되어 있다.

인 자살과 비치명적인 자살[자살미수]로 구분한다.370) 근대국가 이후 많은 국가는 타인의 자살을 돕는 행위를 법으로 금하고 있다. 이슬람교·유대교·그리스도교 사회에서 자살은 죄악으로 허용되지 않는다.

자살에 관한 철학적 태도는 역사적으로 매우 다양한데 종종 극단적으로 대립했다.

칸트는, 인간은 동물적 존재인 자기 자신에 대해서 자기보존의 의무를 가졌기 때문에 자살을 범죄라고 한다.

아리스토텔레스는 자살이 존재를 발전시키는 선(善)을 없애는 것이라고 보아 부정적이다.

쇼펜하우어는 삶의 고통으로부터의 해방을 주장하지만, 자살은 해결책이 아니라고 한다. 자살은 의지의 개체적 현상을 소멸시키는 것일 뿐 의지자체를 멸절시키는 것이 아니기 때문이다.

고대사회의 스토아학파 철학자들은 나이가 들어 쇠락해가는 자신을 보기보다는 편안한 죽음, 평온한 죽음을 택하는 게 낫다고 여겼다. 그런 이유로 자살하기도 했다고 한다.

알베르 카뮈는 『시지프 신화』에서 자살은 세상의 부조리에 답하는 것이 아니라, 문제 자체를 폐기하는 행위라고 했다. 그에 따르면 반항하는 것만이 가치를 부여한다.

장켈레비치는 "인간은 각자 자신의 삶과 자신의 죽음에 대한 권리를 가지

---

370) 자살은 자진(自盡)이라는 낱말과 뜻이 같으며, 자살에 목적성이 있으면 자결(自決)이라고도 한다. 귀족들은 자신의 잘못을 스스로 응징하기 위한 방법으로, 실패로 인한 수모를 면하기 위해서, 적을 모욕하거나 자신의 군주나 황제가 죽었을 때 충성을 보이기 위해 행해지기도 했다.

고 있습니다. 내가 자살하고자 한다면 아무도 그걸 막을 수 없습니다. 이 권리는 누구도 제한할 수 없는 불가침의 권리이며, 그것은 문젯거리가 되지 않습니다."라고 한다.371)

셸리 케이건은 가치 없는 삶을 살아가야 할 가능성이 압도적으로 높은 상황이라면, 자살은 합리적인 선택이라 할 수도 있다고 말한다.

톨스토이는 『참회록』에서 자살을 권유하기도 한다. "삶이 싫으면 자살하라. 살면서 삶의 의의를 깨달을 수 없다면 삶을 끊어버리는 게 낫다."

헤르만 헤세는 소설을 통해 자살에 대한 의견을 피력하고 있는데, "자살이 어리석고 비겁하며 천박한 짓일지라도, 수치스럽고 치욕스러운 비상구일지라도, 그런 고통의 물레방아로부터 벗어나려면 바랄 수 있는 것이다."라고 쓰고 있다.372)

03 자살의 요인

프랑스 사회학자 에밀 뒤르켐(Emile Durkheim, 1858~1917)은 『자살론(Le Suicide, 1897)』에서 사회마다 국가마다 자살통계를 살펴보면 일관된 규칙이 나타난다는 것을 여러 도표를 통해 먼저 밝힌다. 그리고 그 규칙은 단순히 자살자총합으로 생겨나는 것이 아니라 사회와의 관계에서 파생되는 하나의 현상으로 이해한다. 따라서 자살은 개개인의 개별적인 일이 아니라 '사회학적 현상'이라는 것이다.

뒤르켐은 자살의 비사회적 요인으로 정신병, 인종과 유전, 우주적인 요인과 모방373)에 대해 살펴본 뒤 비사회적요인이 전체자살률에 그다지 큰 영향

---

371) 『죽음에 대하여』, 90쪽.
372) 『황야의 늑대』, 98쪽.

을 끼치지 않음을 확인한다.

자살이 사회적 요인에 영향을 받기 때문에 사회적 활동이 강화되는 시기, 즉 봄과 여름 그리고 밤보다는 낮에 자살률이 높다고 한다.

그러나 미국 심리학자로 '자살학의 아버지'라 불리는 에드윈 슈나이드먼 (Edwin S. Schneidman, 1918~2009)은 "자살은 심리적 고통에서 기인한다"며 자살의 본질을 개인의 마음 측면에서 들여다본다. 자살은 개인의 좌절된 심리적 욕구에서 비롯되고, 고통을 피하려는 충동은 결국 죽고 싶은 마음을 불러일으킨다는 것이다.

한편 이탈리아 사회학자 마르치오 바르발리(Marzio Barbagli, 1938~)은 『자살의 사회학(FAREWELL TO THE WORLD)』에서 뒤르켐의 이론을 논박하며 자살을 사회적 시선 뿐 아니라 문화·심리적 요인과 함께 분석해야 한다고 강조한다.

우리나라의 경우 세대별 자살 동기가 다양한데, 10~20대는 정신질환이, 30~50대는 경제적 문제가, 60대 이상은 신체 질환이 그 주요 요인이다.

04 자살의 유형

---

373) 자살이 특정한 중심으로부터 밖으로 점차 약하게 방사하는 형태의 동심원을 그리며 분포하기 보다는 중심을 갖지 않고 대체적으로 동질적인 집단을 형성하며 분포되는 경향을 보이고 있어 사회적인 자살률에 영향을 미칠 정도로 자살을 확산시키는 요소는 아니라고 분석했다. 한편, '베르테르(Werther)효과'는 주인공이 권총 자살하는 괴테의 소설 『젊은 베르테르의 슬픔』이 출판된 뒤 독자들이 이를 모방해 자살한 것처럼 유명인의 자살이 자살자증가에 영향을 미치는 현상을 말한다.

뒤르켐은 사회 통합과 규제를 기준으로 자살의 사회적 유형을 이기적 자살[374], 이타적 자살[375], 아노미(anomie)성 자살[376], 숙명적 자살[377]로 나눈다. 이기적인 자살자가 세상에서 자기 자신 이외에는 아무것도 절실한 것을 찾지 못하기 때문에 불행해지는 반면 이타적인 자살자는 개인이 자신에게 전혀 절실하지 않기 때문에 슬퍼한다. 전자가 자신과 결부되는 아무런 목적을 발견할 수 없어 자신이 무가치하고 목적이 없는 존재로 느껴지기 때문에 삶을 마감하는 방법을 택하지만, 후자는 목표를 가지고 있지만 그 목표가 삶의 외계에 존재하므로 자신의 삶이 장애로 여겨지지 않기 때문에 삶을 버린다.

에드윈 슈나이드먼은 자살하는 사람들을 총 4가지로 구분하였다.

- **죽음의 추구자(death seeker)**: 삶을 끝내려는 분명한 의도를 가지고, 죽고자 하는 강렬한 욕망에 의해 확실한 자살이 보장되는 방법을 택한다. 권총자살 같은 즉각적이고 확실한 방법을 선호한다.

- **죽음의 개시자(death initiator)**: 삶을 끝내려는 분명한 의도를 가졌으나, 죽음이란 이미 시작되었으며 자살은 단지 그 과정을 좀 더 빠르게 앞당기는 것이라고 생각한다. 노인들이나 투병 중인 중환자들이 선택하는 자살이다. 즉 자신의 삶은 이미 끝나버렸으며 죽음의 과정이 진행 중이라고 생각하는 것이다.

- **죽음의 무시자(death ignorer)**: 삶을 끝내려는 의도라기보다는, 현재의 삶을 더 나은 사후세계 혹은 다른 실존과 바꾸는 것이라고 믿는 자살이다. 어린이들의 자살이나 사이비 종교집단의 집단적 자살을 그 예로 들

---

374) 사회적 연대력이 약화되었을 때 나타나는 자살로, 과도한 개인주의가 원인으로 꼽힌다. 이들이 자살하는 것은 외로움과 같은 타인과의 문제가 아니라 자기 자신의 문제 때문이다.

375) 사회적 연대력이 강화되었을 때 나타나는 자살로, 인도의 사티(sati)에서 엿볼 수 있다. '사티'는 남편이 죽으면 부인이 함께 죽는 풍습으로 1980년대까지 만연했다. 인도 문화에선 남편을 잃고 혼자 사는 여자는 냉대와 차별 속에 살아가야 했기 때문에 차라리 자살을 선택하는 것이 낫다는 인식이 팽배했기 때문이다.

376) 무규제(normlessness) 상태의 사회에서 나타나는 자살로, 사람은 규제와 억압이 적절한 상태로 존재할 때 비로소 편안함과 확실함을 느끼며, 그 반대의 경우 불안과 스트레스를 호소하게 된다고 본다.

377) 지나친 규제와 규범으로 발생하는 자살.

수 있다. 이들은 죽음의 결말이 어떻게 될지에 대해 관심이 없거나 인식하지 못한다.

- 죽음의 도전자(death darer): 삶을 끝내려는 의도 자체가 분명치 않으며 마지막 순간에조차도 죽으려는 의도에 있어서 양가감정을 경험하는 경우다. 이들은 '확실히 죽음이 보장되는 방법'보다는 '죽을 위험이 있는 방법'을 택하며, 특히 수면제의 과용과 같은 약물 복용방법을 선호한다. 이들은 죽어가는 순간까지도 가족이나 친구들에게 전화하여 자신의 행동을 알리며, 의료진의 개입을 통해 극적으로 살아나기도 한다.

마르치오 바르발리은 뒤르켐의 '통합과 규제'라는 변수 대신 '누군가를 위한 자살'과 '누군가에게 대항하는 자살'로 크게 나누고, 전자는 다시 이기적 자살(나를 위한 자살)과 이타적 자살(타인을 위한 자살), 후자는 공격적 자살[378])과 무기로서의 자살[379]) 등 4가지 유형으로 분류한다.

05 자살의 극복

질병, 생활고, 법적인 문제 등 다중적인 스트레스가 겹친 상태에서 최종적으로는 우울증 등 정신건강문제가 병발하면 자살을 생각하게 되고 끝내 절망감에 빠져 극단적인 선택, 즉 자살에 이르는 경로다.

무엇보다 자살을 선택할 수밖에 없다고 생각하는 절망 속에 있는 사람들에게 필요한 것은 자살에 대한 인식변화이다. 진정한 삶의 의미가 무엇인지 탐구해가면서 '절망을 희망으로' 전환하여 고통을 견뎌낼 수 있는 올바른 신념과 가치관의 내재화가 필요하다.

따라서 자살에 대한 생각을 극복하기 위해서는 내적통제성[380])과 자아탄력

---

378) 개인적인 이유로 타인을 해치고자 하는 자살이다.
379) 가미카제와 같이 종교적·정치적인 이유로 하는 자살 내지 테러다.

성381), 자아존중감382)과 자기효능감383)을 높여야 할 것이다.

자살을 생각하고 있는 사람들에게 가장 필요한 것은 관심 있는 말 한 마디이며,384) 좌절과 절망에 빠져있는 영혼을 보듬을 수 있는 넓은 마음이다. 무엇보다 불안, 절망, 좌절한 영혼에 대한 올바른 이해가 자살을 생각하는 이들을 구원할 수 있을 것이다.

도로시 파커(Dorothy Parker, 1893~1967)의 시 《다시 시작하라(Resume)》를 떠올려본다.

> 면도날은 아프고
> 강에 빠지면 축축하고
> 산(酸)은 얼룩을 남기고
> 약물은 경련을 일으킨다.
> 총은 불법이고
> 올가미는 풀리며
> 가스는 냄새가 고약하다
> 그러니 차라리 사는 게 낫다(You might as well live).

---

380) 내적통제성(internal locus of control)이란 자신의 행동에 수반된 보상이 자신의 능력이나 노력에 기인 된 것으로 보는 일반적 기대 또는 신념을 말한다. 내외통제성은 1950년대 미국의 심리학자 패리스(Phares)에 의해 처음으로 연구되기 시작하였다.

381) 자아탄력성(自我彈力性; ego-resilience)이란 스트레스에 유연하게 대처하고 자신이 처한 환경에 적응해나가는 성격적 특성을 말한다. '빨간 머리 앤'이 '자아탄력성'이 발달된 대표적인 인물이다. 캐나다 여성작가 루시 모드 몽고메리(Lucy Maud Montgomery)의 1908년 작품 『빨강 머리 앤』은 겉보기에는 볼품없는 소녀 앤이 역경 속에서도 언제나 긍정적인 사고와 자성적 예언으로 자기 삶을 행복하게 이끌어 가는 모습을 보여준다. 이 용어를 처음 사용한 학자는 가메지(Garmezy)와 루터(Rutter)였다.

382) 자아존중감(自我尊重感; self-esteem)이란 자신이 사랑받을 만한 가치가 있는 소중한 존재이고 어떤 성과를 이루어낼 만한 유능한 사람이라고 믿는 마음이다. 미국의 의사이자 철학자인 제임스(william James)가 처음 사용하였다.

383) 자기효능감(自己效能感; self-efficacy)이란 특정한 상황에서 자신이 적절한 행동을 함으로써 문제를 해결할 수 있다고 믿는 신념 또는 기대감을 말한다. 캐나다의 심리학자 앨버트 밴듀라(Albert Bandura)가 제시한 개념이다.

384) 자살하려는 사람을 치료하려면 '어디가 아파?' '어떻게 도와줄 수 있을까?'라고 물어야 한다.

□ Think About

📖 함께 읽을 책

◉ 에밀 뒤르케임의 자살론(Le Suicide, 1897)
 - 에밀 뒤르켐, 황보종우 옮김, 청아출판사, 2019, 580쪽

◉ 자살하려는 마음
 - 에드윈 슈나이드먼, 서청희·안병은 옮김, 한울아카데미, 2019, 280쪽

◉ 자살의 사회학
 - 마르치오 바르발리, 박우정 옮김, 글항아리, 2017, 604쪽

◉ 사회학적 상상력(THE SOCIOLOGICAL IMAGINATION)
 - C. 라이트 밀즈, 강희경 옮김, 돌베개, 2004, 300쪽

◉ 자살에 관한 모든 것(Suicides: histoire, techniques et bizarreries
  de la mort volontaire, des origines a nos jours)
 - 마르탱 모네스티에, 한명희 옮김, 새움, 2015, 392쪽

◉ 우리는 자살을 모른다: 문학으로 읽는 죽음을 선택하는 마음
 - 임민경, 들녘, 2020, 208쪽

제14장 죽음 독서일기

01 죽음에도 예의가 있다

> ◉ 죽음의 에티켓(So sterben wir): 나 자신과 사랑하는 이의 죽음에 대한 모든 것
> - 롤란트 슐츠, 노선정 옮김, 스노우폭스북스, 2019, 255쪽

이 책은 죽음의 과정부터 죽음 직후의 검시, 장례식과 애도 그리고 애도 이후의 삶으로 이어지는 육체의 여행을 추적함과 동시에 삶을 살아가는 모든 사람들에게 죽음의 의미를 묻는다.

책의 목차만 읽어도 어느 정도 그 내용을 짐작할 수 있을 것 같아 목차를 나열한다.

PART 1 어쩔 수 없이 우리 모두 죽어가고 있습니다.
 우리는 모두 죽는다는 사실을 피해왔습니다.
 아프고 괴롭지만 사람들이 곁을 떠나는 게 낫습니다.
 당신은 세 가지 유형의 말[과소평가하기, 교훈주기, 해법 제시]을 듣게 될 것입니다.
 어쨌든 당신이 바라는 것보다는 일찍 죽게 될 것입니다.
 죽음은 이렇게 올 겁니다.
 당신은 죽기 때문에 먹지 않게 됩니다.

PART 2 마침내 죽음이 왔습니다.
 죽어가는 것처럼 죽음 역시 불분명한 영역입니다.
 당신의 침대 옆이 조용해질 것입니다.
 이제 당신의 주검을 검안할 시간입니다.

하지만 아직 당신이 죽었다고 확신할 수는 없습니다.

사망증명서가 작성됩니다.

이제 당신에겐 아무것도 속하지 않습니다.

시신이 운구됩니다.

당신은 종이 속으로 녹아 들어갑니다.

당신 죽음을 인정하기 위해서는 코드 하나만 있으면 됩니다.

죽음 가운데 삶을 기리는 것은 쉬운 일이 아닙니다.

그리고 불빛에 둘러싸인 당신의 관이 있습니다.

불 속에서 당신 몸의 윤곽은 무너져 내립니다.

PART 3 살아남은 사람은 뭘 어떻게 해야 할까요?

텅 빈 느낌이 당신의 죽음을 슬퍼하는 사람들을 엄습합니다.

남은 사람들이 당신을 조금이라도 만나기 위해 헤매고 다닙니다.

당신 없이 1년이 지나갔습니다.

성직자가 기도합니다. 먼지에서 먼지로 돌아가리라

PART 4 모두를 위한 뒷이야기가 있습니다.

나 그리고 당신의 죽음

▌우리는 모두 죽는다는 사실을 피해왔습니다

이 책은 죽음의 과정이라는 여정에서 출발한다. "정확히 언제 죽을지는 알 수 없지만 죽음을 앞둔 며칠 전 어느 날 당신의 심장은 펌프질을 멈추고 손가락 말단까지 피를 보내는 일을 그만둡니다. 호흡이 잦아들고 감각이 사라지고 신체가 생명에게 작별을 고하는 과정을 시작합니다. 죽어간다는 것은 당신의 삶만큼이나 특별하게, 당신만의 방식으로, 개인적이고도 단 한 번뿐인 방식으로 겪게 됩니다."[385] "사실 죽음은 너무 멀리 있었습니다. 그건 언제나 다른 사람의 죽음일 뿐 단 한 번도 당신의 죽음이었던 적은 없습니다. 이런 이유로 당신은 모든 사람들과 마찬가지로 너무나도 확실한 '우리 모두가

---

385) 『죽음의 에티켓(So sterben wir)』, 9~10쪽.

죽어간다'는 사실을 회피해 왔습니다."386)

죽음을 미리 준비하고 신뢰하는 것은 죽음이 인간에게 불가피한 운명임을 인정하는 것이다.

▌ 스스로의 삶에 대해 질문을 던져보자

"삶에서 당신에게 가치 있는 것은 무엇인가요? 만족하고 있습니까?

가능하면 오래 살고 싶은가요? 아니면, 삶의 질이 사는 기간보다 더 중요한가요?

지금까지 당신은 병이나 고통을 어떻게 대했나요? 지금까지 사별한 사람들의 죽음을 어떻게 대했죠? 그때 무엇이 도움이 되었죠?

다른 이의 도움을 받을 수 있나요? 다른 사람에게 부담이 될까봐 두려운가요? 왜죠?

이 질문들에 대한 대답들을 적어 보십시오."387)

▌ 내 삶이 오직 나 자신의 방식이었던 것처럼 죽음 또한 온전히 내 방식대로 이뤄져야 합니다

"중요한 건 당신이 죽음을 한 번 깊이 생각해 봐야 한다는 것입니다. 이건 당신의 죽음이니까요.

화장을 하고 싶은가요? 아니면 매장을 원하나요? 당신의 재나 시신은 어디에 묻고 싶나요? 당신에게는 특별한 소원이 있나요?

당신이 이 질문들에 대한 대답을 미리 알려 준다면, 당신이 남긴 사람들에게 큰 도움을 주는 것입니다. 그리고 당신의 삶은 비로소 완성되는 것입니다. 확실히 하고 싶다면 두 가지를 다 해야 합니다. 주위 사람들과 이야기하기, 그리고 서면으로 적어 두기. 더 확실히 해 두고 싶다면, 장례업체를 직접 선택합니다. 살아 있는 동안에 장례업자들이 당신 주검을 어떻게 처리할지 분

---

386) 『죽음의 에티켓(So sterben wir)』, 12쪽.
387) 『죽음의 에티켓(So sterben wir)』, 38~39쪽.

명히 못 박아 두는 겁니다."[388)

이렇게 하는 것이 '나의 인생은 유한하며 그래서 삶을 더 찬란하게 살아야 한다.'는 분명한 이유를 가진 사람으로 살게 만드는 첫걸음이다.

▌당신 혼자 아무것도 할 수 없습니다

"당신은 혼자 여행할 수 있었습니다. 당신은 돈을 관리할 수 있었고 약을 먹을 수 있었습니다. 당신은 시장을 보고 음식을 만들고 씻고 청소하고 전화 통화를 할 수 있었습니다. 하지만 이제 그럴 수가 없습니다.

당신은 계단을 오를 수 있었습니다. 샤워를 할 수 있었고 머리를 빗고 옷을 입을 수 있었습니다. 걸어가거나 먹을 수 있었으며 침대나 의자에서 일어날 수 있었습니다. 화장실에 갈 수 있었고 오줌을 참을 수 있었습니다. 하지만 이제 당신은 자립적이지 않게 됐습니다."

"죽음은 당신이 일생 동안 무엇이었던 모든 역할을 내려놓게 만듭니다. 당신은 어머니였고, 아버지였습니다. 당신은 가난했거나 부자였습니다. 누군가를 부양하던 당신을 이제 누군가가 먹여 살려야 합니다. 죽음은 인간을 벌거벗깁니다. 내가 누구인지 다 드러날 때까지 말입니다."[389)

"결국 당신은 예전과 같은 삶, 아무 고통 없는 시간, 다시 자전거를 타고, 일하던 것들, 여행하는 일이 다시는 일어나지 않을 것입니다. 당신은 이미 그런 것들로부터 너무 먼 길로 들어섰습니다."[390)

▌그 모든 입맞춤들, 그 모든 눈물들, 예전에는 미처 그 의미를 몰랐던 것들

"많은 사람이 죽음을 앞두면, 다른 이들이 기대하는 삶이 아니라 자신만의 삶을 용기 있게 살 걸 그랬다고 후회합니다. 아니면 일만 너무 열심히 하지

---

388) 『죽음의 에티켓(So sterben wir)』. 40~41쪽.
389) 『죽음의 에티켓(So sterben wir)』. 50쪽.
390) 『죽음의 에티켓(So sterben wir)』. 59쪽.

말 걸 그랬다고 후회합니다.

좀 더 자주 맨발로 땅을 걸을 걸, 친구들과 우정을 좀 더 유지할 걸, 좀 더 느긋하게 살 걸, 산에 좀 더 자주 오를 걸, 좀 더 자주 강을 가로질러 헤엄을 칠 걸, 지는 해를 좀 더 많이 바라볼걸……

어쩌면 배를 타거나 노래를 부르거나 첫사랑을 만났던 그 나라의 언어를 배울 수도 있었을 텐데, 걱정은 좀 덜하고, 하지만 실수는 더 하고 살아도 좋았을 것을, 여행을 좀 더 자주 갈 걸, 사람들을 더 많이 안아 줄 걸, 마음속 감정을 좀 더 드러내 보일 걸, 언제나 그들 편을 들어줄 걸, 살면서 좀 더 행복해했어도 되었는데…… 하고 말이죠."391)

당신은 그 모든 입맞춤들, 그 모든 눈물들, 예전에는 미처 그 의미를 몰랐던 것들은 아쉬워한다.

▌자신의 삶을 생각해 볼 수 있는 질문을 던져볼까요?
"내 삶에서 정말 무엇이 중요한가?
일생 동안 어느 때 제일 큰 활력을 느꼈는가?
당신이 자랑스러워하는 것은 무엇인가?
무엇을 다하지 못했는가?
당신이 남기고 갈 사람들에 대해서 어떤 희망과 어떤 소원을 품고 있는가?
어떤 충고를 하고 싶은가?
당신에게서 무엇을 오래 기억했으면 좋겠는가?"392)와 같은 질문들이다.

▌죽음은 이렇게 올 것입니다
"육체가 황폐해집니다. 힘이 다 빠지고. 탄력 없는 엉덩이에는 기저귀를 차게 됩니다. 허약해진 몸은 자꾸 잠을 자게 만듭니다. 점점 더 자주, 점점 더 길게. 모든 게 너무 힘듭니다. 대부분은 입으로 숨을 쉬기 때문에 입안 점막

---

391) 『죽음의 에티켓(So sterben wir)』, 62~63쪽.
392) 『죽음의 에티켓(So sterben wir)』, 63쪽.

이 바짝 말라 침을 삼키는 것조차 쉽지 않습니다. 목구멍이 유리파편처럼 건조하고 혀가 목구멍에 달라붙습니다. 마지막 며칠 동안은 심한 불안감에 휩싸일 수 있습니다. 이때 흔한 손짓은 움켜쥐거나 허공으로 손을 내뻗는 것입니다. 가끔 사람들이 임종직전에 잠시 확 살아나는 듯 보이기도 합니다. 하지만 이내 갑작스럽게 속눈썹을 다시 올려 뜨기 힘들 정도가 됩니다. 이런 죽음의 과정을 스스로 이야기하거나 판단하거나 사고할 수 없고 언제나 외부 사람들이 그들을 보고 짐작하는 추측일 뿐이라는 거지요."393)

　죽음은 결코 아름답지 않다. 죽음은 힘들고 고통스러운 것이다. 그러나 죽음은 삶의 한 부분이다. 죽어가는 사람도 산 사람도 그걸 인정하기는 쉽지 않다. 당신은 홀로 죽을 것이다. 혼자 숨을 쉬어 왔듯, 혼자 꿈을 꿔 왔듯 말이다. 죽음에는 시간이 필요하다. 죽음은 절대 서두르지 않는다.
　이제 죽음을 두렵거나 슬프거나 모른 척 해야 하는 나쁜 일로만 여기는 생각을 버려야 한다. 다시 말해 죽음은 탄생만큼이나 확실한 사실이기에 삶을 더욱 찬란하고 더욱 빛나며 더욱 행복하도록 우리와 당신을 이끈다는 점에 주목해야 한다.

▌이제 생각해 봅시다
• 당신의 장례식에 어떤 이들이 오기를 바라나요?

• 그날의 추모식은 어떤 방식이면 좋을까요? 당신이 즐겁게 웃던 어느 날의 영상이 있기를 바라나요? 아니면 당신이 즐겨 듣던 노래가 흐르면 좋을까요?

• 당신은 어디에 있고 싶나요? 가족묘지? 아니면 납골당? 화장을 하고 싶나요? 그렇다면 어느 곳에 뿌려지기를 원하나요? 아니면 수목장, 그곳은 어디인가요?

---

393) 『죽음의 에티켓(원제 So sterben wir)』, 71~79쪽.

- 누가 당신의 장례를 맡아야 할까요? 미리 정해 둔 장례업체나 전문가가 있나요?

- 남겨진 이들 중에 누가 제일 걱정되나요? 그렇다면 그를 위해 무엇을 준비해 놓아야 할까요?

- 지금 당신이 사랑하는 그들은 당신의 사랑을 충분히 받고 있나요? 아니면 느끼고 있나요?

- 당신은 무엇을 하지 않은 걸 후회하게 될까요? 어떤 게 가장 자랑스러운 일이 될까요?

❏ TIP

슬픔이 감각을 흐리게 할 때, 즉 인지능력에 손상이 올 때 도움이 되는 요령들을 모아보자.[394]

- 물을 마실 것(눈물 때문에 탈수가 되므로)
- 외출할 것(바람은 네가 어떻게 지내는지 묻지 않으므로, 나무들은 누가 우는지에 관심 없으므로)
- 움직일 것(잠시 동안 산책이라 할지라도 운동은 진정작용이 있으므로)
- 샤워할 것(보는 게 아무 의미가 없는데 왜 몸을 씻고 빨래를 하냐고? 그게 정화작용을 하므로)
- 먹을 것(조금이라도, 적어도 죽이라도)
- 무엇인가를 돌볼 것(꽃이나 개, 자동차, 무언가를 조금 돌보는 게 도움이 되니까)
- 조심할 것(당신을 위해서나 다른 이들을 위해서, 슬픔의 파도가 높이 솟아오르면 기계를 작동하거나 자동차를 운전하거나 도로를 빨리 건너

---

394) 『죽음의 에티켓(So sterben wir)』. 216쪽.

02 문학·철학·의학을 넘나들며 삶의 의미를 묻다

◉ 숨결이 바람 될 때(When Breath Becomes Air)
 - 폴 칼라니티, 이종인 옮김, 흐름출판, 2016, 284쪽

『숨결이 바람 될 때』는 서른여섯 젊은 신경외과의사였던 폴 칼라니티 (Paul Kalanithi, 1977~2015)가 죽어가면서도 자신의 삶을 되돌아보며, 의사와 죽음에 대해 쓴 책이다. '숨결[395])이 바람 될 때'는 'When breath becomes air'를 직역했는데, '죽음의 순간'을 은유적으로 표현한 것이다.

폴(Paul)은 『숨결이 바람 될 때』의 서시로 영국 시인 그레빌 남작(Baron Brooke Fulke Greville, 1554~1628)[396])의 시 《카엘리카(Caelica)》를 인용하고 있다.

You that seek what life is in death,
Now find it air that once was breath.
New names unknown, old names gone:
Till time end bodies, but souls none.
Reader! then make time, while you be,
But steps to your eternity
- Baron Brooke Fulke Greville, 《Caelica 83》
(죽음 속에서 삶이 무엇인지 찾으려 하는 자는
그것이 한때 숨결이었던 바람이라는 걸 알게 된다.
새로운 이름은 아직 알려지지 않았고

---

395) 몸이 빨아들이거나 내뱉는 공기를 '숨'이라고 한다.
396) 그레빌(Greville) 남작은 곤고(困苦)한 인간의 생존조건을 노래한 시인으로 유명하다.

오래된 이름은 이미 사라졌다.
세월은 육신을 쓰러뜨리지만, 영혼은 죽지 않는다.
독자여! 생전에 서둘러
영원으로 발길을 들여놓으라.)
- 그레빌 남작,《카엘리카 소네트 83번》

❏ 폴 칼라니티(Paul Kalanithi)의 생애

폴 칼라니티는 인도계 이민 2세로 뉴욕에서 1977년에 태어났다. 심장전문의였던 아버지를 따라 애리조나(Arizona)의 킹맨(Kingman)에서 어린 시절을 보냈는데 교육열이 넘치는 어머니의 보살핌 속에서 비교적 원만하게 성장했다.

스탠퍼드(Stanford)대학 영문과에 진학했고, 문학과 철학, 과학과 생물학에 심취하여 영국 케임브리지(Cambridge)대학에 유학하여 과학과 의학의 역사를 공부했다. 예일(Yale)대학교 의과대학원에 진학하여 의사의 길을 걸었다. 모교인 스탠퍼드대학 신경외과 레지던트생활을 하며 박사 후 연구원이 되었다. 미국 신경외과학회에서 수여하는 최우수 연구상을 수상하는 등 촉망받는 의사였다. 10년이 넘는 세월 동안 매일 열네 시간씩 힘겹게 일하고 공부하며 격무에 시달리다보니 체중은 급격하게 줄고 가슴에 심한 통증이 밀려 왔다. CT정밀검사 결과 무수한 종양이 폐를 덮고 있었고, 척추는 변형된 채 간엽 전체가 없어졌으며 암[폐암 4기]은 이미 곳곳으로 전이되어 있었다. 환자들을 죽음의 문턱에서 구해 오던 서른여섯 살의 젊은 의사가 하루아침에 암으로 자신의 죽음과 맞닥뜨리게 된 것이다. 폴은 부인 루시(Lucy)에게 지신이 죽으면 재혼하라고 말한다. 그 순간 두 사람의 사랑은 재정립되었다. 죽음을 기피하는 문화 속에서 죽음에 정면으로 맞서는 결정을 내렸다. 죽음을 앞에 두고 더 이상 미룰 수 없는 것들이 있었다. 무엇보다도 아빠가 될 것인가에 대한 고민에 빠져들었다. 두 사람 모두 부모가 되고 싶은 마음이 있었지만 서로를 배려하느라 망설였는데 결국 아기를 갖기로 결심했다. 죽어가는 대신 계속 살아가기로 다짐했다. 몇 번의 시도 끝에 결국 루시는 임신에 성공했다.서른일곱 살 7월의 새벽에 희망이 찾아왔다. 아기의 이름은 몇 달 전에 미리 지었는데 엘리자베스 아카디아(Elizabeth Arcadia), 줄여서 케이디였다. 한쪽 팔로

딸의 무게를 느끼며 다른 팔로 아내의 손을 붙잡은 그는 삶의 무한한 가능성에 기뻐한다.

케이디가 태어난 8개월 뒤, 폴의 거친 숨결은 바람이 되었다. 폴은 약 2년간 투병하다 2015년 3월 9일 월요일, 8개월 된 딸 케이디와 12년간 사랑을 나눴던 아내 루시를 남겨두고 모든 연명치료를 거부한 채 가족들이 지켜보는 가운데 병원침대에서 눈을 감았다.

▮ I can't go on. I'll go on

사뮈엘 베게트(Samuel Beckett, 1906~1989)는 "죽음 때문에 우리는 하루도 한가하게 지낼 수 없다."고 했다.

폴 칼라니티는 의사로, 작가로, 환자로 "너는 계속 나아가야 해. 나는 계속 나아갈 수 없어. 그래도 계속 나아갈 거야(You must go on. I can't go on. I'll go on.)."라는 베케트)의 소설 『이름 붙일 수 없는 자(The Unnamable, 1953)』의 한 구절을 되새기며 1인 3역을 멈추지 않기로 결심했다.

그에게 활기를 불어넣어준 것은 문학397)이었다. 불확실한 미래 앞에 무기력했고 죽음의 그늘이 짙게 드리워졌던 순간에 용기를 준 그 멋진 말에 지금까지와는 전혀 다른 방법으로 살아가는 방법을 배우기 시작한다. 그는 자신

---

397) 『1984』, 『몽테크리스토 백작』, 『로빈슨 크루소』, 『아이반호』, 『모히칸 족의 최후』, 『빌리 버드』, 『군주론』, 『돈키호테』, 『캉디드』, 『아서왕의 죽음』, 『베오울프』, 『멋진 신세계』, 『햄릿』, 『리어왕』, 제러미 레븐(Jeremy Leven)의 소설 『사탄: 불운한 캐슬러 박사가 그에게 행한 심리요법과 치료』, T. S. 엘리엇(Thomas Stearns Eliot)의 시 《황무지》, 그레이엄 그린(Graham Greene)의 장편소설 『권력과 영광』, 솔제니친(Alexander Solzhenitsyn)의 『암병동』, B. S. 존슨(Johnson)의 『운없는 사람들』, 톨스토이(Tolstoy)의 『이반일리치의 죽음』, 네이글(Thomas Nagel)의 『정신과 우주』, 에이브러햄 버기즈(Abraham Verghese)의 장편소설 『눈물의 아이들』 같은 작품 및 에드거 앨런 포(Edgar Allan Poe), 니콜라이 고골(Nikolai Vasilevich Gogol), 찰스 디킨스(Charles Dickens), 마크 트웨인(Mark Twain), 제인 오스틴(Jane Austen), 헨리 데이비드 소로(Henry David Thoreau), 장 폴 사르트르(Jean-Paul Sartre), 알베르 카뮈(Albert Camus), 블라디미르 나보코프(Vladimir Nabokov), 조셉 콘래드(Joseph Conrad), 월트 휘트먼(Walt Whitman), 헨리 애덤스(Henry Adams), 사뮈엘 베케트(Samuel Beckett), 울프(Virginia Woolf), 카프카(Franz Kafka), 몽테뉴(Michel Eyquem de Montaigne), 프로스트(Robert Lee Frost), 그레빌(Fulke Greville), 헤밍웨이(Ernest Miller Hemingway), 에밀리 디킨슨(Emily Dickinson)의 작품 등.

의 삶을 회고하고 성찰하며 죽음을 준비한다. 시체를 하나의 사물로 대상화하던 해부실에서의 부끄러운 기억으로부터 기계적으로 진료하고 처방하고 치료하던 일들은 없었는지 냉정하게 추체험(追體驗)[398]한다. 그것은 경외심을 동반한 일종의 두려움이자 보다 가치 있는 생을 완성시키고 싶은 스스로에게도 의미 있는 행동이었다. 의사는 기술자가 아니라 환자와 그 가족이 죽음이나 질병을 잘 이해하도록 돕는 존재라는 것, 자신이 쌓은 소중한 경험들을 후배들에게 전수해주고 싶은 욕심도 생겼다. 신경외과의 특성상 수술 후 환자의 정체성에 끼칠 영향을 신중하게 고려해야했고, 환자의 삶을 관계론적으로 해석하고 파악하여 정체성이 파괴되지 않도록 지켜내야 했다.

☐ Think About

　○ 중병으로 수술한 후 달라지는 환자의 정체성에 따른 혼란?

▌세상을 바라보는 두 가지 관점

폴 칼라니티는 불치병을 진단받고 나서 두 가지 관점으로 세상을 바라보기 시작했다. 죽음을 의사와 환자 모두의 입장에서 보기 시작한 것이다.

의사로서 암이라는 전쟁에서 반드시 승리하겠다는 선언과 함께 왜 하필 자신인가에 대한 원망 같은 것은 갖지 말아야 한다는 것이었다. 의사로서 나는 "암이라는 전쟁에서 꼭 이길 거야!"라고 선언하거나 "왜 하필 나야?(이 질문에 대한 답은 '나라고 암에 걸리지 말란 법이 있는가?'이다.)"라고 물어서는 안 된다는 걸 알고 있었다.[399]

의사는 병에 걸리는 느낌이 어떤지 추상적으로는 알고 있지만, 직접 경험

---

398) 다른 사람의 체험을 자기의 체험처럼, 또는 이전 체험을 다시 체험하는 것처럼 느끼다. 독일 철학자 딜타이(Wilhelm Dilthey, 1833~1911)는 개성의 파악을 지향하는 고차적인 이해를 '추체험(Nacherleben)' 내지 '추구성(追構成)'이라고 명명했다. 이해는 외적인 표현을 실마리로 하여 내적인 체험을 파악하는 것이다.
399) 『숨결이 바람 될 때』, 168쪽.

하기 전까지는 진짜 아는 것이 아니다.

▌죽음에 임하는 태도

생물을 규정짓는 특징은 생존을 향한 분투라는 것을 찾은 폴은, 편안한 죽음이 반드시 최고의 죽음은 아니라는 사실을 깨달았다. 폴부부는 죽어가는 대신 계속 살아가기로 다짐했다. 폴 부부는 아이를 갖기로 결심했고 결국 딸아이를 얻었다. 딸이 자신의 얼굴을 기억할 정도까지는 살 수 있었으면 좋겠다고 소망하지만 부질없다. 케이디에게 편지를 남길까 생각을 했다가 책으로 남기고자 글을 쓴다.

루시는 남편의 임종과 그 뒷이야기를 담담하게 전하는 에필로그(epilogue)를 썼다. 에필로그에서 아내 루시는 "누군가 세상을 떠나면 사람들은 그 사람을 좋게 이야기하는 경향이 있어. 하지만 사람들이 지금 아빠를 칭찬하는 말들은 전부 사실이란다. 아빠는 정말 그렇게 훌륭하고 용감한 사람이었어."[400]라고 케이디에게 편지를 썼다.

> 진정한 용기를 보려는 자가 있다면
> 이리로 오게 하라
> 그러면 환상은 사라지고
> 그는 사람들이 하는 말을 두려워하지 않을 것이다
> 그는 밤낮을 가리지 않고 노력하여
> 순례자가 되고자 할 것이다.
>
> - 존 번연(John Bunyan, 1628~1688)의
> 『천로역정』 찬송가

루시는 이렇게 말한다. "나는 거의 매순간 그가 사무치게 그립지만, 우리가 여전히 함께 만든 인생을 살아가고 있는 느낌을 받는다."고.[401] 루시는 이 책

---

400) 『숨결이 바람 될 때』,263쪽

을 읽는 독자들에게도 자신 있게 말한다. 당신의 삶에도 커다란 영향을 미칠 것이라고. 그리고 폴은 평생 죽음에 진실하게 마주하는 것에 대해 고민했지만 결국 그 일을 해냈다고 말한다. 그러면서 그녀가 뱉은 마지막 문장은 "나는 그의 아내이자 목격자였다."402)

옮긴이 이종인(1954~)은 "그레빌(Greville) 남작은 '인간은 하나의 법률[정신] 아래 태어났으나, 다른 법률[육체]에 매인 존재이며, 허영 속에서 태어났으나 허영을 금지당한 존재이며, 병든 상태로 창조되었으나 건강하게 살아갈 것을 명령받은 모순적 존재'라고 설파했다."고 하면서 다음과 같이 말한다. "뇌의 기능을 그토록 진지하게 연구했으나, 결국에는 뇌가 암에 의해 파괴되었고, 인생의 의미를 그토록 알아내려 했으나 사랑하는 아내와 딸을 뒤에 남겨놓고 혼자 떠나가야 했으며, '죽음을 뒤쫓아 붙잡고, 그 정체를 드러낸 뒤 눈 한 번 깜빡이지 않고 똑바로 마주보기 위해' 애쓰다가 결국 죽음에 붙들리고 말았으니 말이다."403)

죽음과 상관없이 살아가는 사람과 죽음을 각오하고 살아가는 사람의 태도에는 많은 차이가 있다. 물론 남의 죽음에 대해 함부로 이야기할 수는 없다.

나도 아버지가 돌아가시기 전까지 죽음의 의미가 달랐고, 아들의 죽음 앞에서 삶의 의미가 변했다. 바람이 불어올 때마다 많은 숨결을 생각하게 된다.

폴은 죽음에 가까운 사람들을 가장 많이 만나는 공간, 그것도 치명적인 생사를 가늠하는 분야라 할 수 있는 신경외과에서, 수많은 죽음들을 접하면서 피상적인 남의 일이 아닌 내 곁의 죽음, 그리고 나의 죽음일 수 있다는 것을 절실히 깨닫게 된다. "대부분의 사람들은 죽음을 향해 속수무책으로 살아간다. 죽음은 당신에게도, 주변 사람에게도 일어나는 일이다. 하지만 나는 몇

401) 『숨결이 바람 될 때』, 262쪽.
402) 『숨결이 바람 될 때』, 264쪽.
403) 『숨결이 바람 될 때』, 280쪽.

년 동안 죽음에 능동적으로 관여하고, 죽음과 씨름하는 훈련을 했다. 그렇게 함으로써 삶의 의미와 대면하려 했다. 우리는 사람의 생사가 걸린 일을 책임져야 하는 힘겨운 멍에를 졌다. 우리 환자의 삶과 정체성은 우리 손에 달렸을지 몰라도, 늘 승리하는 건 죽음이다. 설혹 당신이 완벽하더라도 세상은 그렇지 않다. 이에 대처하는 비법은 상황이 불리하여 패배가 확실하다는 걸 알면서도, 우리의 판단이 잘못될 수도 있다는 걸 알면서도 환자를 위해 끝까지 싸우는 것이다."404)

폴은 죽음의 문턱에 서게 되면서 문학에 대한 사랑405), 삶과 죽음에 대한 통찰을 하면서 폴의 시한부생도 '원래 자신의 삶'으로 돌아가게 만들었다. 그는 의사로서 환자나 환자의 가족에게 우월적 지위에서 가지기 쉬운 기계적인 태도를 취하지 않는다. 그는 이미 '내'가, 또는 '내 친구, 내 가족'도 환자가 될 수 있다는 단순한 진리를 문학적 사색과 과학적 탐색을 통해 체득한 상태였기 때문이다.

▍죽음의 역할

폴의 병은 급속도로 악화되었다. 폴은 결국 이 책을 끝맺지 못했다. 그의 미완성된 글의 마지막 부분은 딸 케이디에게 하는 말이나 다름없는 내용이었다. 폴은 딸아이에게 해줄 수 있는 말은 단 하나뿐, 그 메시지는 간단하다고 말한다. "모든 사람은 유한성에 굴복한다."406) 자신에게 주어진 시간이 유한하다는 걸 이해하는 게 축복일 수 있다. 시간의 유한성은 '죽음'이 '중요하고 의미 있는 것'이라는 걸 알게 되는 계기가 된다. 과거완료상태에 도달하면 대부분의 야망은 성취되거나 버려졌다. 어느 쪽이든 그 야망은 과거의 것이다. 미래는 이제 인생의 목표를 향해 놓은 사다리가 아니라 끊임없이 지속되는 현재가 되어버렸다. 돈, 지위 그 모든 허영이 시시해 보인다. 바람을 좇는 것과 같다.407)

404) 『숨결이 바람 될 때』, 142~143쪽.
405) 폴은 문학에서 끊임없이 "무엇이 인간의 삶을 의미 있게 하는가?"를 물었다(『숨결이 바람 될 때』, 52쪽).
406) 『숨결이 바람 될 때』, 233쪽

"네가 어떻게 살아왔는지, 무슨 일을 했는지, 세상에 어떤 의미 있는 일을 했는지 설명해야 하는 순간이 온다면, 바라건대 네가 죽어가는 아빠의 나날을 충만한 기쁨으로 채워줬음을 빼놓지 말았으면 좋겠구나. 아빠가 평생 느껴보지 못한 기쁨이었고, 그로 인해 아빠는 이제 더 많은 것을 바라지 않고 만족하며 편히 쉴 수 있게 되었단다. 지금 이 순간, 그건 내게 정말로 엄청난 일이란다."408)고 끝을 맺는다.

▌ 폴이 폐암진단을 받고 느낀 것은 다음과 같다

첫째, 인간존재에 대한 탐구를 하려고 하였으나 본인이 선택한 과학은 인간존재의 범주를 모두 포괄하지 못한다는 것이었다. "인간이 죽음의 공포와 싸우는 방법은 보통 두 가지인데, 종교와 과학[의학]이 그것이다. 그러나 일반적으로 환자가 원하는 건 의사가 숨기는 과학지식이 아니라, 각자 스스로 찾아야 하는 실존적 진정성이다. 통계를 지나치게 파고드는 건 소금물로 갈증을 해결하려는 것과 같다. 죽음을 정면으로 마주하고 고뇌에 빠지는 일은 생존가능성에 아무런 도움이 되지 않는다."409)

둘째는 의사의 역할에 대한 깨달음이었다. 폴은 '무엇이 삶을 의미 있게 하는가?'라는 주제에 매혹되었고, 인간의 정신은 뇌의 작용이라는 것을 알고 나서 생리적 존재이면서 동시에 영적인 존재인 인간을 탐구하면서 의사라는 직업을 선택한다.410) "진지한 생물학적 철학을 추구할 수 있는 유일한 방법은 의학을 실천하는 것이었다. 도덕적인 명상은 도덕적인 행동에 비하면 보잘 것 없었다."411)

"내가 이 직업을 택한 이유 중 하나는 죽음을 뒤쫓아 붙잡고, 그 정체를 드러낸 뒤 눈 한 번 깜빡이지 않고 똑바로 마주보기 위해서였다. 신경외과는 뇌와 의식만큼이나 삶과 죽음과도 밀접하게 연관된 아주 매력적인 분야였다.

---

407) 『숨결이 바람 될 때』,233쪽
408) 『숨결이 바람 될 때』,234쪽
409) 『숨결이 바람 될 때』,164쪽.
410) 월트 휘트먼(Walt Whitman, 1819~1892)은 "의사만이 진정으로 '생리적·영적 인간'을 이해할 수 있다."고 했다.
411) 『숨결이 바람 될 때』,66쪽.

나는 삶과 죽음 사이의 공간에서 일생을 보낸다면 연민을 베풀 줄 아는 사람이 되고 스스로의 존재도 고양시킬 수 있으리라 생각했었다. 하찮은 물질주의, 쩨쩨한 자만에서 최대한 멀리 달아나 문제의 핵심, 진정으로 생사를 가르는 결정과 싸움에 뛰어들고 싶었다. 그곳에서 어떤 초월성을 발견할 수 있지 않을까? 하지만 (중략) 나는 결정적인 순간에 환자들과 함께하지 못하고 그저 그 순간에 서 있을 뿐이었다. 나는 많은 고통을 목격했고, 더 나쁘게도 그런 고통에 익숙해졌다."412)

폴은 이런 소명의식에서 전문분야를 선택했고, 치명적인 뇌손상환자들을 치료하면서 그들에게 무엇을 해 줄 수 있을까 끊임없이 고민해온 폴의 삶은, 의학이 인간의 삶에 어떤 역할을 할 수 있는지, 좋은 의사란 어떤 것인지 우리 사회에도 화두를 던진다.

"긴장감 높은 분야의 의사는 삶과 정체성이 위협받고 삶이 굴절되는 가장 위급한 순간에 환자를 만나게 된다. 의사의 책무는 무엇이 환자의 삶을 가치 있게 만드는지 파악하고, 가능하다면 그것을 지켜주려 애쓰되 불가능하다면 평화로운 죽음을 허용해주는 것이다. 그런 책무를 감당하려면 철두철미한 책임감과 함께, 죄책감과 비난을 견디는 힘도 필요하다."413) "의사의 의무는 죽음을 늦추거나 환자에게 예전의 삶을 돌려주는 것이 아니라 삶이 무너져버린 환자와 그 가족을 품고 그들이 다시 일어나 자신이 처한 실존적 상황을 마주보고 이해할 수 있을 때까지 돕는 것이다."414)

셋째 지나친 의료적 개입의 폐해를 목격했다. 치료에 대한 지나친 기대감으로 환자가 정리할 시간이 부족하게 된다.

아툴 가완디(Atul Gawande)도 『어떻게 죽을 것인가』의 에필로그에서 "인간으로 산다는 것이 한계를 안고 살아가야 한다는 의미라면, 그런 인간을 돌보는 역할을 하는 직업이나 기관에 종사하는 사람들은 인간이 그 한계에 직면하고 분투하는 과정을 도와야 한다. 어떤 때는 병을 고쳐 줄 수도 있고, 어

---

412) 『숨결이 바람 될 때』, 105~106쪽.
413) 『숨결이 바람 될 때』, 140~141쪽.
414) 『숨결이 바람 될 때』, 198쪽

떤 때는 연고를 처방해 주는 데 그칠 수도 있고, 어떤 때는 그나마 아무것도 하지 못할 수도 있다. 우리가 제공해 줄 수 있는 것이 무엇이든 의료진이 개입해 환자로 하여금 희생과 위험을 감수하도록 하는 일은 더 큰 삶의 목적을 위한 것일 때만 정당화될 수 있다."415)고 적고 있다.

❏ Think About

○ 큰 병

"내[소아신경과 의사]가 아는 건, 그리고 물론 당신[뇌종양을 가진 아이의 엄마로 방사선 전문의]도 잘 알겠지만, 당신의 삶이 이제 막, 아니, 이미 변했다는 겁니다. 앞으로 기나긴 싸움이 될 거예요. 서로를 위해 자기자리를 잘 지켜줘야겠지만 필요할 때는 꼭 충분히 쉬어야 합니다. 이런 큰 병을 만나면 가족은 하나로 똘똘 뭉치거나 분열하거나 둘 중의 하나가 되죠. 그 어느 때보다 지금 서로를 위해 각자의 자리를 잘 지켜야 해요. 아이 아버지나 어머니가 침대 곁에서 밤을 세거나 하루 종일 병원에 있는 일은 없었으면 합니다."416)

큰 병은 환자는 물론이고 가족전체의 삶을 바꾸어 놓는다. 아들의 죽음만으로도 부모의 정돈된 세계는 뒤집혀버린다.

○ 일상의 가치

내게 남은 시간이 얼마나 되는지 알기만 하면 앞으로 할 일은 명백해진다. "석 달이 남았다면 가족과 함께 그 시간을 보내리라. 1년이 남았다면 늘 쓰고 싶었던 책을 쓰리라. 10년이 남았다면 사람들의 질병을 치료하는 삶으로 복귀하리라."

내 담당의는 이렇게 말할 뿐이었다. "나는 시간이 얼마 남았는지 말해줄 수 없어요. 당신 스스로 가장 소중한 것이 무엇인지 찾아내야 해요."417)

---

415)『어떻게 죽을 것인가』, 395쪽.
416)『숨결이 바람 될 때』,93쪽~94쪽.
417)『숨결이 바람 될 때』,193쪽. 로라 카스텐슨(Laura Carstensen)교수의 '사회·정서적 선택이론(ocioemotional selectivity theory)'에 의하면 남은 시간에 따라 하고자 하는 게 달라진다.

○ 지나친 의료적 개입의 폐해

간병> 간호> 의료체계를 위한 홈 호스피스, 가정간호, 간병 지도사 등의 사회적 역할에 대해 생각해보자.

📖 함께 읽을 책

◉ 죽음의 철학
- 에가와 다카오(江川隆男), 이규원 옮김, 그린비, 2019, 192쪽

◉ 죽음의 철학
- 장 폴 사르트르, 정동호 옮김, 청람, 2004, 296쪽

◉ 고백록(CONFESSIONES)
- 성 아우구스티누스, 박문재 옮김, 크리스천다이제스트, 2019, 518쪽

삶의 마지막 순간에서의 가르침,
◉ 사람은 어떻게 죽음을 맞이하는가(How We Die)
- 셔윈 B. 눌랜드, 명희진 옮김, 세종서적, 2016, 383쪽

◉ 권력과 영광(The power and the glory)
- 그레이엄 그린, 김연수 옮김, 열린책들, 2010, 378쪽

◉ 고도를 기다리며(En attendant godot)
- 사뮈엘 베케트, 오증자 옮김, 민음사, 2012, 176쪽

◉ 천로역정(Pilgrim's Progress)
- 존 번연, 그림 루이스 레드 형제, 유성덕 옮김, 크리스천 다이제스트, 2018, 435쪽

◉ 눈물의 아이들(Cutting for stone) 1·2
- 에이브러햄 버기즈, 윤정숙 옮김, 문학동네, 2013, 400·468쪽

◉ 어둠이 오기 전에(It's Not Yet Dark)
  - 사이먼 피츠모리스, 정성민 옮김, 흐름출판, 2018, 216쪽

03 아름다운 죽음은 없다, 그러나 인간다운 죽음은 있다!

◉ 어떻게 죽을 것인가: 현대 의학이 놓치고 있는 삶의 마지막 순간(Being
  Mortal: Medicine and What Matters in the End, 2014)
  - 아툴 가완디, 김희정 옮김, 부키, 2015, 400쪽

아툴 가완디(Atul Gawande)[418]교수는, 장마다 최근의 사례를 인용하면서, 죽음에 대처하는 우리의 자세에 대해 성찰하도록 돕는다.

우리는 누구나 가차 없이 늙고 죽는다. 하지만 사람에 따라 가파른 낭떠러지가 될 수도 있고 완만한 경사길이 될 수도 있다. 우리의 선택에 달려 있다. 『어떻게 죽을 것인가』는 우리로 하여금 완만한 경사길을 선택할 수 있도록 돕는다.

우리가 늙고 쇠약해져서 더 이상 스스로를 돌볼 수 없게 되었을 때, 다시 말해 삶의 마지막 순간에서 '인간다운 죽음'을 맞이하려면 어떻게 해야 하는가? 가완디(Gawande)는 현대의학은 '생명'에만 능숙할 뿐, '죽음'의 준비에는 완벽하게 실패했다고 단언한다. 신체적인 건강을 복구하는 훈련만 받았기

---

418) 1965년 미국 뉴욕시 브루클린 출생으로, 인도인 미국이민자 의사부부의 사이에서 태어났다. 스탠퍼드대학교를 졸업하고 옥스퍼드대학교에서 윤리학과 철학을 공부했으며, 하버드 의대에서 의학박사학위를 받고, 공중보건에 관심이 많아 하버드 보건대학에서 공중보건학 석사학위도 받았다. 그는 타임(Time)지가 선정한 '세계에서 가장 영향력 있는 사상가 100인'에 이름을 올렸으며, 2015년 영국 프로스펙트(Prospect)지가 선정한 '세계적인 사상가 50인'에 선정되었다. 그의 저서로는 『나는 고백한다, 현대의학을: 불완전한 과학에 대한 한 외과의사의 노트』, 『닥터, 좋은 의사를 말하다(Better)』, 『체크! 체크리스트(The Checklist Manifesto)』 등이 있다.

때문이다. 노인들이 소중하게 여기는 것, 그리고 삶을 가치 있도록 도와주는 환경에 현대의학은 별 관심이 없다고 비판한다. 죽음 앞에 선 인간의 존엄과 의학의 한계를 고백한다.

아름다운 죽음은 없지만 인간다운 죽음은 있다. 아툴 가완디의 문제의식은 여기서 시작한다. "가족과 친구들이 지켜보는 가운데 마지막인사를 건네는 죽음 대신 중환자실에서 인공호흡기를 단 채 의식이 없는 상태에서 끔찍하고 고통스러운 의학적 싸움을 벌이다 죽음에 이르게 된다."는 것이다. 가완디는 연명치료는 환자를 위한 것이 아니라 가족을 위한 것일 수 있다고 경고한다. 보호자들은 임종의 순간 환자에게 연명치료를 하는 것으로 사랑하는 가족을 위해 최선을 다했다는 심리적 위안을 얻기 위한 것일지도 모른다.

삶과 죽음은 동전의 양면처럼 맞닿아 있다. '사는 날까지'와 '죽는 날까지'는 결국 동의어다. 책의 제목인 '어떻게 죽을 것인가'는 '마지막 순간을 어떻게 살 것인가'의 물음으로 치환된다. 이 질문에 자신 있게 대답할 수 있는지 스스로 자문해 볼 필요가 있다. '내일 죽는다 해도 참 괜찮은 인생이었다.'고 말할 수 있는가? '내가 할 수 있는 건 다 해 봤고, 원하는 것도 다 누려 봤다.'고 말할 수 있는가?

의학과 공중보건의 발전으로 평균수명이 대폭 늘어났다고 하지만, 생명이 있는 것들은 모두 언젠가 죽는다. 인간의 어떤 시도에도 불구하고, 종국에는 죽음이 모든 것을 이긴다. 우리가 언젠가는 반드시 죽을 수밖에 없는 존재라면, 죽어갈 때 취할 수 있는 선택지는 무엇이 있을까?

의사이기도 한 가완디는 우선 의료계의 변화를 촉구한다. 관절염, 심장질환 같은 개별적인 문제를 해결하는 데만 집중할 것이 아니라 우리인간의 삶을 전체적으로 관리해야하며, 일방적으로 해결책을 제시하는 대신 삶의 마지막단계를 환자 스스로 결정할 수 있도록 안내해 주는 역할을 해야 한다는 것이다.

의료계의 의식변화 외에 우리자신에게도 요구한다. 바로 생명을 연장하는 데 집착하기보다 자신에게 정말 중요한 것이 무엇인지 돌아보는 방식으로의 사고전환이다. 결국 이 책의 메시지는, 무의미하고 고통스러운 연명치료에 매달리기보다 삶의 마지막순간을 어떻게 살아갈 것인지 돌아보라는 것이다.

▌의료인들도 잘 모르는, 삶의 마지막 순간

톨스토이의 중편소설 『이반 일리치의 죽음(The Death of Ivan Ilyich)』에서 "이반 일리치를 가장 고통스럽게 한 것은 기만과 거짓이었다. 무슨 이유에서인지 모두가 그는 죽어가는 게 아니라 그저 아플 뿐이며, 잠자코 치료를 받기만 하면 좋은 결과가 있을 거라고 여기는 것 말이다." "아무도 그를 그가 원하는 만큼 동정하지 않았다."

의사들이 다양한 치료방법이 갖는 특정위험에 대해 설명하는 것은 어렵지 않다. 그러나 환자 앞에 놓여 있는 선택지에 대해 정직하게 이야기하기를 꺼려하고, 병을 둘러 싼 현실에 대해서는 이야기하지 않는다. 의학계는 질병에 대한 공격적인 처치에 급급한 나머지 노년기 삶의 마지막순간을 어떻게 마무리하도록 사람들을 도울 것인가에 대해 고민하는 데에는 실패하고 있다.

가완디는 죽음은 정상적인 일이고 사물의 자연스런 질서라는 걸 추상적 수준에서 알고는 있었지만, 구체적으로 이해하지는 못했다고 고백한다.419) 삶의 마지막단계에서 사람들이 격리된 의료체제에서 가망 없는 치료를 강요당하는 것도 문제지만, 어찌하든지 죽음을 기피하거나 미루려고 하는 우리자신의 미련도 문제다.

가완디는 서문에서 현대과학기술이 우리의 죽음을 어떻게 변질시켰는지 다음과 같이 말한다. "사람들은 역사상 그 어느 때보다 더 나은 삶을, 더 오래 누리고 있다. 그러나 과학의 발전으로 인해 나이 들어 죽어가는 과정은 의학적 경험으로 변질되었고, 의료전문가들의 손에 맡겨야 하는 문제가 되었다.

---

419) 『어떻게 죽을 것인가』, 18쪽.

그런데 의학계에서 일하는 우리들은 이 문제를 다룰 준비가 놀라울 정도로 되어 있지 않은 것으로 판명되었다. 이러한 현실이 대체로 주목받지 못하는 까닭은 삶의 마지막단계가 점점 사람들에게 친숙하지 않은 것이 되어 가고 있기 때문이다."420)

외과의사 셔윈 눌랜드(Sherwin B. Nuland) 박사는 『사람은 어떻게 죽음을 맞이하는가』에서 이렇게 말한다. "우리 전 세대까지는 자연이 결국 이기게 되어 있다는 사실을 누구나 예상하고 받아들였다. 앞선 시대의 의사들은 죽음에 있어서 패배의 징후를 기꺼이 인정하려 했다. 자연과학의 발달에 고무되어 (요즘) 의학자들은 그 어떤 것이라도 시도하지 못할 게 없다는 식으로 교만해지고 있다."421)

늙어가다가 죽음에 이르는 경험을 정직하게 살펴보기를 꺼려하는 경향 때문에 우리는 환자들에게 해를 끼치는 일이 더 많아 졌고, 환자들은 그들이 가장 필요로 하는 기본적인 위로와 안식을 거부당해 왔다. 우리는 사람들이 마지막 순간까지 성공적으로 산다는 게 어떤 것인지 일관된 관점을 가지고 있지 않다. 그 때문에 우리는 의학, 기술, 그리고 낯선 사람들의 손에 우리운명을 맡기는 것이다.

가완디는 나이 들고 병들어 가는 과정에서 '삶에는 끝이 있다'는 현실을 받아들이는 용기가 필요하다면서 삶의 마지막순간을 성찰하지 못하는 현실에 경종을 울린다. "의료인들의 책임은 인간을 인간으로 대하는 것이다. 마지막에 이른 사람들은 차마 꺼내기 어려운 대화를 기꺼이 나눠 줄 의사와 간호사를 필요로 한다. 자신이 알고 있는 것을 이야기해 주고, 앞으로 닥칠 일에 대비할 수 있도록 도와주고, 아무도 원치 않는 창고 같은 시설에서 잊혀 갈

---

420) 『어떻게 죽을 것인가』, 15~16쪽. 미국의 경우 1945년까지만 해도 대부분 사람들은 집에서 죽음을 맞이했지만, 1980년대에 이르자 이 비율은 17%로 떨어졌고, 지금은 미국뿐 아니라 대부분 선진국에서 노화와 죽음은 병원이나 요양원에서 겪는 일이 일상화되었다. 변화속도가 좀 더 빨랐을 뿐, 우리나라도 사정은 마찬가지다.
421) 『사람은 어떻게 죽음을 맞이하는가』, 376~377쪽.

운명을 피할 수 있도록 도와줄 사람도 필요로 한다는 것이다."422)

☐ Think About

> ○ 죽음에 이르러 의사에 맡길 것인가, 요양원에 갈 것인가, 자기가족과
>   함께 할 것인가? 하고 싶은 일을 하다 운명할 것인가?
>
> ○ 냉혹하고 가차 없는 삶의 사이클을 받아들이기를 거부하는 우리의 습
>   성 때문에 늙고 병든 구성원들이 이미 희생되고 있다면 어떻게 해야
>   할까?

■ 독립적인 삶: 혼자 설 수 없는 순간이 찾아온다

미국의 의료계는 늙은이의 신체기능에 등급을 매기는 분류체계를 가지고
있다. 기본적인 신체독립성을 판정하는 8가지 기준으로 화장실 가기, 밥 먹
기, 옷 입기, 목욕하기, 머리손질 등 몸단장하기, 침대에서 바로 일어나기, 의
자에서 바로 일어나기, 걷기 등이 포함 된다. 이 8가지 일상적 활동을 스스로
해내지 못할 경우 기본적인 신체독립성이 결여된 것으로 판정한다. 또한 일
상생활의 8가지 독립활동, 즉 쇼핑, 요리, 가사일, 빨래, 약복용, 전화사용, 외
출, 재정관리 등을 혼자 하지 못하면 독립적으로 안전하게 살 능력이 결여된
것으로 판정한다.

현대사회에서 고령과 노환은 함께 나눠야 하는 여러 세대의 책임에서 개인
의 문제로 변화했다. 대부분 혼자 감당하거나 의사와 기관의 도움을 받아 해
결해야 하는 문제가 된 것이다.

역사학자들은 산업화시대의 노인들이 혼자 남겨졌다고 해서 불행해지거나
경제적으로 궁핍해지지는 않았다는 결론에 이르렀다. 많은 부모들이 자신의
선택에 따라 삶을 영위했다. 재력이 있는 노인들은 거의 대부분 소위 '거리를

---

422) 『어떻게 죽을 것인가』, 23쪽.

둔 친밀감(intimacy at a distance)'이라는 방식을 택했다. 인류역사상 나이 드는 일이 이보다 더 나은 시대는 없었다. 노인들은 자신이 누렸던 통제력과 지위를 일부 나눠 주었지만 완전히 잃은 게 아니었다. 현대화가 강등시킨 것은 노인들의 지위가 아니라 가족이라는 개념자체였다. 현대화는 사람들에게 - 젊은이와 노인 모두에게 - 더 많은 자유와 통제력을 누리는 삶의 방식을 제공했다. 노인들에 대한 존중은 없어졌을지 모르지만, 그것이 젊음에 대한 존중이 아니라 독립적인 자아에 대한 존중으로 대체된 것이다.

다만 이런 삶의 방식에는 한 가지 문제가 남아 있다. 독립적인 자아에 대한 숭배가 삶의 현실을 고려하지 않는다는 것이다. 독립이라는 것이 불가능해지는 때가 온다는 현실 말이다. 우리가 지향하는 삶의 목표가 독립이라면, 그걸 더 이상 유지할 수 없게 됐을 때 어떻게 해야 할까?

■ 무너짐: 모든 것은 결국 허물어지게 마련이다

현대의학의 발전은 두 가지 혁명을 가져왔다. 하나는 우리 삶의 궤적을 생물학적으로 변화시킨 것이고, 다른 하나는 이 궤적에 대해 우리가 어떻게 생각하는지를 문화적으로 변화시킨 것이다. 문제는 의료계가 이와 같은 변화에 맞닥뜨리는데 있어 너무 더디다는 것이다. 그리고 노년의 삶을 더 낫게 만드는 방법에 대해 우리가 이미 갖고 있는 지식을 적용하는 데 있어서도 너무 더디다는 것이다. 노인병을 고칠 수는 없지만 관리하는 건 가능하다.

어떤 의사든 환자가 삶의 질을 유지하도록 할 의무가 있다. 이 말은 질병의 폐해로부터 가능한 자유로울 수 있게 하고, 세상에 능동적으로 관여할 수 있는 기능을 유지하도록 도와야 한다는 의미다. 대부분의 의사들은 질병만 치료하면 나머지는 저절로 해결될 거라고 생각한다. 그러나 가완디는 "우리 몸속의 마지막 예비 장치마저 모두 고장 날 때까지 어떤 의학적 도움을 받느냐에 따라 그 과정은 많이 달라질 수 있다. 가파르게 곤두박질치는 길이 될 수도 있고, 각자의 삶에서 가장 중요한 능력을 좀 더 오래 보존하며 사는 완만한 경사길이 될 수도 있다."고 한다.423)

노쇠한 상태에서도 정신적으로나 신체적으로 독립성 혹은 자율성을 가능한 한 유지할 수 있다면 얼마나 다행이겠는가. 중요한 것은, 삶에 대한 주도권을 갖고, 의학지식과 몸이 허락하는 한도 내에서 삶을 품위 있게 누리는 것이다.

❏ Think About

> ○ 노인병전문팀들은 처방약을 더 단순하게 조절하고, 관절염을 관리하기 위해 세심히 지켜봤으며, 반드시 발톱을 손질하게끔 하고, 매끼 식사를 잘 챙기도록 했다. 또한 환자에게 고립이 의심되는 징후는 없는지 살피고, 사회복지사가 방문해 환자의 집이 안전한지 확인하도록 했다.424)

▇ 의존: 삶에 대한 주도권을 잃어버리다

가완디는 나이가 많은 사람들이 두려워하는 것은 죽음이 아니라고 말한다. 죽음에 이르기 전에 일어나는 일들, 즉 청력, 기억력, 친구들, 그리고 지금까지 살아왔던 생활방식을 잃는 것이 두렵다는 것이다. 미국 영화배우 실버스톤(Alicia Silverstone, 1976~) 말대로 "나이가 든다는 것은 계속해서 무언가를 잃는 것"이다. 미국 소설가 필립 로스(Philip Roth, 1933~2018)425)는 소설 『에브리맨(Everyman)』426)에서 "나이가 드는 것은 투쟁이 아니다. 대학살이다."라고 표현했다.

가완디는 우리가 노인이 된다는 걸 이렇게 표현한다. "운이 좋고 꼼꼼하게

---

423) 『어떻게 죽을 것인가』, 75쪽.

424) 『어떻게 죽을 것인가』, 76~77쪽.

425) 미국 현대문학의 거장으로 30여 편의 작품 중 다수의 작품이 영화화되었다. 데뷔작 『안녕 콜럼버스』- '굿바이 컬럼버스'(1969), 『휴먼 스테인』- '휴먼 스테인'(2004), 『울분』- '인디그네이션'(2016), 『미국의 목가』- '아메리칸 패스토럴'(2017) 등이 그렇다.

426) 한 남자가 늙고 병들어 죽는 이야기를 통해 필립 로스는 삶과 죽음, 나이 듦과 상실이라는 문제에 대한 예리한 통찰과 깊은 사유를 보여준다. 소설은 이렇게 끝맺는다. "그냥 오는 대로 받아들이세요. 버티고 서서 오는 대로 받아들이세요."

자기관리 - 건강한 식습관, 운동, 혈압 조절, 적절한 의학적 도움을 받는 것 - 를 한 사람은 오랫동안 그럭저럭 살아나갈 수도 있다. 그러나 결국 나이가 들면서 점점 많은 것들을 잃어가다 보면 일상적인 삶을 유지하는 데 필요한 것들을 스스로 충족하기에는 육체적으로나 정신적으로나 버거운 상태에 이르게 된다. 갑작스럽게 죽음을 맞는 경우가 줄어들었기 때문에 우리 대부분은 삶의 상당기간을 독립적으로 사는 것이 불가능할 정도로 쇠약해진 상태로 보내게 될 것이다."[427] 그 결과 노화과정은 길어져도 아무런 준비 없이 삶의 마지막단계에 이르기는 마찬가지다.

▋ 요양원은 없어져야 마땅하지만, 대안이 없다

현대의 양로원이나 요양원은 노쇠하고 병약한 사람들이 구빈원처럼 끔찍하고 음울한 곳에서 겪었던 것보다 더 나은 삶을 살게 해 주겠다는 욕구에서 나온 것이 아니다. 노령에 접어들어 도움이 필요한 사람들을 위해 만들어진 게 아니라 병실을 비우기 위해 시작된 것이다. 바로 그 때문에 'nursing home', 즉 요양원이라는 이름이 붙은 것이다. 요양원의 공식목적은 간호와 보살핌이다. 그러나 '보살핌'이라는 개념은 우리가 보통 삶이라고 생각하는 것과는 너무 거리가 멀다. 요양원의 우선순위는 욕창방지와 체중유지 같은 데 있다. 하지만 그런 것들은 목표가 아니라 수단에 불과하다.

사회학자 어빙 고프먼(Erving Goffmann, 1922~1982)은 『정신병원(Asylum, 1961)』에서 "개인은 각기 다른 장소에서, 각기 다른 구성원들과 함께, 각기 다른 권력당국 아래에서, 모든 걸 아우르는 합리적 계획 없이 잠자고, 놀고, 일하려는 경향이 있다는 게 현대사회의 기본적인 사회적 합의다."라고 말하면서 군대훈련소, 고아원, 정신병원, 감옥, 요양원이 사회전반과 단절된 '전체적 기관(total institution0'[428]의 전형이라고 규정했다.

---

427) 『어떻게 죽을 것인가』, 94~95쪽.
428) 전체적 기관은 우리 삶의 다양한 영역을 나누는 장벽을 허물어버리는데, 그 방식은, 첫째 일상생활의 모든 영역을 같은 장소, 같은 중앙권력 아래에서 실시한다. 둘째 구성원들이 각각의 일상적인 활동을 다수의 타인들이 바로 앞에 있는 상태에서 행하게끔 한다. 셋째 일

우리는 일단 육체적인 독립성을 잃으면 가치 있고 자유로운 삶은 불가능하다는 개념을 별 생각 없이 자동적으로 받아들이게 된다. 그러나 정작 노인들 자신은 그런 생각을 전적으로 받아들이려 하지 않으며, 많은 경우 저항한다. "요양병원에 입원하는 순간 사생활과 삶에 대한 주도권을 모두 잃는다. 병원 환자복을 입고, 직원들이 깨우면 일어나고, 목욕시켜 주면 하고, 옷을 입혀 주면입고, 먹으라고 하면 먹는다. 또한 직원들이 정해 주는 아무하고나 같은 방을 써야 한다. 감금되어 있는 것 같은 느낌이 든다. 늙었다는 죄로 감옥에 갇힌 것이다."[429]

많은 환자들이 요양원이나 중환자실같이 고립되고 격리된 곳에서 치료를 받는다. 삶에서 가장 중요했던 모든 것으로부터 단절된 채 엄격히 통제되고 몰개성화된 일상을 견디면서 말이다.

▬ 도움: 치료만이 전부가 아니다

캐런 브라운 윌슨(Karen Wilson-Robinson)이 고안한 '어시스티드 리빙(assisted living)'[430]개념은 아무도 보호시설에 감금됐다고 느끼지 않도록 하자는 데 목표를 두고 있었다. 우리가 늙고 쇠약해져서 더 이상 스스로를 돌볼 수 없게 됐을 때에도 삶을 가치 있게 살아가도록 만드는 것이 무엇인가 하는 문제를 해결하는데 있다.

▌ 나이 든 사람의 변화

심리학자 에이브러햄 매슬로(Abraham Maslow)는 안전과 생존이 우리가 삶에서 추구하는 가장 원초적이고 기본적인 목표로 남게 된다고 주장한다. 사람들은 나이가 들면서 더 적은 수의 사람들과 상호작용을 하며, 가족이나 오랜 친구들과 시간을 보내는 데 더 집중하는 경향이 있다는 연구결과도 있

상 활동의 모든 단계는 엄격한 시간표에 따라 진행한다. 넷째 강제부과한 다양한 활동은 기관의 공식목적을 충족시키게끔 고안되었다.
429) 『어떻게 죽을 것인가』, 119.
430) 거동이 불편하거나 장애가 있는 노인들을 대상으로 의료와 생활지원을 해 주는 거주방식이다.

다. 무엇을 하는 것보다 존재하는 데, 그리고 미래보다 현재에 더 초점을 맞추는 것이다.

심리학자 로라 카스텐슨(Laura Carstensen)교수의 연구 결과 사람들은 나이가 들면서 불행해지기는커녕 오히려 긍정적인 감정을 더 많이 느끼는 것으로 드러났다. 불안, 우울, 분노 등을 느끼는 경향도 더 적었다. 전반적으로는 시간이 흐르면서 정서적으로 만족스럽고 안정적인 경험을 더 많이 하는 것으로 나타났다. 산다는 것은 일종의 숙련과정이며, 노인들의 침착함과 지혜는 오랜 시간에 걸쳐 획득된다는 것이다. 카스텐슨교수는 하나의 가설을 만들었다. 우리가 시간을 어떻게 보내고 싶어 하는지는 자신에게 얼마나 많은 시간이 남아 있다고 생각하는지에 달려 있다는 가설이다. 젊고 건강할 때는 자신이 영원히 살 것처럼 믿기 때문에 가지고 있는 기능과 능력을 잃을까 봐 걱정하지 않는다. 그래서 젊은이들은 현재의 즐거움을 기꺼이 뒤로 미룬다. 그러나 삶의 시야가 축소되어 눈앞의 미래가 불확실하며 한계가 있다는 것을 알게 될 때, 삶의 초점은 지금, 여기로 변화하게 된다. 일상의 기쁨과 가장 가까운 사람들에게로 옮겨 가게 되는 것이다. 카스텐슨은 이 가설을 '사회정서적 선택 이론'이라고 명명했다. 말하자면 관점이 중요하다는 얘기다. "생명의 덧없음을 두드러지게 느낄 때"면 삶의 목표와 동기가 완전히 변한다. 가장 중요한 것은 나이가 아니라 관점인 것이다.[431]

▌ 연속성 있는 보살핌

이반 일리치는 건강이 악화되면서 자신에게 주어진 시간이 얼마 남지 않았다는 걸 깨닫게 되자 이전까지의 야망과 허영이 모두 사라져 버렸다. 그는 그

---

431) 카스텐슨 교수는 8세에서 93세에 이르는 건강한 사람들을 조사 대상으로 아무 전제 없이 그냥 30분이란 시간을 어떻게 보내고 싶으냐는 질문에서는 나이에 따른 선호도가 명확히 드러났다. 그러나 어딘가 먼 곳으로 떠나게 될 상황을 상상하라고 한 다음 똑같은 질문을 하자 나이에 따른 차이가 사라졌다. 어린이든 젊은이든 노인들과 같은 대답을 고른 것이다. 그런 다음 조사 대상자들에게 의학계에서 획기적인 발견이 이루어져 수명이 20년 늘어났다고 상상하며 질문에 답하라고 하자 다시 한 번 나이 차이가 사라졌다. 하지만 이번에는 반대로 노인들이 젊은이들과 같은 선택을 했다.(『어떻게 죽을 것인가』, 156~157쪽)

저 안식을 원했고 누군가 옆에 있어 주기를 바랐다. 그러나 그걸 이해해 주는 사람은 아무도 없었다. 가족도, 친구도, 의사들도 말이다. 톨스토이는 생명의 덧없음과 씨름해야 하는 사람과 그렇지 않은 사람의 관점 사이에 얼마나 깊은 틈이 있는지를 본 것이다.

우리는 지금도 저물어 가는 사람이 필요로 하는 것을 이해하지 못하고 있다. 그것은 바로 그가 편안한 일상을 보낼 수 있게, 곁에 있는 누군가와 마음을 나눌 수 있게, 그리고 그저 수수한 목표를 성취할 수 있게 도와주는 것이다. '연속성 있는 보살핌'이 필요한 것이다.

나이가 들어 복합노인주거단지 같은 곳에 살더라도 그곳 노인들이 '여긴 집이 아니야'라고 느낀다면 그건 실패한 시설과 다를 바 없다. '진짜 집이라고 느껴지는 곳에 산다는 것은 인간에게 무척 소중한 문제다. 노인의 입장에서 요양원은 없어져야 마땅하지만, 다른 대안이 없다. 요양원의 가장 유력한 대안이 가족이지만, 가족들은 모두가 제 살기에 바쁜 세상이다.[432]

요양원 직원들은 무관심할 뿐만 아니라 무지하다. 시설에 온 사람들이 삶에서 관심을 기울여 온 것들이 무엇인지, 그리고 이곳에 옴으로써 포기할 수밖에 없었던 것들이 무엇인지 전혀 알고 싶어 하지 않았다. 삶에서 가장 중요한 관계와 기쁨을 어떻게 하면 유지할 수 있을까에 대해서는 생각해 보려 하지 않았다. 그들의 태도는 잔인함보다는 몰이해에서 나오는 것 같다.

'어시스티드 리빙(assisted living)'시설이 실패로 끝나는 경우에는 몇 가지 이유가 있다. 우선 사람들이 잘 살아가도록 진심을 다해 돕는 일은 "말로 하는 것보다 실제로 하기는 훨씬 힘들다."는 점, 그리고 돌보는 사람들로 하여금 그것이 실제로 어떤 일을 수반하는지 생각하도록 만드는 것도 어렵다는 점, 위생과 안전에 대해서는 굉장히 엄밀한 평가기준이 있으면서도 '어시스티드 리빙'이라는 개념, 즉 일상적인 삶을 돕는 일의 성공여부를 잴 수 있는

---

432) 미국에서 어시스티드 리빙은 독립주거와 요양원의 중간정도 단계로 간주된다. 2010년에는 이런 주거형태에 사는 노인들의 수가 요양원에 사는 노인들의 수와 거의 맞먹을 정도로 됐다고 한다.

척도가 없다는 점, '어시스티드 리빙'시설이 노인들을 위해서라기보다 그들의 자녀들을 위해 만들어지고 있다는 점이다. 여기서는 소위 '연속성 있는 보살핌'이 강조되지만, 그것은 노인들을 유치원생 취급하는 상황을 영속시키는 개념일 뿐이다.

스스로는 자율권을 원하고, 사랑하는 사람들은 안전하길 바라는 게 인간이라는 점, 우리가 애정을 가진 사람에게 바라는 일들 중에는 정작 자신은 단호히 거부하는 것들이 많다는 점이 노쇠한 사람들에게 역설적인 문제가 될 뿐만 아니라 자아감을 침해하는 일인 경우가 많기 때문이다.

기댈 수 있는 대가족이 함께 지내면서 그가 선택한 방식으로 살 수 있게 지속적으로 돕는 시스템이 부재한 경우, 우리 사회의 노인들은 통제와 감독이 계속되는 시설에 갇혀 살 수밖에 없다. 풀 수 없는 문제에 대해 의학적으로 고안된 답이고, 안전하도록 설계된 삶이지만, 당사자들이 소중하게 여기는 것은 하나도 없는 텅 빈 삶이다.

❏ Think About

> ○ 심각한 병이 있는 사람을 환자가 아닌 사람으로 치료한다는 것은 어떤 의미가 있는가?
>
> ○ 빌 토마스(Bill Thomas)는 'The Eden Alternative'[433]를 봤을 때 무료함(boredom), 외로움(lonelines), 무력감(helplessness)이 가장 큰 문제라고 봤다. 기존 노인요양시설의 문제는 무엇인가?

■ 더 나은 삶: 누구나 마지막까지 가치 있는 삶을 살고 싶어 한다

32살의 젊은 의사 빌 토머스(Bill Thomas)[434]는 1991년 뉴욕 외곽 체이스

---

433) 『Life Worth Living: How Someone You Love Can Still Enjoy Life in a Nursing Home: The Eden Alternative』, William H. Thomas, Vanderwyk & Burnham, 1996, P.208 참조.

메모리얼요양원(Chase Memorial Nursing Home)에서 실험을 했다. 식물과 동물을 요양원노인들의 일상 안으로 끌어들인 것이다. 개 두 마리와 고양이 네 마리, 그리고 잉꼬 100마리를 들였다. 평소 '무기력'하던 노인들이 새장조립을 자발적으로 시작하고, 잉꼬는 방 하나에 한 마리씩 배치됐다.

전문가들은 체이스요양원의 새로운 시도를 수치로 요약했다. 다른 요양원에 비해 복용하는 처방약이 절반으로, 특히 불안 증세에 먹는 향정신성약품 처방이 크게 줄었다는 것이다. 하지만 수치보다 더 중요했던 것이 있다. 무력감과 외로움에 시달리던 노인들에게 '살아야 할 이유'를 줬다는 것이다.

살아있는 생명이 어떤 영향을 주는지? 생명들은 무료한 일상에 자발성을 더해 주었고, 외로움을 달래는 동반자가 되어 주었으며, 무력감을 느끼게 하는 공간에서 다른 존재를 돌볼 기회를 주었다. 요양원노인들에게 살아야 할 이유를 제공하는 것이 가능하다는 점이다.

그는 좋은 삶이란 독립성을 극대화한 삶이라고 믿었다. '요양원에 존재하는 세 가지 역병'인 무료함, 외로움, 무력감을 공략하는 것이라는 것이다. 그러기 위해서는 살아있는 생명을 요양원 안에 들여야 할 필요가 있었다.

의학, 그리고 의료기관이 삶을 의미 있는 것으로 만드는 게 무언지를 두고 잘못된 관점들을 가져왔다는 데 문제가 있는 것이 아니다. 문제는 아예 관점 자체가 없다는 점이다. 의료전문가들은 마음과 영혼을 유지하는 게 아니라 신체적인 건강을 복구하는 데 집중한다. 질병, 노화, 죽음에 따르는 여러 가지 시련은 의학적인 관심사로 다뤄져 왔다. 인간의 욕구에 대한 깊은 이해보다 기술적인 전문성에 더 가치를 두는 사람들에게 우리 운명을 맡기는, 일종의 사회공학적 실험이었다.

생활하는 데 도움을 필요로 하는 사람이라고 해서 자율성을 희생할 필요는 없다. 자율성에는 여러 가지 다른 개념이 있다. 그중 하나는 자유로운 행동을 가리키는 자율성 개념이다. 강압과 제한 없이 완전히 독립적으로 사는 상태다.

434) 뉴욕주립대학 코틀랜드 캠퍼스를 나와 하버드대학 의대에 진학했다.

로널드 드워킨(Ronald Dworkin, 1931~2013)은 이와 다른 자율성 개념을 설파했다. 우리가 직면하는 한계와 역경이 무엇이든지 간에, 우리는 삶의 주인으로서 자율성 - 자유 - 을 유지하고 싶어 한다는 것이다. 드워킨은 "자율성의 가치는 그것이 만들어 내는 책임감체계에 달려 있다. 자율성은 우리가 일관성 있고 분명한 각자의 개성, 확신, 관심 등에 따라 자신의 삶을 구체화할 책임을 지도록 만든다. 자율성은 우리가 남에게 이끌려 사는 것이 아니라 스스로 자신의 삶을 이끌며 살도록 하는 것이다. 그래서 우리 각자는 그러한 권리체계가 허용하는 한 자기 스스로를 만들어 갈 수 있는 것이다."라고 한다.

❏ Think About

○ 철학자 조사이어 로이스(Josiah Royce, 1855~1916)는 『충성심의 철학(1908)』에서 자신을 넘어선 대의(大義)를 위해 헌신하는 걸 '충성심(loyalty)'이라고 부른다.[435] 그는 어떤 대의에 가치를 부여하고 그것을 위해 희생할 만한 가치가 있다고 생각할 때 우리는 자신의 삶에서 의미를 찾는다고 한다. 당신은 어떤 대의에서 삶의 의미를 찾는가?

○ 자유의 양이 삶의 가치와 비례하는 것은 아니다.

▌사람은 잘 살면 잘 죽는다

노화는 피할 수 없고, 언젠가는 죽음이 찾아오기 마련이다. 죽을 수밖에 없는 존재로 산다는 건 곧 자신의 삶을 본래의 모습대로 유지하고자 하는 조용한 투쟁의 과정이다. 질병과 노화의 공포는 단지 우리가 감내해야 하는 상실에 대한 두려움만은 아니다. 그것은 고립과 소외에 대한 공포이기도 하다. 사람들은 자신의 삶이 유한하다는 사실을 깨닫게 되면서부터는 그다지 많은 것을 원하지 않는다. 돈을 더 바라지도, 권력을 더 바라지도 않는다. 그저 가능

---

435) 심리학자들은 이를 인간내면의 심층에 자리 잡은 '초월(transcendence)'이라는 용어로 표현하기도 한다. 즉 초월적 욕구가 있음을 의미한다.

한 한 이 세상에서 자기만의 삶의 이야기를 쓸 수 있기를 바랄 뿐이다. 일상의 소소한 일들에 대해 직접 선택을 하고, 자신의 우선순위에 따라 다른 사람이나 세상과의 연결고리를 유지하고 싶어 한다. 현대사회에서 우리는 쇠약해지고 의존적이 되면 그러한 자율성을 갖는 것이 불가능해진다고 생각하지만 이는 잘못된 생각이다.

☐ Think About

> ◎ 루 샌더스 할아버지(우크라이나 출신 러시아계 유대인 이민자의 아들, 88세)는 이렇게 말한다. "동양에 '카르마[karma; 업]'라는 게 있어요. 일어나도록 되어 있는 일은 결국 일어나게 되어 있다는 거예요. 멈출 수 있는 방법이 없다는 거지요. 내 삶에 끝이 있다는 걸 알아요. 하지만 어쩌겠소? 지금까지 잘 살았으니 됐지."436)

▬ 내려놓기: 인간다운 마무리를 위한 준비

노화나 질병으로 인해 심신의 능력이 쇠약해져 가는 사람들에게 더 나은 삶을 제공하려면 종종 순수한 의학적 충동을 제한할 필요가 있다. 너무 깊이 개입해서 손보고, 고치고, 제어하려는 욕구를 참아야 한다는 뜻이다. 고치려 애써야 할 때는 언제이고, 그러지 말아야 할 때는 언제일까? 정해진 답은 없다.

미국에서는 메디 케어(medical care)비용의 25%가 생의 마지막 1년에 접어든 5%의 환자에게 사용되고, 그 가운데 대부분은 아무런 효과가 없는 최후 1~2개월에 집중된다고 한다. 우리나라도 크게 다르지 않을 것이다. 결국 죽음은 오고야 마는데도 어느 시점에 치료를 멈춰야 할지 아는 사람은 거의 없다.

연구결과에 따르면 말기 암환자가 기계적인 인공호흡, 전기적 심폐소생술, 심장압박치료 등을 받았거나 죽음이 임박한 상황에서 중환자실에 들어가 집중치료를 받았을 경우 이런 인위적 개입을 받지 않은 사람들보다 마지막 일

---

436) 『어떻게 죽을 것인가』, 228쪽.

주일에 경험한 삶의 질이 훨씬 나빴다는 걸 알 수 있다. 그리고 환자가 사망한 지 6개월 후 그를 돌봤던 사람들이 심각한 우울증을 겪을 확률도 세 배나 높았다.

심각한 질병을 갖고 있는 사람들에게는 단순히 생명을 연장하는 것 말고도 해야 할 다른 중요한 일들이 많다. 가장 중요한 문제는 고통을 피하고, 가족 및 친구들과의 관계를 더 돈독히 하고, 주변과 상황을 자각할 수 있는 정신적 능력을 잃지 않고, 타인에게 짐이 되지 않고, 자신의 삶이 완결됐다는 느낌을 갖는 것이다. 문제는 사람들의 삶의 마지막순간에 가장 중요하게 여기는 것들을 성취할 수 있도록 실질적인 도움을 줄 의료복지시스템을 만들 수 있느냐는 것이다.

가완디는 의료완화조치와 '호스피스캐어(hospice care)'를 권고한다. 일반적인 의료행위와 호스피스케어의 차이점은 치료하느냐 아무것도 하지 않느냐에 있는 게 아니라 우선순위를 어디에 두느냐에 있다는 것이었다. 보통의 의료행위는 생명연장에 목적을 두고 있다. 호스피스케어는 간호사, 의사, 성직자, 사회복지사 등을 동원해서 치명적인 질병을 가진 사람들이 현재의 삶을 최대한 누릴 수 있도록 돕는다. 하지만 호스피스지원을 받겠다고 선택하는 것은 결코 쉬운 결정이 아니다.[437]

의사와 환자의 관계가 점점 왜곡되는 시대에 의사들은 환자의 기대를 짓밟는 말하기를 주저하게 된다. 내 눈앞에서 벌어지고 있는 현실보다 환상을 이야기한다. 그러다 보니 감정적이 되거나, 격해지거나, 오해를 불러일으킬 소지가 덜해졌다.

스티븐 제이 굴드(Stephen Jay Gould)는 《중간 값은 중요하지 않다》라는 논문에서 중간 값 자체보다 곡선의 중간지점에서 벌어지는 변화에 주목했다.

---

437) 미국의 경우 2010년에 사망자의 45%가 호스피스지원을 받다가 임종한 것으로 집계되었다. 그들 중에 절반이상은 집에서 호스피스지원을 받았는데, 이는 세계에서 가장 높은 비율이다.

각 환자들은 생존율 중간 값 근처에만 모여 있는 게 아니라 양쪽방향으로 넓게 퍼져 있었다. 게다가 곡선은 오른쪽으로 비스듬히 긴 꼬리를 그리며 뻗어 있었다.[438]

의사들 대부분 아무 선택도 하지 않는다. 자동모드를 켜고 그 뒤에 숨어 버린다. 자동모드는 이렇게 설정되어 있다. '뭔가를 하라.' '뭔가를 고쳐라.' '이 상황에서 벗어날 방법을 찾아라.'

생의 마지막순간에 어떤 케어를 받길 원하는지에 대해 의사들과 실질적인 대화를 나눈 환자들이 상황을 스스로 관리하면서 더 평화롭게 임종을 맞이했고, 가족들의 고통을 덜어 준 경우가 훨씬 많다고 한다. 의학적인 의사결정은 크게 실패를 했고 죽음이라는 주제를 피하느라 환자들에게 오히려 해를 주는 지경에까지 이르렀다는 뜻이다. 생을 어떻게 마감할 것인지에 관한 대화가 그 어떤 의약품이나 치료보다 중요하다.

삶의 현재시점에서 생명연장과 관련하여 어떤 선택을 하고 싶은지 묻는 질문들이다.

> • 심장이 멈추면 심폐소생술을 받기를 원하십니까?
> • 삽관이나 기계적 인공호흡기 같은 공격적 치료를 받기를 원하십니까?
> • 항생제투약을 원하십니까?
> • 스스로 음식을 먹지 못할 경우 관이나 정맥주사로 영양공급을 받기를 원하십니까?

---

438) 스티븐 제이 굴드는 『풀 하우스』에서 "생명의 종 모양 곡선에서 복잡성의 최대값을 증가시키는 오른쪽 꼬리는 두 가지 원인 중 어떤 것을 통해서든 형성될 수 있다. 하나는 진화가 본질적으로 복합성이 보다 높은 방향으로 생명을 밀어 올리기 때문에 오른쪽 꼬리가 생겼다는 것이고, 또 다른 하나는 생명이 복잡성의 최소값인 왼쪽 벽에서 기원해 그 뒤에는 변화하지 않는 박테리아 형태를 유지하면서 오른쪽으로 확대할 수밖에 없었기 때문에 오른쪽 꼬리가 우연하게 부산물로서 생겼다는 것이다."라고 쓰고 있다. 오른쪽 꼬리는 전체 분포 속에서 읽혀야 하고 그 속성은 전체에서 분리되어 따로 만들어진 것이 아닌, 연속선상에 있는 것이다. 저자는 전체 분포를 함께 살펴야 한다는 뜻에서 이 세계를 '풀하우스'라고 이름 짓고 있다.

수전 블럭(Susan Block, 1955~)은 몇 가지 규칙을 제시했다. 우선 같이 앉아서, 시간을 들여야 한다. 사용하는 말도 중요하다. 수전은 마음의 결정을 내려야 할 시점이 되기 전 환자를 보호하기 위해 꼭 물어야 할 질문목록을 가지고 있다. 병의 예후를 어떻게 이해하고 있는지, 앞으로 일어날 일 중 무엇이 염려스러운지, 기꺼이 희생할 용의가 있는 것은 무언지, 건강이 더 악화되면 시간을 어떻게 보내고 싶은지, 스스로 결정을 내리지 못할 상황이 되면 누구에게 그걸 대신하게 할 건지 등 말이다.

화학요법이 더 이상 효과가 없을 때, 집에서도 산소호흡기가 필요해질 때, 위험부담이 큰 수술을 해야 할 때, 간부전이 점점 심각해질 때, 더 이상 혼자 힘으로 옷을 입을 수 없을 때 반드시 나눠야 할 대화가 있는데, '브레이크포인트 대화(breakpoint discussion)'다. 수전은 환자들 가운데 3분의 2가 비록 자신은 원치 않는 치료일지라도 사랑하는 사람들이 원한다면 기꺼이 감내하려 한다고 설명했다. 많은 경우 '브레이크포인트 대화'는 금전적인 동기가 문제가 되기도 한다. 화학요법치료나 수술을 하면 돈을 받지만, 그렇게 하는 게 그다지 현명하지 않은 시점이 언제인지를 판단하고 조언하는 데 들이는 시간에 대해서는 아무런 보상도 받지 못하기 때문이라는 것이다. 진짜문제는 의학의 기능이 실제로 무엇인가 하는, 아직 풀리지 않은 논쟁이 남아 있다는 데 있다. 이는 의학이 어떤 일을 할 때 우리가 돈을 지불해야 하고, 또 지불하지 말아야 하는지를 다시 논의해야 한다는 뜻이다.

죽음이 적이라고 한다면, 그 적은 우리보다 강력한 힘을 갖고 있다. 결국은 죽음이 이기게 되어 있다. 이 이길 수 없는 전쟁에서 의사들은 불치병에 걸린 사람들에게 전면적인 치료과정을 두고 언제라도 하차할 수 있는 기차라고 말한다. 언제든 멈추고 싶을 때 말만 하면 된다는 것이다. 그러나 이는 대부분의 환자들과 가족들에게 너무 큰 요구사항이다.

❏ Think About

○ 미국의 경우 의료비 지출의 25%를 삶의 마지막단계에 접어든 5%의

환자가 부담한다고 한다. 의사 및 가족이 치료를 거부하거나 축소하는 것이 왜 그렇게 어렵다고 생각하나? 우선순위는 어떻게 설정해야 할까?

죽음의 의료화(medicalized mortality)란 무슨 뜻일까?

○ 사랑하는 사람을 위해 중환자실과 호스피스를 선택해야 한다면 그 기준이 무엇일까? 수잔 블럭(Susan Block)의 아버지의 기준은 초콜릿 아이스크림을 먹을 수 있고 TV로 풋볼을 보는 것이었는데, 당신이라면 마지막순간의 선택기준이 무엇인지?

○ 누군가가 돌아가시는 것을 본 적이 있는지, 봤다면 그것이 당신 자신의 마지막순간과 죽음에 어떤 영향을 주었는지?

▆ 어려운 대화: 두렵지만 꼭 나눠야 하는 이야기들

우리가 환자가 되는 데 동의한다면, 의사는 병을 고치기 위해 노력하는 데 동의한다. 고칠 가능성이 아무리 낮든, 그 과정이 얼마나 고통스럽든, 그로 인해 어떤 대가를 치러야 하든, 비용이 얼마나 들든 말이다.

의학윤리학자 에제키엘 엠마누엘(Ezekiel Emanuel, 1957~)과 린다 엠마누엘(Linda Emanuel, 1983~2008)는 의사가 환자들과 맺을 수 있는 관계를 다음 유형으로 나눠봤다. 1) '가부장적' 관계, 2) '정보를 주는' 관계, 3) '해석적' 관계.

의사와 환사의 관계는 전통적으로 '가부장적' 관계가 지배해 왔고, 그 다음 유형이 '정보제공적' 관계다. 세 번째 유형은 '해석적(interpretive)' 관계다. 물론 우리가 바라는 의사-환자 관계 유형은 해석적 관계다. 삶의 마지막단계에서 우리에게는 두 가지 용기가 필요하다. 하나는 삶에는 반드시 끝이 있다는 현실을 냉정히 받아들일 수 있는 용기, 다른 하나는 그 현실을 토대로 행동을 취할 수 있는 용기다. 이런 때 우리에게는 해석적 관계의 의사가 절실하다.

해석적 관계에서 의사의 역할은 환자가 무엇을 원하는지 스스로 이해하도록 돕는 것이다. 환자들이 원하는 걸 이루도록 제대로 돕기 위해서는 그들의 욕구를 '해석하는 것' 이상을 해야 한다. 원하는 것은 변할 수 있다. 그리고 모든 사람은 철학자들이 '2차적 욕구'라고 부르는 '욕구에 관한 욕구'를 가지고 있다.

▌ 안내자 역할을 해야 할 의료계의 의식변화가 필요하다

노인병학에 있어서 개별적인 문제를 해결하는 데만 집중할 것이 아니라 노년의 삶을 전체적으로 조망하고 관리할 필요가 있다. 그리고 환자들과의 의사결정방식에 변화가 필요하다. 의사가 일방적으로 해결책을 제시하거나 이런저런 정보를 나열하기보다 '해석적'인 태도를 취할 필요가 있다. 환자들이 원하는 것이 무엇인지 경청하고 이를 해석해 그들이 원하는 바를 이루기 위해 할 수 있는 조처가 무엇인지 안내해 주는 역할을 해야 한다는 것이다. 삶의 마지막단계를 환자 스스로 결정할 수 있게 해 주는 것이다.[439]

완화치료전문의 밥 아널드(Bob Arnold)는 사람들에게 나쁜 소식을 전해야 할 때 완화치료전문의들이 사용하는 전략을 추천했다. '묻고, 말하고, 묻는' 방식이다. 완화치료전문가들은 환자가 무엇을 알고 있는지 묻고, 설명을 한 다음에, 그 설명을 얼마나 이해했는지 다시 묻는다.

■ 용기: 끝이 있다는 것을 받아들여야 할 순간

용기란 무얼 두려워하고 무얼 희망할 수 있는지에 대한 지식[440]을 직면할 수 있는 힘이다. 나이 들어 병드는 과정에서는 적어도 두 가지 용기가 필요하다. 하나는 삶에 끝이 있다는 현실을 받아들일 수 있는 용기다. 이는 무얼 두려워하고 무얼 희망할 수 있는지에 대한 진실을 찾으려는 용기다. 또 하나는 우리가 찾아낸 진실을 토대로 행동을 취할 수 있는 용기다.

뇌는 고통과 같은 경험을 두 가지 방식 - 경험하는 순간에 내리는 평가와 나중에 내리는 평가 - 으로 평가한다.[441] 대니얼 카너먼(Daniel Kahneman,

---

439) 『어떻게 죽을 것인가』, 306~309쪽.
440) 지혜란 분별력 있고 신중한 힘이다.
441) 『생각에 관한 생각』중 5부《두 자아》참조.

1934~)은 역작 『생각에 관한 생각』에서 일련의 실험을 통해 관찰한 사례를 밝히고 있다. 우리는 통증지속시간이 짧은 쪽보다 긴 쪽이, 그리고 평균통증 척도가 낮은 쪽보다 높은 쪽이 더 나쁠 거라고 믿는다. 그러나 환자들의 반응은 전혀 그렇지 않았다. 대니얼 카너먼박사가 말한 '정점과 종점규칙 (peak-end rule)'이라는 지표다. 이는 가장 아팠던 순간과 마지막순간에 느끼는 통증의 척도를 평균 낸 것이다.

사람들은 서로 다른 두 개의 자아를 가지고 있는데, 하나는 경험하는 자아 (experiencing self)'이고, 다른 하나는 '기억하는 자아(remembering self)'다. 전자는 매 순간을 동일한 비중으로 견뎌 내는 자아이고, 후자는 시간이 흐른 후 최악의 시점과 종료시점 단 두 군데에만 거의 모든 비중을 실어서 평가하는 자아이다.

기억하는 자아와 경험하는 자아가 같은 경험에 대해 완전히 다른 견해를 보인다면 어느 쪽을 따를지 선택해야 하는 어려운 문제에 직면하게 된다. 사람들이 자신의 삶을 평가할 때는 단순히 매순간을 평균해서 평가하지 않는다. 인간에게 삶이 의미 있는 까닭은 그것이 한 편의 '이야기'이기 때문이다.

경험하는 자아와는 달리 기억하는 자아는 기쁨의 정점이나 비참함의 심연만이 아니라, 이야기전체를 어떻게 이해할 것인지를 해석하려 한다. 이는 이야기가 궁극적으로 어떻게 끝나는지에 따라 지대한 영향을 받는다. 우리의 삶이 그렇듯, 이야기에서는 언제나 결말이 중요하다. 삶의 마지막순간은 너무나 중요하다. 단지 자기 자신을 위해서 뿐만이 아니라, 남겨진 가족들을 위해서도 그렇다.

"우리의 마음은 모순된 구조로 되어 있다."고 대니얼 카너먼은 말한다. "우리는 기쁨과 고통을 경험하는 기간에 대해 강력한 선호체계를 갖고 있다. 고통은 짧게, 기쁨은 길게 지속되기를 원한다. 그러나 우리의 기억은 고통이나 기쁨이 가장 강렬했던 순간[정점]과 이야기가 끝났을 때의 감정을 가장 뚜렷이 기억하도록 진화해 왔다. 기간을 무시하는 기억은 가능한 한 오래 지속되는 기쁨과 짧은 고통을 선호하는 우리의 성향에 도움이 되지 않을 것이다."

가완디는 삶의 마지막 단계를 제어할 수 있다는 개념을 제안한다. 이 결론에 이르려면 다음과 같은 몇 가지 이해하고 넘어가야 할 부분이 있다고 한다.[442] 첫째, 우리가 병들고 노쇠한 사람들을 돌보는 데 있어 그들이 단지 안전한 환경에서 더 오래 사는 것 이상의 우선순위와 욕구를 갖고 있다는 사실을 인식하는 데 실패했다는 점이다. 둘째, 자신의 이야기를 스스로 써 나갈 기회를 갖는다는 건 삶의 의미를 지속시키는 데 매우 본질적이고 중요한 부분이다. 셋째, 우리에게는 삶의 마지막장에 남아 있는 가능성을 혁신적으로 바꾸기 위해 제도와 문화, 그리고 대화방식을 변화시켜 나갈 기회가 있다.

삶에 대한 자율성과 통제력을 유지하게끔 한다는 논리에는 스스로 종말을 앞당기기를 원할 때도 돕는다는 의미가 내포되어 있는가? '안락사(Assisted suicide)' '존엄사(death with dignity)'의 문제다.[443]

◻ 캐런 앤 퀸런(Karen Ann Quinlan) 사건

1975년 '캐런 앤 퀸런 사건'이 일어났다. 스물한 살의 여성 캐런은 호흡이 멈춰 병원으로 실려 갔다. 몇 달 만에 그녀는 뼈만 남은 앙상한 몸으로 의식불명 상태에서 인공호흡기에 의존해 병실에 누워 있었다. 그녀의 부모는 딸의 호흡기를 그만 떼어달라고 요청했지만 의사들이 거부하자 소송을 제기했다. 하급심과 항소법원은 의사들 손을 들어주었다. 퀸런 부부는 이에 불복해 상고했다. 상고심 법원은 '환자의 권리'를 인정했다. 아버지의 후견인지위와 환자의 사생활권을 인정하고 만장일치로 연명치료를 중단하라고 판결을 내렸다. 캐런은 인공호흡기를 떼어낸 후 10년이나 더 살다가 폐렴으로 세상을 떠났다. 이 사건은 오늘날 '죽을 권리'라고 알려진 사회운동의 시발점이 되었다.

---

442) 『어떻게 죽을 것인가』, 370~371쪽.
443) 페터 비에리(Peter Bieri)는 『삶의 격』에서 한 부부의 가상대화를 통해 기본적으로 존엄사에 찬성하는 입장을 취한 다음, 독자가 각자의 입장을 대입하여 생각을 정리해볼 수 있도록, 존엄사를 주장하는 남편, 인간의 목숨은 신이 준 것이므로 인간이 손댈 수 없다는 입장의 의사, 온건한 입장의 의사, 이렇게 세 사람의 가상대화를 펼쳐 보인다.(같은 책 431~447쪽 참조)

외부적이고 인공적인 장치를 꺼서 생명연장을 포기할 권리를 부여하는 것과 생명을 유지하고 있는 내부적이고 자연적인 기능을 멈출 권리를 부여하는 것 사이에서 분명한 입장을 표명하지 못하고 있는 것이다. 근본적으로 볼 때 이 논쟁은 우리가 어떤 실수를 저지르는 걸 가장 두려워하는지에 관한 것이다. 고통을 연장시키는 실수와 가치 있는 생명을 단축시키는 실수 중 어느 것을 더 두려워하는지에 관한 문제라는 의미다.

우리의 궁극적인 목표는 '좋은 죽음'이 아니라 마지막 순간까지 '좋은 삶'을 사는 것이다. 기술사회가 되면서 우리는 '죽은 자의 역할'을 잊고 말았다. 사람들은 추억을 나누고, 애정이 담긴 물건과 지혜를 물려주고, 관계를 회복하고, 이 세상에 무엇을 남길지 결정하고, 신과 화해하고, 남겨질 사람들이 괜찮으리라는 걸 확실히 해 두고 싶어 한다. 자신의 이야기를 자기가 원하는 방식으로 마치고 싶은 것이다. 우리는 사람들의 건강과 생존을 보장하는 것이 주된 임무라고 생각하지만, 실은 그 이상의 일을 해내야 한다. 바로 환자의 행복을 보장해 주는 것이다. 이제 우리도 당하는 죽음에서 맞이하는 죽음을 선택할 때가 되었다.

가완디는 에필로그에서 인도출신 의사였던 아버지의 죽음을 말하는 것으로 이 책을 끝맺는다. "우리 아버지는 자신의 충성심이나 정체성을 희생시키지 않고 생을 마감할 수 있었다. 너무나 감사한 일이다. 아버지는 세상을 뜬 후의 일에 대해서도 자신이 무엇을 원하는지 확실히 밝혀 두었다. 우선 아버지는 시신을 화장해서 자신이 가장 중요하게 여긴 세 곳에 재를 뿌리라고 했다. (중략) 아버지는 늘 인생은 짧고 한 사람이 세상에서 차지하는 자리는 아주 작다는 걸 이해했다. 그러나 아버지는 또 자기 자신을 역사의 한 고리로 생각했다."444)

---

444)『어떻게 죽을 것인가』, 396쪽.

> 노년에 행복하려면 요양원보다 감옥이 낫겠더라,
> ◉ 메르타 할머니의 우아한 강도인생[445]
> - 카타리나 잉엘만순드베리, 정장진 옮김, 열린책들, 2018, 632쪽
>   행동경제학의 바이블,
>
> ◉ 생각에 관한 생각(Thinking, Fast and Slow)
> - 대니얼 카너먼, 김영사, 2018, 이진원 옮김, 727쪽

04 삶의 길엔 아름다운 종착역이 있다

> ◉ 사람은 어떻게 죽음을 맞이하는가(How We Die): 삶의 마지막 순간에
>   서의 가르침
> - 셔윈 B. 눌랜드, 명희진 옮김, 세종서적, 2016, 383쪽

이 책은 죽음에 이르는 6가지 대표적 질병과 의사로서 체험한 다양한 사례를 통해 '아름다운 끝맺음'은 어떻게 가능한가에 대해 우리에게 알려주고 있다. 그러나 셔윈 B. 눌랜드(Sherwin B. Nuland)[446]는 냉철한 과학적 시선으로 이 주제에 접근하지 않고, 홀로 두 손자를 키운 할머니와 아버지 같았던 형을 잃으면서 느꼈던 뼈저린 심적 고통과 절망을 통해 다른 사람들 역시 나와 같으리라는 공감에서 글을 써내려간다.

---

445) '메르타 할머니' 시리즈의 하나다.
446) 예일대학교 의과대학교수로 의료윤리학과 의학사를 강의했고, 향년 83세에 별세했다. 1988년 의학의 일대기를 다룬 『닥터스(DOCTORS)』로 필명을 날린 그는 『사람은 어떻게 죽음을 맞이하는가(HOW WE DIE)』, 『나는 의사다(THE SOUL OF MEDICINE)』『사람은 어떻게 나이 드는가(THE ART OF AGING)』『의사, 인간을 어루만지다(THE UNCERTAIN ART)』『몸의 지혜(THE WISDOM OF THE BODY)』 등의 저서가 있다.

셔윈 B. 눌랜드박사는 장암으로 사랑하는 형을 잃었다. 그는 죽음을 앞둔 환자와 가족들에게 마지막시간을 준비하라고 충고해왔지만, 정작 친형이 불치병에 걸리자 남은 시간이 얼마 없다는 것을 알면서도 사실대로 말하지 못한다. 형의 살고자하는 눈빛을 외면하지 못해, 형이 꼭 나을 거라는 믿음을 품고 의학의 힘을 총동원한다. 그러나 결국 형은 독한 약물치료를 받다가 세상을 떠난다. 이 일을 통해 셔윈 B. 눌랜드는 깨닫는다. 생을 연장하기 위해 의미 없는 노력을 하며 고통을 받기보다는, 자신에게 허락된 인생을 후회 없이 즐기다가 아름다운 추억을 간직한 채 떠나는 것이 값진 일이라는 사실을.

모든 생물세계는 각 세대가 다음 세대에 의해 교체되는 질서로 형성되어 있다. 자연의 순환에 대항할 때 패배만이 남을 뿐이다. 눌랜드는 최후의 승리자는 늘 죽음이라고 하면서, 자연의 섭리를 억지로 외면하는 인간의 총체적 저항을 '불필요한 의지'라 불렀다. 끝없이 치료를 시도하는 의료진의 행위가 무의식중에 환자를 학대하는 결과로 이어진다. 그는 형의 죽음을 겪으면서 '살고자 하는 의지'가 너무 강해 '이해하고자 하는 의지'를 말살시켰다고 아프게 털어놓는다.

셔윈 B. 눌랜드가 언급한 죽음에 이르는 6가지 대표적 질병과 사례는 심장질환, 알츠하이머(Alzheimer)[447], 사고·자살·안락사, 에이즈(AIDS), 바이러스(Virus)[448], 암이다.

노화가 진행하다가 마지막에는 특정한 질병이 타격을 가해 죽음으로 이끌게 된다. 눌랜드는 노인의 85%를 사망에 이르게 하는 '7악당'의 명단을 공개하고 있는데, 그들은 동맥경화증, 고혈압, 당뇨, 비만, 치매, 암, 감염이라고

---

447) '알츠하이머'는 인간의 인내심을 시험하기 위해 생겨난 병이라 말이 있듯이, 이병은 환자에겐 천국, 가족에겐 지옥이라고 한다. 알츠하이머환자를 부검해보면 뇌피질세포 속에 머리카락처럼 생긴 원섬유(fibrils)가 **빽빽**하단다. 말기엔 핵(nucleus)을 포함한 세포 전체가 와해된 채, 원섬유뭉치만이 그 자리를 채우고 있어 다시는 뇌가 원상태로 돌아올 수 없는 것이다.
448) 책 내용 중 '바이러스와 죽음'부분은 '코로나19' 바이러스로 요동치고 있는 요즘 현실에도 도움이 될 듯하다.

한다.

　노인의 경우 이 모든 질병은 노화로부터 시작된다. 우리 몸이 제 기능을 제대로 수행하지 못할 지경이 되면 이런 질병에 속수무책으로 당하게 되고 의사는 소견서에 노화가 아닌 질병의 이름을 기입하는 것일 뿐, 죽음의 궁극적 이유는 노화라고 한다.

　눌랜드는 의료진들이 환자에게서 희망이 없다고 생각하는 순간부터 그들은 싸우려는 의지는 있으되 환자들로부터는 서서히 분리되기 시작하고, 환자가 서서히 죽어가는 동안 의료진들은 비인간화·탈인간화의 과정을 보여준다는 것이다. 임상 의사들이 자신의 지적 성취감에 몰입하여 죽음에 이른 환자들의 인간적인 고통이나 느낌을 고려하지 않는 우리들의 현실을 예리하게 지적한다.

▌죽음이란 무엇일까?

　살아 있는 자들은 누구도 죽음을 알 수 없다. 우리가 생각하는 죽음은 죽음에 대한 감정이지, 죽음 그 자체는 아니기 때문이다. 그러므로 죽음을 제대로 이해한다면, 죽음에 대한 공포에서 벗어날 수 있을 것이다.

　아무리 죽음을 생각하고 연습한다고 하더라도 죽음의 순간을 내가 결정할 수도 없거니와 그 고통이나 두려움 역시 내가 조절할 수 없다. 죽음에 이르는 과정의 고통은 인격이니 존엄성과는 거리가 멀다. 그럼에도 셔윈 B. 눌랜드는 단언한다. 죽음은 생명의 자연스러운 과정일 뿐이라고, 그것을 이해한다면 우리는 불필요한 공포와 과장된 고통에서 벗어날 수 있을 거라고.

▌죽음을 어떻게 맞이해야 하는가?

　셔윈 B. 눌랜드는 머리말에서 "죽음에는 수만 개의 문이 있다."라는 존 웹스터(John Webster, 1580?~1634?)가 『말피공작부인(1612)』에서 한 말을 인용하고 있다. 사람이 죽는 길은 다양하다는 말이다. 결국, 이 책은 다양한 죽음의 문을 소개하고 있다.

사람이 죽음을 맞이하는 방식은 여러 가지이다. 사고가 날 수도 있고, 갑자기 병에 걸릴 수도 있고, 노환이 찾아올 수도 있다. 변함없는 사실은 우리는 결국 어떤 식으로든 죽음을 맞이하게 된다는 것이다. 그것은 자연의 순리이자, 절대불변의 원칙이다. 하지만 지구상의 그 모든 생명체를 통틀어 오직 사람만이 죽음을 두려워한다. 우리는 지나친 두려움으로 나와 내 가족의 값진 마지막시간을 망치고 있지는 않은가.

"요즘 사랑하는 사람의 임종 장면을 직접 보는 사람은 그리 많지 않다. 집에서 죽는 사람이 거의 없기 때문이다. 대부분은 병원 침대에서 숨을 거둔다. 한 통계에 의하면, 미국 사람의 80퍼센트가 병원에서 죽음을 맞이한다고 한다. 그리고 그중의 대다수가 마지막순간에 이르러 생을 함께했던 가족들과 격리된 채 눈을 감는다."449)

모든 죽음이 고통스럽고 비극적인 것만은 아니다. 생의 마지막으로 인도하는 병의 실체와 죽음에 이르는 과정은 또 하나의 자연일 뿐. 죽음의 진실을 똑바로 바라봄으로써 우리는 두려움으로부터 해방될 수 있다.

▌ 아름다운 끝맺음을 준비하라

죽음이 어떤 형태로 다가오는지 알지 못하면 자신이 사랑했던 사람들과 나누어야 할 마지막순간을 제대로 마무리 지을 수 없다. 죽음을 거스를 수 없는 자연의 섭리로 받아들이는 것이야말로 아름다운 죽음을 맞이하는 첫걸음이기 때문이다. 결국 죽음이 찾아온다면 후회 없이 생을 즐기다 두려움 없는 마음으로 그것을 받아들여야 하지 않을까? 누구도 대신할 수 없는 삶을 살았다는 것 자체가 존엄한 것 아닌가!

눌랜드가 우리에게 하고 싶은 말을 한마디로 요약한다면 바로 '아르스 모리엔디(ars moriendi)', 즉, 아름다운 끝맺음을 준비하라는 것이다. 대부분의 사람은 평온한 임종을 하지 못한다. 그렇기에 의사들은 어쩔 수 없는 죽음을 애써 외면하지 말고 평온한 가운데 세상을 떠날 수 있도록 끝까지 책임져야 한다는 것이다. 결국, 죽음에 관한 책이 전하는 화두는 인간의 존엄성이다.

---

449) 『사람은 어떻게 죽음을 맞이하는가(How We Die)』, 33쪽.

📖 함께 읽을 책

삶의 이력은 당신의 마음뿐 아니라 몸에도 기억된다.

◉ 가만히 끌어안다: 죽음과 마주한 과학자의 치유 여행기(Secrets of Aboriginal healing)

- 게리 홀즈·로비 홀츠, 강도은 옮김, 행성B잎새, 2017, 272쪽

◉ 케어(The Soul of Care: The Moral Education of a Doctor)

- 아서 클라인만, 노지양 옮김, 시공사, 2020, 312쪽

오늘 그리고 내일… 나와 내 가족이 겪을 이야기.

◉ 내가 알던 그 사람(Somebody I Used to Know)

- 웬디 미첼·아나 와튼, 공경희 옮김, 소소의책, 2018, 320쪽

제15장 죽음, 이 영화

01 행복했던 기억의 힘

☢ 원더풀 라이프(After Life, 2001)

일본 영화감독 고레에다 히로카즈(是枝 裕和, 1962~)가 1999년 제작한 영화다.[450]

줄거리는 이렇다.

> 세상을 떠난 사람들은 천국으로 가기 전 일주일 동안 '림보(Limbo)'[451]에 머물게 된다. 죽은 이들이 처음 도착하는 곳이다. 그곳에서 자기 삶에서 가장 소중했던 기억, 가장 행복했던 순간을 한 가지 고를 수 있다. 림보의 직원들은 죽은 이들에게 "당신 인생을 돌아보고, 사흘 내로 가장 소중한 추억을 하나만 골라 달라"고 말한다. 죽은 이가 가장 소중한 기억을 선택하면, 직원들이 그 순간을 영상으로 만들고, 죽은 이는 그 영상을 보면서 행복했던 기억만을 갖고 천국으로 갈 수 있다.
> 영화 속 등장인물들, 즉 죽은 이들은 천국과 지상의 중간상태에서 일주일 동안 고민하다 선택한 기억을 제외한 나머지 기억을 망각하는 과정을 거친다.

---

450) 고레에다 히로카즈 감독은 6개월 간 500명에게 물었다. 양로원, 노인들이 많은 거리, 회사 밀집지역, 대학캠퍼스 등 다양하게 찾아다녔다. 그러다 만난 한 할머니는 어린 시절, 오빠 앞에서 춤을 췄던 기억을 선택했다. 춤을 보여달라고 말하자 "기억이 잘 안나는 데요"라면서 수줍게 일어나 춤을 추기 시작했다. 어색하지 않게 매일 그 춤을 췄던 사람처럼 자연스럽게 모든 동작을 기억해냈다. 대화를 이어가면서 할머니는 더 많은 기억을 끄집어냈다. 그리고 이 할머니는 영화 '원더풀 라이프'에 출연했다. 영화 '원더풀 라이프'는 이렇게 만들어졌다고 한다.

451) '림보'는 '타인의 결정을 기다리는 불확실한 상태', '지옥의 변방', '망각의 구렁', '중간 상태' 등 다양한 뜻이 있다.

'기억에 오래 남는다'고 할 때 기억은 '이전의 인상이나 경험을 의식 속에 간직하거나 도로 생각해 낸다'는 뜻이다. '기억한다'는 말은 다양한 감각을 품고 있다. 촉감, 냄새, 순간의 표정이나 풍경, 소리와 빛, 슬프거나 기쁜 감정일 수도 있다.

죽어보지 않아 알 수는 없지만, 죽을 때 자기 삶이 필름처럼 펼쳐진다고 한다. 그동안 살아온 삶이 행복했던 기억과 후회스러운 기억과 함께 주마등처럼 스쳐간다고 한다.

하지만 살면서 가장 값진 한 순간을 찾는다는 것은 쉽지 않다. 이것저것 떠올려 보다 애써 찾은 추억도 생각보다 소소하고 평범하다. 우리네 인간의 삶은 대부분 불행으로 채워져 있고 어쩌다 찾아오는 행복은 찰나의 순간일 뿐일까?

'선택'보다 중요한 것은 '선택하는 과정'이다. 수많은 소중한 기억을 떠올리는 것만으로도 이미 천국이다. 무엇을 선택했건 선택하는 과정에서 그들의 인생은 이미 '원더풀'하다.

영화는 우리에게 묻는다.
'당신 인생에서 가장 행복했던 순간은 언제였나요?'
'당신 인생의 모든 기억을 지우고 단 하나만 선택해야 한다면 무엇을 고르시겠습니까?
이 두 질문의 차이를 이해하면서 각자 더듬어보자.
어찌되든 평범한 행복의 기억은 우리가 살아가고 견디는 힘이 되곤 한다.

02 삶이란 언젠가 풍선처럼 펑 터지는 것

☢ 바라나시(Mukti Bhawan; Hotel Salvation, 2018)

이 영화는 이렇게 시작한다.

"나는 내일 바라나시로 간다!"

매일 같은 꿈을 꾸는 77세 다야는 꿈을 대수롭지 않게 여기는 가족들에게 바라나시(Varanasi)로 떠나겠다고 선언한다. 회사 일이 바쁜 아들 라지브(Rajiv)는 고집불통 아버지의 뜻을 꺾지 못하고 동행한다. 생의 마지막을 보내면 자유로운 영혼이 될 수 있다고 알려진 바라나시, 그곳의 호텔 샐베이션(Hotel Salvation)에서 두 사람은 불편한 동거를 시작한다.

인도인들의 성지이자 죽기 전에 가보고 싶은 여행지로도 꼽히는 바라나시를 배경으로 펼쳐진 이 영화는 자신의 일에만 파묻혀 지낸 아들과 죽음을 감지한 아버지, 이 두 부자(父子)가 바라나시로 동행하면서 펼쳐지는 이야기를 담았다.

아들 라지브역을 담당했던 배우 아딜 후세인(Adil Hussain)은 촬영하면서 본인이 감동했던 영화 속 두 장면을 떠올린다. 하나는 라지브가 갠지스(Ganges) 강의 화장터를 거니는 장면이다. 갠지스 강의 한 구석에는 화장을 하고, 옆에서는 결혼식을 치르고, 뒤편에서는 아기가 태어난 것을 축하하기도 한다. 삶과 죽음이 한 공간에 공존할 수 있다는 것이다. 인도문화에서는 인생을 한 편의 여극이라고 보는 시각이 있다. 다른 하나는 바라나시에서 죽음을 준비하는 과정에서 아버지와 아들이 서로의 생각도 달랐고 그동안 마음속에 담아두기만 했던 말들을 하면서 포옹하며 눈물을 흘리는 장면이다.

누구나 언젠가는 헤어짐의 순간을 맞는다. 이 영화는 '삶과 죽음에 대한 철학적 고민'이 담긴 영화다. 즉 "죽음은 인생의 끝이 아니다. 삶과 죽음이 끊이지 않고 순환한다."

죽음에 대한 초월적인 태도는 인도의 문화적 특징이다. 모든 세속적인 가치를 내려놓고 죽음을 홀로 받아들이는 자세를 배워야 할 듯하다. 젊다 하더라도 사람은 늙고, 노인이 되면 필연적으로 아프고 죽는다는 걸 받아들이면 삶이 달라진다. 죽음은 지금 당장 혹은 내일 닥칠 수도 있다. 그러니 매 순간이 마지막이라 여기며 살면 된다.

03 은둔자 디킨슨에게 '삶의 의미'를 묻다: 우린 가고 있으면서도 가는 걸 모른다

☢ 조용한 열정(A Quiet Passion, 2015)

> 모든 황홀한 순간엔
> 고통이 대가로 따른다.
>
> 황홀한 만큼
> 날카롭고 떨리도록
>
> 사랑 받는 시간만큼
> 비참한 수년
>
> 치열하게 싸운 동전들
> 눈물 가득한 금고

19세기 미국 매사추세츠(Massachusetts), 남성중심의 사회에서 모든 것이 선택이 아닌 결정된 것을 받아들이는 것이 의무이던 시대, 독립적이고 자기주관이 뚜렷한 에밀리 디킨슨(Emily Dickinson, 1830-1886)은 획일적인 교육과 억압이 만연한 기숙학교를 나와 가족들과 함께 소소한 일상의 행복을 느끼며 살아간다. 유일한 삶의 행복이자 위로가 되는 시(詩)를 쓰면서 평온하게 하루하루를 보내지만, 사랑하던 사람들과의 이별을 경험하며 혼자만의 고독에 깊이 빠지게 된다. 고독이 시가 되었다!

2017년에 개봉한 에밀리 디킨슨의 시가 흐르는 테렌스 데이비스(Terence Davies, 1945~)감독 영화《조용한 열정》은 2시간 내내 고립과 고독의 삶을 살았던 에밀리 디킨슨의 시를 감상할 수 있다.

에밀리 디킨슨은 미국청교도 집안에서 태어나 여학교에 다닌 1년을 제외하고는 평생 집안을 떠나지 않고 독신으로 살면서 시작에만 몰두했던 여성시인이다. 25세 이후부터는 외부와 접촉을 거의 끊고 은둔하면서 시를 썼다. 에밀리 디킨슨은 생전에 예닐곱 편의 시를 지면에 발표했을 뿐 1700여 편에 이르는 디킨슨의 시가 출간된 건 시인이 세상을 떠난 이후였다.

디킨슨은 자신의 삶을 'still-volcano-life(고요한 휴화산 같은 삶)'이라고 묘사했다고 한다. 외로움 속에서 평생을 살았던 에밀리 디킨슨은 겉으로는 한없이 고요해 보이지만 가슴속에 뜨겁고 강렬한 불덩이를 품고 살았다. 그 야말로 '조용한 열정'이다.

평생 결혼한 적 없이 은둔했던 시인이 세상을 떠나는 마지막 장면에서 주인공 디킨슨역의 여배우 신시아 닉슨(Cynthia Ellen Nixon, 1966~)이 디킨슨의 작품을 직접 낭송한다. 이 장면에서 신비로우면서도 잔잔한 오케스트라 선율이 배경음악으로 깔린다. 미국의 현대음악가 찰스 아이브스(Charles Ives, 1874~1954)의 작품인《대답 없는 질문(The Unanswered Question)》이다.452)

---

452) 작곡가 아이브스 역시 말년에 이르러서야 본격적인 평가를 받았다. 1947년 퓰리처상 음악 부문을 수상했을 당시 아이브스의 나이는 73세였다. 수상작이었던 '교향곡 3번'은 1908년에 작곡됐지만 1946년에야 초연됐다. 미국 코네티컷주 출신의 아이브스는 랠프 에머슨과 헨리 데이비드 소로 같은 문필가들의 경건하고 자연친화적인 세계관에 경도됐다. 고독 속에서 인간의 영혼과 자연에 대해 노래했던 디킨슨과 아이브스에게는 미동부의 청교도적 가치관이라는 공통분모가 있다.

생이 끝나기 전
난 이미 두 번이나 죽었네.
하지만 두고 봐야지
불멸이 세 번째 사건을
보여줄지

상상조차
벅차고 절망적이네
일어났던 두 번의
사건들만큼

이별은 우리가
천국에 대해 아는 모든 것
그리고 지옥이
필요로 하는 모든 것

안녕
내 삶과 세상이여
언덕엔 내 대신 입맞춤을
한 번만
이제…
나는 갈 준비가 됐다
죽음을 위해
내가 멈출 수 없었기에
죽음이 날 위해
친절히 멈춰줬네
마차에는 우리 자신과
영원뿐

마차는 천천히 갔네.
그는 서두르지 않았고
나도 일과 여가를

제쳐 두었네.
그의 정중함에
대한 답례로

학교를 지났네.
아이들이 뛰노는
풀과 곡물의
땅을 지나
저무는 태양을 지났네.
아니, 해가
우릴 지났을까

이슬이 스미자
떨리고 추웠지
걸친 건 얇은 가운과
망사 목도리였기에

땅이 솟아오른 듯한
집 앞에 우린 멈춰 섰네.
지붕은 안 보이고
처마는 땅에 묻힌

그 후
수세기가 흘렀으나
그날보다 짧게 느껴지네.
처음엔 말들의 머리가
영원을 향한 줄 알았던…

이것은 한 번도 답장하지 않은
세상에게 보내는 나의 편지다
자연이 부드럽고 당당하게
들려준 소박한 소식
그것은 내가 볼 수 없는

손에 맡겨진다.

다정한 세상 사람들이여
자연을 사랑하듯
나도 후하게
평가해주길

《대답 없는 질문(The Unanswered Question)》은 트럼펫 한 대와 목관, 현악합주의 이색편성이다. 트럼펫이 먼저 화두를 던지면 목관악기들이 서로 다른 응답을 내놓지만, 제목처럼 정답은 알 길이 없고 현악만이 줄곧 아련하게 들려온다.

04 죽음 앞에서 사랑이 물었다

☢ 미 비포 유(Me Before You, 2016)[453]

"내 곁에서 그냥 살아주면 안되나요?
내가 아침에 눈을 뜨고 싶은 유일한 이유가 당신이란 걸."

영국 소설가 조조 모예스(Jojo Moyes)가 2012년 출간한 동명소설을 원작으로 한 영화다. 존엄사라는 무거운 주제를 로맨틱 코미디와 결합시켜 어떤 삶을 살아갈지 선택하는 권리가 누구에게 있는지 생각해 보는 내용을 담고 있다.

---

453) '당신을 만나기 전의 나'를 의미한다.

줄거리는 이렇다.

오랫동안 일하던 카페가 폐업하면서 일자리를 잃게 된 에밀리아 클라크 (Emilia Clarke, 1986~)역 루이자 클라크는 새 일자리를 찾다가 전신마비 환자인 샘 클라플린(Sam Claflin, 1986~)역 윌 트레이너의 임시간병인 으로 고용된다. 윌은 오토바이사고로 전신마비가 된 후 회복가능성이 없 다는 것을 알고 안락사를 바라고 있다.

루이자에게 짓궂게 굴던 윌은 차츰 루이자와 교감을 나누게 되고, 윌이 안락사를 원하고 있다는 것을 알게 된 루이자는 윌에게 결정을 번복해 줄 것을 부탁한다. 그러나 윌은 자신의 결정을 굽히지 않고, 결국 루이자와 윌의 부모는 윌의 선택을 존중하게 된다.

부유한 남성과 가난한 여성이 만나고, 서로를 알아가며 성장하고 점점 사 랑하게 되며, 슬픔에 잠겼던 자가 행복을 찾아간다는 점에서 로맨스 영화이 나, 결국 윌은 자신의 의지로 살아가길 바라는 연인을 뒤로한 채 죽음을 택하 고, 루이자는 그를 놓아주고 자신만의 삶을 살아가게 된다.

"인생은 한 번뿐이에요. 그러니 최대한 열심히 사는 게 삶에 대한 의무 에요."
"그냥 잘 살아요. 그냥 살아요.(Just live well. Just live.)"

☢ 함께 볼 영화

◉ 로저 미첼(Roger Michell, 1956) 감독의 영화 《완벽한 가족(blackbird), 2019》

원제 'blackbird'는 우리말로 찌르레기라는 새다. 찌르레기는 알을 낳은 뒤 수컷과 암컷이 함께 알을 품어 알에서 나온 새들에게 먹이를 연신 날 라주지만, 어린 새들이 좀 자라서 '이소'할 시기가 다가오면 더는 먹이를

주지 않는다. 영화 속 엄마 릴리는 스스로의 죽음을 통해 자식들을 '이소'
하고자 한다. 스스로 자신의 육체를 '관장'하며 엄마로서 역할을 할 수 있
을 때 자식들과의 '이별'을 선택한 것이다. 엄마의 죽음은, 엄마라는 생물
학적 육체의 종결인 동시에 한 가족을 아울러왔던 존재로서 엄마라는 자
리를 내려놓는 것이다.

에필로그

묘비에 새겨진 출생일과 사망일 사이에 있는 하이픈(-) 표시는 무엇을 의미할까? 내가 어머니 뱃속에서 세상 밖으로 나온 순간부터, 어머니 젖을 먹으며 기어 다니다가 어느 날 갑자기 걸음마를 떼고 학교에 가고 결혼을 하고 아이를 낳고 그리고 직장인으로 살아가다 때가 되면 은퇴한 뒤 소일하다 죽어가는 그 순간까지 우리가 어떻게 살았는지를 한 줄로 생략해서 보는 이에게 암시하는 상징이다.

삶은 내가 기획한 것이 아니다. 더군다나 피조물로 누가 시키는 대로 되는 것도 아니다. 노래 말처럼 누구에게나 삶은 미완성이기 십상이다. 우리는 이런 사실을 인정하지 않고 왜 아등바등하는 걸까?

원래 생사는 하나였다. 삶이 있어 죽음이 있고, 죽음이 있어 삶 또한 있는 것이다. 전통적으로 죽음은 삶의 공간에 있었다. 집에서 살다가 집에서 생을 마감했다. 마지막 순간에 가족이 동참했다. 하지만 현대의 삶과 죽음은 마치 다른 모습인양 서로 멀어져만 간다. 그 결과, 죽음이 가까워지면 병원으로 옮겨지고, 대부분 가족과 격리된 채 외롭게 세상을 떠난다.

현대 의료체계는 죽음과 죽음을 환기시키는 것들을 철저하게 격리시킨다. 죽어가는 자는 중환자실에서 산소호흡기를 꼽고 있고, 시신은 위생적(?)인 안치실에 냉동되어 사람들에게 보이지 않는다. 노화에 이르면 실버타운에 격리되고, 죽음에 가까이 오면 요양원이나 요양병원에 갇힌다. 결국 실버타운이나 요양병원에 있으면 그동안 맺고 있던 인간관계들로부터 단절된다는 점에서 삶의 감옥이다.

해질녘 서편하늘을 물들이는 장엄한 노을 앞에 서보라.
한밤중 깜깜한 하늘에서 펼쳐지는 별무리의 합창을 들어보라.

동틀 무렵 세상 끝까지 비추는 황금빛 햇살의 광휘를 온몸에 맞으라.

봄날 꽃망울을 터뜨리는 햇가지들을 가만히 들여다보자.

가을 새벽 거미줄에 맺힌 이슬알갱이에 다가서 보자.

내 앞에 있는 게 무엇이더냐?

결국은 나 자신을 모두 비우고 '잘 죽는 일'이다. 집착에 대한 포기다.

미국 시인 존 그린리프 휘티어(John Greenleaf Whittier, 1807~1892)는 죽음 앞에 임해서야 배울 수 있는 것에 대해 이렇게 말했다. "혀나 펜으로 한 온갖 슬픈 말 중에 가장 슬픈 것은 이말 이다. '그랬더라면 좋았을 텐데!'"고, 후회 없는 삶을 살기 위해서는 어떻게 해야 할까?

우리는 모두 늙고 죽는다. 당하는 죽음이 아니라 맞이하는 죽음을 위해 죽음을 준비하자. 이는 죽음 자체를 준비하는 데 그치지 않고 '어떻게 살아야 하는가?' 하는 문제로 귀착된다. 좋은 죽음을 맞이하기 위해서는 좋은 삶을 살아야 하기 때문이다.

삶이 소중한 까닭은 언젠가 끝나기 때문이다. 하지만 삶이 끝나기 전에 더 많이 웃고, 더 좋은 관계 맺기를 바랄 뿐이다.

만약 오늘 죽는다면 선뜻 '짧았지만 참으로 아름다운 날들이었다.'고 말할 수 있을까? '메멘토 모리(Memento mori)'는 반드시 죽는다는 사실을 기억하라는 라틴어 문장이다. 죽음과의 거리 불과 1㎜… 삶은 그래서 더 아름답다.

미국 소설가 레이먼드 카버(Raymond Carver, 1938~1988)의 시《만년의 조각글(late fragment)》454)을 인용하면서 이 책을 맺고자 한다.

---

454) 레이먼드 카버가 폐암으로 죽어가는 중 낸 마지막 시집 『A new path to the waterfall(1989)』에 수록된 마지막 시다.

그럼에도 불구하고
당신은 삶에서 원하는 것을 얻었는가?
그렇다.
무엇을 원했는가?
이 지상에서,
나를 사랑받는 사람이라 부를 수 있고
사랑받고 있다고 느끼는 것.

(And did you get what
you wanted from this life, even so?
I did.
And what did you want?
To call myself beloved, to feel myself
beloved on the earth.)

내가 바라는 죽음은…

현대사회는 고요와 침묵이 결여된 시대다. 우리의 영혼이 고요 속에 허례허식의 낡은 옷을 벗어던지고 여행하기에는 너무나 힘겨운 시대다.

난 버스타고 출퇴근하면서 봄철마다 피고 지는 꽃들을 차창을 통해 바라보곤 한다. 그 동안 해가 바뀌고 앞으로도 내가 살아있는 동안 계속 계절은 바뀔 것이다.

'이 봄에 보는 저 벚꽃이 마지막일지 몰라'하고 속으로 생각하곤 한다. 하루하루 지내면서 내일이면 지금보다 내 몸은 약해질 것이 뻔하다. 막다른 골목을 향해 한 발짝 한 발짝 다가가고 있다. 목숨을 부지하기 위해 돈을 쓰고 싶지는 않다. 그렇게 하면서까지 오래 살고 싶지는 않다. 그러다보면 내 주위 사람들을 괴롭히는 것이다. 적당한 때 끝맺는 게 나의 희망사항이다. 그런데 문제는 '적당한 때'가 언제이고, 누가 이를 선택할 수 있을까? 얼마 전 두 죽음에 가까이 모시던 한 분을 잃으면서 생각한 게 있다.

유교에서는 하늘이 부여한 천명(天命)을 다 살고 죽음을 맞이함을 고종명(考終命)이라고 하여 5복(福) 중 하나로 쳤다. 나에게 주어진 천명(天命)이 얼마 남지 않았다고 직감될 때, 스스로 연명치료를 거부하고 서서히 곡기를 끊으면서 자연사하는 것이 올바른 죽음이라는 생각 말이다. 이는 자연의 순리에 따르는 일이지 결코 자살이 아니다. 내가 태어남은 내가 결정한 것은 아니지만 나의 죽음은 나의 것이기에 얼마든지 내가 선택할 수 있다. 이렇게 되기 위해서는 나 스스로 주도적인 삶을 살아야 하고, 치매에 걸리지 않아야 한다. 이렇게 되길 난 매일매일 마음속으로 기도하며 산다.

그리고 사후 재가 되어 이 우주에 산화하려면 인간이라는 물질로 존재했던 시절에 대한 미련은 다 떨쳐버리고 싶다. 내가 살았을 적 나에게 뜻있는 기억도, 그리고 내 흔적이 남는 것도 내가 세상을 떠나고 나서 불과 몇 년뿐일 것이다.

나막신 춤출 때까지 내가 받을 수 있는 것들을 떠올려 본다. 좋은 사람 만나고, 책을 많이 읽고, 그림 등 예술작품을 구경하고, 많은 음악을 듣는 것이다. 일상성이 지속되는 삶, 그것이 행복한 삶이고, 결국은 행복한 죽음에 이르는 길이다.

잘 사는 게 잘 죽는 것이다. 잘 먹고 잘 살면, 그게 잘 죽는 것이다. 그렇다면 어떻게 살 것인데? 해 뜨면 일어나고 해 지면 잠자리에 들면서 자연의 순리대로 사는 게 잘 사는 게 아닐까? 요즘 같이 일상이 무너지는 삶은 결코 잘 사는 게 아니다.

나는 프랑수아 를로르(Francois Lelord, 1953~)가 『꾸뻬 씨의 행복 여행(Le Voyage d'hector ou la recherche du bonheur)』455)에서 소개한 시인 알프레드 디 수자(Alfred D'Souza, 1945~)의 "춤추라, 아무도 바라보고 있지 않은 것처럼. 사랑하라, 한 번도 상처받지 않은 것처럼. 노래하라, 아무도 듣고 있지 않은 것처럼. 살라, 오늘이 마지막 날인 것처럼.(Dance like no one's watching, Love like you've never been hurt, Sing like nobody's listening, Live like it's heaven on earth.)" 글귀를 책상머리에 붙여놓고 이따금씩 쳐다본다.

내 인생에 후회가 있다면,
내 인생에 미련이 있다면,
만약 죽어서 다시 태어난다면…

한 번뿐인 일생에서 얽인 실타래 같은 삶으로부터 해방되어 행복을 마음껏 누리지 못했다.
나는 한평생 정의롭게, 공정하게, 성실하게 살고 싶었지만 돌아보면 용기가 없었다.

---

455) 프랑수아 를로르, 그림 발레리 해밀, 오유란 옮김, 오래된미래,, 2004, 220쪽.

하지만 후회는 없다. 남은 인생 잘 살고 갈 거다.

만일 지금 내가 죽는다면, 세상을 떠나면서 마음에 가장 걸리는 것은 어린 아이들뿐이다. 이 아이들이 건강하게 자라 행복한 세상에 살기를 간절히 염원한다.

아버지, 어머니,
좀 더 좋은 아들이 되지 못한 걸 용서해주세요.
여보,
좀 더 좋은 남편이 되지 못한 걸 용서하오.
아들, 딸아,
좀 더 좋은 아빠가 되지 못한 걸 용서해다오.

♠ 나의 묘비명 ♠

나는, 내 묘지가 있다면 다음과 같이 써주기 바란다.

좋은 인연으로 왔다 갑니다.
자랑할 게 뭐 있습니까?
다 그런 거지…뭐
나쁘진 않았습니다.
이제 먼 여행이나 떠나렵니다.

〔부록〕

❖ 묘비명(墓碑銘; Epitaph)

　묘비명은 한 사람의 인생을 압축해 설명한다. 또 어떻게 기억되고 싶은지 바람이 담기기도 한다. 우리나라 옛 선비들은 죽음에 대처하는 한 방식으로 지난 행적을 돌아보는 글을 남겼다. 이른바 자찬(自撰) 묘비명이다.

　소설가 에밀 시오랑(Emil Cioran, 1911~1995)은 말한다. "묘지에 가서 20분만 있어보게. 그러면 근심은 잊혀질 것이고 별것 아닌 것처럼 느껴질 테니…"

▌무덤들 사이를 거닐며

무덤들 사이를 거닐면서
하나씩 묘비명을 읽어 본다.
한두 구절이지만
주의 깊게 읽으면 많은 얘기가 숨어 있다.

그들이 염려한 것이나
투쟁한 것이나 성취한 모든 것들이
결국에는 태어난 날과
죽은 날짜로 줄어들었다.
살아 있을 적에는
지위와 재물이 그들을 갈라놓았어도
죽고 나니
이곳에 나란히 누워있다.
죽은 자들이 나의 참된 스승이다.
그들은 영원한 침묵으로 나를 가르친다.
죽음을 통해 더욱 생생해진 그들의 존재가
내 마음을 씻어 준다.

홀연히 나는
내 목숨이 어느 순간에 끝날 것을 본다.
내가 죽음과 그렇게 가까운 것을 보는 순간
즉시로 나는 내 생 안에서 자유로워진다.
남하고 다투거나 그들을 비평할 필요가 무엇인가.
- 임옥당(林鈺堂)

♠ 김종필(金鍾泌, 1926~2018)의 121자 묘비명

"「思無邪」[456]를 人生의 道理로 삼고 한평생 어기지 않았으며,「無恒産而無恒心」[457]을 治國의 根本으로 삼아 國利民福과 國泰民安을 具現하기 위하여 獻身盡力하였거늘, 晩年에 이르러 「年九十而知八十九非」[458]라고 嘆하며 數多한 물음에는 「笑而不答」하던 者, 內助의 德을 베풀어준 永世伴侶와 함께 이곳에 누웠노라."

묘비명 전문은 이런 뜻을 담고 있다.

"사무사(思無邪)를 인생의 도리로 삼고, 무항산이무항심(無恒産而無恒心)을 치국의 근본으로 삼아 나라의 이익과 국민의 행복을 구현하기 위하여 헌신진력 하였거늘, 만년에 세월의 허망함을 한탄하며 쓸데없이 말 많은 물음에는 답하지 않고 그냥 웃기만 했다(笑而不答)."

♠ 다산(茶山) 정약용(丁若鏞, 1762~1836)의 자찬묘비명(自撰墓碑銘)

다산(茶山)은 묘 안에 넣으려고 쓴 '광중본'(壙中本)과 문집에 실을 요량으로 길게 적은 '집중본'(集中本) 두 가지 자찬묘비명을 남겼다. 다산은 1822년

---

456) 생각이 곧고 바르므로 邪惡함이 없다.
457) 생활이 안정되지 않으면 한결같은 마음을 가질 수가 없다.
458) 『회남자(淮南子)』에 거백옥(蘧伯玉)을 언급한 대목이 있는데, '(거백옥은) 나이 50을 살았지만, 지난 49년이 헛된 것 같았다'(年五十, 而有四十九年非)고 썼다. 거백옥은 공자가 이상형으로 꼽은 이로, 중국춘추시대 공자보다 20~30년 앞서 살다가 갔다. 군자의 뜻을 이룬 선생님이라는 뜻에서 후세 사람들이 '성자(成子)'라는 별칭도 붙였다.

회갑을 맞아 그의 파란만장한 삶을 반추했다.

"임금의 총애 한 몸에 안고 궁궐에 들어가 곁에서 모셨네. 임금의 심복이 되어 아침저녁으로 가까이 섬겼네. / 하늘의 총애 한 몸에 받아 어리석은 마음을 깨우쳤네. 육경(六經)을 정밀하게 연구해 미묘한 이치를 깨치고 통했네. / 간사한 무리들이 기세를 떨쳤지만 하늘이 너를 사랑해 쓰셨으니 잘 거두어 간직하면 장차 멀리까지 날래고 사납게 떨치리라."

♠ 조지 버나드 쇼(George Bernard Shaw)의 묘비명
조지 버나드 쇼의 묘비에는 "우물쭈물하다가 내 이럴 줄 알았지(I Knew if stayed around long enough, something like would happen)."라고 쓰여 있다.459)

♠ 헤밍웨이(Ernest M. Hemingway, 1899~1961)의 묘비명
어니스트 헤밍웨이는 "일어나지 못해 미안합니다(Pardon me for not getting up)"라는 묘비명을 남겼다.

♠ 셰익스피어(William Shakespeare, 1564~1616)의 묘비명
윌리엄 셰익스피어는 그의 삶과 죽음에 대해 쓸데없이 호기심을 갖는 이들에게 묘비명을 통해 "벗이여, 원하건대 여기 묻힌 것을 파지 말아다오, 이 묘석을 그대로 두는 자는 축복을 받고 나의 뼈를 옮기는 자는 저주 받을지어다.(Good friend for jesus sake forbeare to digg the dust encloased heare. Bleste be the man that spares thies stones, and curst be he that moves my bones.)"라고 경고했다.

♠ 니코스 카잔차키스(Nikos Kazantzakis, 1883~1957)의 묘비명

---

459) "오래 살다보면 이런 일이 생길 줄 알았다." "나는 알았지. 무덤주변에 머물 만큼 머물면 무덤 속으로 들어가는 일이 일어나라는 것을"이라고 번역하는 이들도 있다.

소설가 니코스 카잔차키스는 『그리스인 조르바(Βίος και Πολιτεία του Αλέξη Ζορμπά)』처럼 "아무것도 바라지 않는다. 아무것도 두렵지 않다. 나는 자유롭다."고 묘비에 새겼다.

♠ 스탕달(Stendhal, 1783~1842)의 묘비명
『적과 흑』의 소설가 스탕달은 묘비명에서 그의 인생을 간명하게 설명했다. "살았다, 썼다, 사랑했다."

♠ 프랭크 시나트라(Frank Sinatra, 1915~1998)의 묘비명
가수 프랭크 시나트라는 "The Best is Yet to Come."라고 했다.

♠ 프란츠 카프카(Franz Kafka, 1883~1924)의 묘비명
"내면을 사랑한 이 사람에게 있어 고뇌는 일상이었고, 글쓰기는 구원을 향한 간절한 기도의 한 형식이었다."

♠ 오스카 와일드(Oscar Wilde, 1854~1900)의 묘비명
"최후의 심판을 알리는 나팔소리가 울리고 우리가 반암의 무덤 속에 누워 있을 때 로비, 나는 자네에게 몸을 돌리며 속삭이겠네. 로비, 우린 저 소리를 못들은 체 하세라고."

(When the Last Trumpet Sounds and We Are Couched in our Porphyry Tombs, I Shall Turn and Whisper to You Robbie, Robbie, Let Us Pretend We Do Not Hear It.)

♠ 중광(重光, 1934~2002)스님의 묘비명
'걸레스님'으로 알려진 중광은 "괜히 왔다 간다."며 인생의 허무함을 표현했다.

♠ 미켈란젤로(Michelangelo, 1475~1564)의 묘비명

"수치와 불명예가 우리들 곁에 머무는 한 돌 같은 내 삶에 있어서 잠이 유일한 안식처라오. 아무것도 보지 않고 아무것도 듣지 않는 것만이 진실로 내가 원하는 것이라오. 그러니 제발 깨우지 말아다오. 목소리를 낮춰다오. 그리고 제발 조용히 떠나다오."

♠ 레오나르도 다빈치(Leonardo da Vinci, 1452~1519)의 묘비명
"잘 보낸 하루가 행복한 잠을 가져오듯이, 잘 보낸 인생은 행복한 죽음을 가져온다."

♠ 엘리자베스 1세(Elizabeth, 1533~1603)의 묘비명
"오직 한 순간 동안만 나의 것이었던 그 모든 것들"

♠ 아이작 뉴턴(Isaac Newton, 1643~1727)의 묘비명
"대자연과 자연의 법칙은 어둠에 감싸여 있었도다. 주께서 '뉴턴이 있으라!' 하시매 모든 것이 밝아졌도다.(Nature and nature's laws lay hid in night; God said 'Let Newton be!' and all was light.)"[460]

♠ 임마누엘 칸트(Immanuel Kant, 1724~1804)의 묘비명
"나에게 항상 새롭고 무한한 경탄과 존경을 불러일으키는 두 가지는 별빛 반짝이는 하늘과 내 마음속의 도덕률이다."

♠ 프리드리히 니체(Friedrich Nietzsche, 1844~1900)의 묘비명
"이제 나는 명령한다. 차라투스트라를 버리고 그대들 자신을 발견할 것을!"

♠ 세바스찬 샹포르(Sebastien Chamfort, 1741~1794)의 묘비명
"40세가 되어도 인간이 싫어지지 않는 사람은 인간을 사랑한 일이 없는 사람이다."

---

460) 시인 알렉산더 포프(Alexander Pope, 1688~1744)가 뉴턴을 칭송한 글귀다.

♠ 오쇼 라즈니쉬(Osho Rajneesh, 1931~1990)의 묘비명

"태어나지 않았고 죽지 않았다. 다만 지구라는 행성을 다녀갔을 뿐이다."

♠ 알버트 슈바이처(Albert Schweitzer, 1875~1965)의 묘비명

알버트 슈바이처박사는 아프리카에 대한 사랑을 농담 삼아 묘비명으로 남겼다. "만약 식인종이 나를 잡으면, 나는 그들이 이렇게 말하기를 바란다. 우리는 슈바이처 박사를 먹었어. 그는 끝까지 맛있었어. 그리고 그의 끝도 나쁘지 않았어.(If cannibals should ever catch me, I hope they will say; We have eaten Dr. Schweitzer. And he was good to the end… And the end was not bad.)"

♠ 조지 고든 바이런(George Gordon Byron, 1788~1824)의 '어느 개에게 바치는 비문(Epitaph to a Dog)'

그는 아름다움을 가졌으나 허영심은 없었고, 힘을 가졌으나 오만하지 않았고, 용기를 가졌으나 잔인하지 않았고, 인간의 모든 미덕을 갖추었으나 악덕(惡德)은 없었다.

📖 함께 읽을 책

⊙ 인생열전: 묘비명으로 본 삶의 의미
 - 박영만, 프리윌, 2011, 349쪽

❖ 유언장461)

유 언 장

01 사전 돌봄
01) 거동이 불편할 때
* 간병인의 도움을 받겠다.( )
* 자택에 기거하겠다.( )
* 요양병원이나 요양원 등 요양시설에 입소하겠다.( )
* 가족의 의견에 따르겠다.( )

02) 치매 등의 불치병에 걸렸을 때
* 요양병원이나 요양원 등 요양시설에 입소하겠다.( )
* 자택에 있기를 원한다.( )
* 가족의 의견에 따르겠다.( )

03) 내가 나의 재산을 관리하지 못하게 되었을 때 (   )가 관리하기
바란다.

04) 내가 의사능력이 없을 때 (   )가 대리하기 바란다.

02 사전연명의료의향
* 심폐소생술( )
* 혈액투석( )
* 항암제투여( )
* 인공호흡기착용( )
* 삽관이나 정맥주사를 통한 영양공급( )
* 완화의료와 호스피스( )

---

461) 반드시 자필로 기록하고 도장을 찍어야 법적으로도 유효하다. 주민등록번호, 주소, 작성연
월일, 작성 장소는 필수 기입사항이다.

- 기타(   )

03 임종 장소

나는 자택(   ), 요양시설(   ), 병원(   )에서 죽겠다.

04 시신처리 방식과 장지

01) 나는 나의 시신이 화장되기를 원한다.(   ) 그리고 화장 후
- (   )봉안당(납골당)에 안치해 달라.(   )
- 수목장(   )
- 해양장(   )
- 나의 재를 (   )에 뿌려 달라.
- 가족의 의견에 따르겠다.
- 기타(   )

02) 나는 나의 시신이 매장되기를 원한다.(   )
- 나의 시신을 (   ) 선산에 안장해 달라.(   )
- 나의 시신을 (   ) (공원)묘지에 안장해 달라.(   )
- 가족의 의견에 따르겠다.(   )

03) 나는 빙장(   )462)을 원한다.

04) 나는 나의 시신이 과학적 목적에 사용되기를 원한다.(   )
나의 시신을 (   )에 기증하라.

05 장례

01) 나는 장례식을 하겠다.(   ) 하지 않겠다.(   )

02) 장례식 형식
- 전통적인 예식을 원한다.(   )
- 나의 종교인 (   )식으로 하기를 원한다.(   )

---

462) 주검을 영하 18℃에서 냉동하고 영하 196 ℃로 액상질소 처리해 mm 크기로 분쇄한 다음 흙에 묻는 법으로, 이는 유해물질의 발생을 최소화하기 때문에 가장 자연친화적인 장묘법으로 손꼽힌다.

- 가족의 의견에 따르겠다.( )
- 기타(   )

03) 나의 장례식은   (   ) 또는 (   )장례업체에게 집례를 부탁한다.

04) 장례식 장소
- 장례식장( )
- 성당( )
- 교회( )
- 절( )
- 집( )
- 기타(   )

05) 수의
- 준비되어 있다.( )
- 평소 입던 옷을 입었으면 한다.( )
  구체적으로(   )
- 가족의 선택에 따르겠다.( )

06) 장의 용품
- 화려하고 값비싼 것으로 하지 않기를 희망한다.( )
- 최대한 좋은 것으로 했으면 한다.( )
- 가족의 선택에 따르겠다.( )

07) 영정 사진은 준비되어 있다.( ) 준비되어 있지 않다.( )

08) 장례식에서 특별히 원하는 것
① 제단 장식 또는 헌화는 내가 좋아하는 꽃으로 하길 원한다.
  구체적으로 (   )
② 장례기간 내가 좋아하는 음악을 틀어주었으면 한다.
  구체적으로 (   )
③ 영결식에서 틀어주었으면 하는 동영상이 준비되어 있다.

구체적으로 (   )

④ 관에 함께 넣어주었으면 하는 것은 (   )이다.

⑤ 나의 장례식에 꼭 부르고 싶은 사람들은 다음과 같다.

구체적으로 (   )

⑥ 장례식에 오신 분들께 이렇게 답례했으면 좋겠다.

구체적으로 (   )

⑦ 나의 장례식에서 다음 사항은 거절하고 싶다.

구체적으로 (   )

⑧ 그 밖에 원하는 것은?

(   )

09) 장례비용

① 준비되어 있다.(   )

• 장례 보험(   )

• 예금(   )

• 상조회 가입(   )

② 준비되어 있지 않다.(   )

10) 영결식을 희망한다.(   ) 영결식은 필요 없다.(   )

06 부동산·금융 정보나 채권채무 내역

• 부동산
• 현금
• 예금
• 주식
• 보험
• 받을 돈
• 갚을 돈
• 기타

07 유산상속과 재산 기부

• 분배
• 기증

• 남은 가족에게 처리 부탁

08 제례

01) 사후 제사
• 나는 사후 제사를 원한다.( )
• 제사를 지내더라도 1대 봉사에 간소하게 차려라.( )
• 나에 대한 제사를 지내지 마라.( )

02) 제례방식
• 전통 유교식 제사( )
• 불교식 제사( )
• 기독교식 추모예배( )
• 가족의 의견에 따르겠다.( )
• 기타(   )

09 남기고 싶은 말

01) 인생을 정리하며 내 스스로에게 하는 말

02) 인생을 정리하며 내가 믿는 신께 드리는 말씀

03) 두고 가는 사랑하는 가족들에게 하는 말

04) 친구나 친지들에게 하는 말

10 마지막으로 꼭 하고 싶은 말이나 일 그리고 묘비명

성   명: (인)
생년월일: 주민등록번호:
주   소:
작 성 일: 년   월   일
작성장소:

❖ 부고463)

나의 사망기

01 (   )은(는) 어제 (   )세를 일기로 세상을 떠났다.

02 그의 사망원인은 (   )이었다.

03 그의 가족으로는 (   )이(가) 있으며, 그는 (   )의 구성원
이었다.

04 그는 사망하기 전 (   )을 하고 있었다.

05 그를 아는 사람들은 그를 (   )라고 기억할 것이다.

06 그의 죽음을 가장 슬퍼할 사람은 (   )일 것이다.

07 그가 세상에 남긴 업적은 (   )이다.

08 그의 삶 속에는 (   ) 아픔과 (   ) 갈등이 있었다.

09 그가 사랑했던 사람들은 (   )이다.

10 그가 마지막으로 하고 싶은 일, 가보고 싶었던 곳은 (   )이다.

11 그의 시신은 (   ) 처리될 것이며, 장례식은 그의 유언에 따라
(   ) 진행될 것이다.

---

463) 자신을 3인칭으로 객관화시켜 부고를 직접 작성해 봄으로써 자신의 삶을 한 걸음 떨어져
돌아보는 계기가 된다.

📖 참고문헌

◉ 서양철학사 (상)·(하)
- 요한네스 힐쉬베르거, 강성위 옮김, 이문출판사, 2014, 761·910쪽
◉ 세계철학사(Kleine Weltgeschichte der Philosophie)
- 한스 요아힘 슈퇴리히, 박민수 옮김, 자음과모음, 2018, 1205쪽
◉ 세계철학사 1·2
- 이정우, 길, 2018, 872·852쪽
◉ 중국철학사(中國哲學史) 상
- 펑유란(馮友蘭), 박성규 옮김, 까치, 2014, 826쪽
◉ 국가론
- 플라톤, 이환 옮김, 돋을새김, 2011, 304쪽
◉ 젊은 지성을 위한 소크라테스와의 대화
- 플라톤, 이한규 옮김, 두리미디어, 2012, 252쪽
◉ 모두를 위한 아리스토텔레스(Aristotle for Everybody: Difficult Thought Made Easy, 1978년)
- 모티머 J. 애들러, 김인수 옮김, 마인드큐브, 2016, 267쪽
◉ 한국 칸트사전
- 백종현, 아카넷, 2019, 1116쪽
◉ 고요한 폭풍, 스피노자: 자유를 향한 철학적 여정
- 손기태, 글항아리, 2016, 2980쪽
◉ 쇼펜하우어
- 뤼디거 자프란스키, 정상원 옮김, 이화북스, 2020, 742쪽
◉ 곁에 두고 있는 니체
- 사이토 다카시(齊藤孝), 이정은 옮김, 홍익출판사, 2015, 263쪽
◉ 니체의 인생강의
- 이진우, 휴머니스트, 2015, 175쪽
◉ 니체는 이렇게 말했다(What Nietzsche Taught)
- 윌러드 헌팅턴 라이트, 정명진 옮김, 부글북스, 2018, 411쪽
◉ 존재와 시간
- 마르틴 하이데거, 전양범 옮김, 동서문화사, 2016, 696쪽

◉ 정신현상학(Phanomenologie des Geistes) 1·2
- 게오르크 빌헬름 프리드리히 헤겔, 임석진 옮김, 한길사, 2005, 456·372쪽
◉ 존재와 무 1·2
- 장 폴 사르트르, 정소성 옮김, 동서문화사, 2016, 600·528쪽
◉ 현대프랑스철학사
- 한국프랑스철학회, 창비, 2015, 512쪽
◉ 죽음이란 무엇인가(DEATH)
- 셸리 케이건, 박세연 옮김, 엘도라도, 2012, 519쪽
◉ 죽음: EBS 다큐프라임 생사탐구 대기획 DEATH, 국내 최초 죽음을 실험하다
- EBS 데스 제작팀, 책담, 2014, 295쪽
◉ 죽음에 대하여(Penser la mort?)
- 블라디미르 장켈레비치(Vladimir Jankélévitch), 변진경 옮김, 돌베개, 2016, 208쪽
◉ 죽음 가이드북
- 최준식, 서울셀렉션, 2019, 212쪽
◉ 잠언과 성찰(Reflexions ou Sentences et maximes morales)
- 프랑수아 드 라 로슈푸코, 이동진 옮김, 해누리기획, 2010, 309쪽
◉ 무함마드 평전
- 하메드 압드엘 사마드, 배명자 옮김, 한스미디어, 2016, 348쪽
◉ 아들러 심리학 해설, A. 아들러·H. 오글러, 설영환 옮김, 선영사, 2015, 398쪽
◉ HOW TO READ 시리즈(웅진지식하우스)
◉ 칸트전집(한국칸트학회)
◉ 인생교과서 시리즈(21세기북스)
◉ 논어(論語)
◉ 장자(莊子)
◉ 도덕경(道德經)
◉ 한비자(韓非子)
◉ 명심보감(明心寶鑑)
◉ 탈무드(Talmud)
◉ 불경(佛經)
◉ 성경(聖經)

인명색인

진 영 광 (陳 英 光)

1955년 충남 보령군 미산면 용수리에서 출생하여, 인천중·제물포고등학교를 거쳐 한양대학교 법학과를 졸업한 후 제24회 사법시험에 합격하여 1985년도부터 인천에서 변호사 활동을 하고 있다. 2002년 법학박사 학위를 취득한 후 인하대학교 법학전문대학원에서 행정소송실무를 강의하였다. 그동안 아동학대예방, 노인복지, 북한이탈주민, 여성 등 소외계층의 법률구조활동에 힘써왔다.

시집으로는 『징맹이고개 위에 쌓은 마음』(형성사, 1995), 『삶의 뜨락』(선, 2000), 『휴(休)』(미산, 2010), 『식(息)』(미산, 2010), 『시작(詩作)』(미산, 2020)이 있고, 『법은 밥이다』(법률시대, 2001) 등 법률 관련 전문 저서가 다수 있다.

죽음에서 삶을 배우다! 죽음인문학 [ISBN 979-11-972297-1-8]

발행일	2021년 3월 3일 초판 1쇄 발행
저 자	진 영 광
발행인	진 학 범
편 집	새벽동산
발행처	도서출판 미산 (嵋山)

판권
소유

인천광역시 부평구 부흥로294번길 4, 추인타워 301호
전화 (032) 529-2133, 010-2772-7168
FAX (032) 529-2134
E-mail : modjin@naver.com
등록 2004. 4. 6. (2004-3)

잘 사는 게 잘 죽는 것이다.
잘 먹고, 잘 살면, 그게 잘 죽는 것이다.
그렇다면, 어떻게 살 것인데?
해 뜨면 일어나고 해지면 잠자리에 들면서
자연의 순리대로 사는 게
잘 사는 게 아닐까?
요즘같이 일상이 무너지는 삶은 결코 잘 사는 게 아니다.